本书是2021年度内蒙古自治区哲学社会科学规划重点项目"内蒙古乌兰牧骑口述史研究"（2021NDA181）的研究成果。

内蒙古乌兰牧骑研究

郝凤彩 著

中国戏剧出版社
CHINA THEATRE PRESS

图书在版编目（CIP）数据

内蒙古乌兰牧骑研究 / 郝凤彩著. -- 北京：中国戏剧出版社，2023.6
ISBN 978-7-104-05357-6

Ⅰ．①内… Ⅱ．①郝… Ⅲ．①乌兰牧骑文艺宣传队－研究 Ⅳ．① G247

中国国家版本馆 CIP 数据核字（2023）第 097025 号

内蒙古乌兰牧骑研究

责任编辑：王松林　齐　钰
责任印制：冯志强

出版发行	中国戏剧出版社
出 版 人	樊国宾
社　　址	北京市西城区天宁寺前街 2 号国家音乐产业基地 L 座
邮　　编	100055
网　　址	www.theatrebook.cn
电　　话	010-63385980（总编室）　010-63381560（发行部）
传　　真	010-63381560

读者服务：010-63381560
邮购地址：北京市西城区天宁寺前街 2 号国家音乐产业基地 L 座

印　　刷	北京九州迅驰传媒文化有限公司
开　　本	787mm×1092mm　1/16
印　　张	22.25
字　　数	320 千字
版　　次	2023 年 6 月　北京第 1 版第 1 次印刷
书　　号	ISBN 978-7-104-05357-6
定　　价	168.00 元

版权专有，违者必究；如有质量问题，请与出版社联系调换。

乌兰牧骑
——文艺战线的旗帜

田川流
（作者为山东艺术学院教授）

  面对一部厚厚的书稿，令人感慨。这部书稿的作者是一名大学教师，长期从事文艺理论研究，多年关注乌兰牧骑的历史与当代发展，为探索这一特有的文艺现象，付出了巨大努力，这部书稿凝聚了作者的思考与心血。30余万字的专著，在乌兰牧骑研究史上，应具有显著的地位和价值。特别是在我国建设现代化的历史进程中，对建设中国特色社会主义文艺的方向及其道路的当代探索，已成为更多人的文化自觉和历史自觉。这既是中华民族走向复兴的历史进程使然，同时也是当下探索文化发展内在规律的必然要求。

  当今乌兰牧骑研究究竟具有怎样的价值和意义，应当从中华民族文化复兴及中华民族共同体背景下的社会主义文化建设的视角来洞察。乌兰牧骑走过了辉煌而令人感奋的历程，已成为自新中国成立以来社会主义文艺建设的一面旗帜。但在国家进入社会主义市场经济以来，乌兰牧骑的发展经历了艰难的探索，广大乌兰牧骑队员继续付出自己的青春和辛劳，创建了新时代民族区域文艺发展的新经验、新体制，为发展中国式现代化形态下的社会主义文艺建设增添了浓墨重彩的一笔，继续表征着中国特色社会主义文化发展的重要模式。可以说，乌兰牧骑不仅为我国的文化建设积聚了厚重的资源，而且还在继续为新时代文化建设创造着精神财富。认真总结这一历史经验和当代模式，应当成为文艺理论工作者的一项重要任务。本书作者义无反顾地承担起这一责任，其历史使命的担当令人钦佩。

总览本书，可以透视其丰富的内涵和特色。

第一，本书具有史料的丰厚性，体现出作者严谨的治学精神。

作者长期关注乌兰牧骑，并于2009年始，申报承担了乌兰牧骑研究的重要课题。十余年来，作者对乌兰牧骑进行了长期的、跟踪式的不间断考察，坚持不懈地观察和思索乌兰牧骑的活动与发展轨迹，特别是对社会主义市场经济条件下乌兰牧骑发展中的新规律和新特点的研究探索，作者更是倾注了极大心血。她为民族文化振兴和内蒙古社会及文化发展的历史责任所驱动，历经多年，对乌兰牧骑予以跟踪性研究，精心钩织了这一著述。她既是为乌兰牧骑立传，也是对国家和民族文化发展的当代规律进行探索，其蕴含的文化意识和社会意义都是显而易见的。其间，作者基于社会的衍变及内蒙古广大农牧民物质与精神生活的需求，不断与相关人士交流和切磋，她像是乌兰牧骑的一员，为其每一步的发展而欣悦，为其遭遇的困难而心焦，为其不断克服困难走出困境而欣慰。乌兰牧骑是一个影响全国的重要文化现象，60多年来已经成为我国文艺战线上的一面旗帜，它的生态环境，它的存在价值和意义，它的顺境与困境，均成为作者密切关注的目标。如此长时期追踪和关注一个重要文化现象，意味着对研究对象强烈的责任心，将作者的目光与研究对象同步和共振，才能完成这一重要课题的研究。也正是由此，作者方能全方位地把握研究对象，洞悉其历史与现实状况，探索其不断生发的新问题，使这一研究具有了历史与科学的价值。

第二，本书充溢着浓郁的现实性，呈现出对研究对象的科学观照。

对乌兰牧骑历史衍变、环境生态和现实状况的科学考察，应进行不间断的关注和科学思考，方有可能把握其内在运行规律、现实问题，以及未来发展前景。作者缜密地梳理乌兰牧骑60多年来的艰苦征程，热情赞扬其成就，剖析其生存与发展的基本走向及种种影响因素，不回避乌兰牧骑曾经经历的艰苦岁月,以及建设初期的稚嫩和遭遇的障碍与困境,捕捉乌兰牧骑的历史沿革与发展历程中的现象与细节,观察和辨析社会上对乌兰牧骑的种种评说,透析和总结其积蕴的本质及内涵,尤其是对于几代乌兰牧骑队员的奋斗与艰辛、信念和喜悦,作者更是深受感染,在写作中融入了饱满的情感。我国从新中国初期走来的一代人们大都熟悉乌兰牧骑,它不仅在社会主义建设时期为内蒙古文化艺术领域创造了辉煌的业绩和闪光的亮点,成为全国各地学习的典范,而且在全国人民心中树立起旗帜和丰碑。这面旗帜大写着艺术服务于人民,这座丰碑是中国共产党领导下文艺工作者的历史奉献。乌兰牧骑不仅适应内蒙古草原的实际,适宜以小分队的形式开展文化艺术活动,同时兼顾其他方面的服务,并将之作为乌兰牧骑的基本宗旨和行动准则,而且同样符合改革开放和市场经济时期广大农牧民新的诉求,已然在21世纪创造出新的经验。纵览乌兰牧骑走过的漫长征程,其演出形式、艺术质量不断提高,服务方式和服务范围不断拓展,其每一步变化均与广大农牧民的居住方式、群体构成、生活质量等方面有着直接的连接。作者密切关注乌兰牧骑走过的每个历史阶段,对其中蕴含的诸多课题予以深度思考,特别是对乌兰牧骑在每一时期的生存与发展予以全方位观照,更与社会各界,尤其是乌兰牧骑的领导和队员们深入研讨。正是在党和政府坚定不移的扶持和推进下,乌兰牧骑始终在前行。人们察悟到,历史进程中的乌兰牧骑是草原牧民心中的明灯,它给人们带来的是希望和欢乐,是期盼和前景。正是基于广大农牧民物质和精神生活需求的不断提升,乌兰牧骑义无反顾地一次次走向新征程。这些,均在书稿中得以充分与客观的呈现。

第三,本书拥有材料的缜密性,表现出作者严谨的科研意识。

作者依托长期搜集并认真筛选的大量材料,以冷静与客观的视角观察和剖析乌兰牧骑的生成发展及其运作的每一步,并对乌兰牧骑的历史进程予以客观的分析和阐释。乌兰牧骑的每一步成就和进展,都与社会发展与民族进步紧紧相连。自20世纪50年代以来,乌兰牧骑的体制结构、目标宗旨、运行方式等,均伴随着时代演进而一步步发生延展和变革,这正是中国社会主义时期文化建设的缩影。作为乌兰牧骑的领导者、管理者，各级党和政府均对乌兰牧骑予以高度重视和全力支持，各项政策的制定，保障了乌兰牧骑的健康发展，同时也不断对其提出新的更高的要求。作者敏锐地看到，乌兰牧骑的研究不仅仅要面对历史，更要面对当下和未来。而今，乌兰牧骑不仅要坚持到牧民们的生活点演出，而且应考量和依据城镇化发展的前景，探索更加适应城乡结构新变化的服务方式。不仅要始终不渝地履行公共文化服务的责任，同时也要积极地与市场运行接轨，使其运作方式适应社会主义市场经济的要求。作者及时搜集来自各方面的意见，包括社会各界的反映，以及乌兰牧骑广大从业人员的现实生活状况与精神风貌，充分依据党的方针政策，以及党和政府各级领导机构针对乌兰牧骑建设提出的各种具体政策和举措，在大量调研和研读的基础上，对各种材料进行缜密筛选和分析，探求新形势下乌兰牧骑的变与不变。面对新时代的到来，乌兰牧骑既有变，也有不变，只要内蒙古广大农牧民的生活与生产方式没有大的改变，乌兰牧骑式文化服务的主体方式就应当继续坚持，就必须坚守其基本理念。60余年来，尽管社会发生了翻天覆地的变化，但是人们的生活方式和社会结构仍然保持其特有的风格，牧民们的生活与生产方式仍然具有一定分散和流动的特点，他们的基本需求没有变，社会主义文化方向更没有变，因而乌兰牧骑的工作目标就应继续坚守其以多样化服务为主体的基本方式，乌兰牧骑式的演艺活动与公共文化服务方式仍然是适应内蒙古当下社会现实的。与此同时，社会的变化也要求乌兰牧骑的活动与工作方式做出一定调整和变化，在恪守社会服务方向的前提下，做出积极的和及时的变动，以求适应新时代人民大众的文化需求。作者冷静地看到，人民群众的喜爱和需求，是乌兰牧骑得以持续发展的基石。这对保障人民大众的文化权利，维护民族团结，发展内蒙古社会政治经济文化，以及保卫国家的社会安全与文化安全，都是十分必要的。由此，作者拥有了信念的支撑和理论与实践的验证。

第四，本书追求理念的探索性，蕴含着对未来的前瞻性思考。

作为一名文化学者，作者对乌兰牧骑的未来发展及其前景做出预测和畅想。她通过对乌兰牧骑的当代发展及其内在属性的演化进行深度辨析，提出了乌兰牧骑未来的发展趋向。维护乌兰牧骑的民族特色和坚持对人民群众实施文化艺术服务的特有形式，不仅是为了满足人民大众的精神文化诉求，更是对建设中国特色社会主义文化的坚守，以及建设中华民族共同体的需要。乌兰牧骑的精神将永远高扬，它已经成为中华民族的一种精神标识，其旗帜上镌刻着"以人为本、艺术服务于人民"的大字，这种精神力量在内蒙古永远不会弱化，同时也已成为深深扎根于全国各地文艺工作者心中的精神支柱。作者看到，维护这面旗帜，就是维护党的领导和社会主义的基本性质，就是维护民族统一、社会繁荣和国家文化安全。与之相随，作者也在反复思考乌兰牧骑的发展趋向。本书并不局限于对乌兰牧骑本体的研究，而是通过对这一文化现象的透视，洞察当代文艺发展的特性与规律。例如，应当在哪些方面探索和追寻适应时代发展和人民需要的活动方式，其内在的机构体制、运行方式以及内容要素如何得以增强，从而为人民群众提供源源不竭的艺术精品。又如，怎样有效地传承优秀文化遗产，以及在对优秀文化遗产持续传承的前提下，如何与当代社会文化建设紧密结合，实现创造性转化和创新性发展。对于艺术创新，不仅须重视其表现内容和思想内涵的深化，而且须重视承载着历史与时代内涵的艺术样式及审美形式的提升，如果没有优质的、新颖的艺术形式的不断涌现，就难以维系这一文化景象的持续发展。内蒙古作为我国十分重要的民族地区，拥有厚重的文化积淀，蒙古族具有悠久的历史和文化传统，且在中华民族共同体中具有十分重要的地位，乌兰牧骑60余年的发展历程表明，其创作和演出实践，不仅是传承优秀文化遗产的有效方式，同时也在不断创作中实现对传统文化遗产的有效转化，使这一承载了乌兰牧骑以及所有文艺工作者精神追求与审美价值的社会文化平台，继续优质地创造人民大众喜爱的艺术样式，令乌兰牧骑的精神继续高扬。乌兰牧骑的腾空跃起和持续发展，正是铭刻着乌兰牧骑人在党的引领下对民族传统的敬重，对时代文化的热忱，以及对人民的忠诚。而艺术理论研究也在实现乌兰牧骑的整体目标的同时，实现其研究的基本目标和个人价值。

对乌兰牧骑予以如此缜密和全面的研究，需要作者具有优质的素养和品质。

首先，对历史的敬重和担当。作者长期以来以其巨大的热忱和不懈的毅力从事这一研究，不仅源于作者对这一文化现象的情感与认知，更是作者对民族文化振兴和国家文化发展及文化安全的责任使然。基于对这一事业的忠诚，乌兰牧骑研究已然成为作者精神探索的重要组成部分，乃至生活的一部分，深深融入了作者对时代文化的执着和价值观追求。

其次，对人民的忠诚和奉献。人民是国家和民族发展的基石，没有广大人民的共同信念和奋斗，一切发展都是空话。对待人民的态度，正是对待历史和科学的态度的集中体现。满足人民大众的文化需求，尤其是在内蒙古地区，满足游弋在广袤草原上广大农牧民的需求，是确立艺术为人民这一信念的基础建构。不能融汇于人民大众之中，不能对民众的诉求和疾苦予以平行的而非居高临下的观照，就谈不上艺术服务于人民和以人民为中心。而在其间，既表征了作者对人民的真实情感和基本态度，更有对国家和民族稳定与发展的期盼与瞻望。

最后，对理论的追索和谨严。研究这一课题，需要十分敏锐的观察力、感受力和辨析力，以及对理论成果的表现力。作者既不乏这些方面的基本素养，同时又在长期的研究过程中刻苦求索，令其在人文科学研究的锤炼中获得诸多方面理论素养的稳步提升。在其著述的字里行间，既可以感受到作者灼热的情感抒发，又可以察悟到其对问题把控的理论的缜密和深度，以及表述中相关文字及语言的严谨。这些特点既显现出作者的优良素质，同时也使书稿弥散着一种引人深思的魅力。

期待这一著述成为内蒙古乃至全国文化艺术领域中的一朵奇葩，为中国特色社会主义文化建设做出积极的贡献。

前言
PREFACE

  乌兰牧骑是内蒙古自治区乃至全国文艺战线上的一面旗帜。乌兰牧骑自1957年6月17日建立至今，已经走过了66个年头。六十花甲，乌兰牧骑并未垂垂老矣，而是从一颗"红色的嫩芽"长成翠绿如盖、誉满中华的参天大树。乌兰牧骑的脉动与伟大时代同频共振，乌兰牧骑的前进方向与伟大征程同向同行。乌兰牧骑精神生生不息。

  乌兰牧骑66年的发展，体现的是党和国家对乌兰牧骑事业的重视和关怀。

  66年，乌兰牧骑坚持社会主义先进文化的发展方向，得到了党和国家历代领导人的充分肯定和高度赞誉，毛泽东主席三次接见乌兰牧骑队员，周恩来总理12次接见乌兰牧骑队员并嘱咐："乌兰牧骑是社会主义的新生事物。你们要走向全国，把乌兰牧骑精神带到全国去。"又叮嘱："望你们保持不锈的乌兰牧骑称号。"邓小平同志为乌兰牧骑题词："发扬乌兰牧骑作风，全心全意为人民服务。"江泽民同志为乌兰牧骑题词："乌兰牧骑是社会主义文艺战线上的一面旗帜。"胡锦涛同志视察内蒙古时热情观看乌兰牧骑的演出，习近平总书记给内蒙古自治区锡林郭勒盟苏尼特右旗乌兰牧骑队员们回信，勉励乌兰牧骑永远做草原上的"红色文艺轻骑兵"。这些令人感动的历史瞬间，绵延成66年的血脉承传，是党和国家对乌兰牧骑事业的重视，更是对人民的重视。

乌兰牧骑66年的发展，体现的是乌兰牧骑的变与不变。

66年，日新月异，乌兰牧骑在变与不变中笃定前行。变的是根植于发展变化了的农村、牧区生活，创作出反映内蒙古翻天覆地的社会变化，以及人民群众共享改革红利，充满获得感、幸福感的现实生活的优秀作品；变的是在互联网时代、云生活时代，乌兰牧骑与时俱进创新艺术表现和服务内容、服务方式。不变的是乌兰牧骑始终坚持扎根基层，乌兰牧骑的一颗红心，始终跳动在田间地头、广袤草原和大漠深处；不变的是乌兰牧骑始终着力保护传承弘扬中华民族优秀传统文化，推动优秀传统文化创新性发展和创造性转化。

乌兰牧骑66年的发展，体现的是文艺的永恒魅力。

乌兰牧骑文艺形式，以开创性的艺术表达讲述一个连接传统与现代、融合文化传承与创新的"逐梦追光故事"。乌兰牧骑以传统文艺形式努力反映社会现实的文艺创作，是文艺因时而变的体现，是五四运动之后以文艺经世的文艺功利思想的延续，同时，乌兰牧骑文艺形式又深刻揭示了文艺的审美特性。作为社会主义新文艺，乌兰牧骑勾连起从延安革命文艺到新中国红色文艺再到新时代主流文艺创作的持续发展，将守望传统的文艺思想与现代文艺思想融于一体，将文艺的功利性与审美性融于一体，将群众美学、文艺美学和政治美学融于一体，将宣传教育功能与文化娱乐功能融于一体，是马克思主义美学中国化进程中有意义的一笔，为再造中华民族新的文明、为内蒙古社会进步做出了独特贡献，因而闪耀着夺目的光辉。

乌兰牧骑是国家主导与自我选择、内蒙古地方性知识与社会公共文化、民间草根与文艺精英的合体，具有复合性质。乌兰牧骑自产生起就被赋予一种社会使命，乌兰牧骑文艺形式是一种具有强大宣传功能的文艺样式。乌兰牧骑是源自民间的政府文艺团体，肩负着将民间文化转化成具有国家意义和审美价值的文艺作品，将传统社区的乡民文艺转化成社会主义国家的人民文艺的职责，承担着陶冶身心、宣扬恒常价值、承载主导国民精神以及服务于社会主义现代化建设的文艺功能。乌兰牧骑的文艺标准在功利性和审美性之间达到平衡，乌兰牧骑的明确的文艺创作立场、现实任务、服务对象、审美趣味和中国化的内容建构与理论创新，通过艺术塑造和审美想象提升了人民的精神境界，增强了人民的精神力量。

在价值导向上，乌兰牧骑借助文艺的主体塑造功能充分发挥文化的引领作用。

作者力求站在一个较为客观的角度，以一叶之见管窥乌兰牧骑的一隅。本书第一章至第八章大体上遵循由里及表的逻辑顺序，第一章基于调研以及文献梳理为乌兰牧骑"塑型"，并尝试对乌兰牧骑的贡献给出一己之陋见；第二章从文艺的本体属性探寻乌兰牧骑自身话语体系的建构；第三章至第五章诠释乌兰牧骑守望传统的文艺思想与现代文艺思想的相融相长与耦合共生；第六章分析乌兰牧骑事业发展的薄弱环节，人才是第一掣肘，进而在第七章提出乌兰牧骑艺术人才队伍创新建设的路径和策略；第八章则站在高等教育"立德树人"的立场，探寻艺术院校育人与育才过程中融入乌兰牧骑精神的适用性。

66年来，乌兰牧骑始终坚守文艺的本质属性和时代理论大势机理同步。乌兰牧骑打通内蒙古本土文艺和中华民族文艺之间的价值通路，表达内蒙古本土文艺在中华民族文艺整体语境下的重要意义，赋予内蒙古本土文艺中国价值。乌兰牧骑强调艺术的时代性，探索中国文化的时代表达，更强调艺术内容中的生活真实性。无论何时，文艺的本质都应当是对现实生活的关切，也唯有如此，才能实现文艺创作真正的价值。这也正是乌兰牧骑的价值指向。

回首岁月一甲子，辉煌铸就六十年，有梦不觉天涯远。60年，风雨兼程奋进路；60年，初心未改本色行。66年来，乌兰牧骑精神代代相传，汇聚成澎湃的大潮。乌兰牧骑创作演出了13200多个节目，各地乌兰牧骑队员经历寒暑磨砺，风雨洗礼，行程数百万公里，为基层农牧民演出、宣传、辅导、服务36万多场次，观众总数达2.6亿人次，创造了中华人民共和国成立以来内蒙古乃至中国文艺的一个高峰。

情系国，心远阔。60年是一个轮回，更是一个全新的开始。新时期，乌兰牧骑被赋予了新的时代责任，乌兰牧骑与祖国同行，与时代共进，必将焕发更加夺目的光彩。

目录
CONTENTS

第一章 **对乌兰牧骑的调研** /002

第一节　乌兰牧骑试点工作　/002

第二节　乌兰牧骑的性质定位　/006

第三节　乌兰牧骑发展历程及现状　/021

第四节　乌兰牧骑精神　/039

第五节　乌兰牧骑的突出贡献　/045

第二章 **乌兰牧骑本体** /055

第一节　乌兰牧骑的本质　/055

第二节　乌兰牧骑的文化美学　/065

第三节　乌兰牧骑对红色基因的传承　/079

第四节　乌兰牧骑地方性知识构建　/103

第五节　乌兰牧骑的当代文化价值　/123

第三章 乌兰牧骑的文化功能 /132

第一节　乌兰牧骑的文化功能 /132

第二节　乌兰牧骑文化功能的嬗变 /138

第三节　乌兰牧骑与北部边疆文化安全 /150

第四章 乌兰牧骑对优秀传统文化的传承与传播 /160

第一节　乌兰牧骑对内蒙古非物质文化遗产的传承 /160

第二节　乌兰牧骑对优秀传统文化的创造性转化与创新性发展 /168

第三节　乌兰牧骑对中华优秀传统文化的传播 /176

第五章 乌兰牧骑与内蒙古公共文化服务体系建设 /189

第一节　乌兰牧骑基层公共文化服务范式及其当代价值 /189

第二节　乌兰牧骑的文化惠民 /200

第三节　乌兰牧骑与新时代文明实践 /207

第六章 乌兰牧骑创新发展存在的问题与应对策略 /215

第一节　新时代背景下乌兰牧骑创新发展存在的问题 /215

第二节　乌兰牧骑创新发展存在的外部阻碍 /222

第三节　乌兰牧骑创新发展的原则、必要性及举措 /223

第四节　当前乌兰牧骑创新发展的成效 /237

第七章 乌兰牧骑一专多能人才队伍建设 /241

第一节　乌兰牧骑人才队伍建设的目标 /241

第二节　乌兰牧骑在人才队伍建设方面存在的问题 /243

第三节　乌兰牧骑人才队伍建设的举措及成效 /245

第四节　建立乌兰牧骑一专多能人才培养中心 /249

- 第八章 - **乌兰牧骑精神融入高校课程思政的实践** /259

第一节　理论探索　/260

第二节　乌兰牧骑精神融入课程思政的主要内容　/262

第三节　乌兰牧骑精神融入内蒙古艺术学院课程思政的实践路径　/264

第四节　乌兰牧骑精神融入课程思政的育人成效　/271

- 参考文献 - /275

- 附　录 - /287

附录一　乌兰牧骑部分重要政策和法律法规选辑　/287

附录二　部分乌兰牧骑管理者、艺术家的相关研究　/323

- 后　记 - /332

在蒙古语中,"乌兰"一词为"红色"的意思,象征着光明与革命,"牧骑"是"嫩芽"的意思,引申为文化工作队,合起来,"乌兰牧骑"意为"红色文化工作队"。作为内蒙古自治区农牧区公共文化服务体系的重要组成部分,乌兰牧骑取得的成就是巨大的。自1957年创建以来,全区各地乌兰牧骑坚持"队伍短小精干、队员一专多能、节目小型多样、装备轻便灵活"的轻骑队特点,发挥"演出、宣传、辅导、服务"的建队职能,根植基层、艰苦奋斗、无私奉献,累计行程130多万千米,辅导农村、牧区业余文艺骨干74万人次,为农牧民和各族群众演出36万多场次,各族观众总数达2.6亿人次,创作演出13000多个节目,有2000多个节目在盟市和自治区获奖,有130多个节目在全国获奖,向国家和自治区各级文艺团体与文化单位输出了3700多名文艺骨干,每年为农牧民和各族群众演出服务不少于8000场次。新时期以来,面对国家文化大发展大繁荣的历史重任和建设民族文化强区的目标任务,乌兰牧骑不断适应自治区经济社会快速发展、构建和谐内蒙古的新要求,抓住建设新农村新牧区、建设公共文化服务体系等一系列发展机遇,探索着新的突破。

第一章　对乌兰牧骑的调研

2022年8月，作者在内蒙古自治区赤峰市调研乌兰牧骑，与原内蒙古自治区乌兰牧骑协会副主席朱嘉庚老先生，现内蒙古自治区乌兰牧骑学会会长吉日嘎拉，翁牛特旗乌兰牧骑原队长张成富、孙普，现任队长吴恩合影留念

第一节　乌兰牧骑试点工作

乌兰牧骑是党和国家民族文化政策指导下的产物。

一、乌兰牧骑试点工作的背景

中华人民共和国成立初期，党和国家针对少数民族地区发展滞后的问题出台了一些重要政策。以1949年9月29日通过的《中国人民政治协商会议共同纲领》为精神依据，党和国家提出，中华人民共和国的民族政策，不仅在于保障各民族在政治、经济、文化以及社会生活各方面的平等权利，而且在于帮助各少数民族发展其政治、经济和文化教育的建设事业，并逐步地改变其落后状态，逐步地达到事实上的平等，要诚心诚意地积极帮助少数民族发展经济和文化事业，要依据各地实际情况和条件，采取必要的、适当的办法发展少数民族文化。

组建文艺团体是中华人民共和国成立之后发展少数民族文化事业的重要渠道。在党和国家民族文化政策的指导下，经周恩来总理要求研究一种能够满足基层群众文化生活需要的办法、建立相应队伍的指示，时任中共内蒙古自治区党委第一书记、内蒙古自治区人民政府主席的乌兰夫同志向自治区党委政府和宣传文化部门传达了周恩来总理的指示精神并把满足内蒙古牧区群众文化需求当作重要问题提上日程。1957年3月1日，内蒙古自治区文化局（现为内蒙古自治区文化和旅游厅）社会文化处向局党组提交了《关于开展乌兰牧骑试点工作方案》，提出：从牧区特点出发，在牧区和半农半牧区建立小型的、流动的、综合性的文化工作队，名称叫乌兰牧骑。1957年4月9日，在布赫同志的主持下，内蒙古自治区文化局党组召开会议，认真分析了内蒙古文化工作现状，特别是在基层文化建设方面存在的突出问题，做出了关于在牧区进行文化服务试点的决定。1957年5月初，乌兰夫主席在总结内蒙古工作时指出，在文化建设工作中存在的主要问题是缺乏周密的、系统的调查研究，有些工作不能很好地根据民族和地区的特点来贯彻执行党和国家的总的方针、政策。内蒙古自治区文化局根据乌兰夫主席的指示精神，组成工作组赶赴锡林郭勒盟苏尼特右旗、正蓝旗、正镶白旗以及乌兰察布盟达茂旗①等地进行全面深入的实地调查，经过调研分析，做出了在牧区进行文化服务试点、组建一支"装备轻便、组织精干、人员一专多能、便于流动"的小型综合文化工作队的决定。同年5

---

① 即现包头市达尔罕茂明安联合旗，1956年，划属乌兰察布盟，1996年5月18日，国务院批准达尔罕茂明安联合旗划归包头市管辖。

月27日，经内蒙古自治区副主席哈丰阿同志亲自签名批示的《乌兰牧骑试点计划》《乌兰牧骑工作条例（草案）》，经由内蒙古自治区人民政府批准由文化局以文件形式印发执行。按照试点计划，1957年5月28日至8月11日，乌兰牧骑试点工作首先在昭乌达盟（今赤峰市）翁牛特旗和锡林郭勒盟苏尼特右旗展开。内蒙古自治区文化局组成包括于纯斋、达瓦敖斯尔、刘英男、图布新、张敏、庆来、吴魁以及时任苏尼特右旗旗长朝克巴达拉胡和旗委宣传部部长明干等同志在内的试点工作组，指导和参加苏尼特右旗的文化试点工作。

二、乌兰牧骑试点工作开始及成功

1957年6月17日，苏尼特右旗旗委政府在其所在地温都尔庙文化馆举行了隆重的试点乌兰牧骑建队典礼。时任旗委宣传部部长明干同志宣布苏尼特右旗乌兰牧骑正式成立。

试点队经过精心挑选，组成了包括乌力吉陶克套、伊兰等10名队员及2名车夫在内的第一支乌兰牧骑队伍，准备了小剧《两朵红花》《为了孩子》、乐器合奏《阿苏如》《八音》、好来宝《党的关怀》《宏伟的计划》《幸福路》、舞蹈《挤奶姑娘》、蒙古语相声和民歌演唱等十多个节目和相关展览图片、画报、图书，于1957年6月18日乘坐着两辆胶轮车离开旗委政府所在地温都尔庙，在苏尼特右旗全旗进行了为期两个月的文化活动。当时，苏尼特右旗乌兰牧骑和试点工作组共12人乘坐两辆胶轮车，携带十几个节目的演出道具及帐篷，从温都尔庙出发，在全旗各地进行了为期两个月的巡回演出。队员们个个身兼数职，有的既是歌剧演员，又是舞蹈演员；有的既是报幕员，又是演奏员。他们在演出前后还要当展览讲解员、售书员、业余文艺辅导员、民歌搜集员、摄影员、播音员、理发员。全队每个成员充分发挥一专多能的专长，边走边演，无论是定居点还是放牧点，只要有牧民就演出，哪怕只有一个人。巡演行程3000余里，演出30多场，受到广大牧民群众的热烈欢迎。试点工作结束后，内蒙古自治区文化局充分肯定乌兰牧骑是适合牧区文化工作需要的一种新型的文化工作队，是一种好形式、好办法，试点工作是成功的。

由昭乌达盟（今赤峰市）翁牛特旗文化科和文化馆联合组建的翁牛特旗乌兰牧骑试点工作同样取得了成功。1957年6月25日正式成立翁牛特旗乌兰牧骑，成员包括队长包文儒，队员乌国政、英格等9人，物资包括一辆马车、一盏汽灯、一台幻灯机、四件民族乐器（四胡、竹笛、扬琴、三弦）、20几套民族服装，针对半农半牧地区进行试点工作。翁牛特旗乌兰牧骑试点工作组深入海力苏努图克的哈吐、三进嘎查进行试点，为全区半农半牧地区建立乌兰牧骑提供了极为可贵的经验。

1958年1月10日，内蒙古自治区人民委员会正式批准下发内蒙古自治区文化局《关于在牧区和半农半牧区建立乌兰牧骑的报告》。从此，乌兰牧骑这朵艳丽的民族文化之花迅速地在辽阔的内蒙古草原上开放。1958年，建立7支乌兰牧骑。1959年，建立5支乌兰牧骑。1960年，建立2支乌兰牧骑。

经过苏尼特右旗乌兰牧骑和翁牛特旗乌兰牧骑两处首创试点工作，证明乌兰牧骑的演出、宣传、辅导、服务能够适应内蒙古的牧区和半农半牧区的特殊情况，能够满足牧民群众的基本文化需求，内蒙古决定在全区的牧区和半农半牧区推广乌兰牧骑试点工作经验。乌兰牧骑的创建，为内蒙古的民族文化建设开辟了一条崭新的道路。

2022年8月，作者采访全国文化系统先进工作者、
原赤峰市文化局局长、翁牛特旗乌兰牧骑老队员乌国政老先生

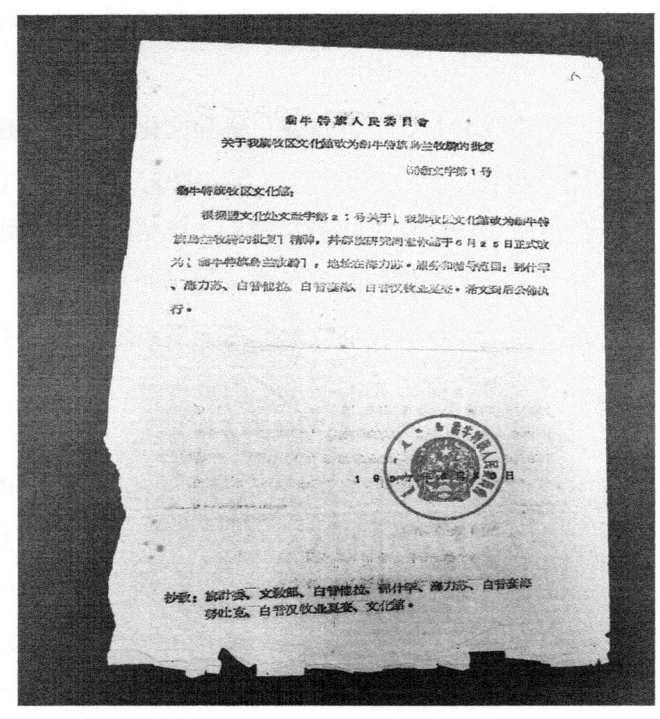

1957年翁牛特旗乌兰牧骑成立批复（作者摄于2022年8月）

第二节　乌兰牧骑的性质定位

乌兰牧骑的创立和发展，是党的民族政策和文化方针同内蒙古实际相结合的实践典范，是自治区社会主义文化建设的一大创举。1957年5月27日，经内蒙古自治区副主席哈丰阿同志签批的《乌兰牧骑工作条例（草案）》由内蒙古自治区以文件的形式予以印发，1958年1月内蒙古自治区人民委员会正式批准下发了内蒙古自治区文化局《关于在牧区和半农半牧区建立乌兰牧骑的报告》，乌兰牧骑这种红色文化工作队便在牧区和半农半牧区普遍建立起来，之后逐步推广到内蒙古各旗县。1985年8月28日，内蒙古自治区人民政府正式颁布《内蒙古自治区乌兰牧骑工作条例》，切实加强和推动了乌兰牧骑的建设和民族文化事业的快速发展。2019年9月26日通过的《内蒙古自治区乌兰牧骑条例》更是标志着乌兰牧骑跨入依法建设发展的新时代，对于发扬乌兰牧骑优良传统、弘扬乌兰牧骑精神、推动乌兰牧骑事业发展，推动社会主义先进文化和优秀民族文化繁荣兴盛，满足人民群众日益增长的美好生活需要的新使命具有重要价值和意义。

一、乌兰牧骑的工作构成

（一）乌兰牧骑的性质及工作内容

1957年5月27日《乌兰牧骑工作条例（草案）》出台，条例把乌兰牧骑定性为：乌兰牧骑是政府为开展牧区的民族的群众文化工作、活跃民族的群众文化生活而设立的综合性的基层文化事业机构。它以机动灵活、富有民族风格的文化宣传形式，向牧区的劳动人民群众进行宣传服务与辅导活动，并继承和发扬民族文化遗产，从而满足牧民群众的文化需要。

1985年8月28日颁布的《内蒙古自治区乌兰牧骑工作条例》把乌兰牧骑的工作性质概括为：乌兰牧骑是在党的文艺方针和民族政策的指引下，结合内蒙古实际创建起来的一支以演出为主的综合性文化工作队，属文化事业单位。主要从事社会主义文化艺术的普及工作。乌兰牧骑以队伍短小精干、队员一专多能、节目小型多样、装备轻便灵活等组织形式，为当地各族农牧民服务。

2009年12月8日，内蒙古自治区全区乌兰牧骑工作会议在呼和浩特市召开，乌兰牧骑被认定为公益性文化事业单位，是基层公共文化服务体系的重要组成部分，由各级政府主导并提供财政保障。

根据1985年《内蒙古自治区乌兰牧骑工作条例》的规定及2009年全区乌兰牧骑工作会议的精神，乌兰牧骑在性质上而言是公益性文化事业单位，主要从事社会主义文化艺术的普及工作，以演出为主，兼做宣传、辅导和服务工作。各支乌兰牧骑以当地各族农牧民为主要服务对象，其演出创作突出时代精神，反映自治区各族人民在社会主义现代化建设中团结建设的风貌，也创作反映革命历史题材的作品，并重视继承和挖掘、整理民族民间艺术遗产。

2019年9月26日内蒙古自治区第十三届人民代表大会常务委员会第十五次会议通过的《内蒙古自治区乌兰牧骑条例》规定，旗县级以上人民政府依法设立的乌兰牧骑，属于公益一类事业单位。乌兰牧骑是面向基层、面向群众，具备先进性、群众性、民族性、时代性，队伍短小精干、队员一专多能、节目小型多样的文艺工作队。乌兰牧骑应当坚持以习近平新时代中国特色社会主义思想为指导，坚持为人民服务、为社会主义服务的方针，坚定文化自信，以社会主义核心价值观为引领，发扬深入基层、艰苦奋斗、守望相助、甘于奉献的优良传统，推进优秀民族文化传承和创新。

根据1985年《内蒙古自治区乌兰牧骑工作条例》的规定，一般地区的乌兰牧骑每年深入基层活动的时间要不少于6个月，演出120场；高寒地区和自治旗乌兰牧骑每年深入基层活动的时间要不少于5个月，演出100场。2019年《内蒙古自治区乌兰牧骑条例》则规定，乌兰牧骑应当以深入农村牧区、边远地区、基层单位演出为主，每年最低演出场次由旗县级以上人民政府文化行政主管部门结合乌兰牧骑服务能力和范围确定。

（二）乌兰牧骑的体制

1. 组织系统及人员构成

根据1985年《内蒙古自治区乌兰牧骑工作条例》的规定，乌兰牧骑在内蒙古牧区、半农半牧区、边境地区旗县和自治旗建立，受当地政府文化主管部门的领导，业务上受上级文化主管部门的指导。乌兰牧骑的建立与撤销，须经自治区文化厅商同有关部门审核批准。

乌兰牧骑以队伍短小精干而闻名，每支乌兰牧骑的内部编制都有一定限制。1957年《乌兰牧骑工作条例（草案）》规定："乌兰牧骑的组织分工及人员配备，应根据方针、任务所需，适应所在旗群众文化工作的发展。视现有条件，可设下列人员：主任1—2人，歌舞人员3—4人，说唱艺人

1—2 人，宣传人员 2—3 人，搜集编创人员 1—2 人。"也就是说，根据实际情况，乌兰牧骑的在编人员可以为 8—13 人。乌兰牧骑的内部编制随着时代的发展经历了一个变化过程。

1985 年《内蒙古自治区乌兰牧骑工作条例》规定，乌兰牧骑编制一般定为 25 人，自治旗可定为 30 人。乌兰牧骑也可根据自治区有关规定和实际需要，采取合同制或聘用制充实队员。

乌兰牧骑设队长、副队长、编导各一名，实行队长负责制，队长有行使人事、财务、管理等方面的自主权。乌兰牧骑实行岗位责任制，有完备的政治、文化、业务学习以及创作、演出、深入生活、基本功训练、考勤制度。

乌兰牧骑队员的主要来源为艺术院校的毕业生和当地选拔的确有特长者，所有录用者均实行一定时间的试用期，期满合格者即可按照规定手续转为正式队员。同时，各地乌兰牧骑也可按照自治区有关规定和实际需要，采取合同制或聘用制充实队员。乌兰牧骑管理正规化，演出队伍相对比较稳定。

在此基础上，2019 年颁布的《内蒙古自治区乌兰牧骑条例》更加强调乌兰牧骑人员力量与职能任务的科学性、灵活性、适应性，第十条规定："乌兰牧骑编制的核定，应当综合考虑其服务范围、人口规模和所在地区经济社会发展水平等因素，保证乌兰牧骑充分履行职能。乌兰牧骑在当地文化、人力资源和社会保障等部门指导监督下，可以自主公开招聘编制内队员；对特殊人才可以通过专家评估和专业技能考核等方式择优聘用。乌兰牧骑招聘编制外队员的，应当依法签订劳动合同，缴纳社会保险费。"

2. 乌兰牧骑的奖励措施及福利待遇

按照 1985 年颁布的《内蒙古自治区乌兰牧骑工作条例》的规定，乌兰牧骑中从事演出、创作的人员，按照专业文艺团体编定的职称系列评定职称。对于长期从事乌兰牧骑工作成绩显著或有特殊贡献的队员，经盟市文化主管部门考核，可给予精神或者物质奖励。对获得国家奖或国际奖的优秀队员，则按照国家有关规定予以特别奖励。在政治、生活福利等方面，乌兰牧骑队员享受旗县文化艺术事业单位工作人员的待遇。

2019 年颁布的《内蒙古自治区乌兰牧骑条例》第十七条、第二十三条进一步表述为：旗县级以上人民政府应当加强对乌兰牧骑履行职能的监督检查，建立健全考核评价制度，并将考核评价结果作为确定补贴或者奖惩的依据。旗县级以上人民政府对在乌兰牧骑事业发展中做出突出贡献的组织和个人，按照国家和自治区有关规定予以表彰、奖励。

（三）乌兰牧骑的设施及经费来源

按照1985年颁布的《内蒙古自治区乌兰牧骑工作条例》的规定，乌兰牧骑的排练室、办公室、集体和家属住房、服装和乐器仓库、伙房、车库等设施的建设应纳入自治区和地方的基建计划，有关领导部门要积极创造条件，统筹解决。根据乌兰牧骑开展演出、宣传、辅导、服务等项活动的需要，自治区及当地政府应逐步增加必需的业务费、设备和交通工具。乌兰牧骑的经费由各级地方财政拨给，乌兰牧骑是独立的预算单位，受地方财政和文化主管部门的监督。乌兰牧骑在牧区、边境地区、山区、老区演出一般不收费，而参加那达慕大会、物资交流会、外事或其他演出则可按照规定收费或售票。

2019年颁布的《内蒙古自治区乌兰牧骑条例》第七条、第十三条规定：旗县级以上人民政府应当将乌兰牧骑事业发展纳入国民经济和社会发展规划及年度计划，所需经费列入本级财政预算。旗县级以上人民政府应当设立乌兰牧骑事业发展专项经费，用于乌兰牧骑创作、演出和培训等项目。自然人、法人或者其他组织可以向乌兰牧骑捐赠财产，受赠财产应当用于发展乌兰牧骑公益事业。旗县级以上人民政府应当保障乌兰牧骑排练演出所需的场所、设施设备和交通工具。

二、乌兰牧骑的演出

演出是乌兰牧骑工作的主要内容之一。早期，乌兰牧骑队员个个一专多能，吹、拉、弹、唱、舞无所不会；乐器简单轻便，全队只需一辆马车便能拉走，因而被誉为"一辆马车上的文化工作队"。这种精干的文化工作队,演出不受场地、舞台、布景等限制,随时随地可演。具体而言,在演出方面,乌兰牧骑表现出如下一些特点。

(一)演出形式

乌兰牧骑面向基层、深入牧区和半农半牧区进行流动演出。因内蒙古地广人稀、交通闭塞及牧区牧民居住分散并四季转场游牧等原因,为满足群众经常性的文化需求,乌兰牧骑创造了队伍短小精干、队员一专多能、装备轻便灵活的组织形式和"集体巡回、点上开花"、点面结合、集结成网的流动演出活动形式,灵活轻便,可分可合,选择牧业社、互助组等聚居点为固定巡回点和辐射点集中演出,对聚居点附近的牧点、草场、蒙古包和田间地头进行分散演出。每年夏季、秋季时节,他们便会走苏木、串嘎查,深入草原、戈壁、沙漠等较为偏僻、经济滞后的地区进行公益演出,并且一直坚持贯彻旗县要求的乌兰牧骑每年深入基层活动时间不少于六个月,至少演出100场,对于处在较为偏远的沙漠、戈壁地区的牧民更是服务的重点对象。在牧区和半农半牧区之外,乌兰牧骑还深入林区、农村、工矿、部队和边防哨所巡回演出。这种流动演出形式符合开展牧区群众工作的客观规律和要求,便于传播社会主义文化,活跃基层文化生活,提高牧民群众的社会主义思想觉悟,使社会主义的新文艺快速占领牧区的角角落落,同时也培养了乌兰牧骑演职人员的适应能力。

(二)演出内容

乌兰牧骑的演出内容主要是工农兵的真实生活。乌兰牧骑的演出是为大众服务的艺术、为人民服务的艺术,因此,节目编演多是以民族艺术形式编创演出的具有政治性、时代性的新内容、新题材的艺术作品,这类作品紧密配合革命斗争和中心工作,往往具有鲜明的"国家+草原"主题特色,内容包括歌颂党、歌颂毛主席、歌颂社会主义新人新事和社会主义建设的伟大成就、歌颂人民军队、歌颂民族团结、表现现实生活和赞美新牧区等。节目将民间艺术形式融入政治宣传的表演之中,使表面上对立的组织形式达成了某种程度上的一致性，将民间与官方、民族与国家自然而然地融合在了一起，起到了宣传国家方针政策、弘扬主旋律、塑造价值观、提振社会建设创造力的积极作用。此外，传承民族文化、扎根民族艺术的作品也是乌兰牧骑演出的重要内容。乌兰牧骑日常下乡演出以民族传统民歌、舞蹈、说书、二人台等表演为主，其次是在传统节目素材基础上创新和改编的节目。乌兰牧骑注重向民间老艺人搜集整理民歌、民间故事、传说、好来宝，或者直接向老艺人学唱草原民歌，充实到日常表演中。而改编演出的作品往往是在原民歌或者民间舞蹈的基础上，改编成小型歌舞或者小戏剧演出。

（三）演出节目类型

乌兰牧骑的演出节目大、中、小型结合，以小型为主，多样、精干、灵便。乌兰牧骑成立初期，基层演出节目形式比较单一，以民间传统歌舞表演为主，是单纯的民歌、舞蹈加器乐伴奏表演。为了表现更丰富的生活，满足牧民群众文化需求和提升牧民群众审美品格，乌兰牧骑不断创新节目类型，丰富节目形式，不仅有歌、舞、乐、诗朗诵、小歌剧及受广大牧民欢迎而又得到创造和发展的民族说唱形式"好来宝"，而且还有把歌、舞、乐、说、演等多种形式综合在一起，以表现乌兰牧骑进行文化活动的缩影的演出形式；不仅有齐唱、合唱、独唱、对唱，而且有自拉自唱和边舞边唱；不仅有独奏、重奏、齐奏、合奏，而且有边唱边奏、边说边奏和边表演边奏；不仅有单人舞、双人舞、集体舞，而且有载歌载舞和边说边舞，极大地丰富了传统民族音乐的体裁形式，而且更有故事性。无论何种表演形式，基本都是在原民歌和民族民间艺术基础之上演变而来，这也成为后来乌兰牧骑艺术创演最主要、最核心的方法。这样的表演形式基本能够满足 20 世纪中叶文化生活匮乏的草原牧民群众的文化需求。

（四）表演风格

乌兰牧骑追求以生活化为主的多样化的现实主义表演风格。20 世纪五六十年代，艺术创作多以反映现实主义为主题，以人民群众喜闻乐见的方式进行艺术展现，追求健康、自信、向上的艺术精神。这同样是乌兰牧骑在这一时期的艺术追求。乌兰牧骑的表演主体来自牧区、农村，熟悉民族民间艺术，深谙民族民间艺术的表现手法，具备劳动人民的思想品格；表演内容多表现农牧民的劳动生活、身边的真人真事，农牧民的生产生活情状、动作在音乐、舞蹈等各类演出作品中或经过加工得以艺术化地呈现，或原汁原味地自然呈现，生活与艺术融为一体；演出空间则多为田间地头、牧区草场、蒙古包内，偶见于室内舞台。乌兰牧骑的演出实现了表演主体、表演内容和演出空间的内外和谐一致、浑然一体，再加上演出作品使用亲切朴实的群众语言、生活化的肢体动作，塑造淳朴自然的劳动人民艺术形象，演牧民像牧民、演农民像农民，传达出质朴浓烈的民族民间生活气息，形成了民族风情独特、生活气息浓郁、时代特点鲜明、群众喜闻乐见、形式新鲜活泼的地道"中国作风"表演风格。

（五）演出数量

乌兰牧骑的演出场次、节目数量缺乏确切的数据统计。乌兰牧骑随时随地进行演出，因而创造了短小精干的队伍组织形式，每支乌兰牧骑队伍的演职人员一般规定为12人，人人一专多能，便于"轻装上阵"。自1957年第一支乌兰牧骑——苏尼特右旗乌兰牧骑建队至1969年9月武川县乌兰牧骑建队，内蒙古全区各旗县有60支乌兰牧骑先后建队，按照每年至少下乡演出100场以及参加各种会演、调演、慰问演出、交流演出，再加上1965—1966年全国巡演，粗略估算这一时期乌兰牧骑演出场次超过20000场。但因三年困难时期和"文化大革命"造成的发展阻碍以及文献资料留存少、第一代乌兰牧骑队员基本离世（目前仅有三位老队员在世且均已80多岁高龄）等诸多主客观原因，造成20世纪五六十年代乌兰牧骑的演出场次及节目数量没有确切的数据统计和记载。仅以乌兰牧骑发展史上第二支乌兰牧骑——翁牛特旗乌兰牧骑为例，自1957年建队至1964年，短短七年时间就为牧民演出高达800多场，用蒙古语说书100多场，演出文艺节目 280 多个，由此可见乌兰牧骑的演出场次及节目数量之众多。

按照 1985 年《内蒙古自治区乌兰牧骑工作条例》中对乌兰牧骑的工作安排，高寒地区和自治旗乌兰牧骑每年深入基层活动的时间要不少于五个月，演出 100 场。历年来，乌兰牧骑深入基层的演出场次基本保持在年均 100 多场。20 世纪 60 年代至 70 年代中期，每一年中至少有半年的时间是在基层演出。20 世纪 60 年代，乌兰牧骑的队员们开军车拉设备，走到哪演到哪，深入基层演出年均达到 200 场；20 世纪 70 年代至 90 年代，逐步减少为年均 120 场；目前，基本保持年均演出 100 场。20 世纪 70 年代中期以来，为了在我国传统的春节期间为基层农牧民送去精神食粮，每年的 1—2 月是乌兰牧骑深入基层演出最多的时期。

（六）演出阵容

乌兰牧骑的演出特色在于节目小型多样、队员一专多能。从 1965 年到 1986 年，是乌兰牧骑保持其演出鲜明特色的最佳时期，20 世纪 80 年代后期以来，受市场经济的严重影响，乌兰牧骑的演出出现了贪大、贪豪华、贪专业性等弊病。

以自治区直属乌兰牧骑为例，从建队之初到现在，自治区直属乌兰牧骑的演出阵容最小为 15 人 / 场，最大为 50 人 / 场。建队之初，乌兰牧骑基本保持着舞蹈演员 8 男 8 女、乐器手 7 人、声乐演员 3 人、其他人员一专多能的演员结构。到 20 世纪 70 年代，随着演出任务的加重，舞蹈演员增加为 10 男 10 女，声乐演员增加为 6 人。20 世纪 80 年代到 90 年代初，演员阵容更加庞大，舞蹈演员增加到 30 多人。20 世纪 90 年代后期，由于市场经济的影响，演员人数出现了下滑的趋势。纵观自治区直属乌兰牧骑的发展历程，1974—1986 年是其发展的黄金时代，出现了拉苏荣、那顺、朝鲁、苏都、牧兰、娜布沁花、满子、王英等众多国内外知名歌唱家。

目前，乌兰牧骑的发展思路是回到乌兰牧骑的历史风格上来，即结合吹、拉、弹、唱的节目结构，以蒙古族小型歌舞为主，发挥乌兰牧骑演出节目小型多样、队员一专多能的传统特色。

（七）演出服务类型

乌兰牧骑在演出服务方面表现为如下多种演出服务类型：

（1）下基层演出：这是乌兰牧骑的主要演出任务之一。到厂矿、企业、学校、部队、边防、苏木、嘎查，到旗县、村演出是乌兰牧骑服务基层的基本形式，也是充分体现乌兰牧骑公益性质的举措。60多年来，乌兰牧骑始终保持着这一本色。以内蒙古自治区直属乌兰牧骑为例，1977年8月13日—9月13日，自治区直属乌兰牧骑组织了庆祝自治区成立30周年边防慰问团，由时任内蒙古自治区革命委员会副主任沈新发担任团长，先后到达巴彦淖尔盟（今巴彦淖尔市）、锡林郭勒盟，宁夏回族自治区、甘肃省等地，访问了边防部队、哨所等。

（2）各类慰问演出：这类演出既活跃了当时的文艺舞台，又把内蒙古优秀的民族文化传播到全国各地，发扬了乌兰牧骑精神。如1968年10月23日至1969年1月3日期间，应北京军区[①]邀请，自治区直属乌兰牧骑赴北京，分别在北京展览馆礼堂、京西宾馆为北京军区四好连队代表大会演出。在此期间，应北京军区推荐，在中共八届十二中全会召开期间为参会代表进行了演出，中央领导人叶剑英、刘伯承、徐向前、聂荣臻等观看了演出。后应中央军委邀请，自治区直属乌兰牧骑为全军团以上干部学习班进行了演出。这次赴京期间共计演出70场，观众达14万人次。

1977年9月23日—10月24日，乌拉特中旗乌兰牧骑赴西藏慰问演出23场，观众达2.6万人次。途经北京、成都时，为首都机场、中共中央统战部、毛主席纪念堂、成都军区等部门单位共演出8场，观众达1万多人次。

（3）接待演出：主要为自治区大型庆典或国家领导人视察工作时的接待演出，一般时间不固定。如1968年9月20日，自治区直属乌兰牧骑在

---

① 原为中国人民解放军七个大军区之一，2016年2月，七大军区调整为五大战区，北京军区、成都军区等番号撤销。

呼和浩特市新城宾馆为参观内蒙古伊克昭盟（今鄂尔多斯市）乌审召牧业生产情况的马里国家总理一行10人进行了演出，时任国务院副总理陈毅陪同观看演出。

（4）国家重大活动演出：在国家重大活动中演出体现了乌兰牧骑弘扬主旋律的演出风格，显示出强烈的思想和艺术光芒。如1978年10月1日，乌兰牧骑参加首都庆祝中华人民共和国成立29周年文艺演出活动，在首都体育馆演出了大型歌舞节目《草原的春天》，党和国家领导人邓小平、叶剑英等观看了演出。1982年9月2日—8日，在国家体委（今国家体育总局）于呼和浩特市举行的第二届全国少数民族传统体育运动会上，自治区直属乌兰牧骑分别于大马路体育场、公园旱冰场、乌兰恰特剧场、民族艺术厅等处演出6场民族歌舞，观众达11万人次。

（5）"三下乡"演出："三下乡"即让农村了解文化、科技、卫生等方面的知识，促进农村文化、科技、卫生事业的发展。1996年12月，中央宣传部、国家科委、农业部、文化部等十部委联合下发《关于开展文化科技卫生"三下乡"活动的通知》。1997年，"三下乡"活动在全国正式开始实施。乌兰牧骑随自治区政府安排的政府代表团赴全国各地进行演出。

（6）文艺会演：这类演出可以充分展示乌兰牧骑的精神面貌，对于进一步鼓励文艺工作者坚持乌兰牧骑方向、发扬乌兰牧骑作风、繁荣发展民族文艺具有巨大的指导作用。既是各支乌兰牧骑演出水平的展示，也是各支乌兰牧骑代表队演出能力的比拼。如1971年5月23日，内蒙古自治区革命委员会在呼和浩特市举行全区乌兰牧骑会演；1972年3月22日—4月7日，为纪念毛泽东同志《在延安文艺座谈会上的讲话》发表30周年，内蒙古自治区文化局在呼和浩特市举行了全区乌兰牧骑文艺会演；1973年10月5日—23日，内蒙古自治区文化局在呼和浩特市举行全区歌舞、小剧观摩演出，四子王旗乌兰牧骑、武川县乌兰牧骑、乌拉特中旗乌兰牧骑、自治区直属乌兰牧骑等参加了这次会演。

（7）文艺调演：文艺调演即从各地调集比较优秀的文艺作品到一起演出。如1974年1月23日，自治区直属乌兰牧骑赴北京参加国务院文化组举办的华北地区文艺调演，为首都观众演出41场。

（8）汇报演出：这是乌兰牧骑将排演的新剧目、优秀剧目或专题节目组织进京演出或为上级主管部门或艺术界暨广大观众演出的一种形式。如1974年1月，乌兰牧骑赴石家庄、天津进行汇报演出，演出26场，观众达4万人次。同年2月28日回到呼和浩特市，为全市各族人民进行了汇报演出。汇报演出检阅了乌兰牧骑的成就，发扬了乌兰牧骑的优良作风和革命精神。

（9）国际友好访问演出：60多年来，乌兰牧骑艺术团的足迹走遍祖国的大江南北，并代表祖国出访亚洲、非洲、美洲、欧洲地区的50多个国家。

20世纪六七十年代，乌兰牧骑出国演出较少，20世纪80年代是出国演出最多的时期。如1974年11月5日—13日，自治区直属乌兰牧骑的牧兰参加由国家外贸部副部长柴树藩率领的中国友好参观团，赴法国参加北京—卡拉奈—巴黎国际班线正式开航庆祝活动。1981年5月21日—6月3日，以内蒙古自治区人民政府时任副秘书长金海如为团长的内蒙古乌兰牧骑艺术家小组一行六人（成员为牧兰、拉苏荣、图力古尔、敖德木勒、德德玛），赴日本进行友好访问演出，拉开了乌兰牧骑单独组团出访演出的序幕。1984年10月21日—11月21日，乌兰牧骑部分演员参加当时的文化部组织的中国民族艺术团，赴阿尔及利亚、卢森堡、比利时和捷克斯洛伐克进行友好访问演出。1984年11月12日—12月11日，乌兰牧骑部分演员参加自治区组织的内蒙古青年联合会乌兰牧骑代表团，赴日本进行友好访问演出。1985年4月5日—23日，自治区直属乌兰牧骑的敖德木勒参加中国艺术家代表团，应邀赴朝鲜民主主义人民共和国进行访问演出。1985年12月18日—29日，乌兰牧骑部分队员组成的中国内蒙古艺术团一行32人，赴蒙古人民共和国首都乌兰巴托进行友好访问演出。

乌兰牧骑的国际文化交流讲中国故事，宣传中国的社会主义建设和中华民族艺术，为中外文化交流做出了贡献。在国际文化交流活动中，内蒙古自治区直属乌兰牧骑承担和发挥了主力军作用。

（10）全国巡演：乌兰牧骑的全国巡演为增进民族团结、促进社会主义精神文明建设、加强民族文化艺术交流和宣传、推动乌兰牧骑队伍的建设、推广乌兰牧骑的建设经验做出了贡献。

全国巡回演出一般形式比较灵活，参加人员较少，服务对象为边防哨所、城市、各地基层、敬老院、残疾人团体等，最远曾到达西沙群岛为边防哨所演出。

乌兰牧骑发展史上有两次大型全国巡回演出，足迹遍布全国31个省、市、自治区。

第一次是1965年6月1日—1966年1月15日。遵照周恩来的指示，作为主办单位，文化部在1965年4月安排了乌兰牧骑的全国巡回演出。内蒙古自治区文化局从全区的乌兰牧骑中选出了最好的队员组成三个代表队，到全国进行巡回演出，到达包括北京市在内的27个省、市、自治区，历时七个半月，总行程10万多千米，演出600多场，观众上百万人次。

第二次是2001年12月—2002年3月。2001年12月28日，由中宣部发文，在呼和浩特市举办授旗仪式，开始了"乌兰牧骑全国行"第二次全国巡演。由自治区直属乌兰牧骑和旗县乌兰牧骑组成两个演出团，历时四个月，到达北京、河南、山东、江苏、上海、浙江、福建、广东、广西、湖南、山西、陕西等12个省、市、自治区开展演出，包括中央电视台在内的共42家新闻媒体宣传报道了演出情况。

（11）商业演出：1988年4月25日—11月25日，伊克昭盟（今鄂尔多斯市）杭锦旗乌兰牧骑赴宁、陕、晋所辖8个县和本盟7个旗9个苏木乡镇进行商业巡回演出，历时7个月，共演出106场，观众达4.8万人次，演出收入为38900元。

三、乌兰牧骑的特点

乌兰牧骑在继承发展民族传统文化、丰富民族艺术宝库、培养优秀民族艺术人才等方面取得了优异成绩，作为边疆地区基层建立的以演出为主的文化事业单位，乌兰牧骑具有多样化的特色和功能，尤其突出表现为如下特点：

（一）公益性

乌兰牧骑是结合内蒙古实际创建起来的以演出为主，兼有宣传、辅导、服务功能的专业艺术表演团体，始终不以营利为目的，始终把社会效益放在首位，是国家重点扶持的公益性文化事业单位。当前，在活动方式上，乌兰牧骑强调积极参加农牧区公共文化服务体系建设，建立健全乌兰牧骑农牧区巡回活动网络，逐步形成适应农牧区新变化的长效服务机制。

（二）基层性

乌兰牧骑的定位非常明确，基层乌兰牧骑从属于旗县，主要面向基层演出、服务，满足基层农牧民对文化艺术的需要，关注基层的现实问题，积极参加基层文化活动，服务地方经济社会。演出队伍短小精干，队员一专多能，节目小型多样，装备轻便灵活，特别适合于在地域辽阔的内蒙古牧区、山区进行巡回演出和文化宣传。当前，在基层服务的内容上，特别强调围绕社会主义新农村、新牧区建设，反映新时代，讴歌新人物，传播新观念，倡导新风尚，不断繁荣具有乌兰牧骑特色的艺术创作和文艺演出，提供更多更好的精神文化产品，不断满足各族农牧民群众日益增长的精神需求与审美需求。

（三）宣传性

乌兰牧骑除演出外，还利用多种宣传形式及时向各族农牧民群众宣传党的路线、方针、政策，宣传国内外形势，宣传好人好事，宣传科技、卫生知识及日常生活新知识，提高农牧民群众的思想觉悟和文化水平。改革开放以来，在确保深入农牧区活动的前提下，乌兰牧骑把以基层公益服务为主与开展经济文化交流结合起来，努力做到了"走下去"与"走出去"统筹兼顾和协调互补。在推动当地改革开放和经济社会发展进程中，充分发挥了乌兰牧骑民族文化品牌优势，"走下去"服务各族农牧民群众，"走出去"开展经济文化交流和开拓国内外市场，宣传内蒙古，扩大了内蒙古的知名度和影响力。

（四）多元功能性

乌兰牧骑有"演出、宣传、辅导、服务"的建队职能，其演出节目大多是自创、自编、自演，节目内容多具有社会主义特色，富有民族特点、地区特点和时代特点，艺术形式多样且强调群众的喜闻乐见。乌兰牧骑在深入农村、牧区演出的过程中，分散或集中地组织、辅导当地群众进行业余文艺演出和创作活动，并根据农牧民的需要和实际情况，开展力所能及的服务活动。当前，乌兰牧骑的多元功能也随着时代的发展而发生着历史性的转变。

（五）时代变迁性

乌兰牧骑已有60多年的发展历程，从1957年内蒙古自治区主席乌兰夫提出的"要解决牧区长期听不到广播，看不到电影、演出、展览、图书的实际情况"的初期服务内容，不断与时俱进地进行适时的方式与内容创新。半个多世纪以来，内蒙古草原上的许多盟、市、旗经历了从游牧、定牧的居住方式到传统社会向现代社会的转型，由改革开放之前单一的意识形态经历了经济化、全球化、多元化、城镇化等一系列现代化转变。经过时代变迁，乌兰牧骑的建队宗旨和传统社会功能没有改变，但其服务形式、服务手段及服务对象则随着社会变迁发生了相当大的变化。过去的演出节目设置及服务内容的单一性特点在当代大为改观，呈现出多元化发展的趋势，使得乌兰牧骑这一特殊团体的表演平台和观众群体发生了较大变化，逐渐演变为内蒙古民族地域文化对内对外传播的代表，甚至多次走上国际舞台，其观众群体也由农牧民扩大到了广泛的社会大众，其身份也由单一的信息传播者变为多元的信息接收者和传播者。乌兰牧骑的内部机制也在不断改革以适应社会变迁的需求。乌兰牧骑不断以新的角度和形式适应社会和时代的变迁，始终保持与社会变迁的步伐相协调。

第三节 乌兰牧骑发展历程及现状

一、乌兰牧骑发展历程

在 60 多年的发展历程中,乌兰牧骑这支红色文艺轻骑兵,心系草原、扎根基层、服务农牧民,在社会主义文艺基层的阵地上,无怨无悔地坚守、付出、拼搏,被誉为"全国文艺战线的一面旗帜"。在这个过程中,如下时间节点成为乌兰牧骑的最大亮点:一是 1957 年 6 月,首创的两支乌兰牧骑正式诞生;二是 1964 年 11 月,内蒙古乌兰牧骑代表队首次进京演出取得空前成功,轰动了首都文化艺术界,引起中央宣传、文化部门的高度重视和中央领导的关注;三是 1964—1966 年《人民日报》等中央新闻媒体对乌兰牧骑进行广泛宣传报道,在北京、天津、河北掀起向乌兰牧骑学习的热潮;四是 1964—1966 年,历任党和国家领导人多次观看乌兰牧骑演出,接见乌兰牧骑队员,其中,毛泽东主席接见三次(1964 年 12 月、1965 年 10 月、1966 年 10 月各一次),周恩来总理接见 12 次(1964 年三次、1965 年五次、1966 年四次);五是 1965 年 6 月至 1966 年 1 月乌兰牧骑三个代表队进行全国巡回演出;六是 20 世纪 80 年代,党和国家领导人为乌兰牧骑题词;七是 20 世纪 90 年代江泽民等党和国家领导人接见乌兰牧骑并题词;八是 2001 年 12 月至 2002 年 3 月乌兰牧骑两个演出团进行"乌兰牧骑全国行"第二次全国巡演;九是 2017 年 11 月,习近平总书记给苏尼特右旗乌兰牧骑队员们回信。

(一)1957—1976 年起步发展中的乌兰牧骑

1. 乌兰牧骑试点成功并在内蒙古自治区全区推广普及

乌兰牧骑是社会主义的产物。1957 年为乌兰牧骑试点之年,苏尼特右旗乌兰牧骑、翁牛特旗乌兰牧骑先后完成试点工作后,1958—1966 年掀起乌兰牧骑建队热潮，共有 65 支乌兰牧骑建队。

1958—1966 年内蒙古乌兰牧骑建队时间表

序号	乌兰牧骑	建队时间	序号	乌兰牧骑	建队时间	序号	乌兰牧骑	建队时间
1	额济纳旗	1958	23	鄂伦春自治旗	1963	45	清水河县	1965
2	镶黄旗	1958	24	新巴尔虎左旗	1963	46	察哈尔右翼后旗	1965
3	东乌珠穆沁旗	1958	25	新巴尔虎右旗	1963	47	察哈尔右翼中旗	1965
4	苏尼特左旗	1958	26	陈巴尔虎旗	1963	48	化德县	1965
5	西乌珠穆沁旗	1958	27	四子王旗	1963	49	多伦县	1965
6	阿巴嘎旗	1958	28	杭锦后旗	1963	50	太仆寺旗	1965
7	阿拉善左旗	1958	29	库伦旗	1963	51	林西县	1966
8	巴彦淖尔市直属乌兰牧骑	1958	30	杭锦旗	1963	52	东胜县（今东胜区）	1966
9	扎兰屯	1958	31	阿拉善右旗	1963	53	巴林左旗	1966
10	突泉县	1958	32	额尔古纳市	1963	54	赤峰县（今赤峰市）	1966
11	鄂托克旗	1959	33	科尔沁左翼后旗	1964	55	和林格尔县	1966
12	巴林右旗	1959	34	磴口县	1964	56	赤峰市	1966
13	莫力达瓦达斡尔族自治旗	1959	35	卓资县	1964	57	扎赉特旗	1966
14	正镶白旗	1959	36	科尔沁左翼中旗	1965	58	宁城县	1966
15	科尔沁右翼前旗	1959	37	达拉特旗	1965	59	准格尔旗	1966
16	达茂旗	1960	38	奈曼旗	1965	60	内蒙古自治区直属乌兰牧骑	1966
17	乌审旗	1960	39	喀喇沁旗	1965	61	凉城县	1966
18	鄂温克族自治旗	1962	40	阿鲁科尔沁旗	1965	62	敖汉旗	1966
19	额尔古纳右旗	1962	41	科尔沁右翼中旗	1965	63	兴和县	1966
20	乌拉特中旗	1962	42	阿巴哈纳尔旗（今锡林浩特市）	1965	64	察哈尔右翼前旗	1966
21	二连浩特市	1962	43	乌拉特前旗	1965	65	五原县	1966
22	扎鲁特旗	1963	44	克什克腾旗	1965			

说明：表中各支乌兰牧骑建队时间来源于原内蒙古自治区文化厅（今内蒙古自治区文化和旅游厅）编著的《乌兰牧骑之路——纪念乌兰牧骑建立四十周年（1957—1997）》（内蒙古人民出版社，1997年版）及各地人民政府网站。

1957—1958年乌兰牧骑队伍的快速建立和在农牧区文化服务的快速推进引起社会媒体极大关注，各类报刊开始大量报道乌兰牧骑的事迹。1959年10月25日，《内蒙古日报》刊登了达日玛所写的《赞扬乌兰牧骑》的文章，第一次详细报道了苏尼特右旗乌兰牧骑全心全意为人民服务的动人事迹。1964年《内蒙古日报》等新闻媒体集中宣传报道乌兰牧骑，3月6日，《内蒙古日报》以"占领和扩大牧区文化阵地，传播社会主义思想"为通栏标题，刊登了《正蓝旗乌兰牧骑在牧区扎下了根》《又红又专的文艺战斗队——翁牛特旗乌兰牧骑散记》《牧区文化生活的新风貌——记正蓝旗牧区业余文化活动二三事》三篇文章，详细报道了第一批乌兰牧骑队员的感人事迹；同时还发表了题为《赞草原上的文化轻骑兵》的评论员文章，全面赞扬和介绍乌兰牧骑在社会主义文化建设中做出的可喜成绩。这是乌兰牧骑在全区各地陆续建队以来，自治区党委机关报《内蒙古日报》第一次如此大幅度地宣传报道乌兰牧骑，它对乌兰牧骑事业的健康发展起到了良好的激励和鼓舞作用，也向区内外宣传了乌兰牧骑。

2. 1964年乌兰牧骑进京演出并轰动文艺界

1964年11月17日，从全区七支乌兰牧骑中抽调组成的乌兰牧骑代表队一行18人，在当时的内蒙古自治区文化局副局长席宣政的带领下，参加在北京举行的全国少数民族群众业余艺术观摩演出。期间，乌兰牧骑代表队的演出引起首都文艺界的轰动。1964年年底至1965年年初，《人民日报》等中央新闻媒体广泛宣传报道乌兰牧骑，先后刊登题为《一辆马车上的文化工作队》《乌兰牧骑——文艺工作者的榜样》《走在为工农兵服务的大道上》的文章宣传介绍乌兰牧骑，还以《轻装上阵》《打成一片》《路是人走出来的》《发扬传统，有所创造》为题盛赞乌兰牧骑全心全意为牧民群众服务的精神，同时充分肯定了内蒙古自治区文艺领域的创新成就。

这次乌兰牧骑进京演出，在北京和周边地区掀起观看乌兰牧骑演出、向乌兰牧骑学习的热潮，尤其是在北京、天津、河北文艺界引起强烈反响。期间，中共中央宣传部、文化部召开多次座谈会，介绍乌兰牧骑经验。河北省派出180多名文艺工作者到北京观看节目，向乌兰牧骑学习。乌兰牧骑代表队在北京期间（一个月），为中央和北京各文艺团体、文艺院校、解放军艺术工作者以及首都业余文艺工作者共演出24场，观众达3.3万多人次。

3. 1965—1966年乌兰牧骑全国巡回演出轰动全国

1965—1966年乌兰牧骑三个代表队的全国巡回演出，向全国各地展示了内蒙古自治区少数民族优秀文化艺术的魅力，增强了民族团结和文化交流，在乌兰牧骑发展史上更是意义深远。此次全国巡演自1965年6月1日至1966年1月15日，历时七个半月，走遍了全国27个省、市、自治区的重点城市、工厂、街道、学校、部队、农村、革命老区等，总行程10万多千米，演出600多场，宣讲30多场，观众达100多万人次，向全国文艺界介绍乌兰牧骑坚持正确的政治方向，全心全意为人民服务、为社会主义服务，深入基层、深入农村牧区，开展社会主义文化普及的经验做法。

乌兰牧骑的全国巡回演出引起各省、市、自治区领导的高度重视，所到之处，中央局和各省、市、自治区党政军的主要领导同志同群众一起观看演出，接见乌兰牧骑队员，并要求本地区宣传、文化部门学习乌兰牧骑的经验，进一步加强基层社会主义文化建设。

各省、市、自治区的新闻媒体广泛报道乌兰牧骑演出、宣传、服务等的先进事迹和经验。新华社派出采访记者组随队及时报道乌兰牧骑全国巡演活动，在全国各地掀起学习乌兰牧骑的热潮。

乌兰牧骑全国巡演对各地文化艺术界影响大、启示多，特别是乌兰牧骑长期深入基层、为基层群众服务的奉献精神，影响了各地的文艺工作者，他们以乌兰牧骑为榜样，纷纷组建小分队到基层演出，热情地为群众服务，决心走乌兰牧骑的道路。乌兰牧骑队员的演出激情和一专多能的本领，也为各地文艺工作者树立了榜样。

1965年10月10日，从河南来到北京参加国庆16周年演出活动的乌兰牧骑巡回演出第二队全体队员，在人民大会堂受到毛泽东、刘少奇、周恩来、朱德、邓小平等党和国家领导人的亲切接见。当毛主席走到乌兰牧骑队列前时,周总理向毛主席介绍说:"这是由十几人组成一个队的内蒙古乌兰牧骑!"毛主席连连称好,频频挥手致意。周总理接着说:"他们除台湾省外,全国27个省、市、自治区都去巡回演出,比我们走的地方还多哇。"毛主席听后与队员亲切握手祝贺,并合影留念。这是毛泽东主席第二次接见乌兰牧骑代表队队员,周恩来总理第四次接见乌兰牧骑代表队队员。

1965年12月10日—16日,乌兰牧骑巡回演出第一队和第三队,分别完成各自的巡演任务回到北京休整,准备总结并向中央汇报演出。1965年12月18日,周恩来总理等领导同志在北京人民大会堂接见乌兰牧骑巡演全体队员,并观看演出,对乌兰牧骑的工作做了许多重要指示,鼓励队员们好好学习业务技能,全心全意地为广大农牧民群众服务。

4. 1967—1976年的乌兰牧骑

1967—1969年,受"文化大革命"的影响,乌兰牧骑遇到空前冲击,全区各地乌兰牧骑基本处于停止活动状态。1970年,凡是保留下来的乌兰牧骑,开始全面学唱演出革命样板戏。1971年3月1日,内蒙古自治区革命委员会发布文件,提出了"关于加强乌兰牧骑建设的几点意见",其要点是:加强政治思想建设、继续整顿队伍、加强创作和基本功训练、加强领导等。在这一文件精神的推动下,各地乌兰牧骑开始恢复开展活动。1972年,为纪念毛泽东同志的《在延安文艺座谈会上的讲话》发表30周年,内蒙古自治区革命委员会第一次以乌兰牧骑为主开展了一系列文艺演出活动。1973年1月24日,内蒙古自治区革命委员会下发《关于乌兰牧骑工作的几项规定(试行草案)》,规定了乌兰牧骑的性质、服务方向、工作任务、队伍和队员、业务要求、创作、组织领导等事项。

(二)1977—1996年改革发展中的乌兰牧骑

1977年是内蒙古自治区成立30周年,乌兰牧骑建立20周年,全区各地乌兰牧骑广泛参加纪念活动和演出。

1978年开始,乌兰牧骑的事业迎来了第二个春天。尤其是中共十一届三中全会确定了以经济建设为中心的政治路线，明确提出了物质文明和精神文明一起抓的战略方针，这极大地促进了乌兰牧骑事业的发展。全区各地乌兰牧骑的事业进入全面恢复、快速发展、巩固提高的阶段，同时也极大地改善和丰富了农村、牧区基层群众的文化生活。

这一时期，乌兰牧骑的发展呈现出如下特点：

1. 队伍发展迅猛，数量不断增多，活动从区内扩展到区外，延伸到国外

1977年，是乌兰牧骑进入发展时期的开局之年。从队伍情况看，据统计，从1977年到1982年10月，全区乌兰牧骑在原有37支的基础上猛增至80支，几乎覆盖了全区所有旗县行政区划地区，形成了恢复和建立发展乌兰牧骑的热潮。

各地乌兰牧骑坚持深入基层开展演出、宣传、辅导、服务活动，并将演出扩展到区外。

牧区的乌兰牧骑，一边恢复队伍，一边以老队员为主、吸收部分新队员，坚持深入基层开展演出、宣传、辅导、服务活动。半农半牧区的旗县或重新组建乌兰牧骑，或合并当地旗县剧团，以当地特色剧目为主，坚持深入基层开展演出、服务活动。

同时，自治区直属乌兰牧骑频繁应邀到其他省、市、自治区慰问演出或参加文艺会演。如1977年8月13日—9月13日，直属乌兰牧骑随内蒙古自治区革命委员会慰问团到宁夏、甘肃等地慰问边防部队，演出一个月；1978年4月15日—5月15日，直属乌兰牧骑到中国进出口商品交易会（简称广交会）演出，受到国内外观众的热烈欢迎；1978年12月11日—28日，赴南宁参加广西壮族自治区成立20周年庆典演出活动，期间，深入基层演出50场，观众达7万余人次。

更为重要的是，这一阶段，乌兰牧骑队员参加国外出访团出国演出，打开了世界舞台演出通道。如1977年4月25日，鄂托克旗乌兰牧骑队员斯琴随中国友好参观团访问了朝鲜民主主义人民共和国；同年10月28日，直属乌兰牧骑队员娜布沁花随中央卫生部和全国妇联代表团访问日本；1978年6月8日—30日，直属乌兰牧骑队员牧兰随全国人大代表团赴委内瑞拉、

墨西哥、巴西访问；同年10月22日—11月15日，由直属乌兰牧骑四名队员（牧兰、吉日木图、拉苏荣、图力古尔）参加的中国内蒙古艺术团出访非洲三国（布隆迪、坦桑尼亚、塞舌尔）。

2. 市场经济体制下的乌兰牧骑改革

根据中央关于推动艺术表演团体体制改革的精神，1984年12月22日—29日，内蒙古自治区文化厅（现为内蒙古自治区文化和旅游厅）召开全区文艺团体体制改革会议，会议围绕《艺术表演团体调整和改革方案》《乌兰牧骑工作条例（草案）》展开研究讨论后作出决定，农区乌兰牧骑（县级乌兰牧骑）逐步地、有计划地改建为旗县级剧团，全区文艺团体实行"一改、两制、四不变"的管理原则。据此，这次会议之后原有的80支乌兰牧骑中仅保留46支乌兰牧骑，其他34支乌兰牧骑改制为剧团。保留的46支乌兰牧骑为：锡林郭勒盟10支旗级乌兰牧骑、呼伦贝尔市7支旗级乌兰牧骑、兴安盟3支旗级乌兰牧骑、通辽市5支旗级乌兰牧骑、赤峰市5支旗级乌兰牧骑、乌兰察布市3支旗级乌兰牧骑、巴彦淖尔市3支旗级乌兰牧骑、鄂尔多斯市6支旗级乌兰牧骑、阿拉善盟3支旗级乌兰牧骑及1支自治区直属乌兰牧骑。

1984年12月，内蒙古自治区下发《艺术表演团体调整和改革方案》后，全区各地乌兰牧骑基本以"三合一"方式探索新的发展模式以应对和适应改革开放浪潮，即坚持深入基层为农牧民群众服务、探索商业性演出模式、挂靠行政单位和企业。

（1）下基层演出：

农村、牧区包产到户等生产方式的改变，给乌兰牧骑深入基层到嘎查、村演出等活动带来新的难题。接待住宿等方面遇到很多不便，但乌兰牧骑克服困难、灵活应对，坚持下基层服务农牧民。

1989年6月27日—9月27日，杭锦旗乌兰牧骑14人组成的小分队，在全旗内深入基层巡演，历时三个月，演出79场，观众达1万多人次。1990年8月10日—10月10日，阿拉善右旗乌兰牧骑在全旗内为13个苏木、嘎查和牧民聚居点巡演71场，还为当地牧民开展理发、修理、销售图书等服务。1991年6月8日—9月23日，科尔沁左翼后旗乌兰牧骑在本旗内深入基层巡演，为期三个半月，演出72场，观众达1万多人次。

据伊金霍洛旗文化局（现为伊金霍洛旗文化和旅游局）1992年统计，伊金霍洛旗乌兰牧骑全年在成吉思汗陵旅游区演出83场，基层巡演95场，城镇演出14场，观众达10万余人次。据额尔古纳市乌兰牧骑统计报告，1992年全年完成75场演出，观众达1万多人次。据赤峰市文化局（现为赤峰市文化和旅游局）1993年统计，北部五支旗级乌兰牧骑全年共为基层演出282场（平均每支乌兰牧骑演出56场），观众达近万人次。

据鄂托克旗文化局（现为鄂托克旗文化和旅游局）1994年统计，鄂托克旗乌兰牧骑全年在旗内外共演出660场（两个分队），观众达20万人次；鄂托克前旗乌兰牧骑全年共演出184场，观众达15万人次，其中，为本旗基层农牧民演出89场，农牧民观众达2万人次。1995年，鄂托克旗乌兰牧骑全年下乡演出126天，演出98场，观众达2万余人次。1996年，鄂托克前旗乌兰牧骑全年下乡演出186场，乌审旗乌兰牧骑全年下乡演出122场，伊金霍洛旗乌兰牧骑全年下乡演出152场，杭锦旗乌兰牧骑全年下乡演出96场。

1997年2月24日—3月11日，四子王旗乌兰牧骑深入本旗四乡一镇，下乡演出30场，观众达1万多人次。

兴安盟、赤峰市等地的乌兰牧骑也深入本地基层坚持开展演出。

（2）商业演出：

1992年6月28日—29日，鄂托克旗乌兰牧骑在本旗乌兰镇影剧院进行商业演出，并将两场演出收入全部捐赠给了本旗"希望工程"。

1993年9月22日—12月23日，自治区直属乌兰牧骑赴台湾商演150场，观众达32万人次。

1993年11月5日，鄂托克旗乌兰牧骑赴深圳锦绣中华旅游景区演出，为期五个月，演出360场，受到海内外观众的好评。

1995年1月，鄂温克族自治旗乌兰牧骑的12名队员，赴广东汕头商演，历时三个月，收到良好的经济效益。

（3）挂靠行政单位和企业的演出：

1996年5月21日，自治区直属乌兰牧骑挂靠水利部，成为水利部乌兰牧骑艺术团，每年由水利部拨专项经费，自治区直属乌兰牧骑承担水利部的各类慰问演出任务。

1996年9月18日，鄂托克旗乌兰牧骑挂靠伊克昭盟交通局（现为鄂尔多斯市交通运输局），承担交通局的各类慰问演出任务。

（三）1997—2022年创新发展中的乌兰牧骑

（1）1997年7月，江泽民同志为乌兰牧骑题词："乌兰牧骑是我国社会主义文艺战线上的一面旗帜"，从政治高度和艺术高度肯定和赞扬了乌兰牧骑，为新时期乌兰牧骑的发展指明了方向、明确了定位。同时，内蒙古自治区举行隆重的纪念大会，庆祝乌兰牧骑建队40周年暨第二届乌兰牧骑艺术节。庆典活动结束后，时任内蒙古自治区党委书记刘明祖主持召开乌兰牧骑工作座谈会，广泛征求意见和建议，共商乌兰牧骑发展大计。

（2）创新乌兰牧骑管理运行机制。2009年12月，内蒙古自治区召开全区乌兰牧骑工作会议，认真总结了乌兰牧骑建队50年来的历史经验，明确了新时期乌兰牧骑继承、创新、发展的新思路和新任务。2010年7月，内蒙古自治区党委宣传部、文化厅、财政厅、人社厅、编办联合出台《关于加强新时期乌兰牧骑工作的意见》，强调了新时期乌兰牧骑工作要坚持政府主导、公益服务、民族特色、深入基层、社会效益、改革创新、分类指导等七个基本原则。

政府主导：乌兰牧骑是公益性文化事业单位，由地方政府主导并提供财政保障，由当地文化主管部门负责管理。

公益服务：乌兰牧骑要向农牧民和基层群众提供公共服务，开展演出、宣传、辅导、服务四项职能活动。

民族特色：要突出民族风格、地区特色和时代精神，保持轻骑特点和乌兰牧骑艺术特色。

深入基层：各地乌兰牧骑坚持以深入本旗县农村、牧区基层活动为主，同时积极参与文化交流。

社会效益：必须把社会效益放在首位，做到社会效益与经济效益相统一。

改革创新：弘扬优良传统，坚持改革创新，紧跟时代步伐。

分类指导：针对牧区、半农半牧区、农区、盟市乌兰牧骑的不同类型和发展情况，实行分类指导，动态管理。

《关于加强新时期乌兰牧骑工作的意见》还规定了乌兰牧骑每年下乡120天、为农牧民演出100场的具体任务。

全区乌兰牧骑工作会议的召开及《关于加强新时期乌兰牧骑工作的意见》的出台实施，在以下方面解决了乌兰牧骑的发展困扰：

一是许多旗县将乌兰牧骑建设纳入当地经济社会发展规划，加强了乌兰牧骑软硬件设施建设。2010年开始，58支乌兰牧骑陆续搬进当地新建的文化中心大楼，工作条件得到明显改善。全区许多乌兰牧骑的排练厅达到300平方米以上的要求，许多乌兰牧骑的编制得到增加，许多乌兰牧骑初步解决了队员老龄化问题。

二是经费和交通工具问题得到明显的改善，基本满足或接近工作所需。自治区、盟市、旗县三级财政实施下乡公益演出经费补贴政策，自治区每场补贴2000元，个别盟市每场补贴5000—7000元。文化部为68支乌兰牧骑配发了流动舞台车。

三是加强了队员培训和节目创作。内蒙古自治区文化厅每年拨发100万元，连续几年开展乌兰牧骑新任队长、舞蹈编导、作曲、小戏小品创作等业务培训。各盟市、旗县设立乌兰牧骑精品创作扶持基金和个人奖励基金，推动了乌兰牧骑的创作和创新。在创作演出上，涌现出了《生命欢歌》《草原上的乌兰牧骑》《巴林蒙古女性》《白骏马》等一批优秀节目。

四是探索为进城农牧民和城市居民服务的新模式。针对城镇化快速发展和农牧民进城经商居住，以及城镇居民文化需求提高等社会发展新变化，各地乌兰牧骑结合本地实际，积极探索形式多样的文化扶持和文化服务方式。

二、乌兰牧骑的发展现状

目前,有 75 支乌兰牧骑活跃在内蒙古自治区全区 118 万多平方千米的土地上。乌兰牧骑被誉为全国文艺战线的一面旗帜。2017 年,习近平总书记在给苏尼特右旗乌兰牧骑队员们的回信中指出:"在新时代,希望你们以党的十九大精神为指引,大力弘扬乌兰牧骑的优良传统,扎根生活沃土,服务牧民群众,推动文艺创新,努力创作更多接地气、传得开、留得下的优秀作品,永远做草原上的'红色文艺轻骑兵'。"2019 年,习近平总书记在内蒙古考察并指导开展"不忘初心,牢记使命"主题教育时强调:"乌兰牧骑很接地气,群众喜闻乐见,永远不会过时。"中国特色社会主义进入新时代,大力弘扬乌兰牧骑的优良传统,要始终坚持党的领导,以培育和践行社会主义核心价值观为抓手,以制度化建设提升工作水平,发扬乌兰牧骑团结互助的精神,更好地服务群众、服务基层。

(一)乌兰牧骑成为内蒙古特有的文化符号

从 1957 年第一支乌兰牧骑建队至今,全区乌兰牧骑发展到 75 支,队员 3500 多人,一代代乌兰牧骑队员迎风雪、冒寒暑,长期在戈壁、草原上辗转跋涉,以天为幕布,以地为舞台,为广大农牧民送去了欢乐和文明,传递了党的声音和关怀,赢得了"红色文艺轻骑兵"的崇高荣誉,成为全国文艺战线的一面旗帜。2017 年 11 月 21 日,习近平总书记给苏尼特右旗乌兰牧骑队员们回信,勉励乌兰牧骑队员们发扬优良传统,扎根生活沃土,服务牧民群众,推动文艺创新,努力创作更多接地气、传得开、留得下的优秀作品,永远做草原上的"红色文艺轻骑兵"。全区各地 75 支乌兰牧骑深入贯彻习近平总书记的重要指示精神,组织 300 支乌兰牧骑服务小分队、3500 多名队员深入农村、牧区,为群众开展文艺演出、文化辅导、政策宣传服务,将党的声音和关怀送到了田间地头。乌兰牧骑队员和广大文艺工作者广泛开展进牧区、进社区、进学校、进单位、进厂矿、进边防部队"六进"惠民演出活动，2018年乌兰牧骑就完成惠民演出7000余场。乌兰牧骑事业健康发展。2019年举办了"全区乌兰牧骑交流演出月"活动和第八届乌兰牧骑艺术节。"法治乌兰牧骑""巾帼乌兰牧骑""铁路乌兰牧骑""小小乌兰牧骑"等业余乌兰牧骑队伍，成为弘扬乌兰牧骑精神、活跃基层文化生活、服务人民群众的新生力量。2019年以来，颁布了《内蒙古自治区乌兰牧骑条例》，出台了《乌兰牧骑事业中长期发展规划（2021—2030年）》《内蒙古自治区乌兰牧骑标准化建设工程三年行动计划（2019—2021年）》，积极推动旗县乌兰牧骑基础设施标准化建设，为部分贫困旗县的乌兰牧骑配发了中巴车。各地乌兰牧骑积极发扬乌兰牧骑的优良传统，认真履行创作、演出、宣传、传承、创新、辅导、服务职能，仅2019年就深入基层演出8756场。"全区乌兰牧骑交流演出月"活动、乌兰牧骑艺术节、全区优秀乌兰牧骑展演等，丰富了基层群众的文化生活。2021年，各地乌兰牧骑累计创作推出作品300余部，深入基层演出8000余场次、在线演出2500余场次，组织开展宣传、辅导和基层综合服务活动10500余场次，基层乌兰牧骑排练厅建设进展顺利。

（二）乌兰牧骑不断强化打造文艺精品，提升内蒙古文化影响力

自2017年习近平总书记给乌兰牧骑回信以来，各地乌兰牧骑贯彻落实习近平总书记的努力创作更多接地气、传得开、留得下的优秀作品重要指示，生产文艺精品，推动形成"高原"不断提升、"高峰"竞相涌现的生动局面。一是树好草原"红色文艺轻骑兵"的旗帜。2017年11月21日，习近平总书记给苏尼特右旗乌兰牧骑队员们的回信，带给全区乌兰牧骑队员以极大的鼓舞和鞭策。自治区制定了一系列加快推进乌兰牧骑事业发展的政策，颁布《内蒙古自治区乌兰牧骑条例》，出台《乌兰牧骑事业中长期发展规划（2021—2030年）》。设立全区乌兰牧骑事业发展专项经费，为75支乌兰牧骑配备演出大巴车，为国家级贫困旗县和"三少民族"自治旗配备演出中巴车，支持25支基层乌兰牧骑建设排练厅，新建乌兰牧骑宫。举办乌兰牧骑艺术节、"乌兰牧骑月·一切为了人民"主题活动和"全区乌兰

牧骑交流演出月"活动等。组织编撰《乌兰牧骑原创经典作品名录》，复排经典作品60余部。全区乌兰牧骑牢记总书记的嘱托，扎根基层、服务群众，每年深入基层演出7000多场次，通过"网上乌兰牧骑"开展文艺直播7000余场次、政策宣讲3000余场次、在线培训700余场次，赢得了群众的真心欢迎和高度赞誉。二是打造舞台精品。实施舞台艺术精品工程，创排了一批思想精深、艺术精湛、制作精良的文艺作品，坚持以人民为中心的创作导向，努力创作更多传播当代中国价值、体现中华文化精神、反映中国人审美追求的文艺精品。打造舞剧《草原英雄小姐妹》《骑兵》《驼道》、歌舞剧《我的乌兰牧骑》、话剧《大国工匠》《红手印》《乌兰牧骑恋歌》、蒙古剧《乌日苏勒图》《艾敏吉雅》等一批有筋骨、有道德、有温度，体现时代特征、彰显草原特色的精品剧目。兴安盟乌兰牧骑打造的原创民族歌舞剧《赞歌》入选内蒙古自治区舞台艺术精品工程；锡林郭勒盟民族歌舞团打造的民族歌舞剧《我的乌兰牧骑》入选2018年度全国舞台艺术重点创作剧目名录及国家舞台艺术精品创作扶持工程重点扶持剧目；内蒙古艺术学院乌兰牧骑舞蹈团演出的民族舞剧《草原英雄小姐妹》，荣获第十一届中国舞蹈"荷花奖"、第十六届文华大奖，是内蒙古为打造思想精深、艺术精湛、制作精良的精品力作而进行的成功探索与实践。

（三）跨入依法建设时代

2009年12月，内蒙古自治区党委宣传部、文化厅发布《内蒙古自治区乌兰牧骑调研报告》，建议加强乌兰牧骑的硬件建设和软件建设，进一步增加对乌兰牧骑的经费投入，建立长期稳定的经费投入机制。重点支持深入基层、人才培养、精品创作和设施建设，在确保乌兰牧骑人员工资、公用经费的前提下，增加深入基层场次补贴、优秀人才培养补贴、精品创作奖励补贴、设施更新专项资金。地方财政要按照每年深入本旗县农牧区基层演出100场计算，每场补贴不低于3000元。

2010年，内蒙古自治区党委宣传部、文化厅、财政厅、人社厅、编办联合出台《关于加强新时期乌兰牧骑工作的意见》，提出了相应要求。在文化体制改革的历史时期，所有的文艺团体要"一刀切"的时候，自治区旗帜鲜明地保留了乌兰牧骑，强调了乌兰牧骑是公益性的文化事业单位，由地方政府主导并提供财政保障，确立了乌兰牧骑工作的基本原则，如政府主导、公益服务、民族特色、深入基层、社会效益、改革创新和分类指导等，为新时期乌兰牧骑事业发展奠定了坚实基础。

2017年12月28日，内蒙古自治区党委、政府下发《关于深入贯彻落实习近平总书记重要指示精神 加快推进乌兰牧骑事业发展的意见》，在深化乌兰牧骑体制改革、完善保障机制、落实队员待遇、加强品牌建设等方面提出了具体要求。

2018年年初，围绕落实内蒙古自治区党委的部署，自治区人大常委会将制定《内蒙古自治区乌兰牧骑条例》列为常委会2019年重要立法任务。2019年9月26日，历经两年的立法工作，两次审议，内蒙古自治区第十三届人大常委会第十五次会议通过《内蒙古自治区乌兰牧骑条例》，于2019年11月1日起正式实施。《内蒙古自治区乌兰牧骑条例》是我国文艺院团领域首部专业性法规，也是内蒙古自治区在文化建设、法制建设历程中解决乌兰牧骑的建设、保护、发展等问题的第一部地方性法规，是内蒙古自治区公共文化建设的重要创新成果。

《内蒙古自治区乌兰牧骑条例》从八个方面制定了乌兰牧骑的责任和义务，为乌兰牧骑的健康发展提供了法律保障。条例中，明确了乌兰牧骑的内涵和性质，为适应新形势、新要求，健全完善乌兰牧骑的职能，积极回应难点、焦点问题，建立健全乌兰牧骑队员招聘制度，建立健全乌兰牧骑队员退出机制，为妥善安置老队员提供法律保障，明确了乌兰牧骑事业发展经费保障制度，健全完善培训制度，充分满足乌兰牧骑队员对专业技能的多元化需求，树立品牌意识，加大乌兰牧骑品牌保护力度，明确了法律责任，加大对违法行为的处罚力度。《内蒙古自治区乌兰牧骑条例》不仅为乌兰牧骑的健康发展提供保障，还提出了要求，再次明确了乌兰牧骑的定位标准及职责任务，条例赋予乌兰牧骑演出、创作、宣传、辅导、服务、传承、创新、对外文化交流八项职能。

全区各地乌兰牧骑全面落实《内蒙古自治区乌兰牧骑条例》，持续加强乌兰牧骑政治建设、职能建设和标准化建设。实施乌兰牧骑创作质量提升工程，开展乌兰牧骑经典作品复排工作。统筹推进乌兰牧骑基础设施建设和"数字乌兰牧骑"建设，创新乌兰牧骑服务方式，深入实施乌兰牧骑"学·创·演"工程，开展乌兰牧骑"送欢乐、送文明"基层服务系列活动，举办第九届乌兰牧骑艺术节。加强乌兰牧骑人才培养，举办乌兰牧骑新人新作比赛和"全区乌兰牧骑交流演出月"活动。继续加强乌兰牧骑设施建设，推动"网上乌兰牧骑"建设。编辑出版乌兰牧骑经典剧（节）目名录。

（四）队伍建设更加完善

随着全区各地乌兰牧骑队伍的增加以及扩大，自治区对乌兰牧骑队伍编制数量做了相应的调整。据内蒙古自治区乌兰牧骑学会会长吉日嘎拉讲述，从第一支乌兰牧骑成立到1985年内蒙古自治区人民政府颁布《内蒙古自治区乌兰牧骑工作条例》之前，旗县乌兰牧骑编制基本为12人至20人，1985年之后，自治区要求人员编制控制在25人至35人，2009年之后，要求编制控制在35人至40人。根据《内蒙古自治区乌兰牧骑条例》第十条的规定，乌兰牧骑编制的核定，应当综合考虑其服务范围、人口规模和所在地区经济社会发展水平等因素，保证乌兰牧骑充分履行职能。

乌兰牧骑短小精干、灵活新颖的形式十分符合开展宣传、普及、推广等基层综合服务工作。在乌兰牧骑的精神感染和形式带动下，不断有乌兰牧骑式队伍诞生，新力量不断出现，这些社会力量不仅为内蒙古自治区的经济社会发展服务，还扩大了乌兰牧骑的服务功能和范围。科普乌兰牧骑、法治乌兰牧骑、健康乌兰牧骑、小小乌兰牧骑、大学生乌兰牧骑等业余乌兰牧骑队伍的成立，为自治区公共文化服务工作增添了新力量。在乌兰牧骑精神影响下，自治区内不断增加乌兰牧骑式新队伍，通过开展"弘扬乌兰牧骑精神，到人民中间去"基层综合服务活动，各地乌兰牧骑联合政法、文化、科技、卫生、农牧、扶贫、司法、民宗、商务等单位和部门，发扬乌兰牧骑的优良传统，开展多种多样的惠民服务活动；开展法治乌兰牧骑普法活动，打造法治乌兰牧骑普法金色品牌，探索自治区"七五"普法新举措。全区已授旗的100支专业法治乌兰牧骑队伍，成为化解基层矛盾纠纷的法治新队伍。这些业余乌兰牧骑队伍或乌兰牧骑式队伍积极学习乌兰牧骑精神，延续乌兰牧骑服务基层、文化惠民的形式，为广大群众带去欢声笑语，为他们的生活增添了色彩。

关于乌兰牧骑队伍建设，《内蒙古自治区乌兰牧骑条例》第十六条和第十八条分别规定："旗县级以上人民政府文化行政主管部门应当制定年度培训计划，每年组织开展对乌兰牧骑创作、编导、表演等专业人才的分类分级培训。""具备条件的高等院校、职业院校和科研单位应当开展乌兰牧骑人才定向培养，建立乌兰牧骑培训基地，开展乌兰牧骑研究和学术交流。"条例中对人员编制、培养方式都做了详细的规定，乌兰牧骑队伍的完善有了法律保障。《内蒙古自治区乌兰牧骑条例》第十条还规定，乌兰牧骑在当地文化、人力资源和社会保障等部门指导监督下，可以自主公开招聘编制内队员；对特殊人才可以通过专家评估和专业技能考核等方式择优聘用。乌兰牧骑招聘编制外队员的，应当依法签订劳动合同，缴纳社会保险费。

内蒙古自治区全区现有75支乌兰牧骑名录

序号	盟、市	乌兰牧骑队伍	序号	盟、市	乌兰牧骑队伍
1	自治区级	内蒙古自治区直属乌兰牧骑	8	锡林郭勒盟	锡林郭勒乌兰牧骑
2	呼和浩特市	土默特左旗乌兰牧骑			锡林浩特市乌兰牧骑
		武川县乌兰牧骑			阿巴嘎旗乌兰牧骑
		托克托县乌兰牧骑			苏尼特左旗乌兰牧骑
3	包头市	达尔罕茂明安联合旗乌兰牧骑			苏尼特右旗乌兰牧骑
		土默特右旗乌兰牧骑			东乌珠穆沁旗乌兰牧骑

续表

序号	盟、市	乌兰牧骑队伍	序号	盟、市	乌兰牧骑队伍
4	呼伦贝尔市	额尔古纳市乌兰牧骑	8	锡林郭勒盟	西乌珠穆沁旗乌兰牧骑
		新巴尔虎左旗乌兰牧骑			镶黄旗乌兰牧骑
		新巴尔虎右旗乌兰牧骑			正镶白旗乌兰牧骑
		陈巴尔虎旗乌兰牧骑			正蓝旗乌兰牧骑
		鄂温克族自治旗乌兰牧骑			太仆寺旗乌兰牧骑
		鄂伦春自治旗乌兰牧骑			多伦县乌兰牧骑
					二连浩特市乌兰牧骑
		莫力达瓦达斡尔族自治旗乌兰牧骑	9	乌兰察布市	察哈尔右翼前旗乌兰牧骑
		阿荣旗乌兰牧骑			察哈尔右翼中旗乌兰牧骑
		牙克石市乌兰牧骑			察哈尔右翼后旗乌兰牧骑
		扎兰屯市乌兰牧骑			集宁区乌兰牧骑
		根河市乌兰牧骑			化德县乌兰牧骑
5	兴安盟	兴安盟乌兰牧骑			凉城县乌兰牧骑
		科尔沁右翼前旗乌兰牧骑			卓资县乌兰牧骑
		扎赉特旗乌兰牧骑			商都县乌兰牧骑
		科尔沁右翼中旗乌兰牧骑			四子王旗乌兰牧骑
		突泉县乌兰牧骑			丰镇市乌兰牧骑
6	通辽市	库伦旗乌兰牧骑			兴和县乌兰牧骑
		奈曼旗乌兰牧骑	10	鄂尔多斯市	杭锦旗乌兰牧骑
		科尔沁左翼后旗乌兰牧骑			达拉特旗乌兰牧骑
		科尔沁左翼中旗乌兰牧骑			鄂托克前旗乌兰牧骑
		开鲁县乌兰牧骑			乌审旗乌兰牧骑
		扎鲁特旗乌兰牧骑			伊金霍洛旗乌兰牧骑
7	赤峰市	巴林右旗乌兰牧骑			鄂托克旗乌兰牧骑
		宁城县乌兰牧骑	11	巴彦淖尔市	乌拉特前旗乌兰牧骑
		喀喇沁旗乌兰牧骑			乌拉特中旗乌兰牧骑
		翁牛特旗乌兰牧骑			乌拉特后旗乌兰牧骑
		克什克腾旗乌兰牧骑			磴口县乌兰牧骑

续表

序号	盟、市	乌兰牧骑队伍	序号	盟、市	乌兰牧骑队伍
7	赤峰市	阿鲁科尔沁旗乌兰牧骑	12	阿拉善盟	阿拉善乌兰牧骑
		敖汉旗乌兰牧骑			阿拉善右旗乌兰牧骑
		林西县乌兰牧骑			阿拉善左旗乌兰牧骑
		巴林左旗乌兰牧骑			额济纳旗乌兰牧骑

（五）乌兰牧骑建设稳步推进，乌兰牧骑事业健康发展

2017年11月习近平总书记给苏尼特右旗乌兰牧骑队员们的回信，为内蒙古自治区加快推进乌兰牧骑事业发展、建设民族文化强区提供了方向。

到2022年，内蒙古自治区密集出台一系列支持政策，加强乌兰牧骑改革创新顶层设计，全方位加大投入力度，为乌兰牧骑事业发展铺路架桥。如出台《关于深入贯彻落实习近平总书记重要指示精神 加快推进乌兰牧骑事业发展的意见》，研究制定《乌兰牧骑事业中长期发展规划（2021—2030年）》；全面推进乌兰牧骑立法工作，2019年11月1日起正式实施《内蒙古自治区乌兰牧骑条例》；重新修订《内蒙古自治区乌兰牧骑考核评估管理办法》，对乌兰牧骑的职能职责、政策保障、业务活动、改革发展等详细制定评估标准，进行分类指导和动态管理；《新时代乌兰牧骑政治建设方案》《新时代乌兰牧骑职能建设实施方案》《〈内蒙古自治区乌兰牧骑条例〉实施办法》《〈内蒙古自治区乌兰牧骑条例〉实施细则》等相继出台或进入起草、修订完善，乌兰牧骑法制化建设进程加快。

制定和完善乌兰牧骑事业发展的保障措施，设立全区乌兰牧骑事业发展专项经费，先后为全区75支乌兰牧骑配备了演出大巴车和流动数字电影放映机，为32支贫困旗县、边境旗县乌兰牧骑配备演出中巴车。

为进一步激发乌兰牧骑的内生动力，不断完善内部运行机制，推进乌兰牧骑管理创新，明确职能定位，将全区现有75支乌兰牧骑明确为公益一类事业单位；推动人事和薪酬改革，并在全区确定12支乌兰牧骑人事、薪酬、人才制度改革试点，为乌兰牧骑提供健康有序的成长环境。

各地乌兰牧骑不断提升创作演出能力，以满足农牧民的精神文化需求为目标，创作推出作品300余部。2021年，组织开展"乌兰牧骑月""送欢乐、送文明"乌兰牧骑基层服务及全国巡演等活动，深入基层演出8000余场次，在线演出7700余场次。组织开展宣传、辅导和基层综合服务活动10500余场次，直接服务群众近50万人次。启动全区"乌兰牧骑原创经典作品传承工程"，复排经典作品60余部；编辑出版了《乌兰牧骑优秀作品选》；开展《乌兰牧骑原创经典作品名录》征集编序，强化乌兰牧骑知识产权保护。各地乌兰牧骑组织编创演出各类短小精湛的文艺作品，举办第二届全区乌兰牧骑新人新作比赛，网络直播点击量达2亿人次。统筹推进传承创新发展，重点实施乌兰牧骑原创经典作品传承工程，创新乌兰牧骑服务方式，推进"网上乌兰牧骑"平台建设。

第四节　乌兰牧骑精神

一、20世纪60年代党刊的解读

1965年《实践》杂志第二期发表社论《全区文艺工作者要认真学习乌兰牧骑的运动》，文中提出：一是学习乌兰牧骑满腔热忱为人民群众服务的革命精神；二是学习乌兰牧骑为人民服务的组织形式和工作方法；三是学习乌兰牧骑为人民服务的革命化、民族化、大众化的文艺道路；四是学习乌兰牧骑深入基层与群众打成一片的优良作风；五是学习乌兰牧骑来自人民群众、演人民群众的导向。

二、内蒙古自治区地方政府的解读

关于乌兰牧骑精神有多种解读:

(1) 内蒙古自治区原党委副书记陈光林概括为:全心全意为人民服务的精神;与火热生活保持密切联系的艺术品格;植根于民族文化热土,独具神韵的艺术追求;从实际出发,独具特色的建队方式。

(2) 内蒙古自治区原党委常委、宣传部部长白玉刚提出乌兰牧骑精神主要包含以下特质和要义:始终高举党的领导这一鲜明发展旗帜;始终坚持直接为老百姓服务、为基层服务这一鲜明工作特征;始终坚持演出、宣传、辅导、服务职责项目化、系统化、组织化这一鲜明工作方法;始终坚持用社会主义核心价值观感化、教化群众这一鲜明工作导向;始终坚持团结互助和团队建设这一社会主义和集体主义鲜明工作原则;始终坚持自觉快乐为民服务这一共产主义劳动鲜明价值取向。概括地讲,乌兰牧骑精神,就是"面对面"走到老百姓当中、"实打实"给老百姓解决问题、"心贴心"为老百姓服务的精神;其核心要义就是直接为老百姓服务、为基层服务。

(3) 内蒙古自治区原主席布小林提出乌兰牧骑精神可以理解为:

扎根基层、服务人民。乌兰牧骑是在为农牧民服务的过程中成长起来的。热爱人民、热爱艺术、热爱乌兰牧骑事业,是这支"红色文艺轻骑兵"保持强大生命力的根本所在。60多年来,无论外部条件如何变化,乌兰牧骑的方向没有变、宗旨没有变、精神没有变,始终扎根草原、面向基层,把服务人民写在自己的旗帜上。人民在哪里,舞台就在哪里,不漏掉一个蒙古包,不落下一个农牧民,以实际行动诠释社会主义文艺就是人民的文艺这一本质。乌兰牧骑队员有许多来自能歌善舞的农牧民、工人和机关干部,除了演出,牧民忙什么,乌兰牧骑队员就干什么,剪羊毛、修羊圈、打羊草、接羊羔,还帮助牧民修理钟表、电器、摩托车和理发。不仅传递党的声音,给农村、牧区带去欢乐,还为广大农牧民送去科学文化、医疗服务和适用技术,与农牧民群众建立起深厚的感情,并且通过乌兰牧骑的演出和辅导，极大地推动农村、牧区文艺知识的普及和先进文化的传播。乌兰牧骑队员在服务人民的实践中感染了别人，也教育了自己。他们一边演出，一边收集、整理民间艺术，从生活实践中汲取智慧，激发创作灵感，创作出的许多优秀剧目，如《顶碗舞》《鄂尔多斯婚礼》《筷子舞》等，无不在人们心中留下美好的印象，也让人们记住了一批出自乌兰牧骑的艺术家。

永葆本色、无私奉献。乌兰牧骑的诞生是党的文艺路线在少数民族地区的成功实践。自诞生起，乌兰牧骑就有着鲜明而深厚的红色基因，是一支革命化、民族化、群众化的文艺工作队伍。乌兰牧骑每次演出，一定会把这个时期党的方针政策传递到基层，虽然牧区偏远、居住分散、通信条件较差，但是牧区的信息并不闭塞，牧民群众对党充满着深厚感情，始终体现出有觉悟、有担当的品质。20世纪五六十年代，草原母亲收养上海孤儿、草原英雄小姐妹、额济纳旗人民支持国防建设等生动事迹，充分体现了草原儿女心向党、听党话、跟党走的坚定信念，体现了各族人民的大局意识、爱国情怀，这些也与乌兰牧骑的无私奉献是分不开的。乌兰牧骑以自己的实际行动，赢得广大牧民群众的信任，牧民们把乌兰牧骑队员称作"玛奈呼和德"（我们的孩子）。

守望相助、艰苦奋斗。乌兰牧骑队员既有蒙古族、汉族，也有其他少数民族，自身就是一个多民族的大家庭，大家相互学习、相互欣赏，同时与广大农牧民群众守望相助、共同奋斗，各民族交往、交流、交融，亲如一家，乌兰牧骑一直是民族团结的典范。以天为幕布，以地为舞台，是乌兰牧骑以苦为乐、艰苦奋斗的真实写照，乌兰牧骑建立初期，队员们自力更生，自己动手修建宿舍、排练室，自己动手制作服装、道具，克服重重困难，行进在辽阔的草原上。改革开放后，乌兰牧骑继续保持艰苦奋斗的传统，抵挡住经济大潮中各种利益带来的诱惑，始终坚守信仰，面向基层，面向农村、牧区，老队员言传身教，让乌兰牧骑的好传统、好作风得到传承，乌兰牧骑事业薪火相传，"红色文艺轻骑兵"这面旗帜更加熠熠生辉。

三、乌兰牧骑管理者和艺术家的解读

原内蒙古自治区乌兰牧骑协会副主席朱嘉庚老先生总结概括为：乌兰牧骑精神，是在党的教育培育下，在为农牧民服务的实践锻炼中逐步形成的，是我们党"全心全意为人民服务"的宗旨在文艺队伍中的生动体现。随着时代的发展和乌兰牧骑的成长，乌兰牧骑精神不断充实丰富，已经成为乌兰牧骑事业发展的精神支柱，成为内蒙古社会主义精神文明建设的一笔宝贵财富。

1. 乌兰牧骑精神的实践来源

乌兰牧骑精神，来自乌兰牧骑60多年的奋进历程。乌兰牧骑始终坚持全心全意为农牧民服务，根植基层、情系群众、艰苦奋斗、无私奉献，把健康丰富的精神食粮送到农牧民身边，把党和政府的关怀温暖送到农牧民心中，为农村、牧区的基层文化建设、经济社会发展，为增强民族团结、维护边疆稳定，做出了重要贡献。

乌兰牧骑精神，来自对党和人民的忠诚热爱，对党的文艺事业的执着奉献。60多年来，一代又一代乌兰牧骑队员把火热青春和毕生才华奉献给党的文艺事业、奉献给农牧民。他们像草原之夜的满天繁星，把自己的梦想和光辉都融进了草原大地。

乌兰牧骑精神，来自乌兰牧骑接地气的创作演出。乌兰牧骑坚持"以人民为中心"的创作导向，扎根沃土，讴歌时代，把内蒙古民族民间优秀艺术同农牧民现实生活主旋律相结合，形成独具民族神韵、生活气息浓郁、时代特点鲜明、演出机动灵活、群众喜闻乐见的艺术品格。乌兰牧骑从农村、牧区火热的现实生活中感受体验，从非物质文化遗产和原生态民间艺术中传承借鉴，创作演出了一大批具有乌兰牧骑艺术特色的优秀作品，数十年来久演不衰，深受各族群众喜爱。乌兰牧骑已经成为当代内蒙古最有代表性、最具影响力的民族艺术品牌。

2. 乌兰牧骑精神的核心内涵

从乌兰牧骑的长期实践中总结提炼的乌兰牧骑精神，可以有多种表达方法，但始终离不开乌兰牧骑精神的核心内涵。

（1）忠诚于党，热爱人民。乌兰牧骑是在党的领导下创建发展起来的，是服务于农牧民的"红色文艺轻骑兵"，乌兰牧骑始终保持着对党和人民的忠诚热爱。情系农牧民、服务农牧民，全心全意为农牧民服务，已经成为乌兰牧骑的生命与灵魂，这是乌兰牧骑深受农牧民喜爱的重要原因。

（2）根植基层，艰苦奋斗。艰苦奋斗是乌兰牧骑的"传家宝"，吃苦耐劳是乌兰牧骑的本色。乌兰牧骑以天为幕布，以地为舞台，在蒙古包旁做展览，辅导农牧民群众开展文化活动；他们还参加劳动，帮助农牧民放羊打草、接羔保育、春种秋收、修渠打井，成为农牧民的好帮手。

（3）团结拼搏，继承创新。多年来，乌兰牧骑形成了忠诚于党、热爱人民、根植基层、艰苦奋斗、团结拼搏、继承创新的优良传统；形成了队伍短小精干、队员一专多能、节目小型多样、装备轻便灵活的轻骑特点；形成了以演出为主，兼做宣传、辅导、服务、传承的综合功能；形成了接地气、正能量、民族化的创作演出特色，成为全国文艺战线的一面旗帜，成为宣传和践行社会主义核心价值观的先行者。

3. 乌兰牧骑精神的时代价值

乌兰牧骑精神的时代价值，就是要在新时代坚持和弘扬我们党"全心全意为人民服务"的宗旨，面对面到群众中去，实打实为群众服务。

乌兰牧骑的社会感召力，已经成为深入基层为民服务的榜样楷模。经过半个多世纪的基层服务，两次大规模的全国巡回演出，乌兰牧骑精神之花开遍祖国各地。特别是在1965年周恩来总理亲自安排乌兰牧骑到全国示范演出活动期间，各行各业学习乌兰牧骑精神，在内蒙古和边疆民族地区掀起了学习乌兰牧骑的热潮。

乌兰牧骑的文化创新力迎来了与时俱进服务基层的新局面。全区乌兰牧骑坚持为边远贫困地区农牧民服务，为精准扶贫、全面小康贡献力量，为进城农牧民开展文化扶持活动，为搬迁农牧新村开展文化阵地建设活动。

基层演出试行订单服务，按照新时代农牧民需求开展创作演出。宣传脱贫致富典型集体，参加精准扶贫驻村工作。积极参与城镇社区和农村牧区文化惠民公益活动。

我们回顾总结、宣传弘扬乌兰牧骑精神，就是要守初心、担使命、找差距、抓落实。对照党和人民的要求，各地乌兰牧骑在思想和工作上还存在不少差距，还有一些深层次问题需要清醒面对、认真解决，还有一些政策措施需要精准落实。我们必须深入贯彻落实习近平总书记对乌兰牧骑事业发展的重要指示精神，进一步加强新时代乌兰牧骑的全面建设，求真务实，扬长补短，为建设亮丽内蒙古、共圆伟大中国梦做出新的更大贡献。

2022年8月，作者采访原内蒙古自治区乌兰牧骑协会副主席朱嘉庚老先生及其妻子宋正玉女士

毫无疑问，乌兰牧骑精神可以有多种解读，甚至"乌兰牧骑"四个字就是其精神体现，乌兰牧骑的存在就是乌兰牧骑精神，乌兰牧骑的行为、行动都是一种强大的精神力量。它以人民为中心的本色精神、风雨无阻的使命精神贯穿始终，从未变色。最为本质的在于，乌兰牧骑精神是中国精神、民族精神的重要组成部分。乌兰牧骑精神是红色文化精神，是爱国主义精神，是无私奉献精神，是乐观主义精神，是传承创新精神；是艰苦奋斗的精神，是全心全意为人民服务的精神，是吃苦耐劳、勇往直前的精神，是团结拼搏、勇于创新的精神，是以天为幕布、以地为舞台的演艺精神。

第五节 乌兰牧骑的突出贡献

一、创建了乌兰牧骑文化品牌

60多年来,乌兰牧骑累计创作演出1.3万余个节目,有2000多个节目在自治区和各盟市获奖,有130多个节目在全国获奖。其中,《鄂尔多斯婚礼》《顶碗舞》《筷子舞》《安代舞》《牧民的喜悦》《彩虹》《炒米飘香》《腾飞的骏马》等一批乌兰牧骑特色精品节目,数十年来久演不衰,深受内蒙古农牧民和国内外观众的喜爱。乌兰牧骑培养了德德玛、拉苏荣、那顺、阿拉坦其其格、牧兰、金花、朝鲁、王凤云、图力古尔、伊巴达荣贵、希乌日图、敖德木勒、敖登格日勒、道尔吉仁钦、达日玛等一大批在内蒙古家喻户晓的优秀艺术家,他们的歌声、舞姿也唱响和呈现在国内外的艺术殿堂。

乌兰牧骑从成立以来,共组织过两次大规模全国巡演。第一次是1965年6月—1966年1月,文化部选调内蒙古乌兰牧骑三支代表队进行全国巡回演出历时七个半月,行程10万多千米,走遍27个省、市、自治区,演出600多场,观众达100多万人次。第二次是2001年12月—2002年3月,内蒙古自治区党委宣传部和内蒙古自治区文化厅共同组织了"乌兰牧骑全国行"活动,由自治区直属乌兰牧骑和旗县乌兰牧骑组成两个演出团,遍及12个省、市、自治区。如果说第一次大规模全国巡演开启了乌兰牧骑在全国的品牌之路,第二次全国巡演则巩固了乌兰牧骑这一文化品牌在全国文艺界的地位。

经过半个多世纪的基层服务、两次大规模全国巡演、赴50多个国家和地区的文化交流以及无数次的对内对外接待演出,乌兰牧骑在全国各族人民心中扎下了根,在国内外产生了极其广泛的影响,享有极高的社会声誉,被誉为"我国社会主义文艺战线上的一面旗帜",成为内蒙古民族文化的知名品牌。乌兰牧骑多次代表内蒙古自治区参加历届中国艺术节、全国少数民族文艺会演，还曾参加国庆 50 周年全国优秀剧目献礼演出、中国'99 昆明世界园艺博览会文艺演出、"相约北京"联欢活动等大型演出活动，成为宣传草原文化、传播内蒙古经济社会建设成果的重要平台，成为外界了解内蒙古的重要窗口。

不但乌兰牧骑成为内蒙古的民族文化品牌，乌兰牧骑艺术节也成为内蒙古自治区的节庆文化品牌。乌兰牧骑艺术节于 1992 年创办，是乌兰牧骑历史上首届以艺术节命名的大型纪念表彰活动和演出宣传活动。首届内蒙古自治区乌兰牧骑艺术节于 1992 年在呼和浩特市举办，到目前，乌兰牧骑艺术节已经举办了九届。乌兰牧骑艺术节每两年在呼和浩特市举办一次，各旗、县乌兰牧骑均前来参加会演，而且组织专家评审，定出名次。乌兰牧骑艺术节规模盛大，内容丰富，影响面广，把乌兰牧骑的纪念表彰活动、会演评奖活动、深入基层活动和理论研讨活动有机结合起来，有时与内蒙古草原旅游节、那达慕大会同时举行，既可增添节日欢庆气氛，又为开展草原旅游事业助兴，成为内蒙古自治区文化强区建设的品牌标志之一，是内蒙古人民最喜爱的节日之一，为当地的社会经济发展服务，对自治区的改革开放和民族文化建设发挥着越来越显著的作用。

锡林郭勒盟民族歌舞团编创演出的民族歌舞剧《我的乌兰牧骑》演出剧照
（作者摄于 2017 年 8 月 28 日）

二、开创了乌兰牧骑式文艺形式

乌兰牧骑的产生,代表的是一种新的文艺形式的出现。乌兰牧骑是把演出、宣传、辅导、服务、创作、创新六项任务高度统一为一体的艺术形式。乌兰牧骑对文艺形式的创新至少可以从以下两方面把握。

(一)在形式创新方面,创造了一种文艺团体模式

1. 队伍短小精干

乌兰牧骑作为小型的、特殊的文艺团体,最突出的特点就是队伍短小精干。每支乌兰牧骑队伍多至十几人,少则三五人,特别是在乌兰牧骑成立初期,人少、乐器少是乌兰牧骑演出的常态,故被誉为"一辆马车上的文化工作队"。乌兰牧骑虽然队伍不大,但在组织分工和人员配备上都有合理地安排,主要设置以下人员:主任、歌舞人员、说唱艺人、宣传人员、搜集编创人员等。在实际演出中,各队员相互学习,取长补短,齐心协力做好各项工作。乌兰牧骑队伍短小精干的特点形成于为农牧民服务的过程中,只有队伍短小精干,才能贴合农村、牧区实际情况,才能下得去、下得深、走得动。乌兰牧骑既像文艺团体,又像文化馆;既是演出队,又做宣传队;既是文化普及队,又做服务队。这正是乌兰牧骑最大的优点。

2. 队员一专多能

队员一专多能是乌兰牧骑的显著特点。在乌兰牧骑队伍中,每一个队员都有着"十八般武艺",跳舞演戏、吹拉弹唱,无所不通。在每次演出中,多数队员都要先后参加十几个节目的演出,而且很多队员还能不重复地演出三四场节目。乌兰牧骑的队员不仅要精通本民族的语言,同时还要学习其他民族的语言,用老百姓能听得懂的语言演唱、表演。一专多能的业务优势,使乌兰牧骑队员既能集中演出,也能分散活动和深入基层,极为适合半农半牧区居住分散的特点。除此之外,乌兰牧骑队员的一专多能还表现在文化活动的内容上,他们向农牧民群众宣传时事政策、讲授科学

知识，辅导群众业余文化活动等。在演出之余，乌兰牧骑队员还主动学习农牧业科技知识，为农牧民群众进行多方面的服务活动，如为牧民治病，替牧民修理家电，帮助牧民搭棚盖圈，干各种农牧业活计，全心全意为农牧民群众解决各种生产生活问题。

3. 节目小型多样

乌兰牧骑创作、演出的节目，最大的特点是小型多样，群众喜闻乐见。乌兰牧骑根据农村、牧区的不同特点，采取了不同的演出形式。在牧区，乌兰牧骑选取了短小精干且牧民比较熟悉的好来宝、长调民歌、马头琴演奏等演出形式；在农村，演出则以农民喜闻乐见的地方小戏为主，这些节目群众既看得懂又喜欢看。在不同时期，乌兰牧骑的节目所反映的内容也是丰富多彩的。在乌兰牧骑创建之初，他们演出的节目内容多以歌颂英雄模范和当地先进人物为题材，如《请帖》《母女英雄进北京》《学习龙梅玉荣》《勇敢的牧羊姑娘》《猎民姑娘》等精品节目。到了改革开放时期，既有歌颂党和祖国的《牧民歌唱共产党》《草原儿女爱延安》等音乐作品，讴歌牧民新生活的《顶碗舞》《筷子舞》等舞蹈作品，也有反映农村、牧区改革题材的蒙古语话剧《巴拉登的商店》和民族歌剧《银碗》等戏剧小品作品。近些年来，乌兰牧骑在作品创作方面充分考虑社会环境变化，更加注重观众需求，尤其在乡村振兴和脱贫攻坚的时代背景下，相继创作了舞蹈《脱贫攻坚赞》、小品《欢喜致富路》、好来宝《幸福生活》等多部优秀的文艺作品。

4. 装备轻便灵活

1957年前后，内蒙古的牧区和半农半牧区由于地理位置偏僻、经济落后，再加上交通不便，农牧民几乎长期看不到电影，更无法看到文艺演出，造成当地农牧民群众的文化生活极度匮乏，而当地的文化馆也无法深入地开展文化活动，难以满足广大农牧民的精神文化需求。基于这种情况，内蒙古自治区党委、政府从实际出发，组建了一支能够适应农村、牧区分散生活的文化工作队伍，即乌兰牧骑。乌兰牧骑装备轻便，一辆马车，十几个人，几件乐器和几套服装，就是乌兰牧骑的"全部家当"。乌兰牧骑便于流动，无论是牧场营盘，还是田间地头，无论是山区，还是密林，无论是驻军部队，还是边防哨所，哪里最困难，哪里最偏僻，乌兰牧骑就到哪里去送歌献舞，踏遍了内蒙古的大草原，把革命的文艺以及党和国家对人民的深切关怀，带到了群众中。

这样的组织形式加上演出、宣传、辅导、服务四项职能，为当地农牧民提供了综合文化服务；在表演形式上，坚持民族特色、地方特色，以人民群众喜闻乐见的方式表演，同时吸收各民族优秀文艺成果。这种艺术形式适应内蒙古农村、牧区交通不便、人口分散居住的环境，使文艺工作完全贴近群众，贴近生活，融入基层，深受各族群众欢迎，实现了社会效益最大化。

（二）在内容创新方面，坚持与时代共振，聚焦现实题材

乌兰牧骑60多年共创作各类节目1.3万多个，这些节目虽然产生于不同时期，但它们有一个共同点，那就是坚持宣传党的声音、宣传新生事物、讴歌时代英雄、颂扬真善美。一份1965年在黑龙江省巡演时的节目单上，可以看到27个节目，其中典型的节目有：马头琴独奏《劳动模范娜布其玛》、女声齐唱《草原上建起了钢铁城》、民乐合奏《鄂伦春人民好生活》、舞蹈《草原民兵》、好来宝《牧马英雄》、女声独唱《红旗一代传一代》、安代舞《民族团结赞》等。我们今天虽然已无法再现当时的演出盛况，但透过这些节目的名称，那种充满时代气息、昂扬向上的气场仍然会震撼我们的心灵。

60多年来，乌兰牧骑始终走在探索创新的道路上，他们与时俱进，在传承、弘扬民族优秀传统文化的同时，创造性转化、创新性发展，将时代精神融入浓郁的民族艺术，实现了思想性与艺术性、民族性（地方性）与多样性的最佳结合，用不懈的探索精神开创了面向基层，尤其是面向边疆少数民族地区建设和繁荣社会主义文化的成功模式。他们用1.3万多个充满正能量的节目，建构了一条绚丽的艺术彩虹，举旗帜、聚民心、育新人、兴文化、展形象，犹如润物春雨，撒播在内蒙古118万多平方千米的大地

上，为广大农牧民送去了欢乐和文明，传递了党的声音和关怀。

除此之外，乌兰牧骑的艺术形式还表现在演出、宣传、辅导、服务四项职能及活动方式都从农牧民群众的需求出发，为农牧民群众的利益着想，尽可能方便群众，让群众得到更多的文化服务。乌兰牧骑的艺术体现了与火热生活保持密切联系的艺术品格，乌兰牧骑紧跟时代步伐，活跃于农牧民群众之中，从群众的生产生活实践中吸取营养，与火热的时代生活保持着密切联系。乌兰牧骑根植于民族文化热土、独具神韵的艺术追求，在艺术创作和演出上，吸取、借鉴优秀的民族传统文化，形成了自己独特的地区特色和民族特色。

三、传承保护了民族文化遗产

作为少数民族地区的专业艺术表演团体，乌兰牧骑是内蒙古民族民间艺术及非物质文化遗产传承与发展的重要载体。乌兰牧骑注重对地区历史文化资源的利用和挖掘，深入民族文化沃土，广泛汲取民族民间文化中的丰富营养，继承和发扬民族民间文化的精粹，并努力适应农牧民群众文化需求的新特点和新变化，保持和发扬乌兰牧骑与现实生活紧密联系的艺术品格，推出了大量具有鲜明民族特色和浓郁地方特点的艺术作品。

（1）挖掘、搜集民族文化遗产。代表性的成果有：东乌珠穆沁旗乌兰牧骑作曲家、长调研究者桑杰搜集、整理、编辑的《乌珠穆沁民歌》（蒙古文，东乌珠穆沁旗政协文史办公室，内部资料，1987年），是桑杰在乌兰牧骑多年从事民歌搜集、整理工作的成果，该民歌集共收录当地民歌及其变体137首。巴林右旗乌兰牧骑的道尔吉搜集大量的民歌，编辑出版了《昭乌达民歌集》（上册）（昭乌达盟文化局印行，1982年），该民歌集收录了283首阿鲁科尔沁旗、巴林右旗、巴林左旗、翁牛特旗、敖汉旗、喀喇沁旗、克什克腾旗等地流传的长调、短调民歌。乌审旗乌兰牧骑的玛希吉日嘎拉经常下基层体验生活，搜集、整理民歌，《鄂尔多斯民歌》（内蒙古人民出版社，1979年）就是他搜集、整理工作的成果，该民歌集收录了鄂尔多斯民歌 306 首，其中 20 首为长调民歌，其余为短调民歌。莫日根布和、巴图苏热曾在鄂温克族自治旗乌兰牧骑工作，他们曾致力于鄂温克族民歌的搜集、整理工作，1983 年编辑的《鄂温克民歌》由内蒙古人民出版社出版，蒙古文，简谱记谱，国际音标记词，该民歌集收录了《鸭绿江》《初升的太阳》《花鸟》等传统民歌，另外还包括《鄂温克之歌》《我的故乡》等 10 首创作歌曲。

（2）乌兰牧骑通过挖掘民歌、民族舞蹈、民间故事、传奇、历史等文化资源，从素材、主题、结构到整台节目都充分展示民族风格和地方特色。在少数民族人口居住较多的地方，乌兰牧骑的节目以民族歌舞为主；在汉族人口居住较多的地方，其节目以小戏小品为主。整体上，东部地区乌兰牧骑注重表演的是东部地区蒙古族群众喜欢的蒙古语说唱艺术，如好来宝、蒙古语说书、史诗《格斯尔》、叙事体短调民歌，以及汉族群众喜欢的东北民歌小调、二人转、评剧、皮影戏等。西部地区乌兰牧骑多演出西部地区蒙古族群众喜欢的音乐旋律起伏较大的短调民歌、蒙汉民族文化融合的漫瀚调，以及汉族群众喜欢的二人台、爬山调等。

（3）乌兰牧骑还积极挖掘、整理了大量优秀的民族民间文化遗产，将安代舞、长短调民歌等富有草原情调的民族歌舞，以及传统的马头琴演奏等吸收到自己的创作及表演中，甚至将国粹相声的精华融合到具有蒙古族特色的好来宝、乌力格尔等民族曲艺形式中，极大地丰富了乌兰牧骑的表演艺术，在集成和提高的基础上普及了内蒙古的特色文化艺术。

四、服务人民、服务社会，参与内蒙古公共文化服务体系建设

乌兰牧骑主要有演出、宣传、辅导、服务四项职能。乌兰牧骑多从属于旗县，有服务地方经济的功能，有接待服务等具体演出任务，又有满足基层农牧民文化艺术需求的责任。乌兰牧骑既可以演出大型晚会，还能分组进行小型演出。乌兰牧骑的演出主要集中在牧区和半农半牧区，按规定，乌兰牧骑应当以深入农村牧区、边远地区、基层单位演出为主，每年最低

演出场次由旗县级以上人民政府文化行政主管部门结合乌兰牧骑服务能力和范围确定。除此之外，按照当地政府的要求，还为接待上级领导、外地客商及各界人士进行演出，也在那达慕大会、乌兰牧骑艺术节以及当地各种节庆活动中表演。演出之余，他们辅导群众的业余文艺生活，培训农牧民业余文艺骨干，开设群众文艺骨干训练班，加强基层文化站（室）建设，为推动群众文化活动、完善内蒙古公共文化服务体系建设做出了积极贡献。

随着内蒙古农村、牧区社会主义市场经济的发展，乌兰牧骑为农牧民提供生产生活服务的内容和方式发生了变化。早期，乌兰牧骑参加助民劳动，帮助牧民割草、放羊、剪羊毛、打井，帮助住户挑水扫院、打扫羊圈，有的队员还为群众理发、修理收音机，为群众照相寄信，给病人献血治病。除此之外，他们还积极放幻灯、办展览、讲时事、说科学、借阅书报、代卖书刊。改革开放以来，随着党的工作重心的转移，乌兰牧骑从事基层宣传的领域大为拓宽，由过去主要宣传时事政治内容拓展到宣传经济、政治、社会、科技、文化等各个方面的内容，不仅系统地宣传党的基本路线和在农村、牧区的各项方针政策，还承担了普及法律知识、科技知识、计划生育、交通安全、草原防火等多方面的宣传任务，并重点为农牧民提供经济信息、科技手段，拓宽致富门路，为农村、牧区公共文化服务体系的建设和社会主义市场经济的发展，尽自己的一分力量。

在宣传手段和方式上，也由过去的口头解说为主，辅以幻灯放映、图片展示、散发宣传单的形式，发展为通过录音、录像宣传为主的形式，同时还注意将这些宣传内容融入所演出的文艺节目中去，使宣传与演出互相配合，更加丰富多彩。

乌兰牧骑在继承、弘扬"全心全意为人民服务"优良传统的基础上，利用自身业务、人才资源，不断扩展服务领域，如与文化旅游部门合作，大力发展文化旅游产业；和大中型企业合作，进行文企联姻；和文化企业联合，整合资源求发展；甚至直接投入文化市场，参与竞争。

五、开展对外文化交流，搭建对外文化艺术交流平台

参与接待演出和国内外交流演出是乌兰牧骑用文艺形式宣传内蒙古自治区建设成就的重要途径。自20世纪六七十年代始，乌兰牧骑陆续走出内蒙古参加国内文艺会演和艺术交流，足迹遍及全国30多个省、市、自治区及台湾、香港地区；为视察内蒙古的党和国家领导人刘少奇、朱德、董必武、陈毅、李德生、胡耀邦、杨尚昆、李铁映、乌兰夫、布赫等进行汇报演出；内蒙古自治区直属乌兰牧骑、扎鲁特旗乌兰牧骑、达茂旗乌兰牧骑、四子王旗乌兰牧骑、科尔沁右翼中旗乌兰牧骑、奈曼旗乌兰牧骑、伊金霍洛旗乌兰牧骑、科尔沁左翼中旗乌兰牧骑、科尔沁右翼前旗乌兰牧骑等，曾为来华访问的西哈努克亲王、缅甸总统、马里总理、蒙古国家大呼拉尔主席团主席、联合国有关机构负责人、亚非作家紧急会议的各国（地区）代表以及苏联、法国、美国、日本、朝鲜、科威特、英国、加拿大、新加坡、澳大利亚、罗马尼亚等代表团及国际友人演出；出访亚洲、欧洲、非洲、美洲等的50多个国家。

改革开放以来，随着中国参与地区文化交流的不断加强，优秀民族文化艺术愈来愈受到青睐，这为拓展民族文化艺术发展空间提供了良好的机遇。乌兰牧骑紧紧抓住这一契机，与区外演出单位合作，争取对外演出机会。1978年10月，由自治区直属乌兰牧骑队员参加的中国内蒙古艺术团赴非洲布隆迪、坦桑尼亚、塞舌尔三国进行为期一个多月的访问演出，行程2万千米，观众多达14万人次；1989年7月，由乌审旗乌兰牧骑、阿拉善右旗乌兰牧骑、西乌珠穆沁旗乌兰牧骑和直属乌兰牧骑队员组成的中国内蒙古民族艺术团赴东欧波兰、匈牙利、保加利亚三国参加四个国际艺术节演出，历时35天，演出60场，观众达30余万人次；直属乌兰牧骑1993年首次到台湾进行商业性演出，创造了大陆文艺团体在台湾演出场次最多、观众最多、时间最长、经济收入最高的纪录；西乌珠穆沁旗乌兰牧骑2007年赴澳大利亚参加在悉尼歌剧院举办的"相约中国节——悉尼华人春节文

艺联欢晚会",2008年赴法国巴黎参加"多彩中华"民族文化月活动,先后出访蒙古国、日本、韩国、澳大利亚、法国等国家。通过对外交流,乌兰牧骑既学习了国外先进的文化和表演经验,锻炼了队伍,开拓了艺术视野,提高了创编和表演水平,增进了各国人民对内蒙古自治区的了解,扩大了中国民族艺术和乌兰牧骑在世界各地的影响力,同时也为内蒙古自治区的改革开放和对外交流架起了文化桥梁,搭建了文化艺术交流平台,发挥了文化窗口的职能。

第二章　乌兰牧骑本体

第一节　乌兰牧骑的本质

在人类社会的发展过程中，每一次思想解放或社会变革、科技教育的进步，都会衍生出一些重大或者特殊的文化现象。乌兰牧骑是在中华人民共和国成立的伟大变革中产生的特殊文化现象。乌兰牧骑的建立，本质上而言是党的文艺方针、文艺政策同内蒙古实际相结合的产物，表现为一种国家意志行为，同时，乌兰牧骑现象是艺术与人文的高度结合，是文化艺术发展规律的体现，是中国文化艺术人文精神的体现。

一、乌兰牧骑的建立是党和国家文化意志的体现

国家文化意志就是国家意志在文化方面的体现。国家文化意志是国家在一定的社会历史条件下，从一定时期的国家整体利益和目标追求出发而在文化领域形成的对于文化的要求和意愿，是一种特殊的国家文化心理状态的集中性体现，在公众社会文化生活中，具有要求强制贯彻执行的权威主义特点。

伴随着中华人民共和国的成立，国内意识形态发生了巨大变化。内蒙古草原牧区从半殖民地半封建社会向社会主义社会逐步变迁，之前与游牧生产方式相对应的精神文化活动逐步被统一的思想文化所代替，草原牧区逐步形成了社会主义文化新概念。社会主义文化具有从人民需求出发的

特点。

内蒙古乌兰牧骑的建立和发展，是中国国家文化意志的体现。

（一）乌兰牧骑是党和国家民族文化政策指导下的产物

少数民族文化建设是一项长期的工作，仅靠各少数民族自己的力量是不够的，需要党和国家的支持和帮助。早在解放战争时期，毛泽东就曾经提出，让各少数民族得到发展和进步，是整个国家的利益。[①]1949年颁布的《中国人民政治协商会议共同纲领》中规定："人民政府应帮助各少数民族的人民大众发展其政治、经济、文化、教育的建设事业。"中华人民共和国成立后，中国共产党对少数民族文化工作予以特别关注。在遵循中国民族工作指导方针的基础上，中国共产党专门针对少数民族文化工作阐述了一些重要思想："中华人民共和国的民族政策，不仅在于保障各民族在政治、经济、文化以及社会生活各方面的平等权利，而且在于帮助各少数民族发展其政治、经济和文化教育的建设事业，使能逐步地改变其落后状态，逐步地达到事实上的平等"[②]，要"诚心诚意地积极帮助少数民族发展经济和文化建设"[③]，少数民族文化建设，应充分考虑各民族的不同文化习俗和特点，照顾大多数少数民族群众的需要；要依据各地实际情况和条件，"采取必要的和适当的办法"[④]发展少数民族文化建设。这些思想的提出，指出了中国少数民族文化建设的方向，成为制定、实施少数民族自治区文化政策和文化建设的基本纲领和行动指南。乌兰牧骑就是在这样的国

---

① 中共中央文献研究室编：《毛泽东文集》（第六卷），人民出版社1999年版，第312页。

② 《李维汉选集》编辑组：《李维汉选集》，人民出版社1987年版，第256—257页。

③ 中共中央文献编辑委员会编：《毛泽东著作选读》（下册），人民出版社1986年版，第733页。

④ 国家民委办公厅等编：《中华人民共和国民族政策法规选编》，中国民航出版社1997年版，第3页。

内文化政策背景下建立的。

（二）乌兰牧骑的建立过程表现为国家行为

20世纪以来，文化领域第一次革命是文化发展由自发状态转而要求国家参与。国家不仅要对国民的文化生活做出一定的安排，给予必要的指导，还要建立起相应的机构，制定相应的文化政策。乌兰牧骑的建立正是路易·多洛所言文化领域第一次革命的体现。内蒙古自治区和中华人民共和国在经历了几十年战火纷飞后相继成立，中国人民终于当家做主，但是，国内一穷二白、百废待兴，经济、社会、文化各领域都需要党和国家做出决策、指导发展。乌兰牧骑的建立是中华人民共和国成立后文化领域面对社会变革的积极反应，是中国共产党利益的表达与执行。这首先表现为乌兰牧骑的建立是在周恩来总理的过问下完成的。在乌兰牧骑未建立之时，周总理提出，能否研究一种可以满足基层群众基本文化生活需要的办法，再建立相应的队伍；要进一步探索适应广大牧区牧民分散生活的文化活动形式。在苏尼特右旗乌兰牧骑试点成功之后，周总理认为这是文艺为农牧民服务的好办法，提出要继续总结乌兰牧骑的经验，坚持完善这种办法。这就是说，以周恩来总理的重要身份而言，其要求事实上体现为国家意志，是国家针对内蒙古自治区地广人稀、牧民居住分散难以及时了解国家大政方针，无法满足基本文化需求而采取的指令性手段，是国家少数民族文化政策的具体实施，同时，它服务于内蒙古社会的总体发展，满足了内蒙古草原牧区牧民和半农半牧区群众的文化需求，保障了绝大多数人的文化权益，体现出文化分配的公平性，有利于保证乌兰牧骑建设的社会主义方向，维护内蒙古各族人民的文化利益，也表现为维护边疆安宁和国家安全，是国家利益、社会利益和人民文化利益的高度统一。

乌兰牧骑的建立和发展备受党和国家领导人的关注，党和国家领导人在不同时期对乌兰牧骑予以肯定，这事实上体现为执政党和国家文化意志的集体表达。在乌兰牧骑60多年的发展过程中，毛主席曾三次接见乌兰牧骑队员；周总理曾12次接见乌兰牧骑队员，其中，1964—1965年就八次接见乌兰牧骑队员。党和国家领导人邓小平、江泽民、乌兰夫分别为乌兰牧骑题词；2000 年胡锦涛考察内蒙古鄂温克族自治旗时与乌兰牧骑队员和牧民合影。2017 年 11 月，习近平总书记在给苏尼特右旗乌兰牧骑队员们的回信中指出："乌兰牧骑的长盛不衰表明，人民需要艺术，艺术也需要人民。在新时代，希望你们以党的十九大精神为指引，大力弘扬乌兰牧骑的优良传统，扎根生活沃土，服务牧民群众，推动文艺创新，努力创作更多接地气、传得开、留得下的优秀作品，永远做草原上的'红色文艺轻骑兵'。"

（三）乌兰牧骑的性质和功能体现为国家文化意志

关于乌兰牧骑的性质，在建立之时，内蒙古自治区人民政府就予以了认真考虑。1957 年颁布的《乌兰牧骑工作条例（草案）》中的表述是：乌兰牧骑是政府为开展牧区的民族的群众文化工作，活跃民族群众文化生活而设立的综合性的基层文化事业机构，它以机动灵活、富有民族风格的文化宣传形式，向牧区的劳动人民群众中进行宣传服务与辅导活动，并继承和发扬民族文化遗产，从而满足牧民群众的文化需要。随着乌兰牧骑工作在内蒙古全区的开展，《乌兰牧骑工作条例（草案）》的内容也在不断充实和明确。之后，乌兰牧骑的性质表述为：国家为了向生活在牧区、半农半牧区和少数民族聚居区的蒙古族群众和其他民族群众进行宣传、教育，开展群众文化活动而设立的综合性文化事业机构。从这一性质表述可以看出，乌兰牧骑的设立和发展是国家意志的体现，其活动范围不再局限于牧区，还扩大到半农半牧区，逐渐成为我国社会主义文艺战线上的一支文艺轻骑队。

按照 1957 年制定的《乌兰牧骑试点计划》，最初建立乌兰牧骑主要是为了解决如何把党的政策及时传达到牧区的问题。在 1957 年颁布的《乌兰牧骑工作条例（草案）》中明确规定，乌兰牧骑的基本任务是密切配合牧区政治、经济的发展，在尊重各民族习俗的前提下，根据牧区不同的民族特点，弘扬社会主义思想，宣传马克思列宁主义、毛泽东思想和党的方针、政策，不断开展对中国共产党和政府各项政策法令的宣传工作，提高牧民的政治意识,发展牧区文化事业,组织、辅导牧民业余文化艺术活动,振兴人民文化生活,在内蒙古自治区建设和发展社会主义的新民族文化。可以看出,建立初期的乌兰牧骑,主要任务是宣传和辅导。但是,以单一的形式宣传政策并不能满足农牧民多样化的文化需求,农牧民提出文艺欣赏的要求。所以,乌兰牧骑加强了文艺演出,并以演出为主带动其他工作,受到农牧民的欢迎,农牧民也更乐于参与其中。乌兰牧骑在工作中不断积累经验,其工作任务不断充实,逐渐形成了"演出、宣传、辅导、服务"四项功能。

从国家文化意志角度出发,乌兰牧骑较好地解决了民族地区文艺"为了谁"和"如何做"的问题。乌兰牧骑的建立有助于达到"树人"的目标,即提高内蒙古自治区包括蒙古族在内各族人民的整体文化素质,培养认同中华文化、认同社会主义中国的合格的社会主义公民。因此,乌兰牧骑的建设和发展已经不单单在于通过四项功能满足内蒙古各族人民的文化需求,对农牧民进行爱国主义、集体主义和社会主义教育,帮助农牧民树立正确的国家观、价值观和人生观,发挥文化活动在农牧民思想道德建设中的重要作用,最重要的是,它担负着形成有利于内蒙古社会主义建设的舆论力量、价值观念、文化条件和社会环境的重任,是国家促进民族团结进步、促进边疆少数民族地区稳定、维护国家文化安全的需要,是国家文化意志的体现①。

---

① 在乌兰牧骑发展的60多年中,毛泽东同志曾三次接见乌兰牧骑的代表;周恩来同志曾12次接见乌兰牧骑的代表并希望保持"不锈的乌兰牧骑"称号,把革命的音乐舞蹈传遍全国各地,鼓舞人民;邓小平同志为乌兰牧骑题词"发扬乌兰牧骑作风,全心全意为人民服务";江泽民同志充分肯定"乌兰牧骑是我国社会主义文艺战线上的一面旗帜";胡锦涛同志视察内蒙古自治区时在基层观看了乌兰牧骑演出;习近平总书记2017年11月21日给苏尼特右旗乌兰牧骑队员们回信之后,2019年7月15日在内蒙古赤峰市松山区兴安街道临潢家园社区考察调研时为乌兰牧骑队员点赞。这些亲切关怀,反映着党和国家领导人对乌兰牧骑把握时代脉搏、不断开创新局面的殷切希望。

二、乌兰牧骑的建立是内蒙古旧的文化秩序的合理化重建

所谓秩序是指现象或事物的合理性化，文化秩序就是文化现象或文化世界的合理性化。一定社会的文化秩序是与一定社会的政治秩序、经济秩序相适应的。文化秩序具有一定的规则，诸如强制性、多样性、统一性等。

每个人类社会都有自己的文化体系，如果能够保持文化体系内部结构的有机性，使它处于协调运作状态，便会在社会上形成较为良好的文化秩序，也就是说，指导社会活动的行为准则和制约人们思维与生存取向的社会价值观念是有效和稳定的，社会系统的运转和功能是发挥正常的，人们愿意遵守社会基本的风俗习惯。良好的社会文化秩序有利于社会的稳定发展，这表明，它能够促进科学技术的发展，保持政治进步，促进人际文明。随着代表新文化的社会力量越来越强大，必然会对已建立的文化体系进行革新或重建，这将改变旧的社会文化秩序，使它更有利于自身和社会的进一步发展。

中华人民共和国的成立引发了社会文化体系的革新和社会文化秩序的重构。中华人民共和国成立之后经济、政治、社会秩序重建为社会主义秩序，文化秩序自然也不例外。毛泽东早在1949年中国人民政治协商会议第一届全体会议的开幕词中就指出："随着经济建设的高潮的到来，不可避免地将要出现一个文化建设的高潮。"① 从1949年到1957年，随着政权的巩固、经济的发展，在文化领域内相应地出现了"百花齐放，百家争鸣"的繁荣局面。正是在这样的文化背景下，乌兰牧骑建立了。乌兰牧骑的建立是中华人民共和国成立这样的重大社会变革引发的结果，需要建立文化新秩序以及相应的社会文化运行机制和新文化制度来推动新文化的发展。

乌兰牧骑的建立与当时的社会条件有关，从当时内蒙古解决问题的实际能力和客观条件出发，创造性地解决社会矛盾和社会问题。内蒙古自治

---

① 毛泽东：《毛泽东选集》（第五卷），人民出版社1977年版，第6页。

区成立之前旧的文化秩序下，各族人民被迫接受封建地主、军阀、日本法西斯的霸权和殖民统治，没有社会地位，没有人权，又极端贫困，根本无法决定自己的文化需求和喜好，也谈不上有文化娱乐活动。据资料显示，1947年内蒙古自治区成立之前，内蒙古的文盲和半文盲约占全区总人口的90%以上。如果这种社会文化矛盾得不到及时解决，势必会影响到内蒙古乃至国家的文化进步和发展，阻碍群众正常的文化生活发展和国家正常文化秩序的建立，危害社会稳定。所以，必须由国家参与安排和指导来解决。在时任内蒙古自治区党委第一书记、自治区人民委员会主席乌兰夫同志的调研和建议下，乌兰牧骑试点工作以国家指令形式开始。所以，乌兰牧骑的建立就是对内蒙古存在的旧文化秩序、旧习惯势力的改变，解决的是内蒙古的社会文化矛盾运动以及由此而引起的文化利益、文化价值和文化规范等社会矛盾问题，建立了社会主义文化秩序。

要建立新的文化秩序，首先要从思想上把农牧民解放出来，使农牧民有公民意识，有国家观、文化观、价值观，才有助于打破旧的文化秩序，建立新的文化秩序。由于历史原因和传统文化影响，造成了内蒙古农村、牧区封闭性、凝固性的特征，农牧民较少和外界联系，思想观念和社会心理惰性较大。乌兰牧骑建立后，主动、积极、无偿地把党的政策和社会主义新文化送到最偏远的牧区，送到牧民的蒙古包前。乌兰牧骑给牧区送去的是革命的歌舞，是社会主义的新文化，他们跳革命的舞，演革命的戏，唱革命的歌，振奋人民的革命斗志。为了满足农牧民群众的需求，他们采用群众喜闻乐见的民族文艺形式，自导自演了许多紧密配合当时革命斗争、配合政治中心工作、歌唱新人新事的新节目。这些节目热情歌颂社会主义时代的新人新事新英雄，不断提高群众的政治觉悟，鼓舞群众的生产热情，所以演出后受到广大农牧民群众的热烈欢迎。乌兰牧骑的队员运用革命的文艺和宣传武器，解放了农牧民的思想，引导农牧民树立了社会主义的国家观、文化观、价值观，逐步占领牧区和农村的社会主义文化阵地，不断推进社会主义文化秩序在内蒙古的建立。

在牧区传播社会主义新文化和巩固占领社会主义文化阵地，还必须依靠广大农牧民群众中的业余文艺活动骨干。乌兰牧骑通过演出和宣传向牧区和半农半牧区传播社会主义新文化，同时又通过辅导业余文艺小组，培养文艺骨干，让社会主义新文化在群众中扎根。每年，乌兰牧骑队员下基层演出时都要做大量辅导群众业余文艺活动的工作。他们的辅导方式灵活多样。有时，他们利用演出的间隙向群众中的业余文艺活动骨干教习革命歌舞，交流宣传和演出经验；有时，他们利用生产不太忙的时候，举办小型的文艺骨干训练班，培养业余文艺骨干；有时，他们吸收业余文艺活动分子共同演出节目；有时，他们在那达慕大会上举办小型的业余文艺会演，借以交流节目、传播经验。

乌兰牧骑还通过各种服务工作拉近与农牧民的感情，建立亲人般的关系。作为社会公民，除了保持本民族的优秀民族性格和民族精神之外，更重要的是要有华夏民族共同体意识，树立大民族观，树立社会主义中国的国家观。乌兰牧骑队员下乡演出时坚持与牧民同吃同住同劳动。每到一处，他们一边进行演出和宣传，辅导业余文化活动，坚持苦练基本功，一边坚持参加当地农牧民的生产劳动，帮助农牧民挑水、洗衣、扫院子、做饭、喂牲口、剪羊毛、挤奶、打井、打扫羊圈、焊壶、焊锅、送信、买书、修理钟表、修理收音机，为群众理发，带病人看病，等等，碰见什么就干什么。在下乡途中，队员们还沿途捡柴、拾粪，到目的地后送给老乡。农牧民逐步消解了他们在封建制度下对国家机器的对立性认识，以全新视角认识中国共产党，认识社会主义中国。

乌兰牧骑是为农牧民提供教育知识、审美熏陶和休闲娱乐的重要载体，体现了社会主义制度下福利性文化事业覆盖面的广大和群众文化的普及程度，加强了中国共产党和政府与内蒙古各民族之间的联系，有助于推进社会主义新文化秩序的建立。乌兰牧骑具有教化和凝聚整合功能。通过演出、宣传、辅导和服务使得乌兰牧骑队员和农牧民的思想感情都产生了深刻的变化，农牧民通过学习新的行为规范，在不断前进的社会中认识自身的社会角色，从而实现社会主义制度社会化的功能，塑造了中国农牧民的新人格——树立新的生活目标和培养新的价值观念。农牧民体会到了党和国家政策的温暖，促进了他们建设社会主义的极大热情，从而形成了乌兰牧骑队员和农牧民群众的社会共识和共同意愿，形成一种无形的社会力量，促使农牧民自觉将个人的行动纳入中国社会主义的轨道和模式，加强了中华民族的凝聚力和文化认同感，尤其是对社会主义中国的认同，从而建立新的文化秩序和社会秩序。

可见，乌兰牧骑的建立所体现的社会主义中国的文化秩序的破旧立新，既有对人的目标，即满足农牧民对文化艺术的基本需求，提升农牧民的生活质量；也有社会的目标，即农牧民作为社会人所应具有的文化素质，实现农牧民的社会化；而最重要的是实现国家的目标，即对社会主义中国的国家认同、民族认同、文化认同。

三、乌兰牧骑的建立是社会主义文艺规律的体现

乌兰牧骑是党和国家民族文化政策和内蒙古实际相结合的创举，是国家文化意志的体现。同时，乌兰牧骑作为一种文化现象，也遵循文化内部发展的规律，演出是乌兰牧骑的主要职能，乌兰牧骑也必然遵循艺术发展的规律。

马克思曾经说过："把拉斐尔、列奥纳多·达·芬奇和提戚安诺比较一下，就会发现，拉斐尔的作品在很大程度上同佛罗伦萨影响下形成的罗马繁荣有关，而列奥纳多的作品则受到佛罗伦萨的环境影响很深，提戚安诺的作品受到全然不同的威尼斯的发展情况影响很深。和其他任何一个艺术家一样，拉斐尔也受到他以前的艺术所达到的艺术成就、社会组织、当地的分工以及与当地有交往的世界各国的分工等条件制约。"[1] 马克思的论述表明，文化的发展是由时代需要和文艺家对文艺传统的继承以及对时代的关注等诸多方面因素决定的。

---

[1] 中共中央马克思恩格斯列宁斯大林著作编译局编：《马克思恩格斯文集》（第3卷），人民出版社2009年版，第459—460页。

体现时代特征是文化发展最重要的规律和特色。在人类社会历史发展的过程中，每个历史阶段的文化都清晰地反映着政治、经济、社会的时代特征。乌兰牧骑建立于20世纪50年代，是中华人民共和国成立初期政府为开展牧区的民族的群众文化工作、活跃民族的群众文化生活而设立的综合性的基层文化事业机构，是在党的文艺方针和民族政策指引下，结合内蒙古实际创建起来的一支以演出为主的综合性文化工作队。乌兰牧骑的建立，充分考虑到内蒙古社会文化发展的现状和牧民群众的实际需求，开展演出、宣传、辅导、服务等相关工作，所以，乌兰牧骑的建立是在遵循文化建设规律的前提下，对内蒙古社会文化发展中存在的客观矛盾和现实问题的解决。2017年12月28日内蒙古自治区党委、自治区人民政府发布的《关于深入贯彻落实习近平总书记重要指示精神 加快推进乌兰牧骑事业发展的意见》中，将乌兰牧骑的功能概括为演出、宣传、辅导、服务、创作、创新六大职能。乌兰牧骑功能的不断演进变化，一方面体现为国家有计划地推动内蒙古的社会进步，另一方面则体现为文化自身发展的规律性，即表现时代、表现社会的特点和要求。

乌兰牧骑遵循文艺规律还表现在乌兰牧骑对文艺的生产和传播方面。文艺生产有它自身的特点和规律，即文艺作品要表现人的思想感情、意象和审美价值，满足人们精神生活的需要。文艺家要生产创造出对生活真理有新发现和开拓的真实感人的文艺作品，要深刻而形象地反映现实生活，反映自己真正熟悉的生活并有独到的艺术认识和审美感受，并且通过文化传播与接受者形成情感交流，使接受者获得知识、陶冶性情、提升精神境界。乌兰牧骑所创作的文艺作品，一方面继承民族文艺传统，尤其表现为以蒙古族为主体民族的各民族文艺传统，表现民族精神；另一方面将各民族的文化传统和当下的现实生活相结合而创作生产出兼具民族传统特色和现代生活特点的"三贴近"民族新文艺和大众文艺，满足基层农村、牧区农牧民群众的精神文化需求。乌兰牧骑深入旗县农村、牧区基层，与农牧民群众保持密切联系，创作表演了如《顶碗舞》《筷子舞》《雕花的马鞍》《乳飘香》《社员都是向阳花》《草原上建起了钢铁城》《鄂尔多斯婚礼》《富饶美丽的内蒙古》《桃源喜讯》《欢腾的山村》《草原风情》《草原上升起不落的太阳》《祝酒歌》等真实反映丰富社会生活的文艺作品，力求把最好的精神食粮奉献给人民，使农牧民群众得到教育和启发，得到娱乐和美的享受。

2017年11月21日，习近平总书记在给内蒙古自治区苏尼特右旗乌兰牧骑队员们的回信中，希望乌兰牧骑队员大力弘扬乌兰牧骑的优良传统，扎根生活沃土，服务牧民群众，推动文艺创新，努力创作更多接地气、传得开、留得下的优秀作品，这事实上也是对乌兰牧骑遵循文艺规律的肯定与总结。

乌兰牧骑作为一种特殊的文化现象出现且经过60多年的社会验证，归根到底是解决社会问题的合理化选择，体现出其社会合理性，事实上也是必然性的选择。乌兰牧骑的建立和发展既表现为在国家干预下新文化的产生，体现出主流文化的表征，又借用新的符号系统，完成新时代的特色化重塑，内在地表现为对本民族传统文化的自觉传承，自觉地向外部世界展示其绚丽的差异化特征，是内蒙古以蒙古族为主体的少数民族文化深层价值的释放，彰显了少数民族文化的意义与价值。乌兰牧骑没有高高在上而是以人民为中心的文化建设，则表现出对传统文化秩序悖论式的颠覆，是传统人文精神的回归。

第二节 乌兰牧骑的文化美学

马克思在《1844年经济学—哲学手稿》中说："动物只是按照它所属的那个物种的尺度和需要来进行塑造，而人则懂得按照任何物种的尺度来进行生产，并且随时随地都能用内在固有的尺度来衡量对象。所以，人也按照美的规律来塑造物体"。[①] 人与动物的区别在于，动物只是遵从自然

---

① ［德］马克思：《1844年经济学—哲学手稿》，刘丕坤译，人民出版社1979年版，第50—51页。

的动物属性进行塑造等生命活动,而人既可以按照自然的动物属性进行塑造,同时更重要的是可以自由自觉地按照"美的规律"进行生产、塑造美的物体。乌兰牧骑产生于20世纪50年代,按照马克思的观点,乌兰牧骑是"美的规律"的产物,乌兰牧骑同样按照"美的规律"进行美的生产和实践,那么乌兰牧骑到底"美"在哪里呢?

一、"以人民为中心"之目的美

人的任何实践活动都是有目的的,这一点马克思在论述人与动物劳动的区别时说得非常明白:"建筑师在着手用蜡来造蜂房之前,就已经在头脑里把那蜂房构成了。劳动过程结束时所取得的成果在劳动过程开始时就已经存在于劳动者的观念中了,已经以观念的形式存在着了。他不仅造成自然物的一种形态改变,同时还在自然物中实现了他所意识到的目的,这个目的就给他的动作的方式和方法规定了法则(或规律),他还必须使自己的意志服从这个目的。"①马克思的这段话揭示出人的劳动实践活动都是在劳动开始就预见了结果和收获,都是有目的性的,而且在劳动过程中按照特定方式方法、按照美的规律"造型"。

乌兰牧骑是在毛泽东《在延安文艺座谈会上的讲话》的精神指引下诞生、成长的文艺团体,是社会主义文化建设实践活动。在《在延安文艺座谈会上的讲话》中,毛泽东为文艺的属性定位,提出"我们的文艺应当为千千万万劳动人民服务""属于人民大众"②,对于哪些人是"人民大众",毛泽东也给出了解释,他说:"什么是人民大众呢?最广大的人民,占全国人口百分之九十以上的人民,是工人、农民、兵士和城市小资产阶级。"③毛泽东同志认为,这是我们可以依靠的力量,文艺应该为这四种人服务。其中,

---

① [德]马克思、恩格斯:《马克思恩格斯全集》(第三卷),中共中央马克思恩格斯列宁斯大林著作编译局译,人民出版社1972年版,第262页。
② 毛泽东:《毛泽东选集》(第三卷),人民出版社1991年版,第854—855页。
③ 同上书,第855页。

工农兵又是主体,但是他们却处于文盲和半文盲状态,"由于长时期的封建阶级和资产阶级的统治,不识字,无文化,所以他们迫切要求一个普遍的启蒙运动,迫切要求得到他们所急需和容易接受的文化知识和文艺作品"①。因此,文艺要为人民服务,必须实现文艺大众化。中华人民共和国成立后,时任内蒙古自治区主席的乌兰夫针对广大牧区听不到广播、看不到电影,不能将国家政策及时传播到牧区的现状提出了组建小型文化工作队的想法,乌兰牧骑应运而生。乌兰牧骑成为草原牧区"普遍的启蒙运动",为牧区和半农半牧区送去了他们迫切要求得到的所急需和容易接受的文化知识和文艺作品。乌兰牧骑以机动灵活、富有民族风格的文化宣传形式,向牧区广大劳动人民群众进行宣传服务和辅导活动,并继承和发扬民族文化遗产,从而满足牧民群众的文化需要,其目的非常明确,具有深刻的社会主义文化性质和文艺大众化所体现的"人民性"的丰富内涵和张力。

目的是通过方式体现的。乌兰牧骑首先通过试点计划摸索牧区群众的文化活动规律,寻找适应牧区经济与文化特点、发展牧区群众文化事业所需的组织形式。队员们"边走边演,把牧民喜爱而难得看到、听到的歌舞送到村屯浩特和一个个放牧点,把各种服务活动送到家门口和蒙古包里","常常为一两个正在放牧或卧病在床的牧民进行专场演出,使牧民们感动得热泪盈眶。有时,天阴下雨或风沙弥漫,队员们照样化妆登场,一丝不苟,认真演好每一个节目,努力搞好每一项服务"。②乌兰牧骑以切合群众需求的艺术实践和文化活动引导群众认识社会主义、认识社会主义新文化,融入社会主义大家庭,改变当时才刚刚从封建制度下解放出来的牧民群众的意识形态观,从而推动改变牧民群众固有的价值观,树立新的价值观、人生观。乌兰牧骑在内蒙古草原上的快速普及和推广,真正在草原上实现了五四运动之后提出的文艺的平民化、大众化。

---

① 毛泽东:《毛泽东选集》(第三卷),人民出版社1991年版,第862页。
② 达·阿拉坦巴干、朱嘉庚、洪涛主编:《乌兰牧骑发展史》,内蒙古自治区艺术研究院2017年版,第6—7页。

为了能够创作出人民群众需要的文艺作品，乌兰牧骑长期无条件地深深扎根在人民群众中塑造"典型形象"，密切地"联系群众，表现群众，把自己当作群众的忠实的代言人"①。60多年来，他们从生活中提炼艺术，唱英雄、唱模范，随时随地编演当地的新人、新事、新风尚，采用多样化的艺术手段不断完善艺术风格。乌兰牧骑尤其注重选择真实生活进行艺术化处理，塑造出典型化的形象，如标识草原印记的草原、骏马、鹰、马鞍、马头琴等形象，标识草原人民的嘎查书记、牧人、骑手、搏克手等形象，标识牧民生活的捣茶、擀毡、挤奶等形象，其作品中塑造出比生活中的典型更高、更突出的艺术典型，给人以精神鼓舞和艺术满足，达到了打动人心、使人感奋的审美效果，是对艺术要"真实地再现典型环境中的典型人物"思想的实践。

乌兰牧骑"以人民为中心"的服务观并不仅仅在于自身全心全意的付出，从文化审美的角度出发，还在于乌兰牧骑队员的感性体验及人民群众的审美回馈。乌兰牧骑真正转向为人民服务，"体验人民的情感，跟人民的情感融为一体"②，在情感体验和审美经验上与人民群众实现融合和贯通，塑造真正属于人民的文艺。乌兰牧骑队员对自己"为人民服务"的文艺生产和服务充满自豪感，他们"把审美的或艺术的活动看作人改变世界从而改变自己或'实现自我'的一种创造的活动"③，并且因自己能满足人民群众的审美需求和精神需求而经常感到喜悦、愉悦。同时，乌兰牧骑也以贴近人民的服务获得了人民群众的审美认同和审美评判，牧民对乌兰牧骑非常喜爱和信任，把他们当作亲人，有的人教育自己的子女要做乌兰牧骑式的人；乌兰牧骑在边疆村寨演出时，当地的人们穿起节日的盛装，唱着喜庆的祝酒歌欢迎他们；巡回演出时，阿里高原的藏民敲着锣、打着鼓，骑马到十几里外迎接他们……马克思说："人民历来就是作家'够资格'和'不够资

---

① 毛泽东：《毛泽东选集》（第三卷），人民出版社1991年版，第864页。
② [意]葛兰西：《论文学》，吕同六译，人民文学出版社1983年版，第47页。
③ 朱光潜：《朱光潜美学文集》（第三卷），上海文艺出版社1983年版，第368页。

'格'的唯一判断者。"① 乌兰牧骑在艺术上倾听人民大众的情感和审美经验，立足于大众的审美经验，使用人民大众的语言和艺术形式创作表演，在服务上是牧民群众的"贴心人"，成为最广大人民群众的真正代言者。

乌兰牧骑从解决现实问题出发，观照文化生产中人的生存状态，按照美的规律来建造，完全符合毛泽东文艺主体论所强调的人民群众是文艺主体的核心内涵，符合党和国家历代领导人的社会主义文艺观，从而使文艺发挥出足够的、审美的、政治性的、意识形态的能量，有力地保障了内蒙古的经济、社会、文化建设。

二、歌舞音乐之艺术美

内蒙古是歌的世界，舞的海洋，这句话在乌兰牧骑那里得到了最好的验证。根据1985年颁布的《内蒙古自治区乌兰牧骑工作条例》的规定，乌兰牧骑是综合性的基层文化事业单位，乌兰牧骑以演出为主，兼做宣传、辅导、服务工作，但改革开放以来，尤其是20世纪90年代科技革命所带来的时代变迁和人们生活方式的巨大改变，乌兰牧骑的"演出"服务功能越来越强化，并逐渐使得乌兰牧骑一度被定性为"演艺团体"。经过60多年的发展，乌兰牧骑累计创作演出1.3万多个文艺节目，有2000多个节目在自治区及各盟市获奖，有130多个节目在全国获奖，其中《顶碗舞》《筷子舞》《彩虹》《安代舞》《鄂尔多斯婚礼》《牧人浪漫曲》《腾飞的骏马》等一大批特色文艺节目更是数十年来久演不衰，深受草原牧民及国内外观众的喜爱，这足以说明乌兰牧骑创作的歌美、舞美、音乐美。

黑格尔说，"艺术的任务在于用感性形象来表现理念，以供直接观照，而不是用思想和纯粹心灵性的形式来表现"②。乌兰牧骑用草原人民特有的歌

---

① [德]马克思、恩格斯著，中共中央马克思恩格斯列宁斯大林著作编译局译：《马克思恩格斯全集》（第1卷），人民出版社1974年版，第70页。

② [德]黑格尔：《美学》（第一卷），商务印书馆1979年版，第90页。

舞音乐这样的感性形象来表达理念,达到了二者的互相融合,达到了内容与形式的统一、主客观的统一,实现了艺术美与生活美的和谐。

乌兰牧骑的节目在形式上大多以具有蒙古族特色的音乐舞蹈为主,具有鲜明的民族特色。节奏舒缓、旋律优美、音域宽广、行腔自由、高亢嘹亮、善于抒情的长调民歌,如《雕花的马鞍》;节拍固定、歌词简单、具有艺术性、比较灵活的短调民歌,如《森吉德玛》;音质低沉、音色柔和浑厚、旋律富有草原特色的潮尔(蒙古族弓弦乐器);苍劲有力、细腻柔和、悠长辽阔的马头琴;曲调简短、结构方整并带有浓厚的自拉自唱说唱性表演形式的乌力格尔,如《陶克陶胡》;曲调固定、音乐整齐、节奏明快,语言通俗易懂、易记易唱,表演风趣幽默、酣畅淋漓的好来宝,如《腾飞的骏马》;热情奔放、雄健有力、优美抒情的安代舞;鼓谱简洁明快、节奏强、舞蹈动作简单、舞步幅度小、轻盈文雅的太平鼓舞;集蒙古族歌、舞、诗于一体的综合艺术蒙古剧等,深受观众的喜爱。表演时,乌兰牧骑在保留传统独唱、独奏、齐奏等表演形式的同时,努力创新,将对唱、重唱、同一种乐器不同声部的重奏、不同乐器不同声部的重奏、声乐与器乐的组合、好来宝、乌力格尔说书等灵活变通,并自编自演取材于当地农牧民生活的情景剧、小品、相声等,让农牧民真正感到乌兰牧骑是群众的贴心人,同时提高了演出的观赏性和农牧民的艺术修养。

在内容上,乌兰牧骑的歌舞音乐或传承民族优秀传统文化,但更多以现实生活为题材,或以人民群众身边的人、身边的事为题材,或聚焦社会主义建设、改革开放、全面建成小康社会以及中国梦、社会主义核心价值观、法治社会等重大主题创作,通过有血有肉、生动感人的艺术形象,表现时代前进的要求和历史发展的趋势,创造出具有民族风格和时代特色的完美的艺术形式,自编自创自演了《牧民的喜悦》《牧民歌唱共产党》《弹起我心爱的好毕斯》等一大批久演不衰的文艺节目。这些艺术作品融入了创作者或表演者对生活的审美反思,贯穿着浓郁的草原生活气息和对祖国、对草原、对人民的炽热的情愫以及对美的向往和寻觅,在社会功能上既有艺术审美作用,也有政治宣传或道德教化作用,是艺术性、政治性、生活性的统一，符合各时代的审美标准和人们的审美选择，充满着人民性的艺术力量。

我国西汉时期刘德所著的《乐记》中对音乐的本质认识很深刻，"凡音者，生人心者也。情动于中，故形于声。声成文，谓之音"①，"乐者，心之动也。声者，乐之象也。文采节奏，声之饰也"②。音乐发自人的内心情感，而用有韵律、节奏的声音加以组织和装饰。乌兰牧骑的歌舞音乐就是草原人民生命律动的形式。乌兰牧骑的艺术美并不仅仅局限在其创造的艺术作品的纯艺术美，即以其歌舞音乐等给人以"耳朵""眼睛"的艺术享受，乌兰牧骑的艺术实践体现的是乌兰牧骑队员对现实、社会、生活的认识，寄托的是他们对现实生活的美好向往，又通过自身的实践积极地帮助草原大众"养成一种精神生活、理想生活的'需要'，使他们在现实生活以外，还希求一种超现实的生活，在物质生活以上还希求一种精神生活"③。乌兰牧骑不满足于创造一种诗意的氛围，让人们去欣赏外在世界的美，而是在淡尽风烟的世界中，去思考生命的价值。乌兰牧骑并不以美的鉴赏为目的，而是以价值意义的追求为根本，从而提升生命的意境，智慧的表达是其价值实现的重要标志。乌兰牧骑的歌舞音乐体现的是艺术的人文价值，或是草原人民的"天人合一"思想、"英雄崇拜"思想、"崇尚自然"思想，或给予人生命的启迪。

朱光潜认为美是可以改造国民性的，他说，要求人心净化，先要求人生美化，因为人"创造或是欣赏艺术时，人都是从有利害关系的实用世界搬家到绝无利害关系的理想世界里去"④。宗白华说："艺术的作用是能以感情动人，潜移默化培养社会民众的性格品德于不知不觉之中，深刻而普遍。"⑤

---

① 刘德：《乐记》，吉联抗译注，人民音乐出版社1982年版，第3页。
② 同上书，第30页。
③ 宗白华：《新人生观问题的我见》，王德胜选编《中国现代美学名家文丛：宗白华卷》，浙江大学出版社2009年版，第11页。
④ 朱光潜：《朱光潜谈美》，华东师范大学出版社2012年版，第6页。
⑤ 宗白华：《艺术与中国社会》，王德胜选编《中国现代美学名家文丛：宗白华卷》，浙江大学出版社2009年版，第68页。

中国古代历来有礼乐教化的人文传统。《礼记·乐记》说："乐者乐也。君子乐得其道，小人乐得其欲。"《荀子·乐论》说："乐者，圣人之所乐也，而可以善民心，其感人深，其移风易俗易，故先王导之以礼乐而民和睦。"音乐具有陶冶功能，实际上艺术都具有陶冶功能。乌兰牧骑的艺术是丰富而多面的，其内容并不仅仅在于歌词的文美，也不仅仅在于旋律和曲调之美，更重要的是包括了艺术中的情感、人性生命体验、幸福与悲哀等感性之美，揭示了人的感性的丰富性，论证了人的本质的丰富性和深刻性，也揭示了生活的丰富性和深刻性，是对美的规律的把握。乌兰牧骑既重视对艺术本体规律的研究和表现，注重从歌舞音乐表演到审美愉悦的过程，同时注重艺术的人伦教化作用，使观众在欣赏艺术的过程中体味情景交融的意境之美，感知艺术审美价值，并达到道德感化、提升认知和素质的目的。

自 20 世纪 90 年代以来，在市场经济与信息时代的新形势下，随着人民群众的精神生活和审美追求的变化，乌兰牧骑的文艺创作也发生着巨大变化。乌兰牧骑作为精神文明建设的重要组成部分，更加强调从实际的文化环境中来关注人的生命精神的现实存在——从当代人生命精神的感性和理性的两极来把握人的生命活动。乌兰牧骑的艺术表演"从审美的创造与接受的角度，探索通俗性与审美性、娱乐性与陶冶性的有机统一等问题"，注重"在适应时代与大众文化消费需求的同时，提高作品的美学品位。在满足人们娱乐需要的同时，起到美化人生、培育青年一代健康的审美观的作用"。① 乌兰牧骑从满足人民群众对政策及各类精神产品的需求角度出发，其各类宣传、演出具备"真"和"善"的特质，并在此基础上追求实现"美"，推动马克思主义文艺在牧区和半农半牧区的传播，保持其文化建设的初心，建构了符合社会主义文艺的美学境界。

乌兰牧骑的艺术美既遵循文艺规律，又有政治属性。乌兰牧骑既关注艺术本体即歌舞音乐本身的美，也关注他们所提供给群众的精神产品的社会逻辑关系，从而使他们的艺术创作始终保持着时代性和人民性，其精神

---

① 胡经之：《文艺美学》，北京大学出版社 1989 年版，第 251 页。

产品同时可以满足个体的自然功利性需求和国家的社会功利性需求。乌兰牧骑提供的精神产品本身具有意识形态属性，其艺术作品的思想内容对于观众的认知情感判断起着重要作用，其意识形态属性的倾向性通过观众的感官感觉影响到其审美认知情感，从而影响着人民群众的价值观、国家观、民族观等的建构。

作为有民族地域特色的社会主义的文艺，乌兰牧骑更注重以歌舞音乐建设"社会美"。乌兰牧骑把"社会美"的创造作为人们审美的出发点和落脚点，其作品歌颂社会主义的美好生活、塑造社会主义的新人新事、描写社会主义中国的改革开放、抒发人民群众对幸福生活的深沉感慨，使美同人们广泛、丰富的社会生活，同广大人民群众的生活创造紧密联系起来，具有坚实的客观基础和社会主义的现实主义文艺美学品格。

三、"扎根基层、无私奉献、艰苦奋斗"之精神美

契诃夫在《万尼亚舅舅》中说，人应该什么都美：容貌，衣服，心灵，思想。如果把乌兰牧骑当作一个社会的个体，当作一个"人"来看，乌兰牧骑拥有充满着人文精神的理想的艺术的人生。正如宗白华先生所言："艺术创造的作用，是使他的对象协和、整饬、优美、一致。我们一生的生活，也要能有艺术品那样的协和、整饬、优美、一致。"①

乌兰牧骑映射的"协和、整饬、优美、一致"首先在于乌兰牧骑传承并进一步创造着民族文化精神，具有精神美。乌兰牧骑的精神美体现在扎根基层、坚守农村牧区文艺阵地。第一支乌兰牧骑在锡林郭勒盟苏尼特右旗建队，当前活跃在草原上的75支乌兰牧骑队伍中有71支队伍分布在全区各旗县，队员基本来自牧区、农村。乌兰牧骑每年有半年左右的时间深入本旗县农村、牧区基层活动，为农牧民演出不少于100场。除了演出，

---

① 林同华主编：《宗白华全集》（第1卷），安徽教育出版社1994年版，第207—208页。

农牧民忙什么，乌兰牧骑队员就干什么，剪羊毛、修羊圈、打羊草、接羊羔，还帮助农牧民修理钟表、电器、摩托车和理发，不仅传递党的声音，给牧区带去欢乐，还为广大农牧民送去科学文化、医疗服务、法律知识和适用技术，与农牧民群众建立起深厚的感情。通过乌兰牧骑的演出和辅导，极大地推动了牧区文艺知识的普及和先进文化的传播。乌兰牧骑的精神美体现在无私奉献。乌兰牧骑坚持不漏掉一个蒙古包，不落下一个农牧民，路途远近一个样，天气好坏一个样，场地大小一个样，观众多少一个样。他们常年奔波在草原牧区，他们背着乐器、行装，步行60多里，凌晨三点到达牧区，没有一个人叫苦叫累；他们18名队员仅靠四斤点心徒步两天两夜，遇险被救后当晚就开始演出；他们不计条件、不讲排场，在居民点演、在大操场演、在蒙古包演、在羊圈演；他们冒着寒风雨雪演、顶着烈日酷暑演；他们会在慰问演出时偷偷为刚下哨的战士洗衣服，帮助牧民找回放羊迷路的孩子，为孤寡老人理发、剪指甲……乌兰牧骑的精神美体现在艰苦奋斗。"以天为幕布，以地为舞台"是乌兰牧骑以苦为乐、艰苦奋斗的真实写照。乌兰牧骑建立初期，队员们自力更生，自己动手修建宿舍、排练室，自己动手制作服装、道具，把马厩当作化妆室，把草地、羊圈、沙滩当作舞台。他们行动起来只有一辆马车，每次到农村、牧区巡回演出，演员们总是少带行李，轻装上阵。

清代方东树说："凡诗文书画，以精神为主。精神者，气之华也。"[①] 这种精神美或者说气质美就是乌兰牧骑在各种实践中体现的精神状态和涌动着的精神动力。乌兰牧骑将"艰苦奋斗""勤俭节约""勇于奉献"等精神注入民族肌体的血液，充满着朴实、热烈、乐观、自信、激昂的情感和无畏、敢为、耐久、永不屈服的意志力。乌兰牧骑60多年的发展历程就是乌兰牧骑精神的生动记录、艺术呈现和美学讴歌，更是对中华传统美学精神的实践、阐扬与升华。

乌兰牧骑的人文精神体现不只在于它作为社会化了的"人"，还在于乌

---

① 方东树：《昭昧詹言》，汪绍楹校点，人民文学出版社1961年版，第30页。

乌兰牧骑队员的小个体对于中华民族精神的传承，在于其个体的心灵美。心灵美是灵魂的美，从伦理学范畴出发，心灵美是"善"；从哲学范畴而言，心灵美是"真"。柏拉图认为："美，节奏好，和谐，都由于心灵的聪慧和善良。"① 中国的传统美学强调美给人以感官快乐的同时给人以心灵的愉悦，即"乐感"。"子曰：'饭疏食，饮水，曲肱而枕之，乐亦在其中矣。不义而富且贵，于我如浮云。'"（《论语·述而》）孔子认为吃粗粮喝冷水或者枕着胳膊都是令他感到快乐的事。乌兰牧骑队员把为人民送文艺当作精神的追求和行动的目标，当作最幸福的付出，这种付出让他们感到快乐和满足。所以，无论寒暑，无论观众多与寡，他们都可以沉下心来走进人民群众当中，走到基层去体验生活，在火热的生活中发现灵感，并进行创作和表演。乌兰牧骑的每一个队员都是艺术家或艺术人才，他们从火热的生活中、从改革开放的热潮中去获取丰富的创作资源和素材并进行创作，他们把美好的艺术作品呈现给人民群众，不断培养和提升人民群众的审美感受力，提升人民群众对于生活的认识和心理满意度，从而推动人民群众更好地参加到社会主义建设中。

进一步说，乌兰牧骑队员的心灵美可以说表现为"崇高美"。毛泽东称赞白求恩的国际人道主义精神时，说他是"一个高尚的人，一个纯粹的人，一个有道德的人，一个脱离了低级趣味的人，一个有益于人民的人"。乌兰牧骑队员也担得起"高尚"一词。乌兰牧骑队员们的这种"崇高美"在物资匮乏、交通不便、精神产品严重缺乏的20世纪五六十年代表现尤为突出，他们穿过沙漠的时候，就齐心合力推着大车，顶着风沙勇往直前。有时中途遇上风雪，他们就肩并肩地迎着狂风飞雪继续前进。他们自己在棚外表演，把乡亲们让进棚里观看，实在顶不住就喝上几口烈酒，继续表演。在艰苦的环境中，"全心全意为人民服务"成为队员们心中的信仰，他们以愉悦、快乐的心态为牧民送文化，他们身上闪耀着阳光般明媚的光彩，激

---

① ［古希腊］柏拉图：《柏拉图文艺对话集》，朱光潜译，人民文学出版社1963年版，第61—62页。

扬着乐观主义和积极进取的精神，洋溢着积极、向上、自信、自由、欢乐的生活气息，既有朴素之美，又含高华之美，充满着现实主义的光华。

2020年11月，作者在内蒙古自治区包头市土默特右旗调研时观看乌兰牧骑基层演出

四、"集约"之制度美

从美学视野出发，乌兰牧骑创造了美的制度，最突出的特征在于乌兰牧骑是诞生在内蒙古草原上的一支文艺轻骑队。这其中应有之义之一是"一支"——乌兰牧骑是一个文化品牌，之二是"文艺轻骑队"——队伍短小精干、队员一专多能、节目小型多样、装备轻便灵活。

乌兰牧骑制度的完美可以释义为：60多年来，无论内蒙古有多少支乌兰牧骑，在对内对外文化活动中或是在国家文化框架内都泛称"乌兰牧骑"，"一支"的限定，即是把乌兰牧骑当作一个文化品牌。这种集约化的品牌建设和管理是有秩序的制度建设的体现。各支乌兰牧骑有自己的地域文化特色，但是在名称、组织管理制度上是一致的，形成一个系统的、有地域特色的文化品牌，形成一个统一的品牌标识。

乌兰牧骑采用了共生互补的组织结构，各支队伍既分属各地政府管理，又统一由内蒙古自治区文化和旅游厅管理，既具有共性又具有互补性。这样的组织结构既可以使各支乌兰牧骑发挥当地的文化禀赋，积聚力量深挖当地优质文化资源，集聚艺术人才，有针对性地做专做精当地文化产品，为当地群众提供符合其审美需求的高质量精神产品和服务，增强和丰富各地群众的文化体验，形成自身独特优势，增强发展活力，又便于统筹整合各地文化艺术资源，保证乌兰牧骑能提供多样化、多层次的文化产品和服务，共建乌兰牧骑品牌。乌兰牧骑通过周年庆典、乌兰牧骑艺术节、那达慕大会、展演、调演、会演、汇报演出等多种演出形式集中全区乌兰牧骑的力量，实现内部资源共享和协同效应，加强"一支"队伍内部资源的整合和合作，品牌集聚和辐射优势明显，从而形成乌兰牧骑在内蒙古自治区的资源优势、人才优势、话语权和品牌影响力，促进文化繁荣，发挥最佳的社会效益。作为文艺战线上的排头兵，这样的审美标识有助于乌兰牧骑发挥在区内、国内、世界文化体系中的品牌审美辨识度，提升知名度和社会美誉度。

我们再来分析"文艺轻骑队"体现的制度美。按照马克思所言"人也按照美的规律来塑造物体"，乌兰牧骑的建立充分发挥了在社会主义制度下集中力量办大事的行政优势。"轻骑队"的突出特征为队伍短小精干、队员一专多能、节目小型多样、装备轻便灵活。乌兰牧骑的队伍短小精干，乌兰牧骑最初每队只有9—12人，后来，按照1985年颁布的《内蒙古自治区乌兰牧骑工作条例》的规定，每支乌兰牧骑队伍编制定为25—30人，到了2019年颁布的《内蒙古自治区乌兰牧骑条例》，其中规定，乌兰牧骑编制的核定，应当综合考虑其服务范围、人口规模和所在地区经济社会发展水平等因素，保证乌兰牧骑充分履行职能。这样的建制保证了乌兰牧骑活动的灵活度，便于乌兰牧骑深入牧区、农村、工厂、部队、社区等，真正做到"哪里有群众，哪里最偏僻，就到哪里送歌献舞"，有效地、全覆盖地为人民服务。乌兰牧骑的节目以小型多样为主，既有歌舞曲艺，又有小戏小品，还有木偶魔术，丰富多彩，便于随时随地演出。乌兰牧骑的队员一专多能，队员们既会唱歌跳舞，又会弹琴演戏，还可以编创节目或报幕主持，还能制作幻灯片、宣讲法律法规政策，兼做宣讲员、辅导员，一人身兼数职，节约了人力资源，最大限度地发挥了队员的主观能动性和服务的全面性。乌兰牧骑的装备轻便灵活，乌兰牧骑带最少的装备，只乘坐一辆车，携带几套演出服、几件乐器就去下乡演出，便于他们既可在草原牧场、田间地头演出，又可在城镇剧场演出；既能走进蒙古包表演，又能在农户家中演唱。"文艺轻骑队"的组织形式是乌兰牧骑能够长期在农村、牧区巡回演出的保证，队小办大事是其文化生存方式的美的规律的体现，用最少的资源创造了最大的社会效益。

乌兰牧骑以"集约"为特色的制度美，实际上是从政治治理的角度借助政策和法律力量而生成的，具有审美功利主义基调，符合"社会预期"，又"在达成社会和谐的同时又保持独特的个性"①。其实质是建立了一种新的文化体系，并且经由国家历代领导人的肯定而确立了乌兰牧骑在意识形态领域的话语权和在文化思想领域的一定权威性，在中国当代文化建设的版图中占据独特的位置，有自己独特的文化和审美身份认证。

乌兰牧骑的建立到建设过程，得到了党和国家领导人的高度重视和关注，体现为国家文化意志。按照马克思主义美学观，乌兰牧骑按照"美的规律来塑造物体"，其自身保持社会主义先进性，以人民为中心，提供适合人民群众审美需求的文化产品和服务，建构了独特的思想文化审美秩序，引导内蒙古文化建设始终保持社会主义先进性，有力地保证了人民群众审美生活贯彻与体现国家意志，促进内蒙古良好的文化生态和文化秩序建设，实现了以文艺审美维护国家秩序的积极功能，使其"发展形成了一种审美的符号"②，成为社会主义文艺战线上的一个审美典范。

---

① ［英］特里·伊格尔顿：《美学意识形态》，王杰等译，广西师范大学出版社1997年版，第16页。

② ［法］福柯等：《激进的美学锋芒》，周宪译，中国人民大学出版社2003年版，第73页。

第三节　乌兰牧骑对红色基因的传承

乌兰牧骑继承了抗日战争、解放战争时期根据地文工团、宣传队和内蒙古文工团（现为内蒙古艺术剧院歌舞团）的红色文化基因，坚定地践行了党的文艺思想，用实际行动诠释了社会主义文艺为人民服务的宗旨和方向，正如新华社在1964年的一篇通讯中所说："乌兰牧骑这个名字已经远远超过了它本来的含义，它已成为全心全意为人民服务，特别是深入农村为亿万农民服务的代名词。"1964年《人民日报》在"四赞"乌兰牧骑的短评中，盛赞乌兰牧骑是"文艺战线上的好战士""为广大的文艺工作者树立了榜样"。

当代蒙古族戏剧音乐的奠基人与开拓者、著名指挥家、国家一级作曲家美丽其格先生在他所作《内蒙古文工团的沿革》（1992年）一文中回忆，1946年4月1日内蒙古文艺工作团成立时，乌兰夫同志在亲自命名该团为"内蒙古文艺工作团"的同时，指示说："这个团首先坚持党的文艺路线，贯彻执行党的各项文艺方针；第二，要继承和发扬民族的优秀艺术传统；第三，要大力培养民族艺术干部；第四，文工团的性质，既是文艺演出团体，又是培训艺术干部的学校。这是内蒙古文工团的历史使命。"内蒙古文工团是内蒙古革命文艺史上第一支专业文艺队伍，乌兰牧骑延续了内蒙古文工团的性质功能。60多年来，乌兰牧骑发扬红色革命精神，传承红色基因，成为"红色文化工作队""红色文艺轻骑兵"。

一、乌兰牧骑的红色基因

2017年11月21日，习近平总书记在给内蒙古自治区苏尼特右旗乌兰牧骑队员们的回信中盛赞乌兰牧骑是全国文艺战线的一面旗帜，希望乌兰牧骑永远做草原上的"红色文艺轻骑兵"。乌兰牧骑之所以被称为"红色文艺轻骑兵",就在于其自诞生之日起自带中国红色革命的基因,并在60多年的发展历程中始终保持红色初心,自觉传承红色基因。

如前所述,乌兰牧骑的建立是国家文化意志的体现,是国家文艺主旋律的典范。国家主流媒体的各种新闻报道,学术期刊的多数学术研究成果所言基本皆在于乌兰牧骑对红色基因的传承。概而言之,乌兰牧骑的"红"至少可以从以下几个方面解读和把握:

第一,在于乌兰牧骑的名称。乌兰牧骑,蒙古语意为"红色的嫩芽",意即乌兰牧骑队伍是革命事业大树上的嫩芽。

第二,在于乌兰牧骑的建队目的。乌兰牧骑以坚持宣传党的文艺路线,贯彻执行党的文艺方针,深入牧区开展文艺宣传工作,丰富农牧民文化生活为己任,把党的声音传播到内蒙古自治区的角角落落。

第三,在于乌兰牧骑的组织形式。乌兰牧骑是一支装备轻便、组织精干、人员一专多能的小型综合文化工作队。

第四,在于乌兰牧骑的活动方式。乌兰牧骑扎根基层,是一年四季穿行于内蒙古自治区的农村牧区、跋涉在茫茫大草原上的流动型文艺团体。

第五,在于乌兰牧骑的服务职能。乌兰牧骑从1957年建队之初的演出、宣传、辅导、服务四项功能,到2019年《内蒙古自治区乌兰牧骑条例》第九条所列"开展公益性演出"等八项职能,均是乌兰牧骑服务职能的明确体现。

第六,在于乌兰牧骑的精神。乌兰牧骑忠诚于党、热爱人民、根植基层、艰苦奋斗、团结拼搏、继承创新,是中国文化精神的体现,是中国文化精神的有机组成。

事实上,乌兰牧骑传承的红色基因是说不尽的。乌兰牧骑的"红",是多层次、多角度的,也是全面的。乌兰牧骑的"血液"里流淌着的中国革命文化、社会主义先进文化的营养成分,是乌兰牧骑自身成长和"浇灌"人民的源头活水。60多年来,乌兰牧骑始终坚守理想,始终信念坚定,始终初心不改,始终无怨无悔地根植基层,始终传播党和国家的政策,始终传承中华优秀传统文化,始终贴近现实创作和表演反映社会和时代、生活的文艺作品，始终保持为基层人民群众提供文化服务。乌兰牧骑的起点是党和人民的文化事业，立足点是党和人民的文化事业，落脚点是党和人民的文化事业。乌兰牧骑的一颗红心始终向着党，始终向着人民。

二、乌兰牧骑演出蕴含的红色基因

红色基因是乌兰牧骑演出的核心灵魂。有学者提出，红色基因就是指中国共产党在革命过程中形成的基因。虽然红色基因形成于革命战争年代，但是红色基因在社会主义建设和改革开放时期的传承过程中也会增添新的内容。20世纪五六十年代，乌兰牧骑的演出作品坚持了国家提出的"文艺要革命化、民族化、大众化"的创作导向，既有基于中国共产党革命文化的红色基因传承，又有基于社会主义建设的红色基因创新，在节目来源、节目内容、演出风格、语言结构等方面进行了持续的创新实践，体现了乌兰牧骑继承优良传统、赓续红色基因的高度自觉。

（一）演出节目来源体现红色基因的传承与创新

乌兰牧骑或选择革命歌曲、或编创革命化的演艺作品，通过革命化的社会主义文艺演出实现文艺工作者与工农兵相结合，文艺为工农兵服务、为社会主义革命和社会主义建设服务的宗旨，使红色基因成为社会主义革命和建设时期内蒙古草原牧民凝心聚力的重要精神武器。

1. 直接传唱革命歌曲

革命歌曲是一种兼具娱乐艺术属性和思想教化功能的新型文艺作品，蕴含着丰富的红色基因。20世纪五六十年代，乌兰牧骑在演出中传唱充满抗争性的红色风格进行曲《大刀进行曲》，曲风欢快的歌颂性革命歌曲《南泥湾》，抒发人民英雄刘胡兰对子弟兵深厚情意的《一道道水来一道道山》，表达女英雄韩英视死如归、风格悲壮的《看天下劳苦人民都解放》，抒发雄壮豪迈情感、感恩党的恩情的《洪湖水浪打浪》，韵律明快雄壮、在全国广泛传唱的《歌唱祖国》，表达全国人民对毛泽东和中国共产党的爱戴和崇敬的气势磅礴的红色经典歌曲《东方红》，颂扬社会主义建设高潮繁荣景象的《社会主义好》，学习雷锋精神的《唱支山歌给党听》《学习雷锋好榜样》以及其他地区的民歌《桂花开放幸福来》《北京的金山上》《浏阳河》《盼红军》《翻身农奴把歌唱》等。20世纪五六十年代正值社会主义革命和建设时期，乌兰牧骑在演出中传唱家喻户晓的爱国主义革命歌曲，有助于将革命意识形态内容渗透到人民群众中，使革命歌谣的意识形态教化功能得以广泛实现，充分发挥文艺作品凝心聚魂的重要作用，体现了乌兰牧骑自觉传承红色基因的使命担当。

2. 自编自演红色作品

毛泽东在谈到文艺工作者和工农群众相结合的问题时说："知识分子如果不和工农民众相结合，则将一事无成。革命的或不革命的或反革命的知识分子的最后的分界，看其是否愿意并且实行和工农民众相结合，愿意并且实行和工农结合的，是革命的，否则就是不革命的，或者是反革命的。"① 乌兰牧骑每年有六七个月时间深入到农牧民群众中演出、服务，他们在自己的文艺活动中写工农兵，反映工农兵的生活，演工农兵，守正创新，与时俱进，以实际行动赋予红色基因新的时代内涵与精神。

这类作品分两种情况，一种是对民间作品的改编。乌兰牧骑"把民间的演唱、乐曲、舞蹈、蒙古语说书和蒙古语好来宝加以搜集整理、批判加工，改造为革命化的演唱、革命化的歌舞，并在这个基础上自编自演了许多有强烈革命热情和浓厚民族特点、地区特点的文艺节目"②。如从老艺人或者牧民群众中搜集、整理出来的歌舞《幸福河》《牧民心向北京城》《歌唱三面红旗》，根据老牧民集体创作的民歌《金黄的土地》加工改编成的同名小型歌舞《金黄的土地》，根据古老的鄂尔多斯民歌改编的歌曲《礼物》《白泉水》，等等。另一种则是乌兰牧骑自编自演的作品，如缅怀革命烈士的小歌剧《把一切献给党》，根据真人真事编写的富有阶级教育意义、忆苦

---

① 毛泽东：《毛泽东选集》（第二卷），人民出版社1991年版，第559页。
② 《乌兰牧骑》（一），内蒙古人民出版社1965年版，第11页。

思甜的小剧《重见光明》《眼镜》，反映革命先辈不怕困难的革命精神的舞蹈《艰苦的岁月》《飞夺泸定桥》《游击队》，赞颂民族团结、歌颂党的小歌剧《他的遭遇》，配合社会主义教育运动编演的小型蒙古语话剧《腊月二十三》《难忘的一夜》，表达爱国主义激情的舞蹈《为祖国锻炼》、表演唱《二老汉送宝书》，以及根据在激流中英勇地抢救出四匹马的贫农巴拉吉的真实事迹编演的诗歌联唱《龙口夺马》和以十年如一日的老牧民生产模范为原型编成的好来宝等。

毛泽东说，中国的革命的文学家、艺术家，有出息的文学家、艺术家，必须到群众中去，必须长期地无条件地全心全意地到工农兵群众中去，到火热的斗争中去。乌兰牧骑长期深入农村、牧区，所以他们的演出具有强烈的革命热情和浓厚的生活气息，续写了中华民族优秀文化的时代篇章，成为社会主义革命和建设时期强大的思想武器和不竭的精神力量。

（二）演出节目题材内容体现红色基因的传承与创新

乌兰牧骑按照及时配合党的各项任务和中心工作，进行编新、创新、说新、演新，以革命的内容，小型多样、群众喜闻乐见的形式，向广大劳动群众进行宣传、演出的要求，在节目编创演出方面追求创新表达的同时传承红色基因，在题材上进行了大胆的多元化探索，秉持把握红色基因精髓本质，发掘红色基因时代因子，培育红色基因时代内涵，创新传承红色基因的方法手段，不断丰富红色基因宝库的原则，将"红色"作为创作的鲜明底色和基因。乌兰牧骑用文艺的形式宣传党的关怀、党的方针政策，用文艺的形式讴歌农牧民的幸福生活，不断推出歌颂党、歌颂祖国、歌颂人民、歌颂英雄等题材的创作作品，创演了一大批彰显家国情怀、弘扬主旋律、引导群众塑造社会主义核心价值观的优秀作品。

1. 基于中国共产党革命文化的红色基因传承

革命文化中天然带有红色基因，红色基因是革命文化的"硬核"。乌兰牧骑的演出节目传承中国共产党在新民主主义革命时期形成的革命基因，体悟革命基因的精神气魄，突出红色基因在价值引导、思想教育上的指向性和现实性，促进红色基因的传承和演进。

（1）乌兰牧骑的演出中有大量歌颂、感恩中国共产党和毛主席的作品。

中国共产党和毛主席是乌兰牧骑演出作品中所体现的中华民族文化自信的精神支柱，是传承革命文化红色基因的核心。如在歌曲《毛主席，草原人民热爱您》中高歌"红太阳，毛主席，草原人民热爱您……我们沿着您的革命路线，争取更大的胜利"，在歌曲《草原儿女爱延安》中纵情放歌"千里的雷声万里的闪，掌舵的巨手担山的肩，共产党领导咱闹革命，毛泽东思想领航船"，在《党的恩情唱不完》中激情高唱"在那高高的群山峻岭，开发那无数宝藏，英明伟大的共产党，创造的幸福千秋万代长……看那条条大河大江，滚滚奔腾流向东方，毛主席共产党的恩情，草原人民世代歌唱，我们永远跟着毛主席，建设富饶的边疆，富饶的边疆"。① 在《毛主席的战士最听党的话》《牧民爱读毛主席的书》《珍贵的奶酒献给毛主席》《党的恩情永不忘》《党的教育好》《只因有了共产党》《各族人民团结在毛主席身边》等歌舞节目中，中国共产党和毛主席为社会主义文化注入了代表信仰和奋斗的红色基因，不仅是传统的，也是现代的，是乌兰牧骑演出作品中传承中华民族红色基因必然和永远的核心。

（2）对革命年代红色人物的缅怀颂扬和对革命历史的重温。

中国革命历史是红色基因的鲜活载体，灿烂革命历史孕育优秀红色基因，革命文化中的红色基因植根于革命先烈用鲜血染红的泥土中。这类节目取材于重大革命历史或革命群众的英勇事迹，在缅怀革命历史中传承红色基因，是乌兰牧骑演出作品中红色基因的鲜活载体。如乌兰牧骑编演的以毛泽东到安源组织工人运动并举行安源路矿工人大罢工为表现题材的表演唱《毛主席去安源》，缅怀革命史迹、体悟伟大长征精神、树立艰苦奋斗作风的舞蹈《飞夺泸定桥》，以发动人民开展游击战争、机动灵活的游击队为题材所编创的舞蹈《游击队》，表达对革命圣地井冈山崇敬之情的《井冈

---

① 吉日嘎拉、朱嘉庚、希·乌日图主编：《乌兰牧骑优秀作品集》，内蒙古人民出版社2020年版，第28、16、30页。

山，红色的山》，反映草原上革命烈士乌力吉胡图嘎生前和国民党反动派、民族反动统治者英勇斗争的小歌剧《把一切献给党》，等等。

这类演出致力于把人们带到历史情境、历史结构、历史叙事中去认知和感受红色文化，引发人民群众的情感共鸣和思想共振，其中所体现的伟人精神、英雄精神、革命精神，不仅是那个时代价值观的提炼与升华，更是革命文化红色基因中的精神瑰宝。

2. 基于社会主义革命和建设增添的红色基因新内容

把红色基因传承好，就必须坚持红色基因的继承性与创新性的有机统一。乌兰牧骑编演了大量反映社会主义革命和建设的作品，从时代发展的基本需要出发，对红色基因的内涵展开有针对性的创新，不断丰富红色基因的内涵和外延，使红色基因的内涵更加丰富、更加全面，展现出红色基因历久弥新的生命力。

（1）反映社会主义新人新事新思想。

社会主义革命和建设时期是红色基因成熟发展时期。20世纪五六十年代，乌兰牧骑编演了大量关于社会主义新人新事新思想的艺术作品，接续和升华党的革命文化的红色基因，形成了自己的鲜明特色。

这类演出作品真实反映当地群众的真人真事真实生活，如颂扬社会主义建设中涌现出来的群众模范的歌曲《我们的老书记》《红色接班人》《放驼姑娘》、笑呵亚热（蒙古语相声）《聪明的牧羊人》，表达牧民幸福生活的歌曲《内蒙古好地方》《唱丰收年》、小演唱《牧民的欢乐》、舞蹈《欢乐的新年》《牛奶场上》《愉快的劳动》《盅碗舞》《顶碗舞》《安代舞》《筷子舞》，描摹牧民建设社会主义的快板《社员奋战西大山》，鼓舞人民群众征服自然的《西拉木伦河畔》《人定胜天》，反映保护生态、植树造林的联唱《建设三大基地》，依据牧民生产、生活过程编创的舞蹈《割草舞》《剪羊毛》《采药舞》《打狼舞》《打井舞》《接羔舞》《打沙枣舞》《擀毡舞》，表达爱国主义热情的舞蹈《为祖国锻炼》《巡逻之夜》《弓箭舞》、好来宝《达西是个好战士》、诗朗诵《英勇的边防军》，配合社会主义教育运动的笑呵亚热《学习毛主席著作》《取"经"》、小演唱《请帖》，表达乌兰牧骑队员自豪感的歌表演《我们是文化轻骑队》，等等。这些演出节目大都积极配合当时当地的阶级斗争和生产斗争，歌颂新人、新事、新思想和新风尚，作品中感人的"小人物"事迹、牧民群众的豪言壮语传达出的革命激情和满腔热血、激情澎湃的干劲以及乐观主义精神，是红色基因在社会主义革命和建设时期的生动体现。

（2）歌颂民族团结。

乌兰牧骑本身是民族团结的结合体，因而，乌兰牧骑的演出血液中就流淌着民族团结的红色基因。乌兰牧骑演出的安代舞《民族团结赞》、小表演唱《民族团结》、小歌剧《他的遭遇》《团结桥畔》、双口好来宝《亲家俩》都是赞颂民族团结、歌颂党、歌颂社会主义的代表作品。《他的遭遇》描述了这样的故事：旧社会的王爷借着祭敖包的机会，让骨瘦如柴的蒙古族牧人驯一匹烈马，结果牧人跌折了腿，王爷把他扔到山沟里，牧人奄奄一息，一个逃荒的汉族老汉救了他，两人向着东方出太阳的地方一起走去，他们要去投奔八路军。而在小歌剧《团结桥畔》中，乌兰牧骑深情唱出"团结桥畔啊现彩虹，蒙汉友谊情谊深，我们永远肩并肩……各族人民手拉手，昂首阔步向前进""松树柏树根连根，各族人民心连心"。这些情深意切的演出凝固着内蒙古民族团结进步的红色基因，对于促进地域文化交流和融合，保持内蒙古地区的政治和社会稳定，促进民族团结和保障边疆安全具有重要的现实意义。

3. 演出风格沿袭了革命年代老文工团的革命风格

中国共产党提出的文艺必须坚持"为人民大众"的根本方向、"为人民大众"的思想，反映了无产阶级文艺理论具有革命性和人民性相统一的本质属性。在这一点上，乌兰牧骑和革命年代老文工团异曲同工。老八路军和老解放区的文工团向农民学民歌，跟旧戏抢台口，在庙会上唱革命歌、演革命戏，在山沟里、土台子上演出，配合土地改革、自卫战争、部队阶级教育等中心工作，自编自演，用农民喜闻乐见的艺术形式演出，乌兰牧骑是当年的文工团在新的革命形势下的继续和发展。乌兰牧骑的队员们正是继承和发展了革命战争时期文工团的优良传统，结合内蒙古自治区广大农村、牧区的实际有所创造。

（1）演出作品的人民性。

红色基因具有深刻的人民性。乌兰牧骑的演出是与社会主义建设事业相联系的、在马克思主义世界观的影响或指导下自觉地为广大人民群众服务的文艺，乌兰牧骑演出作品的人民性在于为广大人民创作、为广大人民演出。如赞颂牧民身边的先进人物的小演唱《请帖》、歌曲《母女英雄进北京》《学习龙梅玉荣》《勇敢的牧羊姑娘》《猎民姑娘》，歌颂人民新生活的单口好来宝《繁荣幸福的扎鲁特》《库伦旗好地方》《逛巴音浩特》，描述畜牧业丰收景象和歌颂放牧员热爱集体牲畜的歌曲《可爱的羊群》，描摹农民生产过程的歌曲《刈莜麦》，宣传新婚姻风尚的独幕剧《双喜》，等等，他们不只是为工农兵演，而且演工农兵。他们演英雄，唱模范，广泛传播新人、新事、新风尚，用正确的人生观改变群众的思想和趣味，其演出作品中有强烈的地方性、民间性、人民性特点。

（2）演出作品的革命性、战斗性。

乌兰牧骑不但沿袭了老文工团演出节目短小精干的形式，多演出小歌剧、小话剧、小演唱、舞蹈、器乐演奏、好来宝、说书、笑课（带化妆表演的相声），通常一两个人最多五六个人就能演出，更重要的是，节目内容充满革命的斗争性和不畏困难、英勇向前的正能量。乌兰牧骑的演出具有革命的内容、多样的艺术表演形式、强烈的生活气息和革命化的舞台作风。如在舞蹈《为祖国锻炼》中高亢激进的伴词："像岁寒的苍松古柏哟，顶得住风暴；敌人胆敢发动侵略哟，坚决消灭掉……跨上英俊的枣红马哟，红旗迎风飘；胸怀壮志为革命哟，让海水沸腾，让山岳震摇"；在好来宝《达西是个好战士》中这样豪言壮语："革命练就思想红，赤胆忠心为人民，上阵杀敌似猛虎，立场如同泰山稳。顶风冒雨苦练兵，练就一身硬本领，人人称赞神枪手，打靶射击枪枪中"；他们排演《民兵舞》《弓箭舞》《戈壁滩上的民兵》等舞蹈，舞蹈动作刚健优美，紧张热烈，表现了民兵队员飒爽的英姿、勇敢的气质和齐争上游的干劲，充斥着强烈的革命内容和具有战斗激情、战斗气息的舞台作风以及昂扬向上的革命乐观主义精神，充分发挥了文艺武器的战斗作用，显现着红色基因内在的精神引领作用和感人的艺术魅力，在文艺革命化、民族化、大众化的道路上取得了初步成就。

4. 节目语言具有鲜明的"红色"特色

（1）民间语言。

革命文化具有大众化与民间性的特点，民间性表达体现为大众化的语言，语言是乌兰牧骑演出作品中红色基因传播的信号系统。乌兰牧骑的演出作品追求语言的艺术，他们在民间诗歌、谚语、俗语当中探索语言的魔力和词句构造，寻求典型恰当的比喻，寻求朴素、简洁、明快和健康的字眼，如"洁白的围裙迎风飘，红色姑娘挤奶忙。乳水溅溅如喷泉，盛满瓦罐往外淌。牛犊奔驰竞撒欢，个个活泼肥又壮。鲜奶酪浆奶油香，味美可口受赞扬""牛羊肥壮千千万，就像彩霞漫草原。雪白的羊儿绿茵上游，就像珍珠成河山野里流。肥壮的牛儿漫步在草原上，就像长江大河遍地激荡。骠骏的马儿奔驰在草原上，就像大海掀起连天浪"。这些作品中采用的民歌语言风格，通俗易懂又略显文采，还具有民间文艺固有的那种大胆的夸张、生动的比喻和奇异的联想，与1943年创作的《南泥湾》中的"南泥湾好地方，好地呀方，好地方来好风光，好地方来好风光，到处是庄稼遍地是牛羊"以及1958年创作的《洪湖水浪打浪》中的"清早船儿去呀去撒网，晚上回来鱼满舱。四处野鸭和菱藕啊，秋收满畈稻谷香"有异曲同工之处。

（2）革命话语。

在中华人民共和国成立以来的很长一段时间里，以红色经典为主要形态的大众文艺一直以鲜明的革命话语成为教育大众、影响大众的重要力量。其中充满着时代感的革命话语，是文艺作品在它的诞生时代所必需的话语元素。文艺演出通过话语转化将说教意味较浓的语言转化为贴合生活实际的大众化语言，从而把革命文化中所蕴含的革命精神与红色基因渗透到人们的日常生活之中，走入人民群众的内心。乌兰牧骑用新时代的革命话语、建设话语、新文艺思维创作演出，体现出一种切合时代需求的自觉努力。如"革命的火把传世代，红旗一代传一代"（歌曲《红旗一代传一代》），

"谁骑的骏马像猛虎，谁举的马刀像闪电，谁的意志昂扬像烈火，谁是我们党的好战士"（诗朗诵《英勇的边防军》），"看狂风暴雨耍威风，天大的困难吓不倒，敢同风雪比高低，誓把公社羊群保"（《好社员舞》），"像岁寒的苍松古柏哟，顶得住风暴；敌人胆敢发动侵略哟，坚决消灭掉"（舞蹈《为祖国锻炼》）。这样的语言源自作者服膺于"革命"这个时代意旨的创作初衷，却恰好成为红色基因的最佳体现，演唱效果和张力迸发，表达震撼人心，使社会主义革命话语潜移默化地切入了人民大众的生活，不断地塑造着他们的集体记忆与情感认同。

三、20世纪五六十年代乌兰牧骑演出作品中的红色基因

20世纪五六十年代是中国红色文艺的井喷期，乌兰牧骑产生伊始即继承了红色文化的衣钵，走上了以国家意识形态和社会文化主流为主导的发展道路。乌兰牧骑贯彻社会主义文艺方向，积极践行马克思主义文艺思想和社会主义文艺标准，用具有鲜明民族特色、群众喜闻乐见的艺术形式和充满强烈时代精神的文艺作品服务工农兵群众，深刻表现人民群众的斗争、劳动和生活，反映社会主义革命和社会主义建设的成果，演出非常具有革命化、群众化、战斗化、无产阶级化，营造了积极昂扬的热情氛围，体现了全面建设社会主义时期中国社会主义文艺的红色精神实质、本质要求和当代价值。乌兰牧骑的红色精神实质最重要的表现即在于建构形成了乌兰牧骑演出作品独特的红色基因谱系。

红色基因是乌兰牧骑演出作品的核心灵魂，那么红色基因究竟"红"在哪？其本质精髓何在？有研究者提出，红色基因就是指中国共产党在革命过程中形成的基因，具有理想信念坚定、对党忠诚、不怕困难、无畏生死、纪律严明、探索创新以及为人民服务等核心要义。20世纪五六十年代，乌兰牧骑演出作品的红色基因承继于马克思主义的革命理论和中国共产党领导的无产阶级革命实践而有所创新，在坚定理想信念、坚决听党话跟党走、勇于创新善于创新、不畏艰难艰苦奋斗和全心全意为人民服务五个方

面的印记特别鲜亮，体现出乌兰牧骑弘扬红色传统、传承红色基因的高度自觉与责任担当。

（一）坚定理想、坚守信念的精神追求

对马克思主义的信仰，对社会主义和共产主义的信念，是中国人民的理想信念，理想之光、信念之火激发出改变世界的无穷精神力量，是红色基因最具魅力的元素，是红色基因的魂。20世纪五六十年代，乌兰牧骑演出作品的潜在目的，就是要把演出舞台变成宣传社会主义、共产主义的讲坛。演出中宣扬理想信念的作品至少有以下两类呈现。

一是乌兰牧骑自身坚定理想信念。基于对中国共产党领导下的中华人民共和国充满希望，乌兰牧骑自觉自愿歌唱社会主义；也正是基于对中国共产党的理想信念、指导思想的高度认同，乌兰牧骑将其内化为自身的理想信念和价值追求，并落实到矢志不渝的行为实践中。歌曲《文化轻骑队之歌》《我们是文化轻骑队》《我们是党的宣传员》是乌兰牧骑坚定理想信念的进行曲。乌兰牧骑将"社会主义的祖国飞跃前进"作为理想目标，以"在那阶级斗争的熔炉里，长期锻炼我们更坚定"高歌队员们坚定的革命意志。乌兰牧骑坚定的理想信念扎根于对现实生活、对个人与国家关系的清醒认识，如"是党的雨露滋润着我们成长""毛泽东思想哺育着我们，党的光辉照亮了我们的心""各族人民是一家"，从而确保乌兰牧骑在遇到困难时保持乐观的精神面貌，踏实践行文化责任，以实践经验砥砺政治品格，如"我们是党的宣传员呀，是科学普及的勤务兵呀！辅导群众搞文化，啊哈嗨咿，心甘情愿做群众的小学生呀！""学习进步心里亮呀！"并对未来充满希望，如"高举起红旗向前进，前程越走越光明"。对党、对社会主义和共产主义的坚定理想信念成为乌兰牧骑自身价值体系的核心信念和引领实践的精神动力，并固化为稳定的群体行为模式，丰富了红色基因的内涵，成为乌兰牧骑全心全意服务基层农牧民、繁荣文化发展的精神源泉，为社会主义文化自信绘就了鲜亮的精神底色。

二是对人民群众把理想信念当作社会主义建设的重要目标、把理想信念与社会主义建设实践紧密结合的艺术性颂扬,体现人民群众的共同革命理想、革命意志,追求现实生活和理想信念的统一。快板《改天换地》中称赞马架子村社员以坚强的革命意志和干劲用九年时间奋战孟克河,终于建成了"锦绣新气象"。在唱到开工之处因七天连阴雨冲毁河堤大坝而流言四起时,借"白旗长"之口用红军长征、抗日战争、解放战争等重大历史事件和董存瑞、刘胡兰等英雄人物勉励人民群众要有"革命志",唱词充满革命激情,以重大革命历史事件和历史人物故事凝结的革命理想信念激发人民群众的斗志,传达出红色革命文化的力量。乌兰牧骑的演出带有极大的提振精神的作用,很多生产队的社员看了乌兰牧骑的演出之后,提高了劳动热情,产生了很多超额完成打草任务、超额完成交售公购粮任务、超额完成其他任务的生动事例。人民群众的理想信念根植于社会主义建设的现实生活过程中,理论和实际相结合,宣示信仰的力量,更加坚定发扬"敢教日月换新天"的奋斗精神和"让祖国改地换新天"的理想信念,实现了传承红色基因与坚定理想信念的有机统一。

(二)听党话、跟党走的坚定信心

忠诚是中国共产党与生俱来的红色基因,中国共产党培育出忠诚于党的事业、忠诚于人民的伟大红色基因。坚决听党话、跟党走的忠诚,是红色基因最核心的特质。中华人民共和国的成立,社会主义改造的成功,使得人民的生活水平和精神面貌发生了深刻而巨大的变化,中国共产党在各族人民心目中树立了极高的威信,人民群众自觉自愿听党话、跟党走。宣扬永远跟党走的忠诚决心和坚定信念成为20世纪五六十年代乌兰牧骑演出作品最重要的组成部分。

一是乌兰牧骑对自觉拥护党的领导、坚决跟党走的决心和信心的宣誓与高歌。乌兰牧骑首先把自我培养摆在突出位置,队员多从当地文化工作者或者基层农牧民中选拔而来,他们重视从《在延安文艺座谈会上的讲话》《为人民服务》《愚公移山》等文章中提炼和升华思想认识,修身守正,在润物无声中自觉坚定理想信念、校正价值追求,不断增强听党话、跟党走、感党恩的政治自觉和坚定信念，勇做时代风气的先觉者、先倡者、先行者，正是对毛泽东所言文艺大众化的实践。在歌曲《我们是党的宣传员》中，他们以一种愉快、积极的心情表达练就"一专多能"的本领，爬高山过沙漠心甘情愿为工农兵服务、全心全意为人民服务的情怀，把党比作"向阳花"，用最美的歌唱颂她，热烈宣誓"一颗红心向着党，高举红旗永远向前"；一曲《礼物》，寥寥数语，"我要歌唱的哟是共产党的恩情""我歌唱的人哟是领袖毛泽东"，感情喷涌而出。对党的热爱是乌兰牧骑的政治宣言，是乌兰牧骑发出的时代最强音。这些宣誓与赞美缘于创作者对党和毛主席发自内心的崇敬与仰慕，融入了表演者的自身感悟和内心体验，精神饱满，火热炽烈，给观众以激励和感奋。乌兰牧骑把对理想信念的理性认识和追求视为自己的思想和行为自觉，不断增强自身的政治性、先进性、群众性，从而更好承担并履行以文艺引领农牧民群众听党话、跟党走的政治责任，成为中国共产党政治文化的呈现者和建设者。

二是乌兰牧骑高举马克思主义、社会主义的旗帜，教育和引导人民坚信社会主义和党的领导。中华人民共和国成立后，翻天覆地的社会变化，使得人民群众对党的认同不断增强，基于此，乌兰牧骑创作了大量歌颂党、歌颂毛主席的表演作品，其思想感情与工农兵群众的思想感情打成一片，在歌曲《五个不可忘记》中，用复沓排比句式唱出五个"不可忘记"为中国共产党鼓与呼，既是自身内在感情的激烈表达，又以"口号式"话语进一步坚定听党话、跟党走、感党恩的鲜明导向，强化农牧民心理认知、情感认同和伦理道德规范，使得农牧民群众当中充盈着听党话、跟党走的政治力量和正能量。基于对群众在生活中的获得感和幸福感的深刻把握，乌兰牧骑把感恩党和感恩毛主席一起歌颂，或讴歌人民公社的建设成果丰硕（《跟着毛主席》），或赞叹少数民族人民感慨中华人民共和国成立前后生活翻天覆地的变化（《党的光辉照边疆》），或满足于牧业大丰收（《奶酒献给毛主席》），等等，不厌其烦地歌唱矢志不渝跟着党、跟着毛主席"步步紧随不分离"的坚定决心。可以说，乌兰牧骑的演出作品以社会主义革命和建设造福人民的伟大成果回答了"人民群众为什么坚定跟党走"的政治命题，赋能文艺为人民坚定理想信念、增强价值认同、充实精神家园的价值实现。

乌兰牧骑在舞台上（作者摄于2017年8月28日）

（三）勇于创新、善于创新的思想品质

红色基因蕴含着强烈的斗争精神和创新意识，必须坚持红色基因继承性与创新性的有机统一，创新是红色基因最具活力的品格。乌兰牧骑"编新、创新、说新、演新，以革命的内容，小型多样、群众喜闻乐见的形式，向广大劳动群众进行宣传演出"①，从时代发展的基本需要出发，对红色基因的内涵展开针对性的创新，使红色基因的内涵更加丰富。

一是乌兰牧骑在演出节目中定位自身社会角色并进行自我宣传。习近平总书记指出："越是伟大的事业，往往越是充满艰难险阻，越是需要开拓创新。"②乌兰牧骑本身是新生事物，1957年第一支乌兰牧骑建立后较长一段

---

① 内蒙古自治区文化局编：《乌兰牧骑（一）》，内蒙古人民出版社1965年版，第10页。

② 习近平：《在纪念邓小平同志诞辰110周年座谈会上的讲话》，《人民日报》2014年8月21日第1版。

时间，许多乌兰牧骑队员没有领会党决定建立乌兰牧骑的重要意义，没有体会到办好乌兰牧骑是一场阶级斗争，甚至认为应该取消乌兰牧骑。为树立自我形象，乌兰牧骑进行自我思想改造，不断开拓创新，强调和夯实队员的思想根基和对自我身份的认知：乌兰牧骑是党的宣传队，我们是党的宣传员，我们每个队员都是干革命的。各地乌兰牧骑创新方式编创自我宣传的新节目，编演了《我们是党的宣传员》《我们是文化轻骑队》《文化轻骑队之歌》等歌曲，采用复沓排比句式反复传唱"我们是党的宣传员""我们是党的方针政策的红色宣传员""我们是文化轻骑队"等，我们的服务方向是"工农兵"，我们具备"一专多能"的特征，我们的目的是"遍地撒下红色种""教革命的文艺，生根开花遍草原"，对自身红色文化工作队的角色、功能任务进行定位，传达出一种"热气腾腾"的气势，在人民群众中形成心理定式，实现和强调对"红色宣传员""红色文化轻骑队"社会身份、社会角色的自我认同和社会认同，凸显与生俱来的政治品格。"党的宣传员"角色定位纵贯着政治权力的运作和意识形态的指涉，是乌兰牧骑显然地承袭于中国共产党革命文艺的"生物性"红色基因的纯粹表现。

二是弘扬社会主义新人新事新思想。20世纪五六十年代是红色基因的成熟发展时期，成熟在于承继中国共产党的革命文化，发展则在于立足中国的社会主义实践。乌兰牧骑产生于20世纪50年代，立足现代视域编演新作品，对红色基因进行创新性发展。这类作品聚焦社会主义建设过程中涌现出来的新鲜人物、新鲜现象，内容涉及社会主义建设的各个方面，是乌兰牧骑这一时期演出作品最新鲜的重要组成部分。如塑造劳武结合、建设家乡、保卫祖国的草原民兵形象的歌舞《紧握革命枪》《巡逻之夜》《为祖国锻炼》，颂扬群众模范的歌曲《我们的老书记》，鼓舞人民群众征服自然的《人定胜天》，提振牧民群众建设社会主义精气神的《学大寨》，歌唱包头钢铁（集团）有限责任公司落地建成的《草原上建起了钢铁城》，歌颂民族团结的《团结桥畔》，等等，抒写了各民族生活安定祥和的生活情境，弘扬了健康昂扬的社会精神。"是一家""心连心""大家庭"等中国特色的团结话语，"伟大祖国""我的家园""公社的财富"等中国特色的爱国主义、集体主义精神表述，闪耀着时代光芒。乌兰牧骑充分发扬讴歌社会主义新生活的文艺宗旨，着力表现新生活、塑造新人物、传播新话语（大众的语言），作品中感人的小人物事迹、牧民群众的豪言壮语传达出的革命激情和满腔热血、激情澎湃的干劲以及乐观主义精神，是红色基因的生动体现。

（四）艰苦奋斗、不畏艰难的战斗精神

革命战争年代，中国共产党在极其艰苦的条件下把革命斗争与劳动实践相结合，形成艰苦奋斗、不畏艰难、甘于奉献的工作作风和革命斗争精神，是红色基因最生动的呈现，是红色基因的力。乌兰牧骑赓续红色基因，在演出中积极宣传和弘扬艰苦奋斗、不畏艰难、乐于奉献的道德观念，彰显社会主义文化的朝气、锐气和正气。

一是乌兰牧骑自身艰苦奋斗的创业精神和革命精神的体现。在论及红色政权为什么能够存在时，毛主席提出靠的就是艰苦奋斗的革命精神，艰苦奋斗是中国共产党人的优良传统，是最丰沛的精神力量和滋育后人的价值谱系。乌兰牧骑发扬了革命战争年代形成的艰苦奋斗、不畏艰难的革命文艺传统。乌兰牧骑在1964年进京汇报演出后备受全国文艺界称颂和学习，《人民日报》连发七篇文艺短评称赞乌兰牧骑，其中提到乌兰牧骑"全部行李，就在一辆车上……哪里最偏僻，就到哪里去送歌献舞"[1]，一时间全国各地形成学习乌兰牧骑的热潮。乌兰牧骑也在演出作品中宣扬自身艰苦奋斗、无私奉献的行为，亦可视为以身作则、表率示范之举。如《文化轻骑队之歌》中的"爬过高山走沙漠，革命的文化到处传"，《我们是党的宣传员》中的"穿过那沙漠跨草原，遍地撒下红色种"，是乌兰牧骑现实实践的艺术反映。乌兰牧骑主动在艰苦的环境中淬炼自己，其理性自觉的人生态度、创业思想及引以为荣、充满激情和快乐的事业观，是为了人民利益乐于奉献的服务品格和精神担当，是在极其艰苦的条件下把为人民服务与

---

[1] 内蒙古自治区文化局编：《乌兰牧骑之歌》，音乐出版社1965年版，第2页。

革命斗争相结合而展现的一种能吃大苦耐大劳、不畏艰难、开拓进取、蓬勃向上的革命英雄主义精神和革命斗争精神，也是富有中国特色的社会主义文艺独创，是乌兰牧骑精神所蕴含的巨大能量的释放，以情蕴真，与全国文艺界、与人民群众共享艰苦奋斗和开拓进取的前进力量，成为一种普遍的文化引领和社会风尚。

二是乌兰牧骑对身边模范人物不畏艰难、坚忍不拔、艰苦奋斗的精神和革命风貌的颂扬。毛泽东说："人是要有一点精神的……根本的是我们要提倡艰苦奋斗，艰苦奋斗是我们的政治本色。"[1] 20世纪五六十年代，艰苦奋斗是各条战线上最鲜明的精神品质。乌兰牧骑的编创取材特别注重艰苦奋斗的事迹，通过文艺演出活动宣传和弘扬艰苦奋斗的道德观念。快板《学大寨》描述了大寨人民自力更生、艰苦奋斗的事迹，讴歌了党支书陈永贵"在困难面前不低头""面对失败不泄气"、共产党员贾进才"不怕天寒和地冻""不怕累来不怕苦"的大寨英雄形象，把大寨人民艰苦奋斗的农业生产效果当作激励农牧民群众艰苦奋斗、"敢把穷山变富山""奋发图强创奇迹"的重要精神支柱。小演唱《请帖》讲述一对老夫妻各自收到邀请对方参加那达慕大会的邀请函后，互相谦让、互相表扬对方爱护集体、甘于奉献、艰苦奋斗的故事，他们的行为体现出人民群众个体自觉践行美好道德风尚的品质，同时为社会树立了艰苦奋斗、弃争尚让的伦理道德形象。其他如蒙古族舞蹈《好社员》、好来宝《牧马英雄》《达西是个好战士》等，这些大众文艺作品中通过具体而生动的劳动人民形象呈现的艰苦奋斗精神，本质上是"主人翁意识"的体现，鲜明地体现了人民当家做主的意志，表现了在社会主义社会坚持艰苦朴素、积极劳动的价值和意义，是对艰苦奋斗的革命品质、百折不挠的英雄气概之红色基因的延宕。

---

[1] 中共中央文献研究室编：《毛泽东文集》（第七卷），人民出版社1999年版，第162页。

（五）全心全意为人民服务的根本宗旨

早在延安时期，毛泽东就说过，"中国的革命的文学家艺术家，有出息的文学家艺术家，必须到群众中去，必须长期地无条件地全心全意地到工农兵群众中去，到火热的斗争中去"①，全心全意为人民服务，是红色基因最亮丽的底色，是红色基因的本。乌兰牧骑的演出是与社会主义建设事业相联系的、在马克思主义世界观的影响或指导下自觉地为广大人民群众服务的文艺，乌兰牧骑演出作品的人民性在于为广大人民创作、为广大人民演出，保持同人民群众的血肉联系。

一是展现乌兰牧骑全心全意为人民服务的初心和自觉追求。20世纪五六十年代，无私无畏是一种普遍的社会价值观。乌兰牧骑坚决地贯彻了党和毛主席指出的文艺为工农兵服务的方向、全心全意为工农兵服务的革命精神，在演出作品中大力弘扬无怨无悔为人民服务的初心和决心。《我们是文化轻骑队》《文化轻骑队之歌》《我们是党的宣传员》唱的就是赤胆忠心为人民的精神。快板《改天换地》中一句"咱送歌献舞走四方，光荣任务担在肩"，自豪之情跃然纸上。当时的文艺有着共同的服务对象和统一的服务目标，即工农兵阶层，乌兰牧骑时刻牢记演出宣传的根本任务，坚持以人民为中心的创作导向，尊重文艺创作规律，远离浮躁，专注纯粹，创演符合工农兵精神需求的文艺作品，这不但表现为演出作品名称的通俗朴实、主旨鲜明，如《党的教育好》《人民公社好》《握紧革命枪》《劳动模范娜布其玛》《公社放驼员》《老两口夸公社》等，都是满足农牧民审美需求的作品，还表现为演出作品在使用词句方面的时代性、革命性和群众化，如"革命洪流""打尽豺狼""革命枪""党的恩情""一颗红心""阶级仇恨""斗志坚如钢""集体经济""民族团结""工农兵"等，甚至经过深入群众的演出，队员的气质都像牧民了，成为乌兰牧骑坚持马克思主义文艺创作思想和以人民为中心创作方向的直接体现。

---

① 毛泽东：《毛泽东论文艺》，人民文学出版社1983年版，第58页。

二是选取贴近生活、贴近群众、贴近实际的题材，运用群众喜闻乐见的艺术形式，演农牧民身边的人和事，反映当地的政治生活和生产斗争，充满革命性、亲和力和大众化特征，真正做到了和工农兵相结合，得到了农牧民的信任和鼓励。乌兰牧骑主动把歌舞送到居民点，送到生产现场，包括称颂人民子弟兵的好来宝《达西是个好战士》，赞扬牧民身边的先进人物的小演唱《请帖》、歌曲《学习龙梅玉荣》，歌颂人民新生活的单口好来宝《逛巴音浩特》，描述畜牧业丰收景象和歌颂放牧员热爱集体牲畜的歌曲《可爱的羊群》，描摹农民生产过程的歌曲《刈莜麦》，宣传新婚姻风尚的独幕剧《双喜》，等等。乌兰牧骑不只是为工农兵演，而且演工农兵。他们演英雄，唱模范，广泛传播新人、新事、新风尚。乌兰牧骑还在演出节目中站在人民的立场上，用保护人民、教育人民的满腔热情批评社会不良现象，用正确的人生观改变群众的思想和趣味，如牧民看了乌兰牧骑演出的蒙古语独幕小喜剧《不爱护骑乘的人》后感慨："演得真像呀！"一位牧民甚至感觉剧中不爱惜集体牲畜的人就是他，决心要改正不爱护牲畜的坏毛病。乌兰牧骑长期深入农村、牧区，所以他们的演出具有强烈的革命热情和浓厚的生活气息，在演出作品中有强烈的地方性、民间性、人民性特点，续写了中华民族优秀文化的时代篇章，成为社会主义革命和建设时期根植于内蒙古草原牧区的强大思想武器和不竭精神力量。

20世纪五六十年代，那时的人意气风发、斗志昂扬，革命理想高于一切，舍"小我"，为"大我"。即使是取自民间的素材、来自百姓的生活，都回荡着一种积极向上、要求革命的气息。乌兰牧骑的演出作品正是这种时代精神的写照。乌兰牧骑立足于社会主义意识形态，沿着延安文艺"教育人民"的道路探索前进，满怀高度的政治热情创作表演优秀的艺术作品，作品中呈现的"我"及"他者"形象、"宏大"或"渺小"事件均充满革命斗争性、民族性和人民性，作品整体传达出昂扬向上、乐观积极的风格魅力。乌兰牧骑通过表演艺术鼓舞和引领人民投身于社会主义建设，具有强大的艺术感染力与传播力，成为传承红色基因、赓续红色血脉的重要艺术力量。

四、对乌兰牧骑演出作品传承创新红色基因的评价与思考

乌兰牧骑演出作品中饱含中国共产党革命文化积淀及社会主义建设成果，赓续红色基因，把马克思主义基本原理同中国文化建设实际相结合，将中国文化实践推向了一个新的高峰，创造了社会主义文化建设的一个典范，特别是在艺术与政治结合层面拓展和深化了中国艺术传统的疆界和论域。从艺术表现的角度出发，其根植民间、深刻阐释中华民族薪火相传、与时俱进的革命精神和民族精神的强大艺术感染力，可以为当下社会各种文艺演出提供样板和参照。

（一）开创了文艺演出作品培植红色基因功能最大化的实践路径

乌兰牧骑开创了演出作品探寻"如何传承""怎么传承"红色基因的路径选择，以深具引导力、影响力的规模化、全覆盖演出，开创了坚守深耕基层厚土、培植红色基因的实践路径。乌兰牧骑用文艺演出讲中国故事、宣传革命思想、建设社会主义新文艺，演出成为无产阶级政治文化的社会化渠道。乌兰牧骑建立之初即被纳入党的宣传管理体制，带有极强的政治色彩和国家意志表达，因此，乌兰牧骑的演出作品天然地带有政治性、主流性和目的性，乌兰牧骑的演出作品必然地以中国共产党社会治理的政治需求为出发点和以公民价值观形塑为落脚点。在中国高度政治化的文艺体制的保障下，乌兰牧骑的演出作品以红色价值观传承释放引领力量，通过面向内蒙古乃至全国范围最广大观众的大量演出，把国家政策性话语转变为文艺创作的实践意志，将红色基因传承以国家命令的形式、以执行国家民族政策的强劲力度快速根植于内蒙古广袤草原的农牧民群体中，以互动式的交互模式春风化雨般地在农牧民心中种下红色的种子，价值观的守正表达与创新带动演出节目快速且持久地在内蒙古乃至全国传扬。尤其是20世纪五六十年代，乌兰牧骑引导性的大量红色演出，内容和语言多角度、高频率、广范围地反复歌颂中国共产党、歌颂毛主席、歌颂社会主义，以

其易于被接受和易于引起情感思想共鸣的娱乐化形式，结合农牧民群众自身在中华人民共和国成立前所遭受的各种被欺侮、被压迫的底层社会经历和在中华人民共和国成立后社会地位、生产生活所发生的巨大转变的深切体验，使得中国艺术史上传统的演出艺术与新形势下社会主义文化艺术价值追求的创新结合爆发出了巨大能量，从革命文化传承而来的红色基因在内蒙古草原牧民群体中实现了功能最大化，在满足人民群众文化需要的同时，实现了巩固社会秩序、凝聚成员情感、铸造共同信仰的强大功能。

（二）创造性地形成了文艺演出作品以政治话语、大众话语和受众本位为突出特质的红色基因传承艺术实践创新点

乌兰牧骑的演出兼具执行国家公权力及获取社会公信力的实践创新性特征。特定社会制度对特定政治信仰的选择与价值坚守具有历史合法性。由于乌兰牧骑自建立之初即被纳入国家宣传管理体制下，奠定了乌兰牧骑的政治话语逻辑，有较强的威慑力和敏锐性。乌兰牧骑的演出作品在宣扬革命理想信念、宣扬听党话跟党走的忠诚品质等价值坚守的同时，也体现为对共产主义政治信仰、政治取向和政治操守等观念层面的自我认同。鉴于这一时期乌兰牧骑队员本身的政治素养培育是一个渐变过程，其演出作品是政治话语的代言，其红色基因传承和意识形态引导也具有从单纯的国家意识形态的政治询唤到不断重建与受众的对话范式以适应当时政治话语表达和接受机制的调整。基于这种价值引导认知观念，乌兰牧骑有意识地优化红色基因传承环境，研判受众的审美取向和接受心理，尊重并借鉴其话语方式，主动融入参与受众话题，实现赓续话语的再创造，凸显话语表达的亲和力。乌兰牧骑演出作品在红色基因阐释层面由初期的单向化说教式逐步转向从受众本位出发的大众话语表述，这主要表现在逐步创作了大量取材于农牧民身边的新人新事新思想的作品，在确保主流价值观念权威性的前提下，通过在政治话语层面与受众重构价值观念促成相对共识的策略，使之具有真理性、客观性，又不失亲和力、时代气息，增强红色基因的时代魅力，不断增强红色基因的感召力，有效提升了意识形态价值的阐

释强度与效度，实现了公共价值观念与个体价值观念在话语表达和接受方式上的有效对接。

（三）创造性地为当下国有文艺团体的主旋律演出提供了可资借鉴的红色基因传承模式

乌兰牧骑开创了以人民为中心、系统性厚植群众土壤、全程赓续红色基因的演出模式。演出是传承红色基因的传统模式，是传承红色基因的最佳载体。习近平总书记重视把传承红色基因贯穿于"以人民为中心"的发展思想中，强调既注重知识灌输，又加强情感培育，使红色基因渗进血液、浸入心扉。乌兰牧骑的演出作品立足于人民性、大众化、民间性的视角变革传统的单向输入式表演，演出作品主体维度上呈现为演出作品内容和表演语言的革命化、民族化、大众化、民间性以及演出频次的连贯性、系统性和整体性，客体维度上呈现为融入基层生活的全时段、全过程，在为人民提供满足需求的文化产品的同时，加强情感培养，促进红色基因真正在农牧民当中内化于心、外化于行，推进红色血脉内化为群众的理想信念和生活方式。更进一步，乌兰牧骑打通了红色基因与舞台演出的互动，通过舞台演出和舞台之外的文艺辅导实现了台前幕后、台上台下的密切交互，台上红色基因传承表演与台下后续跟进无缝对接、浑然一体，呈现出交融式、情境式的红色基因传承新面貌，使得赓续红色血脉真正内化为人民群众的情感认同、价值认同并转化为行为表达，促进人民群众真正把握红色血脉的深刻蕴意、生成逻辑，入脑入心，成为影响人民群众日常行为的准则，增强了红色基因的持久生命力。乌兰牧骑传承红色基因的演出模式，既是对当下演艺行业低俗媚俗不良风气以及艺术创作者难以沉下身创作、胡编乱造浮躁风气的匡正，又为国有文艺院团的主旋律演出提供了基础样板，为其打造创新升级版红色基因传承模式提供了经过实践检验的生动参照。

在中国的政治文化语境中，创作新鲜活泼的、中国老百姓喜闻乐见的具有中国作风和中国气派的文艺作品，是中国文艺民族化、革命化、群众化的首要任务。乌兰牧骑将根植于中国共产党革命文化的表演艺术与工农兵的生产生活紧密结合，直接反映时代生活，富于革命激情，形式简便，手段新颖，格调质朴而朝气蓬勃，使得艺术大众化的方向更加明确，使得表演艺术的价值追求增添了浓重的"中国红"，使得主旋律演出更好地发挥精神引领作用，为中国艺术思想的多元一体化建构添上了浓墨重彩的一笔。

乌兰牧骑注重创新传承红色基因的理念，全面发掘红色基因资源，加强红色基因的实践探索，建设营造红色基因的浓厚氛围，创新红色基因的培育和传播途径，创造了情感培育＋艺术审美＋价值内化的传承红色基因模式，建构了完善的红色基因传承阵地。乌兰牧骑的红色基因传承根植于中国共产党的革命文化和革命根据地的革命教育模式，始于党的政策和国家意志，紧扣当时内蒙古草原的巨变新貌和社会主义先进文化的时代内涵，把中国革命所凝结的红色基因由精神理想转化为现实实践，坚持红色基因继承性与创新性的有机统一，通过红色基因与舞台演出的深度对接、交互转化，在演出作品中培育形成以理想信念坚定、忠诚于党、善于创新、迎难而上、服务人民为核心价值的红色基因谱系，丰富了红色基因的内涵和底蕴，将红色基因转化成乌兰牧骑的艺术基因，形成了带有个体烙印的红色基因标识性符号，红色基因、符号与元素之间交融重构，促进了红色基因传播效果，以乌兰牧骑演出作品的精神价值引导受众心理和行为趋向，促进红色基因在人民群众中的心理价值重构和内化，从而全面提升红色基因传承水平，是传承红色基因的生动范本。乌兰牧骑演出作品自觉追寻与传承红色基因，红色基因成为乌兰牧骑演出作品的本质属性，是乌兰牧骑演出作品的基本行为规范和价值坐标，是最具吸引力的精华部分，提升了乌兰牧骑演出艺术的格局和境界，标志了内蒙古地区精神文化境界所能达到的高度，是当时主旋律的凯歌，也是未来前路的接续。

乌兰牧骑是中国文化史上非常重要的文化现象，引起毛泽东、周恩来、邓颖超、乌兰夫等国家领导人的关注，备受文艺界瞩目，轰动全国，其演出作品的红色基因传承是形成这一现象的重要因素之一，体现了艺术精神与人文精神和历史精神的完美融合。乌兰牧骑传承红色基因的学术价值是多方面的，如为乌兰牧骑研究提供了新视角，为揭示乌兰牧骑对中国社会主义文艺发展所做出的贡献指出了新路径，为服务于自中华人民共和国成立至"文化大革命"爆发前文艺理论学科体系建设提供了生动案例，或许也能成为文艺演出的意识形态属性系统性研究的一种新范式。

除了认识到乌兰牧骑传承红色基因的学术价值，还应充分发掘其实践价值，突出乌兰牧骑演出作品中蕴含的红色基因在价值引导、思想教育上的指向性和现实性，做好对乌兰牧骑传承红色基因的当代意义阐发，将乌兰牧骑演出作为当代培育和践行社会主义核心价值观的有效载体，加强价值引领，进一步提升乌兰牧骑的政治价值、道德价值、时代价值和发展价值，推动乌兰牧骑的社会主义实践和深化发展。

第四节 乌兰牧骑地方性知识构建

一、问题的提出

乌兰牧骑是中华人民共和国成立后的一个重要文化现象，在本质上是一种地方性知识（local knowledge）①。乌兰牧骑是在特定历史条件与特定社会情境下形成的地方特色文化，以文艺服务形式建构了内蒙古农村、牧区的新型社会关系，实现了基层社会与国家关系的密切联结，推动地方文化

---

① 地方性知识（local knowledge）由人类学家克利福德·吉尔兹在20世纪60年代提出。在《地方性知识：阐释人类学论文集》一书中，格尔茨提出了具有地方文化共同体性、公共性意义的"地方性知识"概念，但是他并未对这一概念做更为细致化的明确定义，只是指出"这种地方性不仅指地方、时间、阶级与各种问题而言，并且指情调而言——事情发生经过自有地方特性，并与当事人对事物之想象能力相联系"。参见［美］克利福德·吉尔兹：《地方性知识：阐释人类学论文集》，王海龙、张家瑄译，中央编译出版社2004年版，第273页。

登上国家文化展示平台甚至传播至海外世界，形成了一个受社会、政治、文化、价值等因素制约但却开放的地方性知识体系。目前，相关研究成果中，出版的书籍包括《乌兰牧骑——红色文化工作队》《乌兰牧骑（一）》《乌兰牧骑（二）》《乌兰牧骑之歌》《乌兰牧骑之路》《乌兰牧骑赞》《周恩来总理与乌兰牧骑》《乌兰牧骑回忆录》《乌兰牧骑发展史》《红色文艺轻骑兵——金花讲乌兰牧骑的故事》《乌兰牧骑巡回演出之路》《乌兰牧骑精神》及内部研究刊物《艺苑轻骑》等，研究内容重在演艺作品、发展历程的梳理、演职人员的回忆性记录及乌兰牧骑体制机制管理建设；在期刊论文成果中，有的学者提出乌兰牧骑服务职能需要创新，有的学者分析乌兰牧骑艺术形式的时代意义，有的学者从文化品牌视角关注乌兰牧骑，有的学者着眼于探讨乌兰牧骑精神，等等。总体上，研究范围较窄，内容偏重于应用性研究，体现出明显的即时性和功能性特点，没有从艺术发展规律及社会学、人类学角度对乌兰牧骑这一存在了60多年的文化现象，予以理论层面的深度探讨和认识。鉴于此，本研究拟采取"扎根理论"方法，通过对乌兰牧骑演职人员的访谈调查获取资料，以"文化持有者的内部眼光"探索乌兰牧骑地方性知识的生产与再生产，建构维持乡土社会秩序、传承文化的乌兰牧骑地方性知识体系，感知其中蕴含的思维方式、思想观念和价值取向，完整把握这一经由不断累积而形成的本土化社会工作系统。

二、相关研究

扎根理论方法由美国社会学家格拉斯（Barney Glaser）和斯特劳斯（Anselm Strauss）在20世纪60年代提出，"是一种建立理论的方法，在自然环境下，利用开放性访谈、文献分析、参与式观察等方法，对社会现象进行深入细致和长期的研究，广泛系统地收集资料，使资料达到饱和状态，然后对资料进行分类、编码，经开放式编码与关联式编码形成命题链，再对命题链进行核心编码，发现影响中心命题的政治、经济、文化、历史等条件，在此基础上概括出理论命题，概括出的理论命题再回到资料或类似情景中接受检验，进一步修正与发展该理论"①。就国外的实际应用案例而言，扎根理论研究法自出现之后，就被广泛地应用于教育学、社会学和心理学等领域。如 Patricia Dolan Mullen 等人认为扎根理论方法是一种对高等教育复杂问题做出有意义反映的调查方法。Patricia Yancey Martin、Barry A.Turner 阐述了扎根理论方法在工作组织研究中的效用，提出了在组织内和组织上进行扎根理论研究的具体策略。S.G.McClowry、E.B. Davies、K.A.May、E.J.Kulenkamp、I.M.Martinson 通过扎根理论分析检验了 49 个经历过儿童因癌症死亡的家庭的长期反应，发现孩子的死亡为幸存的家庭成员留下了一个充满空虚感的"空白空间"，家庭成员为此会产生克服它、填补空虚和保持联系三种悲伤模式。

扎根理论在 20 世纪末被引入中国，陈向明教授于 1999 年发表的《扎根理论的思路和方法》是我国最早系统论述扎根理论研究方法的文献，阐释了扎根理论的基本思路和操作程序，提出研究者因个人情况不同而可能采取不同的处理理论的方式。② 随着研究的深入，扎根理论已在教育学、管理科学与工程学、情报学、应用经济学、法学、科学技术史与心理学等领域得到广泛应用，体现出鲜明的中国特色，从知识论视角即可视作国内学者采用扎根理论研究生成的中国本土特定情境中的地方性知识体系。在教育学方面，运用扎根理论研究方法的成果全面涉及中国教育的各阶段、各科目课程、师生人群等，更有学者深入探讨扎根理论在中国教育研究领域使用的本土化意义与创新的可能性，提出扎根理论有利于为我国的教育研究赋权，使我们更多地看到研究现象的本土特色，让研究变得更加富有创造性。在管理学研究领域，李志刚和李兴旺以蒙牛公司为例分析在几年内迅速发展的一类公司，通过分析公司的成长模式，丰富了公司成长模型理

---

① 牛静：《扎根理论及其在新闻传播学的运用》，《东南传播》2010 年第 4 期，第 14—16 页。

② 陈向明：《扎根理论的思路和方法》，《教育研究与实验》1999 年第 4 期，第 58—63 页、第 73 页。

论，对其他公司有指导和启发作用，并用扎根理论对中国的农业资源型企业、家族企业、各类型裂变新创企业进行集中研究；而贾旭东自 2010 年开始关注经典扎根理论对中国管理研究的现实价值并持续用扎根理论进行工商管理方面的研究，与学者衡量探索性地提出了"中国管理扎根研究范式"①。扎根理论在图书情报学研究方面也形成了丰富的研究成果，胡雅萍等学者探索基于扎根理论的研究方法分析归纳决策过程中情报介入影响因素理论模型，盛东方探索展现我国图书情报研究中的扎根理论应用情况全景，并进一步探讨该方法的演进方向。

随着网络技术的发展，学术界对互联网、新兴网络媒体、电子商务、大数据、物联网的关注程度提升，形成了运用扎根理论对互联网、微博、微信、电子商务、共享经济、短视频等新业态的相关研究成果。如邓春林等学者以扎根理论方法研究微博舆情传播特征、过程、规律，提出具体监管策略；张敏等学者采取扎根理论方法提炼出有间歇性中辍行为的微信用户群体的认知、情感、情境和个体四大影响因素类型，构建了间歇性中辍行为形成机理的理论模型；孟韬等学者以共享经济平台型企业 Airbnb 和社群型企业闲鱼为例，通过扎根编码构建基于"动机—行为—结果"的共享经济平台用户价值独创运行机制；徐彤阳等学者以抖音短视频为例进行定性和定量分析，发现阅读推广效果在短视频社会化主体中存在着主题性差异以及短时间的关注高峰期。

在文化研究方面，用扎根理论做文化传播、文化品牌、文化旅游、文化遗产、文化消费、文化产业等方面的研究成果逐渐增加。如李春雷等学者通过扎根理论研究方法发现谣言传播对公共事件的走向与发展有着重大影响，公共事件中的谣言传播有着一套独特的传播机制与演变逻辑；张红

---

① 贾旭东、衡量基于以往运用扎根理论的研究经验及扎根理论经典著述，以"扎根精神"为内核，基于建构主义认识论，以经典扎根理论的数据处理程序为主框架，以程序化扎根理论的因果关系为辅助结构，结合认知地图工具，融合定性与定量研究，探索性地提出了"中国管理扎根研究范式"。（贾旭东、衡量：《扎根理论的"丛林"、过往与进路》，《科研管理》2020 年第 5 期，第 151—163 页。）

霞等学者基于扎根理论对品牌文化的概念模型进行了探索性研究,认为品牌文化包括企业文化、产品与服务、品牌个性和理念以及品牌归属四个维度;何琼峰利用扎根理论方法构建了文化遗产景区游客满意度影响因素概念模型,并从游客视角探讨了文化遗产景区未来的发展方向;姚琦等学者应用扎根理论研究影响家庭发展类文化消费决策行为的深层次影响因素,发现六个主范畴对家庭发展类文化消费决策行为存在显著影响。

总体而言,从方法论及其应用角度来看,无论是扎根理论研究,还是地方性知识研究,自传入中国后在21世纪逐渐引起学界的关注和研究,用扎根理论进行科学研究的学科门类不断扩大,而在人类学、社会学范畴中地方性知识的研究逐步深入,出现了影响较大的研究文献[①]。乌兰牧骑作为地方文化现象,产生已经60余年,在20世纪五六十年代的影响力和关注度较大,但是研究成果较少。虽然近年来关注者、研究者逐渐增多,但研究并不深入,目前尚无从地方性知识生产角度进行的研究。扎根理论及地方性知识的相关研究成果,尤其是文化方面的研究模式,为本研究提供了借鉴启示。

三、研究设计和资料分析

(一)研究方法

本研究选择斯特劳斯(Anselm Strauss)的扎根理论研究方法,主要分为研究设计、资料收集、资料整理、资料分析、文献比较与结论五大阶段,核心是资料收集和资料分析。由于本研究需要向不同类型的人员了解不同类型的资料,因此采用半结构化访谈法收集资料,再采用扎根理论的开放

---

① 到目前为止,至少有三篇讨论地方性知识的重要中文研究文献:盛晓明教授的《地方性知识的构造》;吴彤教授的《两种"地方性知识"——兼评吉尔兹和劳斯的观点》;刘兵教授的《关于STS领域中对"地方性知识"理解的再思考》(孟强:《科学实践哲学与知识观念的重构:兼谈地方性知识》,《自然辩证法通讯》2015年第3期)。

式编码、主轴编码和选择性编码进行资料分析，编码完成后通过理论饱和度检验得出研究结论。

（二）资料收集

为保证资料收集的全面性和客观性，在访谈对象选取方面，遵循内部性、结构性、目的性和针对性原则。经与内蒙古自治区乌兰牧骑学会会长等三位专家共同议定①，选择不同年龄段的访谈对象，其中以20世纪50年代至20世纪90年代的乌兰牧骑老队员为主，以21世纪以来的乌兰牧骑队员为辅，又因内蒙古东西跨度长、东中西部文化差异较大，因而兼顾了东中西部乌兰牧骑队员的构成，共选择了36名访谈代表。如此分类访谈，最大限度地保证了访谈资料的科学性和全面性。

访谈提纲设计方面，采用半结构化提纲。为确保访谈资料内容的客观性、全面性和科学性，在设计过程中于2021年6月11日邀请内蒙古自治区乌兰牧骑学会会长等三位专家通过腾讯会议共同议定包含九个问项的访谈提纲。6月13日—23日，采用通过腾讯会议、微信、钉钉等线上平台进行分组访谈和线下面对面访谈两种方式对36位代表展开访谈，平均访谈时长约1小时，访谈过程持续10天。访谈结束后，将访谈音频资料转化为4.6万多字的文字资料，作为本研究的主要资料。样本数据按照年龄段兼顾东中西部乌兰牧骑队员分类，共进行了三轮资料抽取。第一轮抽取其中12位访谈代表的样本数据进行编码分析和理论建构，第二轮再抽取12位代表的访谈数据进行编码，第三轮将最后12位代表的访谈数据进行编码。从编码情况看，第二轮数据事实上已经趋于理论饱和度。

---

① 2021年6月10日—11日，特邀三位乌兰牧骑老队员通过微信平台做了关于本课题相关内容的深入交流与探讨。三位老队员分别是：从乌兰牧骑队员成长的艺术家宋正玉女士；自1963年开始担任乌兰牧骑管理者、被称为"乌兰牧骑活词典"的朱嘉庚老先生；第三代乌兰牧骑老队员、内蒙古自治区乌兰牧骑学会会长吉日嘎拉。朱嘉庚老先生和吉日嘎拉会长均为乌兰牧骑的资深研究者。

2022年8月,作者调研采访乌兰牧骑管理者和老艺术家
朱嘉庚先生、宋正玉女士、吉日嘎拉先生

(三)资料分析

资料编码分析是扎根理论的核心环节,而编码的核心则是进行有效分类和概括。为确保编码分析的信度和效度,本研究组织成立包括前述三位专家在内的编译小组,借助专业质性研究数据分析软件Nvivo12提炼概念、将概念范畴化、明确概念之间的关联并建构理论以及进行饱和度检验。

1. 开放式编码

开放式编码是一种将资料记录及抽象出来的概念"打破""揉碎"并重新整合的过程,其目的是将资料集逐步进行概念化和范畴化,编码的程序为原始材料—初始概念—提炼范畴三个步骤。一是对访谈所得的文本内容进行整理并分类编码,初步提取出与乌兰牧骑地方性知识有关的原始代表性语句建设自由节点,共得到117个节点,510条原始语句;二是发展初始概念,对初始编码形成的自由节点进行反复比较和分析归纳,整合相关节点,提取出49个初始概念;三是提炼范畴,将第二步提取出的初始概念进一步整合,最终得到16个副范畴。(见表1)

表 1 开放式编码分析

副范畴	初始概念	文本资料中的典型原始语句
形态性质 F_1	产生原因 A_1	乌兰牧骑是20世纪50年代应对内蒙古地域辽阔、居住分散、交通不便、经济落后、文化生活贫乏的特定地理环境和特殊历史条件而产生的。
	产生目的 A_2	把文化艺术直接地、经常地送到广大农牧民居住和生产的浩特和牧场,使农牧民群众的文化生活开始丰富起来。
	存在形态 A_3	乌兰牧骑建立的时候就是一种便于流动的新型综合文化工作队。
	行动原则方式 A_4	采取"集体巡回、点上开花"的办法,人口多的地方是巡回点,点上到处开花,每年在点上进行好几次巡回活动。
	公益性事业单位 A_5	乌兰牧骑由旗县级以上人民政府依法设立,属于公益一类事业单位,是公共文化服务体系的重要组成部分。
专指称谓 F_2	专指性称谓 A_6	乌兰牧骑有许多叫法,如红色的嫩芽、一辆马车上的文化工作队、文化轻骑兵、红色文艺轻骑兵、红色文化工作队、不锈的乌兰牧骑、玛奈(我们的)乌兰牧骑、全国文艺战线的一面旗帜等。
本土语言 F_3	会说本土语言 A_7	许多汉族演员学会了蒙古语,可以用蒙古语为牧民演出节目;许多蒙古族演员也学会了汉语,可以用蒙汉两种语言演出。
社会关系 F_4	新型社会关系 A_8	乌兰牧骑无论走到哪里,就像亲生儿女回了家。传授文化、辅导培训基层业余文艺骨干,宣传和传播政策、法规、科学知识和致富经验等,和各族人民同吃、同住、同劳动,和人民群众水乳交融、心心相连。
活动优势 F_5	队伍短小精干 A_9	乌兰牧骑建立初期人数不多,每个队一般只有12人,最多不超过15人。
	队员一专多能 A_{10}	乌兰牧骑队员不仅会唱歌、会演奏四胡、三弦、洋琴、马头琴等乐器,还会跳舞、演剧、说相声、作曲、写剧本、收集民歌、绘制幻灯、放映幻灯、修理收音机和手表、管理舞台灯光、制作演出服等本领。
	节目小型多样 A_{11}	在形式上,乌兰牧骑的演出小型多样,为群众所喜闻乐见,既有歌唱、舞蹈、器乐演奏,也有曲艺、快板、笑话、诗朗诵,同时还演出小型戏剧。
	装备轻便灵活 A_{12}	建立初期,每支乌兰牧骑队伍也就有五六件乐器,十多套服装,一台收音机、一台幻灯机,一些展览图片和简单的交通工具,全部人员和装备只要一辆马车就可以运走。

续表

副范畴	初始概念	文本资料中的典型原始语句
活动职能 F_6	演出 A_{13}	乌兰牧骑之所以受欢迎，就在于它以演出为主，兼做宣传、辅导和服务工作，除了现场演出，现在乌兰牧骑也跟上了科技的步伐，开通"网上乌兰牧骑"直播演出，效果也很好。
	宣传 A_{14}	改革开放以来，乌兰牧骑的宣传由过去的单纯政治宣传扩大到经济、政治、社会、科技、文化等方面，还承担了普及法律知识、科技知识和计划生育、交通安全、草原防火宣传的任务，目前还在"网上乌兰牧骑"平台上宣讲。
	辅导 A_{15}	乌兰牧骑的另一个任务就是辅导，走到哪儿辅导到哪儿，有时把社员集中在一起办短期训练班。改革开放以来，每到一地，乌兰牧骑在为农牧民演出之余，或与农牧民举行联欢会，或举办草原卡拉OK娱乐活动，在草原上到处撒下文艺的种子。
	服务 A_{16}	20世纪五六十年代的服务主要是参加体力劳动，一年之内至少有两个月专门下乡劳动，有时时间更长。服务的形式也在发展，现在主要是以"乌兰牧骑+"的方式向基层提供创新性、综合性服务。
	保护传承民族民间优秀传统文化 A_{17}	乌兰牧骑爬山越岭，深入蒙古包、猎民村采风求教，收集、整理了大量民族民间艺术遗产，挖掘和继承民族民间文化遗产，借鉴、吸收到自己的艺术中。
	编创文艺作品 A_{18}	60多年来，各地乌兰牧骑创作了1.3万多个文艺节目。
	创新方式方法 A_{19}	以"乌兰牧骑+"的方式向基层提供创新性、综合性服务，创建了100支专业"法治乌兰牧骑"队伍送法治文艺下乡，还开通了"网上乌兰牧骑"开展文艺直播7000余场次、政策宣讲3000余场次。
	对外文化交流 A_{20}	改革开放以来，乌兰牧骑积极拓展对外文化交流，足迹遍及亚洲、非洲、欧洲、美洲的50多个国家和地区。
演出形式 F_7	基层公益性巡回演出 A_{21}	深入基层为农牧民进行文艺演出，始终是乌兰牧骑最主要的任务。乌兰牧骑每年在农村、牧区巡回演出六个月，少的也有三四个月，在基层演出都在100场以上，多的能达到300多场。

续表

副范畴	初始概念	文本资料中的典型原始语句
演出形式 F_7	国内交流演出 A_{22}	20世纪80年代以来,各地乌兰牧骑加强与国内省、市、自治区的文化艺术交流,如莫力达瓦达斡尔族自治旗乌兰牧骑、鄂托克旗乌兰牧骑、乌审旗乌兰牧骑、自治区直属乌兰牧骑等在西藏自治区、四川成都及凉山彝族自治州、新疆维吾尔自治区、台湾等地进行交流慰问或商业演出。
	对外交流演出 A_{23}	1989年7—8月,由乌审旗乌兰牧骑、阿拉善右旗乌兰牧骑、西乌珠穆沁旗乌兰牧骑和自治区直属乌兰牧骑队员组成的中国内蒙古民族艺术团到东欧波兰、匈牙利、保加利亚参加国际艺术节,历时35天,演出60场,观众达30多万人次。
	节庆演出 A_{24}	城乡群众已成惯例,逢年节、喜庆之日,总不会忘记邀请乌兰牧骑增光添彩。
	旅游或经贸接待演出 A_{25}	几乎所有的乌兰牧骑都有探索参与改革开放和现代化建设实践的意愿,有的积极投身到地方政府组织的经济活动中,通过演出为地区和有关经济部门及企业的经济交往牵线搭桥。
	进京汇报演出 A_{26}	1964年,当时的内蒙古自治区文化局抽调了包括17名各旗县乌兰牧骑队员组成乌兰牧骑代表队,在全国少数民族群众业余文艺会演上作了汇报演出,引起了党中央、国务院的高度重视。
	全国巡演 A_{27}	乌兰牧骑目前组织过两次大型的全国巡演。一次是1965年5月到12月,朱嘉庚参加的巡回演出一队,在江西、浙江、上海、安徽、山东、山西、陕西巡回演出,回到北京后受到周总理接见,还见到了陈毅副总理。另一次全国巡回演出是2001年12月至2002年3月,两队乌兰牧骑在全国12个省、市、自治区巡回演出。
	区内调演会演 A_{28}	在乌兰牧骑艺术节创办之前,内蒙古自治区文化局(文化厅)和12盟市的文化处都曾先后举办过多次乌兰牧骑调演会演。最早一次是1959年内蒙古文化局举办的全区乌兰牧骑第一次会演,之后开始定期举办。后来各盟市文化部门也仿效这种好做法,每一两年举办一次盟市乌兰牧骑会演。调演,如1976年的全区乌兰牧骑调演。

续表

副范畴	初始概念	文本资料中的典型原始语句
演出形式 F_7	乌兰牧骑艺术节 A_{29}	1992年8月，内蒙古自治区首届乌兰牧骑艺术节在首府呼和浩特市隆重举行。到2022年8月，共举办了九届乌兰牧骑艺术节。
艺术创作 F_8	常规演出节目 A_{30}	20世纪60年代，乌兰牧骑演出的小型文艺节目如歌颂党和毛主席、歌颂民族团结的《各族人民心连心》；歌唱人民公社、歌唱家乡的《人民公社好》《内蒙古好地方》、器乐曲《鄂伦春之歌》等。
	大型晚会 A_{31}	21世纪以来，乌兰牧骑编创大型晚会成为演出亮点，比如2007年鄂托克前旗乌兰牧骑演出的歌舞晚会《天地放歌》，2009年莫力达瓦达斡尔族自治旗乌兰牧骑演出的晚会《飞翔——达斡尔》、鄂伦春自治旗乌兰牧骑演出的歌舞晚会《高高的兴安岭》等。
	舞台精品剧目 A_{32}	如鄂托克旗乌兰牧骑融合民俗非遗和舞台艺术的民族舞剧《鄂尔多斯婚礼》、根河市乌兰牧骑排演的大型原生态歌舞剧《敖鲁古雅》、武川县乌兰牧骑的爬山调革命历史剧《青山儿女》等。
艺术特色 F_9	民族风情独特 A_{33}	如富有草原气息的安代舞、令人心旷神怡的长短调民歌、民族风味浓厚的好来宝、乌力格尔等曲艺形式，传统的马头琴、胡必思弹奏等都被吸收运用到艺术创作和表演中，受到广大观众的欢迎。
	生活气息浓郁 A_{34}	乌兰牧骑的艺术魅力之一来源于不断地再现时代精神风貌和人民现实生活，表现人民群众的思想、感情、愿望、要求和理想。
	时代特点鲜明 A_{35}	乌兰牧骑先后创作演出了数以千计的反映内蒙古新人新事新风貌的歌舞、曲艺等节目。这些节目具有鲜明的时代特点，受到了农牧民群众的深深喜爱。
	群众喜闻乐见 A_{36}	乌兰牧骑的作品形式和风格像草原上的鲜花一样丰富多彩、清新可爱，具有强烈的民族民间风格和群众喜闻乐见的特点，同时又有着创造性的革新，体现了内蒙古各族人民的精神面貌，一下子就能让人们感受到浓郁的草原气息，很快就能把人们带进少数民族生活的诗情画意之中。

续表

副范畴	初始概念	文本资料中的典型原始语句
艺术特色 F_9	富于创造的艺术形式 A_{37}	在乌兰牧骑的演出中，不仅有歌、舞、乐、诗朗诵、小歌剧、好来宝，而且还能把多种形式综合在一起；有合唱、独唱、对唱、自拉自唱和边舞边唱，有独奏、重奏、合奏、边唱边奏、边说边奏和边表演边奏，有单人舞、双人舞、集体舞。
艺术水准 F_{10}	精湛的艺术水平 A_{38}	60多年来，各地乌兰牧骑有超过2000个文艺节目在盟、市、自治区获奖，有130多个节目在全国获奖，其中包括《鄂尔多斯婚礼》《筷子舞》《顶碗舞》《安代舞》《彩虹》等。
艺术人才 F_{11}	队员培训 A_{39}	1959年，当时的内蒙古自治区文化局举办了第一期训练班，对队员们进行四项任务培训，后来每年或者隔一两年就培训一次，有时候一年培训两次，逐步就形成了自治区、盟市、旗县三级培训体系。
	人才队伍 A_{40}	60多年来，乌兰牧骑队伍中涌现了30多个全国文艺战线先进集体和全区"十佳乌兰牧骑"，全区各地乌兰牧骑队员累计9200多人，向文艺战线和其他战线输送了3700多名一专多能人才和基层骨干人才。
	艺术家 A_{41}	乌兰牧骑培养了德德玛、拉苏荣、图力古尔、牧兰、金花、道尔吉仁钦、巴达玛、达日玛、那顺等一批享誉草原、国内知名的民族艺术家。
规章制度 F_{12}	乌兰牧骑工作条例 A_{42}	在乌兰牧骑发展历史上，共颁布过三次条例，分别是1957年5月27日内蒙古自治区文化局颁布的《乌兰牧骑工作条例（草案）》、1985年8月28日内蒙古自治区人民政府颁布的《内蒙古自治区乌兰牧骑工作条例》、2019年9月26日内蒙古自治区第十三届人民代表大会常务委员会第十五次会议通过的《内蒙古自治区乌兰牧骑条例》。
经营管理 F_{13}	乌兰牧骑经营决策 A_{43}	改革开放以来，各地乌兰牧骑进行了改革，探索实行目标管理责任制、队长负责制、队员聘任制、艺术结构工资制等改革措施，想方设法开办第三产业，以文补文，增收创收，收到了不错的效果。
运行机制 F_{14}	乌兰牧骑管理运行机制 A_{44}	2010年乌兰牧骑建设被各级党委政府纳入了当地经济社会发展规划，软硬件建设加强了，乌兰牧骑有了单独的办公场所、排练厅和小剧场，每年下乡演出都有补贴，每场补贴2000元，有的旗县每场补贴达到7000元，还配备了演出大巴车。

续表

副范畴	初始概念	文本资料中的典型原始语句
内部文化研究 F_{15}	乌兰牧骑学会 A_{45}	1987年6月26日，内蒙古自治区乌兰牧骑学会成立，先后召开了八届乌兰牧骑建设理论研讨会。
内部文化研究 F_{15}	乌兰牧骑文献 A_{46}	目前出版的乌兰牧骑内部图书包括《乌兰牧骑之路》《乌兰牧骑赞》《周恩来总理和乌兰牧骑》《乌兰牧骑发展史》《乌兰牧骑回忆录》《乌兰牧骑优秀作品集》以及内部刊物《艺苑轻骑》《乌兰牧骑研究》等。
乌兰牧骑精神 F_{16}	扎根基层 A_{47}	乌兰牧骑经常要深入基层巡回活动，一般每年不少于六个月。每年除了冬训和少量的休整外，绝大部分时间乌兰牧骑都在串蒙古包、畜群点。
乌兰牧骑精神 F_{16}	无私奉献 A_{48}	每年，乌兰牧骑无偿地在牧区和半农半牧区开展演出和宣传活动，乌兰牧骑的口号是："哪里最困难，哪里最偏僻，就到哪里送歌献舞。"
乌兰牧骑精神 F_{16}	艰苦奋斗 A_{49}	乌兰牧骑通过劳动培养起队员们勤俭节约、艰苦朴素的良好作风。翁牛特旗乌兰牧骑队员自己动手修盖马棚、厕所、草屋子；阿拉善左旗乌兰牧骑队员自己脱坯，自己盖房，还用旧头巾、旧衬衣等制作戏装，下乡演出时经常步行。

2. 主轴编码

主轴编码是建立范畴与次范畴、范畴与概念之间关系以获得主范畴的发展过程。本研究主要探索的是乌兰牧骑地方性知识构建，根据概念层次的内在逻辑关系进行归类，归纳出五个主范畴。（见表2）

表2 主轴编码形成的主范畴

主范畴	副范畴	范畴内涵
存续样态 Z_1	形态性质 F_1	乌兰牧骑是内蒙古基于实际情况首创的公益性基层文化服务组织
存续样态 Z_1	专指称谓 F_2	专指称谓是乌兰牧骑最醒目的身份识别标签
存续样态 Z_1	本土语言 F_3	使用本土语言是乌兰牧骑开展基层文化服务的首要条件
存续样态 Z_1	社会关系 F_4	乌兰牧骑以农牧民为核心服务对象，建构了一种平等的新型社会主义社会关系

续表

主范畴	副范畴	范畴内涵
活动形式 Z_2	活动优势 F_5	特色优势是乌兰牧骑确保开展基层文化服务的覆盖面和质量的保障
	活动职能 F_6	明确的职能任务是乌兰牧骑开展基层文化服务的抓手
艺术风格 Z_3	演出形式 F_7	演出形式是乌兰牧骑艺术服务功能和质量检验的方式与平台
	艺术创作 F_8	艺术作品是乌兰牧骑对艺术本身、对人、对社会的思考和表达
	艺术特色 F_9	艺术特色是乌兰牧骑文艺编创演出最吸引人的个性标签
	艺术水准 F_{10}	艺术水准是乌兰牧骑文艺编创演出的创造能力体现
	艺术人才 F_{11}	人才培养是乌兰牧骑艺术品牌可持续发展、创新发展的核心要素
行为机制 Z_4	规章制度 F_{12}	规章制度是乌兰牧骑行动的规范标准
	经营管理 F_{13}	经营管理是乌兰牧骑改革发展的重要举措
	运行机制 F_{14}	运行机制体现乌兰牧骑内部管理的动态性、可变性和开放性
精神理念 Z_5	内部文化研究 F_{15}	内部文化研究是乌兰牧骑推进自身实践和创新的智力支持
	乌兰牧骑精神 F_{16}	乌兰牧骑精神体现乌兰牧骑的文化根脉传承和现实价值引领意义

3. 选择性编码

选择性编码是指在已经形成的初始理论框架的主范畴中提炼出一个核心范畴，通过分析范畴和范畴之间的联系，将所有相关变量通过"故事线"的形式纳入一个简单且紧凑的理论框架中。本研究以"乌兰牧骑地方性知识体系"为核心范畴，围绕核心范畴的"故事线"架构为：存续样态是乌兰牧骑地方性知识特定适用范围的身份认定，活动形式、艺术风格和行为机制体现乌兰牧骑地方性知识的功能、内容、特点、形成过程等身份识别细部特征，精神理念是乌兰牧骑地方性知识体系的内在现象和深层内涵，由表及里，自内而外，共同建构起完整的乌兰牧骑地方性知识体系。

（四）饱和度检验

为了对归纳的概念模型进行理论饱和度检验，本研究用剩余的12份访谈记录和文本材料进行第三轮扎根理论三级编码分析，从得到的结果中反映出出现频次超过三次的概念范畴基本上被表2所囊括，并且出现大量重复概念，相关范畴之间没有产生新的逻辑关系，得到的结果仍然符合表2所示范畴，因此可以判定上述理论是饱和的。

四、各范畴内节点的时空差异化特征分析

通过三级编码特别是主轴编码分析对乌兰牧骑地方性知识体系构成进行系统探索。目前，在内蒙古地区活跃着75支乌兰牧骑队伍，由于内蒙古东西跨度大且区内多民族混居，东西部乌兰牧骑地方性知识构建内容是否有差别？在60多年的发展过程中，乌兰牧骑地方性知识构建有无时间上的变化？对于这些问题的进一步分析，有助于整体把握乌兰牧骑地方性知识构建的普遍性与特殊性、共性与个性特征，进而形成乌兰牧骑地方性知识的规律性认识。

（一）乌兰牧骑地方性知识生产阶段性特征明显

乌兰牧骑自1957年建立以来，经历了中国不同的历史发展阶段，随着中国社会变迁而生产、再生产的地方性知识有鲜明的时代性。通过对访谈资料不同历史时期的词频分析发现，高频词汇发生了明显的变化。

分析高频词汇可以看出：

乌兰牧骑的初创期恰逢计划经济时代（1958—1978年），这一阶段的高频词汇包括：演出（89次）、宣传（85次）、文艺（65次）、牧民（63次）、服务（60次）、革命（59次）、劳动（48次）、辅导（46次）、工农兵（43次）、思想（36次）、节目（36次）、公社（20次）等。演出、宣传、辅导、服务是乌兰牧骑的任务，主要服务对象是"牧民"和"工农兵"，演出的

内容中"革命"类题材较多，队员下乡巡回演出时参与"劳动"比较频繁，日常活动过程中队员们重视自身和服务对象的"思想"教育，"公社"一词的频繁出现则表明乌兰牧骑的服务区域在20世纪六七十年代逐步覆盖到了农村，1958年推行的人民公社化运动使得农村在短时间内实现了公社化。

1978年改革开放之后的市场经济阶段是乌兰牧骑的发展和创新时期（1979—2017年），这一阶段的高频词汇包括：艺术（158次）、演出（148次）、群众（101次）、创作（83次）、节目（65次）、发展（43次）、精神（42次）、审美（40次）、改革（36次）、交流（20次）等。"演出"仍然是乌兰牧骑的主要任务，演出"艺术"水平不断提高、"艺术"风格逐步形成，"创作"有"审美"的演艺"节目"是乌兰牧骑的追求，人民"群众"的"审美"需求不但有了提升而且不断发生变化，因而满足"群众"的"审美"需求和"精神"需求是乌兰牧骑发展的目标。在改革开放的社会大背景下，乌兰牧骑的"改革""发展"同样成为这一时期的重点话题。乌兰牧骑不但以基层为服务主阵地"走下去"、走得深，而且将文化艺术传播和"交流"的视角投向国内各地和世界各国，"走出去"宣传本土文化艺术。

2017年11月21日，习近平总书记给苏尼特右旗乌兰牧骑队员们回信后，乌兰牧骑建设和乌兰牧骑研究进入高潮时期，这一阶段的高频词汇包括：服务（97次）、人民（79次）、文艺（78次）、时代（72次）、群众（68次）、精神（55次）、创作（52次）、基层（35次）、作品（27次）、红色（21次）、创新（20次）等，这些高频词汇几乎都是回信内容中的用词，尤其关于乌兰牧骑与"人民"的关系，乌兰牧骑"精神"，乌兰牧骑扎根基层"服务"，"创作"更多接地气、传得开、留得下的优秀"作品"，成为乌兰牧骑自身发展建设的重点和核心内容。

（二）乌兰牧骑地方性知识生产地理性特征鲜明

乌兰牧骑对外标识的是一个文化品牌和文化现象，事实上目前有75支乌兰牧骑分布在内蒙古各盟市旗县，其中锡林郭勒盟13支、乌兰察布市11支、呼伦贝尔市11支、赤峰市9支、通辽市6支、鄂尔多斯市6支、兴安盟 5 支、阿拉善盟 4 支、巴彦淖尔市 4 支、呼和浩特市 3 支、包头市 2 支、自治区级 1 支。从地理区划来看，赤峰市、通辽市、兴安盟、呼伦贝尔市属于东部地区，呼和浩特市、乌兰察布市、锡林郭勒盟属于中部地区，包头市、鄂尔多斯市、乌海市、巴彦淖尔市、阿拉善盟属于西部地区。东中西部文化有相通之处但也差异较大，因而东中西部乌兰牧骑生产或再生产不同的本土知识。蒙古族散居于东中西部，因而蒙古族传统文化艺术如民间传说、故事、说唱、长短调、马头琴、潮尔、好来宝、乌力格尔、蒙古剧、顶碗舞等在东中西部乌兰牧骑的编创演出中均有广泛传承和创新，是东中西部乌兰牧骑共同的高频词汇。其他高频词汇如安代舞、东路二人转在东部乌兰牧骑中出现较多，萨吾尔登舞蹈多在西部阿拉善盟的乌兰牧骑中出现，古如歌、漫瀚调、筷子舞则在西部鄂尔多斯市的乌兰牧骑中多见，爬山调、西路二人台在中西部乌兰牧骑中较多。这些高频词汇分布的差异性体现出乌兰牧骑的编创演出和区域民族文化心理有着同构关系，与各地的文化传承有着内在的历史渊源。

五、乌兰牧骑地方性知识构建模型阐释

通过对乌兰牧骑地方性知识访谈资料进行编码，形成以"乌兰牧骑地方性知识体系"为核心范畴的完整"故事线"，构建了乌兰牧骑地方性知识体系的模型，如下图所示：

形态性质、专指称谓、本土语言、社会关系构成了乌兰牧骑地方性知识体系外在的存续轮廓表征。活动形式、艺术风格和行为机制则是乌兰牧骑地方性知识生产和再生产的具体功能、内容和特点，呈现出乌兰牧骑本土文化的构建路径和内部肌理纹路，具有明显的地理性、时代性特征。乌兰牧骑内部文化研究和精神提炼则呈现出乌兰牧骑地方性知识体系构建行为背后所蕴含的文化观念和秩序传统。这个体系扎根于地方社会组织，与地方环境相协调，以地方性的象征呈现，又受到当地捍卫者的悉心照料。下面对乌兰牧骑地方性知识体系模型的各个维度进行具体阐释。

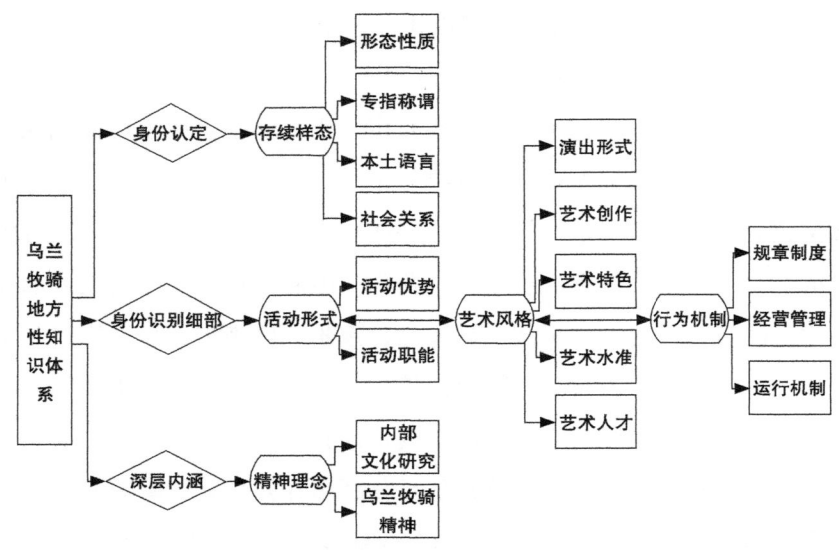

乌兰牧骑地方性知识体系模型

（一）存续样态

形态性质、专指称谓、本土语言、社会关系构成了乌兰牧骑地方性知识的产生原因、适用范围和现实样态。乌兰牧骑的形态性质和专指称谓是一种动态的存续样态，而本土语言、社会关系则是相对静态的存续样态。这部分知识在乌兰牧骑地方性知识体系中仅为浅层的形象性符号标识和身份定位，并不占据主要位置。

（二）活动形式、艺术风格和行为机制

以吉尔兹为代表的人类学研究表明：对地方性知识的考察要着眼于知识在特定文化背景中所承担的具体功能。活动形式、艺术风格和行为机制生成乌兰牧骑地方性知识的具体架构，是乌兰牧骑地方性知识体系的核心构成，是乌兰牧骑在内蒙古地域特定文化群体中的实践，刻画了乌兰牧骑地方性知识的生成机制和生成路径，其中，队伍短小精干、队员一专多能、节目小型多样、装备轻便灵活的组织形式和演出、宣传、辅导、服务四项职能以及民族风情独特、生活气息浓郁、时代特点鲜明、群众喜闻乐见的

艺术特色，体现着乌兰牧骑地方性知识的功能、内容、特点、形成过程和适用范围这些核心属性，与20世纪50年代内蒙古草原牧区地域辽阔、居住分散、交通不便、经济落后、文化生活贫乏的具体文化背景和现实社会环境等地方性条件密切相关，寄居于内蒙古草原牧区这一特定文化社区中，与该文化社区的族群具有相互依存性和本土内嵌性，并且遵守和服从该文化社区的规范，是一种不受外界强力介入和显著影响的特殊文化存在。这些知识从形成开始便是整体性的（holistic）、功能性的（functional），且对社会与自然环境的变化具有适应性（adaptive to changes），是乌兰牧骑"社会性身体"地方文化持有者最重要的"地方感"身份识别内容。

（三）精神理念

精神理念包括乌兰牧骑内部文化研究和乌兰牧骑精神。精神理念具有文化引导的功能，内部文化研究引导乌兰牧骑地方性知识生产和再生产的路径，乌兰牧骑精神则是乌兰牧骑地方性知识的内在动力，它强调发挥文化特别是以地方性知识为内容的本土文化在农村、牧区社会治理中的动员、整合、规范、教化等功能和作用，体现乌兰牧骑地方性知识的社会文化意义及其所勾连的民族价值观、民族精神。

六、结论

本研究针对乌兰牧骑地方性知识体系这一文化现象，基于扎根理论提取三级指标要素，对各要素之间的因果关系进行梳理，形成"故事线"，并进一步构建乌兰牧骑地方性知识体系模型，阐明各要素内部的关联路径和关系。

（一）研究发现

本研究采用扎根理论方法对有关乌兰牧骑地方性知识体系构建的访谈文本资料进行编码分析，得出了以下结论：

基于扎根理论构建了乌兰牧骑地方性知识生产和再生产体系：形态性质、专指称谓、本土语言、社会关系构成了乌兰牧骑地方性知识体系外在的存续轮廓表征；活动形式、艺术风格和行为机制体现乌兰牧骑地方性知识生产和再生产的具体功能、内容和特点，是乌兰牧骑地方性知识体系的核心属性；乌兰牧骑内部文化研究和精神提炼则呈现出乌兰牧骑地方性知识体系构建行为背后所蕴含的文化观念、秩序传统以及适应时代需求的深层内涵与价值观的更迭创新。

（二）研究贡献

本研究具有以下贡献：

（1）研究内容创新：将乌兰牧骑视作地方性知识，构建了乌兰牧骑地方性知识体系。本研究在借鉴已有乌兰牧骑研究成果的基础上，首次通过对"文化持有者"进行访谈以获取"内部"较为客观真实的数据资料进行系统梳理和总结分析的方式，归纳出乌兰牧骑地方性知识体系，为乌兰牧骑研究提供了可供参考和借鉴的研究思路。（2）研究理论创新：构建了乌兰牧骑地方性知识体系模型，为马克思主义指导下的中国哲学社会科学领域提供了一个范例，贡献了一个独特的理论范式。乌兰牧骑地方性知识生成具有知识进化的自然主义基因，但由于乌兰牧骑是在国家领导人的过问下产生并受到历代国家领导人的关注，特别是受到周恩来总理和习近平总书记的重视而体现出强烈的国家文化意志属性，因而，乌兰牧骑地方性知识体系更显著的表征是国家文化运行机制与社会个体认知机制共同作用所产生的综合结果，具有文化连接的坚韧性和稳定性。本研究为乌兰牧骑研究提供了可供参考的理论研究框架。

（三）研究不足与展望

本研究数据来源于对36名乌兰牧骑队员的访谈资料，尽管在收集文本资料进行编码的过程中尽可能地考虑资料的全面性和完整性，并遵循理论饱和原则，但资料本身仍可能存在一定程度的主观性和侧重性。未来可以在具体研究问题上采用定量研究或混合研究的方式，对乌兰牧骑地方性知识构建进行补充和进一步验证。

第五节 乌兰牧骑的当代文化价值

价值是文化的灵魂。乌兰牧骑作为中华人民共和国成立以来出现的重要的文化现象，形成了独特的文化品牌，产生了重要的文化价值。在60多年的发展过程中，乌兰牧骑始终坚持马克思主义文艺观，坚持"以人民为中心"的社会主义文化观、服务观和扎根基层服务农村牧区、艰苦奋斗、无私奉献的精神。乌兰牧骑的服务中心、服务方式、服务内容在内蒙古乃至全国都带有示范性，乌兰牧骑精神更是它作为"旗帜"的核心所在。在此基础上，从在国家文化政策指导下乌兰牧骑的成长过程及国家经济社会发展的不同阶段出发，讨论乌兰牧骑文化价值的变化。60多年的发展中，乌兰牧骑的工作中心始终如一，乌兰牧骑坚持"弘扬主旋律"的原则，在不同的社会发展阶段所体现的文化价值有着明显的区别。

一、20世纪五六十年代乌兰牧骑的文化价值

20世纪五六十年代乌兰牧骑的文化价值本质上是在国家政策引导下的社会主义意识形态在内蒙古草原牧区的宣传建设。社会主义意识形态是以马克思主义为指导的意识形态，反映的是无产阶级和广大人民的意图和利益。乌兰牧骑诞生时，中华人民共和国成立还不到十年，刚建立的乌兰牧骑的文化功能更偏重于社会主义意识形态宣传，这与当时的内蒙古自治区区情有很大关系。中华人民共和国成立之前的"三百多年来特别是近百年来，帝国主义、异民族统治者和民族内部的封建势力，对内蒙古人民除在政治上实行分割统治、经济上实行掠夺、军事上进行武装镇压外，在文化

上采取了愚昧奴化的反动政策，给内蒙古各族人民带来了沉痛的灾难。社会生产力被束缚和破坏，人民生活极端贫困，民族文化遭到摧残，形成了民族文化的黑暗时期"①。中华人民共和国成立之初，全国各地都存在社会不稳定因素，内蒙古自治区作为首先成立的民族自治区，走在了社会主义建设的前列，但是，内蒙古草原地广人稀，牧区牧民居住分散，工作场所固定的文化馆和大型文艺团体无法深入地广人稀、交通不便的浩特、矿场、林区开展思想文化宣传活动，所以，按照国家和内蒙古的民族政策，乌兰牧骑建队时的任务就明确为：在牧区更深入地宣传党的方针政策，把社会主义文化送到牧区去。当时提出的口号是：乌兰牧骑是党的宣传队，队员的心理就是：我们是党的宣传员，一切都为了宣传。

乌兰牧骑宣扬中国的社会主义制度、社会主义思想和社会主义文化，建设社会主义文化，加强对农牧民群众的社会主义教育、爱国主义教育，建构社会主义在农村、牧区的形象，在草原牧区塑造社会主义中国的国家形象，用社会主义思想占领文化阵地。乌兰牧骑创造了多种形式为农牧民服务。他们乘坐一辆马车或骑上几只骆驼深入到最偏僻的地方为农牧民送献革命的文化。他们在打草场上、羊圈栅里、蒙古包里，为几十个人、几个人甚至一个人演出、放幻灯。他们明确地把群众喜闻乐见的民族艺术形式作为有效地、更好地宣传革命思想、促进革命事业发展的手段。他们的文艺演出虽然艺术水平相对较低，但坚持了大众化、民族化、革命化的内容和形式，演出节目紧密配合党在牧区的政治运动和生产斗争歌颂英雄人物，及时地反映新人新事、好人好事；绝大部分演出节目都富有现实斗争内容和鲜明的民族风格，鼓舞了农牧民的劳动热情，充分发挥了提振和激励人民前进的作用。许多节目都是队员在下乡活动时根据生活中的真人真事创作演出的，为的是对牧民进行社会主义思想的教化。乌兰牧骑进行各项文化宣传活动，如展览图片、放映幻灯、借阅图书、举办生产科学知识和卫生常识讲座等，辅导群众业余文艺活动，通过办训练班培养业余文

---

① 胡昭衡：《内蒙古自治区的文化教育卫生事业》，《民族教育》1959年第10期。

活动骨干,帮助农牧民建立文艺小组、读报组,在群众中教唱《社会主义好》《把一切献给人民》《内蒙古好地方》《草原儿女爱延安》等革命歌曲,帮助群众开展文化活动。乌兰牧骑秉持着毛泽东提出的"清理古代文化的发展过程,剔除其封建性的糟粕,吸收其民主性的精华,是发展民族新文化、提高民族自信心的必要条件,但是决不能无批判地兼收并蓄"①的原则,收集、整理民间文学并进行创作,发扬优秀传统文化中"民主性的精华"。"民主"是一个政治性意味很强的词汇,所以乌兰牧骑将优秀文化遗产搬上舞台,明显是为政治服务,为政治宣传服务。乌兰牧骑既是宣传队、革命文化的播种队,也是劳动队、人民生活服务队,乌兰牧骑与群众同吃同住同劳动,从心理上拉近了群众对社会主义中国、社会主义文化的认同。

在乌兰牧骑的演出现场,"有欢乐的气氛,有丰富多彩、无拘无束的生活,有清新的享受……","当大家已经尽兴待归的时候,他们又欣然期待着……相约再见,之后,每个人依然兴高采烈、精神焕发地踏上归途,从事各自的日常工作"②。对于乌兰牧骑的文化服务,牧民们的感受是去听听北京的声音,看到和听到许多以前没有看到和听到的东西;年龄老一些的牧民的感受是活到这么大,头一次看到子孙们的演出,发自内心地拥护中国共产党。

恩格斯说:"我们谈的是为所有的人创造生活条件,以便每个人都能自由地发展他的人的本性。""我们绝不想破坏那种能满足一切生活条件和生活需要的真正的人的生活;相反地,我们尽一切力量创造这种生活。"③乌兰牧骑尽可能地为人民群众送去文化,让牧民们过上他们之前从未有过的文化生活,这种文化不仅是表现他们的生活思想和为他们所利用,而且是他们直接参与创造的文化,让他们真正体会到只有在社会主义制度下才能体

---

① 毛泽东:《毛泽东选集》(第二卷),人民出版社1991年版,第707—708页。
② [德]马克思、恩格斯著,中共中央马克思恩格斯列宁斯大林编译局译:《马克思恩格斯全集》(第41卷),人民出版社1982年版,第307页。
③ [德]马克思、恩格斯著,中共中央马克思恩格斯列宁斯大林编译局译:《马克思恩格斯全集》(第2卷),人民出版社1957年版,第626页。

会感受到的真正的人的幸福及来自身体和精神的满足感。乌兰牧骑宣传马克思列宁主义和毛泽东思想，配合中心工作宣传党的文化政策，把社会主义的革命文化送到群众中去，在群众中传播革命文化的种子，有效地占领、巩固和扩大了社会主义的思想文化阵地，拉近了草原基层农牧民与社会主义中国的距离，使他们真切地感受到社会主义中国就是每个农民、每个牧民的中国的全新体验。

美国学者梅·所罗门曾这样写道："毛泽东在他的延安文艺座谈会的讲话中，强调大众化和现实主义的重要性。和这一过程相关联的，就是要求运用艺术中的民族性和人民性因素，通过群众的朴实的表达方式和他们自己喜闻乐见的形象，来打开联系群众的渠道。"① 乌兰牧骑打通了党和国家与草原人民的联系渠道，突出宣传事实上的人民当家做主和人民真正平等，给牧民以当家做主、实现政治地位和一切权利真正平等的内心体验，建立并加强新的社会主义民族关系。在满足人民群众文艺需求的同时，把党和国家的政策贯穿其中，加强民族凝聚力和草原各民族群众对社会主义中国的认同，巩固政治上的团结和稳定。

二、1978 年到 1997 年乌兰牧骑的文化价值

1978 年到 1997 年乌兰牧骑的文化价值在满足基层农牧民群众精神文化需求的同时，本质上更偏向于对草原牧区基层群众社会主义审美观的满足、引导和培养。

改革开放之后，国家提出的文化政策是：在共产主义思想指导下，在全社会建设社会主义精神文明。1982 年党的十二大提出"全面开创社会主义现代化建设的新局面"。改革开放初期，随着港台文化进入中国内地（大陆），文化在流通领域的发展和娱乐业的兴起，有力地冲击着内蒙古自治区

---

① ［美］梅·所罗门:《马克思主义与艺术》，文化艺术出版社 1989 年版，第 239 页。

农村、牧区的文化观念。一方面，农村、牧区封建残余的遗存还影响着当地的文化生态建设，"资化""洋化"等舶来思想冲击着基层农牧民群众的精神生活；另一方面，改革开放之后，由于生产责任制的实行，牧区、农村人民生活水平不断提高，随着广播、电视、电影、图书等媒介特别是互联网的普及，人民在音乐、舞蹈、曲艺、戏剧等方面有了更多的要求，对高水平的文化艺术的需要也很迫切。但是，什么样的"高水平的文化艺术"才符合社会主义审美观的要求？这需要对群众进行引导和培养。基层群众社会主义高尚审美观念的培养不是其他民间团体或演出企业能够承担的，乌兰牧骑作为内蒙古自治区基层分布最广的文化事业单位，承担着满足、引导、培养和提升基层群众社会主义审美观的任务和职能，同时这也是乌兰牧骑功能发挥的着力点。

这时候内蒙古提出乌兰牧骑应以演出为主，对乌兰牧骑的演出水平和质量也提出了要求，即建设社会主义精神文明，要求乌兰牧骑创作出大量的具有较高思想水平和艺术质量的作品。乌兰牧骑的作品应当闪耀着共产主义的思想光芒，通过丰富、真实、深刻、典型化的艺术形象，培养群众高尚的审美观念和艺术情趣，大力创作和演出反映现实生活的作品，使农牧民群众在劳动后的休息中，享有健康、愉快、生动活泼、丰富多彩的娱乐活动，得到有高尚趣味的精神上的享受。

从执行好国家政策、发挥好文化功能的角度出发，乌兰牧骑从性质、任务、职能、编制、人才培养等方面积极举措推进改革，不断提升艺术品位。在1982年10月—11月内蒙古自治区乌兰牧骑建队25周年纪念活动文艺调演闭幕式上，时任内蒙古自治区党委宣传部副部长、内蒙古自治区文化局局长云照光评价调演节目说："许多舞蹈节目，注意到内心与形体的一致。脱离了单纯表现生产过程的描述和劳动动作的简单模仿，不是说教，不是从概念出发，而是用艺术手段去潜移默化，去感染观众、读者。""内容健康，格调高尚，给人以美的享受。艺术上都力求真实、深刻地反映我区丰富多彩的生活，力求做到寓教育于娱乐之中，有较强的艺术感染力。"民族风格演出"生动活泼，绚丽多彩，给人以奋发向上的鼓舞力量和艺术享受"，体现了文艺提升群众素质和培养审美观念的价值。

  为了更好地创作社会主义审美观的文艺作品并服务引导基层群众，乌兰牧骑注意提升队员的文化素质、艺术修养，不断加强人才改革和人才培养。改革开放之后，乌兰牧骑的人才改革基本上是围绕着高水平艺术人才培养开展的，而且形成制度、机制。在1985年颁布的《内蒙古自治区乌兰牧骑工作条例》中，明确提出：乌兰牧骑要制定培养、提高队员业务水平和文化水平的长远规划。乌兰牧骑队员的来源，主要是由艺术院校分配和在当地选拔确有特长者，经德、智、体全面考核后，择优录用。另外还通过聘请专业人员讲课、辅导，办训练班，送队员进入艺术院校深造等方式，为提高队员的业务能力和艺术素质创造条件。

  经过不断的实践和探索，乌兰牧骑不断丰富和提高自己的艺术表现力。因此，一些优秀节目人们不仅喜欢看，而且还自发地学习和推广。乌兰牧骑的演出在创作题材、艺术形式、舞台演出、服化道舞美等方面均给人以健康向上的震撼力量和美的享受，把在普及的基础上狠抓提高，通过求美、求精、求新、求变满足农牧民的审美娱乐需求作为新时期做好演出服务的主攻方向，获得了国家领导人的称赞。乌兰牧骑的演出表现出很高的思想性、艺术性以及浓郁的民族风情和地方特色，是民族艺术的精华。

  这一时期，乌兰牧骑还通过举办巡演、调演、展演、会演，举办乌兰牧骑艺术节，参加各地那达慕大会等方式，不断提升演艺能力和水平，繁荣文化建设，提高人民群众的审美能力。乌兰牧骑把握时代脉搏，反映时代精神，不断深入群众火热的斗争生活，满腔热情地反映各族群众"四化"建设的伟大斗争，不断探索创作、演出有深刻思想内容和精湛艺术水平的作品，表现社会主义新人和新业绩，以内容丰富和题材、形式、风格多样化的艺术作品或演出团结、教育、鼓舞人民，给人以美的享受。马克思说，艺术对象创造出懂得艺术和具有审美能力的大众。乌兰牧骑弘扬马克思列宁主义、毛泽东思想和共产主义思想指导下的审美观，宣扬的是健康的娱乐和美的享受，满足基层群众的审美需求，培养群众高尚的审美观念和艺术情趣，基层群众逐步成为具有审美能力的大众，提升了思想认识水平。

乌兰牧骑把新的思想、新的艺术手段和现实生活相结合，以新的民族艺术引导着人民群众的社会实践，增强民族自豪感和爱国主义情怀，确保社会主义先进文化在农村、牧区的大力传播。

三、1997年到2017年乌兰牧骑的文化价值

1997年到2017年乌兰牧骑的文化价值更多地体现为推动基层文化大发展大繁荣。

1997年，党的十五大提出了"有中国特色社会主义的文化建设"，文化建设逐步被提到空前重要的地位。随着中国经济社会的快速发展，内蒙古区域经济也加快了发展步伐，城镇化和农牧业产业化快速推进，农村、牧区的交通条件也得到了大幅改善。而科技革命、互联网普及、三网融合等社会的巨大变革使得内蒙古的文化生态也发生了极大变化，基层农牧民的精神生活相对丰富，自娱自乐的活动增多。乌兰牧骑在这一时期仍然坚持扎根基层，建设社会主义新农村、新牧区文化，助力内蒙古民族文化大区、民族文化强区的建设。通过改革，乌兰牧骑探索在艺术创作上采取不同节目为不同观众服务的模式，演出形式在小型多样化的基础上注重大中小搭配，突出现实题材和农牧区题材，既打造出类拔萃的乌兰牧骑精品剧作，也打造贴近群众、贴近生活、贴近实际的音乐、舞蹈、小戏、小品等小型节目。

乌兰牧骑以弘扬民族优秀传统文化为己任，传承与革新交融并进，实施"人才+精品"战略，提升文艺生产力，统筹基层公益服务和经济文化交流，兼顾"走下去"与"走出去"，开创乌兰牧骑发展新局面，更好地适应新农村、新牧区文化繁荣建设的需要。各地乌兰牧骑把自己的演艺作品当作向外传播本地文化的窗口，以当地优秀文化资源进行IP创作，将民族舞蹈、音乐、器乐、戏剧等串联排演了如《草原上的乌兰牧骑》《玛奈乌兰牧骑》《千里草原多秀美》《鄂尔多斯婚礼》《敖鲁古雅》《神韵鄂托克》《神马草原》《圣地天歌》《高高的兴安岭》《大漠绿海》《漫瀚情歌》《天地放

歌》《穿越千年神奇达斡尔》《青山儿女》、蒙古族汗廷音乐演奏等或时代气息浓重、或民俗特色鲜明、或历史感庄严厚重的高质量文艺华章。这期间，乌兰牧骑对表现民族文化、突出地方特色的丰厚题材不断挖掘提炼，各地乌兰牧骑几乎都排演了一部或多部精雕细琢的大型精品力作，无论是节目的构思、策划创意，还是选材和创作，均有独特的视角、颇具匠心的新意和较高的艺术水平，风格既坚持民族性和区域性，又在表达方式、器乐演奏等方面结合流行艺术、国外演艺的技巧，兼具艺术质量、民族特色和地域风情，极大地丰富了艺术表现力，形成了舞台剧目既能"得大奖"又能"走市场"，多种艺术形式、风格、流派竞相涌现、充分发展的新格局。乌兰牧骑全面繁荣舞台艺术创作，在文艺多样化的舞台上使乌兰牧骑品牌更具特色。乌兰牧骑的演出既可以小型演出服务基层群众、与群众共享文化发展成果，又可以大品牌面向文化市场服务社会；既可以在大范围内普及，又可以在高层次上运行；既让人民群众借此得到健康的审美享受，又让人民群众从中获取丰富的精神养料；既突出民族性、地域性，又彰显丰富性、多样性和时代性。

这一时期，乌兰牧骑想方设法创新文艺创作和演出，除了举办巡演、调演、展演、会演、集训、"百日大练兵"等活动外，还举办乌兰牧骑艺术节，参加各地那达慕大会、昭君文化节和中国·内蒙古草原文化节，推出"乌兰牧骑（剧团）小戏小品专场晚会""一专多能"比赛等，扩大基层群众的参与度和覆盖面，提升文艺表现力，突出文化惠民、全民共享文化建设成果，以实际行动诠释了社会主义文艺的本质，推动社会主义文化大发展大繁荣。同时，乌兰牧骑不断探索改革，创新服务方式，积极采取"文企联姻""文税联姻""文商联姻""文法联姻""警文共建"等发展模式，扩大演出领域、锻炼演职人员、盘活演出市场，助力经济社会发展，繁荣文化事业。

四、2017 年以来乌兰牧骑的文化价值

2017 年党的十九大召开以来，乌兰牧骑的文化价值更多地体现为乌兰牧骑精神的引领作用。

2017 年 11 月，习近平总书记给苏尼特右旗乌兰牧骑队员们的回信充分肯定了乌兰牧骑模式并倡导发扬乌兰牧骑精神。乌兰牧骑扎根基层，坚守基层文化阵地，坚持队伍短小精干、队员一专多能、节目小型多样、装备轻便灵活的服务方式，无私奉献的精神贯穿了中华人民共和国成立以来的半个多世纪，深刻诠释并以实际行动践行了"人民需要艺术，艺术也需要人民"的社会主义文艺本质。在新时代中国特色社会主义建设时期，"根植基层、情系群众、艰苦奋斗、无私奉献"的乌兰牧骑精神切合社会主义核心价值观建设，不断熔铸为内蒙古各族人民的心理定式、情感认同和行为习惯。全国各地、社会各行各业尤其是全国各地基层文艺团体学习借鉴乌兰牧骑的经验做法，建设具有地域特色的文化工作队、文艺小分队，大范围、多角度弘扬乌兰牧骑精神。新时代，乌兰牧骑坚守初心，在"扎根生活沃土，服务牧民群众"的基础上充分发挥在公共文化服务体系建设中的作用，探索通过"乌兰牧骑＋"的形式，不断开展灵活多样的文艺演出、政策宣传、科技法律服务等综合性惠民服务活动，推动文艺创新，努力推出更多接地气、留得下、传得开的优秀作品，提高精准服务的能力和水平，让农牧民群众真正共享"文化民生"成果，推动基层文化大发展大繁荣，更深刻地发挥乌兰牧骑精神、社会主义核心价值观的引领作用。

第三章　乌兰牧骑的文化功能

第一节　乌兰牧骑的文化功能

在人类历史发展的漫长过程中，任何文化形态的产生都带有浓厚的历史色彩和人文气息，承载着特定时代的文化气息，呈现出文化的特质内涵，担负起特定的文化功能。作为内蒙古的文化品牌之一，乌兰牧骑自20世纪50年代建立以来，历经半个多世纪的发展，足迹遍及全国30个省、市、自治区及台湾、香港地区，出访亚洲、欧洲、非洲、美洲的50多个国家和地区，创作演出了1.3万余个文艺节目，培养了德德玛、拉苏荣、牧兰、敖德木勒、敖登格日乐、那顺等一大批国内外知名艺术家，为我国社会主义文化建设做出了独特的贡献。因此，乌兰牧骑是我国社会主义文化范畴的独特形态和构成部分，是传播民族文化的特殊载体，具有文化的属性和鲜明意识形态意义的文化功能。

一、"文化"界说

"文化"一词在我国语言系统中古已有之。在传统典籍中，"文化"由"文"和"化"组成，"文"指各色交错的纹理，"化"的本义为改易、生成、造化。"文"和"化"并联使用，较早见之于战国末年儒生编辑的《周易·贲卦·象传》："观乎天文，以察时变；观乎人文，以化成天下。"在这里，"人文"与"化成天下"紧密联系，"文治教化""以文教化"的思想已经十分明确。"文"与"化"合成一个词，始于西汉之后，如刘向《说苑·指武》载："凡武之兴，为不服也，文化不改，然后加诛。"萧统《文选·补之诗》载："文化内辑，武功外悠。"这里的"文化"，即是指统治者用于施政言法、与"武功"相对的文治、教化的总称。因此，可以说，在汉语系统中，"文化"的本义就是"以文教化"，它表示对人的性情的陶冶、品德的教养，本属精神领域之范畴。

国外民族的语言系统中，"文化"作为一个专业术语，1871年首次出现在人类学之父、英国文化人类学家爱德华·泰勒的《原始文化》一书中。泰勒在列举了诸多层面的文化内容的基础上，用描述的方式对文化做出了这样的经典性定义："文化或文明，就其广泛的民族学意义来说是包括全部的知识、信仰、艺术、道德、法律、风俗以及作为社会成员的人所掌握和接受的任何其他的才能和习惯的复合体。"[1]这个概念至今仍为人类学界所普遍接受。之后，随着时间的流变和空间的差异，"文化"一词成为一个内涵丰富、外延宽广的多维概念，成为众多学科探究、阐发、争鸣的对象。许多社会学家和人类学家都对"文化"下过定义，据统计，1871—1951年的80年里，欧美关于"文化"的定义有164条之多，可谓五花八门。因此，人们在使用"文化"这一概念时，其内涵、外延差异较大，这样就形成了文化的广义和狭义之分。广义的文化置于社会学视野下，又被称作"大文化"，着眼于人类与动物、人类社会与自然界的区别。而狭义的文化专注于精神创造活动及其结果，所以又被称作"小文化"。乌兰牧骑提供的是精神产品和服务，所以，本节所讨论的乌兰牧骑的文化属性和文化功能正是从小文化的角度出发的。

---

[1] [英]爱德华·泰勒：《原始文化》，谢继胜、尹虎彬译，广西师范大学出版社2005年版，第3页。

二、乌兰牧骑的文化属性

视乌兰牧骑为一种文化形态,首先就在于乌兰牧骑所从事的各项活动是一种文化行为,体现了人类的进取精神和创造力。乌兰牧骑的建立是内蒙古人民的创举,每一支乌兰牧骑队伍的建立,都是人民群众集体智慧的成果。60多年来,乌兰牧骑秉持演出、宣传、辅导和服务这四项综合性的文化服务活动,并不断追求创新。各地乌兰牧骑的工作与基层实际相结合,把演出同宣传、辅导和服务紧密结合起来,在献歌送舞的同时,辅导基层群众文艺队伍,宣传科学文化知识,开展多种爱民服务活动,提供多种文化产品,最大限度地满足了农村、牧区人民的基本精神文化需求。乌兰牧骑具有强大的文化感召力,它普及社会主义先进文化,传承民族优秀艺术,加强农村、牧区社会主义精神文明建设,促进基层民族文化事业和社会经济发展,这正是其文化价值的体现和提升,从而使乌兰牧骑成为人类的一笔文化财富。

其次,乌兰牧骑的发展记录着内蒙古自治区60多年的巨大变化,体现着内蒙古人民群众创造的丰富物质文化和精神文化。乌兰牧骑由1957年诞生发展到2022年的75支,由建队之初的12人发展到2022年年底的3000多人,由建队之初的两辆胶轮车、携带十几个节目和演出道具及帐篷的装备,到目前的大型流动演出车、政府下拨演出专项资金、每支乌兰牧骑每年平均为农牧民演出100场、共演出36万多场次、足迹遍及50多个国家和地区。乌兰牧骑的繁荣发展是内蒙古自治区经济社会发展的见证。乌兰牧骑坚持与基层实际相结合,创作演出中突出表现时代精神,反映自治区各族人民在社会主义现代化建设中团结建设的风貌,反映经济社会发展带给农村、牧区的新变化和新面貌,宣传经济社会发展建设中的新观念和新气象,引领先进文化的前进方向,满足了农村、牧区干部群众日益增长的精神文化需求。乌兰牧骑的成果展示具有极大的诱惑力,所到之处的广大受众之所以为乌兰牧骑所吸引,究其根本是被乌兰牧骑所展示的人类创造的物质文化和精神文化所吸引。如果从文化反映这个意义来看乌兰牧骑的历史，可以说，乌兰牧骑的发展史也是反映内蒙古人民所创造的经济发展和社会进步的别史。它记载和传承着内蒙古人民世代创造的物质文化和精神文化的成果，从另一个侧面勾勒了内蒙古自治区文化发展的轨迹。

最后，也是最重要的一点，乌兰牧骑文化事业及对外社会形象表现中体现着我国社会主义意识形态的核心价值观念。乌兰牧骑是公益性的文化事业单位，因而最具意识形态性，文化的属性最为明显。60多年来，乌兰牧骑始终追随着我国社会时代前进的步伐，坚持宣传党的路线、方针、政策，加强农村、牧区基层社会主义精神文明建设，丰富广大基层人民群众的文化素质，繁荣民族艺术。乌兰牧骑的工作内容紧扣时代脉搏，紧跟时代步伐，通过演出、服务等活动，反映新时代，讴歌新人物，传播新观念，倡导新风尚，弘扬社会主义核心价值体系，营造和构建和谐社会的良好环境，在坚定先进文化发展方向上坚持惠民以实、以人为本，充分展示了社会主义文化事业为民、利民的本质特征，体现了社会主义的意识形态特征。

三、乌兰牧骑的文化功能

文化功能，有时也称文化价值，目前学术界对于文化功能的论述虽不尽相同，但主要内容相差不大。文化功能可以分为显性功能和隐性功能。文化的显性功能是文化最直接、最具体的功能，主要指文化的信息、知识和娱乐功能，在这个层面上，功能更富有技术性和实用性；文化的隐性功能是指文化在显性功能发挥作用的过程中对人和社会潜移默化的作用，主要有导向功能、规范教化功能和整合功能。乌兰牧骑也具有文化的显性功能和隐性功能，因为乌兰牧骑是公益性文化事业单位，其提供的文化产品具有公共性的特点，因而，乌兰牧骑的文化功能是先进性的、正导向性的，符合公众整体需求，能够体现社会的核心文化价值。具体而言，乌兰牧骑具有如下文化功能：

（一）文化传承功能

乌兰牧骑诞生于草原，诞生于内蒙古自治区蒙古族群众聚居的地方，因而，乌兰牧骑充分汲取了草原文化的精华。内蒙古是一个多民族聚居的地区，多种民族文化既保持着自己的文化基因和文化特质，又共同融合成内蒙古的地区文化。乌兰牧骑汲取着各民族多种文化艺术的营养，同时也担负着承前启后、继往开来、发展内蒙古民族文化艺术的历史性任务。内蒙古地区的表演艺术极其丰富，长调、短调、呼麦、潮尔、马头琴、舞蹈、曲艺、二人台、漫瀚调等千姿百态，各具特色；蒙古族的服饰文化、饮食文化、宫廷文化、婚嫁文化等多姿多彩，极具魅力。乌兰牧骑得益于民族文化艺术的滋养，成功地传承和发展了这些民族艺术和民族文化的精华，并把它们带到国内国际舞台上，使民族文化的精神文化价值在多元文化世界中以其独特性得到了世界的认可。

（二）文化整合功能

每个民族、种族的文化都有其独特的创造性和迥异于其他民族的特有价值，都是一个不可重复、不可替代的独立生成的体系，都是具有独特价值的文化体系，这是文化多样性的表现。内蒙古自治区幅员辽阔，生活着蒙古族、汉族、满族、达斡尔族、鄂温克族、鄂伦春族等55个民族，各民族在其历史发展过程中都创造和发展了具有本民族特点的精神文化。作为传递民族优秀文化的载体和手段，乌兰牧骑不仅担负着传承和保护全区各地自己民族独特的传统文化的功能，还担负着对民族传统文化与国家主流文化、物质文化和精神文化的多元文化整合功能，使得原本分别存在于不同地域文化之中的各种文化价值要素仍继续存在，甚至被大力发掘、着意提升，成为全民族共有的精神财富，从而在继承和发扬民族优秀传统文化的基础上体现中华民族文化的多元性和整体性。

(三）精神激励功能

作为精神层面的文化，对于价值理性的弘扬，对于人的精神境界的升华，都有无可替代的濡染、催化功能。乌兰牧骑建立伊始，就被赋予了"红色文化工作队"之意，意味着乌兰牧骑所担负的为基层农牧民群众提供文化产品、不断满足广大农牧民群众的精神文化需求、向他们奉献健康向上的精神产品的任务是极其光荣的，可以激励队员们的工作精神。而乌兰牧骑坚持深入农村、牧区最基层，在农牧民中间扎根的乌兰牧骑精神和工作作风更是激励着农牧民群众。乌兰牧骑提供的文化产品和服务具有社会主义主流意识形态性，其正导向性功能同样激励着广大农牧民群众不断进取，孕育了他们强烈的自信、自尊和自豪的文化心态，增强了中华民族的文化凝聚力和社会的有序性。

(四）娱乐教化功能

艺术在社会生活中对人们具有教育功能和审美愉悦功能，它能让欣赏者的身心得到愉悦，并从中体悟艺术作品中所要表达的更深层次的文化内涵。乌兰牧骑以演出为主，兼做宣传、辅导和服务，提供的主要是艺术产品，可以给人以精神体验和情感享受，不但给人以精神层面的抚慰与满足，更是给群众身心带来整体调理，这正是其娱乐性所在。同时，乌兰牧骑的演出、宣传、辅导、服务的作用，尤其是通过其浓缩了文艺作品创作者的社会道德意识和强烈社会责任感的具有社会主义内容、民族形式、地方特点的小型多样的为群众喜闻乐见的优秀演出作品，宣扬和追求人类文明向上的精神和文化积淀等优秀成果，进行爱国主义、集体主义、社会主义、共产主义和民族团结的思想教育，对群众世界观、价值观、人生观的形成具有潜在的感化功能，提升了乌兰牧骑的社会价值。

乌兰牧骑是我国社会主义文化事业中不可或缺的积极组成部分。60多年来，乌兰牧骑的建设始终站在文化建设的层面和政治的高度，弘扬优秀传统文化，体现当代文化的先进性，以实际行动落实党对加强基层文化建设和精神文明建设的要求，成为社会主义精神文明建设的积极力量，成为我国社会主义文化建设中活跃、积极的因素。

第二节 乌兰牧骑文化功能的嬗变

1949年中华人民共和国成立后，为了维护民族团结稳定，满足民族地区人民群众文化需求，保护和发展民族优秀传统文化，党和国家立足中国实际制定民族文化政策，发展各少数民族文化事业。内蒙古自治区贯彻执行国家民族文化政策，在内蒙古创建乌兰牧骑并迅速在牧区和半农半牧区普遍建立，制定区域性文化政策法规指导乌兰牧骑工作。在60多年的发展过程中，随着我国经济、政治、社会发生的深刻变革，乌兰牧骑不断适应新的社会形势和人民需求，不断改善服务内容和服务方式，充分发挥其特有的功能作用，为内蒙古的民族区域自治和社会稳定团结做出了巨大贡献。

一、1957—1976年乌兰牧骑的功能：以宣传为主，通过演出、组织和辅导牧民业余文化艺术活动发展牧区群众文化事业，服务牧区

有学者指出，现代民族—国家体制是一种理性的国家制度，但显而易见的是，单凭工具理性并不足以维持社会团结。因此，基于爱国主义或公民民族主义的共同情感就成为国家凝聚力重要的文化来源之一。1949年中华人民共和国成立后，内蒙古草原牧区从半殖民地半封建社会变迁到新民主主义社会和社会主义社会，与游牧生产方式相对应的精神文化活动逐渐被统一的意识形态文化所代替，大型组织人民公社进入牧区，党在过渡时期总路线在牧区展开，牧区人民的价值观念从只关心自己的牲畜和家园逐渐转变为热爱祖国、热爱集体的价值观。乌兰牧骑功能的发挥对牧区和半农半牧区群众价值观的重塑起到了巨大的引导作用。

在苏尼特右旗乌兰牧骑、翁牛特旗乌兰牧骑试点成功之后，时任内蒙古自治区主席乌兰夫及时向周恩来总理汇报了相关情况，周恩来总理认为组建乌兰牧骑是文艺为农牧民服务的好办法，提出要继续总结试点经验，逐步坚持和完善这种办法。1957年9月5日，内蒙古自治区文化局召开全区牧区文化工作会议，决定在全区牧区及半农半牧区推广乌兰牧骑试点经验，扶持发展这一新生事物。1958年1月10日，内蒙古自治区人民委员会正式批准下发了内蒙古自治区文化局《关于在牧区和半农半牧区建立乌兰牧骑的报告》，按照文件精神，牧区和半农半牧区积极组建乌兰牧骑队伍，这种红色文化工作队便在全区普遍建立起来。

1957年5月27日，内蒙古自治区文化局印发《乌兰牧骑工作条例（草案）》，9月5日召开的全区牧区文化工作会议上转发了内蒙古自治区人民委员会批发的《乌兰牧骑工作条例（草案）》。按照《乌兰牧骑工作条例（草案）》的规定，乌兰牧骑应密切配合牧区政治、经济的发展，根据牧区的民族的特点，宣传社会主义思想，不断进行党和政府各项政策法令及时事的宣传，提高牧民的觉悟，发展牧区群众文化事业，组织和辅导牧民业余文化艺术活动，建设与发展自治区的社会主义的民族的新文化。普及与日常生活和生产有关的科学卫生知识。运用灵活多样、生动活泼的民族民间传统的文化艺术宣传形式，如用好来宝、说唱、歌舞、戏剧、幻灯、图片、报刊、图书等内容和形式进行服务活动。搜集与整理民族民间文化艺术遗产，编创适应牧区特点和牧民喜爱的文化艺术作品和宣传材料等。这一时期，乌兰牧骑的功能主要表现为：

（一）采取多种宣传形式，传播社会主义文化和思想

宣传社会主义思想、宣传党和政府的政策法令和时事，是这一时期乌兰牧骑的首要功能。

乌兰牧骑采取文艺演出、刊物宣传、口头宣传等多种形式和工具开展宣传活动，演出是乌兰牧骑传播社会主义思想的重要形式。乌兰牧骑以歌、舞、小戏以及说书、笑呵亚热、好来宝等群众喜闻乐见的小型文艺演出开

展宣传工作。为了传播社会主义思想，乌兰牧骑在这一时期演出的节目种类较多，一是以革命内容为主，如乌兰牧骑队员们在参加了社会主义教育运动后根据真人真事编写的《重见光明》《眼镜》等进行阶级教育的小剧，在革命烈士乌力吉胡图嘎家里劳动生活、了解烈士的事迹后编出了小歌剧《把一切献给党》，表现烈士乌力吉胡图嘎生前跟国民党反动派、民族反动统治者的英勇斗争；二是根据当地的新人新事用好来宝及其他民间艺术形式编成节目，如笑呵亚热《学习毛主席著作》、好来宝《达西是个好战士》、舞蹈《团结桥畔》《巡逻之夜》《为祖国锻炼》等，宣传毛泽东思想、歌颂民族团结、拥护中国共产党的领导等，这些节目演出后，深受群众欢迎；三是宣传时政，便于农牧民了解当时国家政治生活的主题。1964年中共中央提出"学大寨"的口号之后，乌兰牧骑在一些文艺节目中也宣传了当时"学大寨"的内容，唱出了"学大寨，赶大寨，来个共产主义大竞赛；学大寨，赶大寨，建设社会主义新时代"的心声。

总之，乌兰牧骑反映的是社会主义的新人新事新生活，传播的是社会主义的新思想新品德新风尚。乌兰牧骑队员们把红色的种子撒在绿色的大草原上，把社会主义的文化直接送到了牧民群众当中，满足了广大牧民的基本文化需求。

除了到牧区和半农半牧区为群众演出，这一时期，乌兰牧骑还参加了国内的观摩演出、会演，并进行了第一次全国巡回演出。根据周总理的指示，1965年6月至1966年1月，文化部从内蒙古自治区19支乌兰牧骑队伍中选调组成三支全国巡回演出队分赴祖国各地巡回演出。三支队伍分别带有以自创为主的40—50个形式多样、具有民族风格的小型歌舞、曲艺节目，节目内容主要是歌颂伟大的中国共产党和各族人民的大团结，反映了内蒙古自治区社会主义建设的新面貌和内蒙古人民的革命精神。这次乌兰牧骑巡演历时七个半月，行程10万多千米，走遍了全国27个省、市、自治区，演出600多场，观众达上百万人次。乌兰牧骑所到之处，无不受到热烈欢迎。巡演结束回到呼和浩特市，时任内蒙古自治区主席乌兰夫在接见乌兰牧骑巡演队员时指示："乌兰牧骑要进一步贯彻执行毛泽东文艺思想，永远保持乌兰牧骑这面鲜艳的红旗。"

演出之外，乌兰牧骑还通过图片、画册、幻灯等展示形式以及阅读通俗读物、小人书等宣传中国共产党的方针政策，宣传社会主义建设成就，宣传新人新事新风尚。更多的时候，队员们实时实地采取讲演、讲座等口头形式，结合实际、有的放矢地解决群众中存在的问题。为了更好地吸引牧民群众，队员们还会用立体镜①、留声机、收音机等宣传工具随时随地宣传。

（二）宣传科学常识

除了传播社会主义文化和思想之外，乌兰牧骑队员们还采用多种方式宣传和普及科学卫生常识，所到之处，通过报告、座谈、好来宝、幻灯、图书、图片、广播等宣传形式，突出宣传了牧业政策及抗旱、保畜、饲养管理、植树造林、改造沙漠、利用水源等内容。下乡演出时，每个队员都随身带一个立体镜，随时随地供牧民群众观看资料。每到一地，当地群众和干部也会给乌兰牧骑提供材料，队员们就模仿小人书及报刊的插图绘画，做成独具特色的宣传资料。队员们还养成了随时随地代卖书刊的习惯，创下了十个月代卖一万多册书刊的纪录。

（三）开展文艺辅导，培养文艺骨干

辅导群众文化工作是《乌兰牧骑工作条例（草案）》中明确规定的重要任务。为了使社会主义的革命文化在牧区生根、开花、结果，乌兰牧骑队员们结合演出活动进行文化辅导工作，在演出间隙，他们把文艺爱好者聚集在一起，教唱革命歌曲，学习小型的舞蹈，帮助他们排练小剧，教他们放幻灯，培养业余文艺活动骨干；有时还吸收群众业余演员一同演出，有时也对业余文艺骨干进行短期集训。他们在各地演出时还经常为农牧民

---

① 立体镜，成人巴掌大的一个小匣子，内装胶卷，透过两个目镜可以看到拍摄的风景等的相片，左右卷轴一转，相处随着转换。

提供各种文娱活动材料。经过乌兰牧骑的辅导，各地群众的文化生活活跃了，社会主义的文化阵地扩大了，对生产、对发展集体经济起了推动作用。由于乌兰牧骑的辅导和帮助，群众的业余文化活动得以逐步开展，一批红色的业余文艺骨干队伍初步形成，社会主义文化迅速发展，《社会主义好》《学习雷锋好榜样》等歌声在内蒙古辽阔的草原上到处可以听到，封建主义、宗教迷信的旧文化日趋消亡。

（四）进行多样化的生活服务

宣传、演出之余，乌兰牧骑队员们建立了劳动制度，想尽办法为牧民服务。下乡演出时，队员们一边工作一边劳动，有时白天劳动晚上演出，他们帮助老乡挑水、扫院子、扫羊圈、喂牲口、挤奶、剪羊毛、打井、焊锅、买书、送信、修理收音机和钟表，为群众理发，带病人看病，等等。一年之中队员们至少有两个月专门下乡劳动，有时还会长期参加劳动。他们的劳动方式是多种多样的，有时是全体参加，有时是分组轮流参加。演出结束回到旗里，队员们除了每天打扫院子、厕所及周围街道外，每星期还抽一天去附近参加公社劳动，他们还动手推土、抹房，为牧民、为社会主义建设贡献自己的全部力量。

从1957年开始试点到1964年，内蒙古全区已发展到32支乌兰牧骑队伍（包括三少民族的三个自治旗文化队）。乌兰牧骑给自己提出了"哪里最困难，哪里最偏僻，就先到哪里送歌献舞，传播社会主义文化"的响亮口号。为了把社会主义文化送到草原，队员们长年奔波在广大的牧区和半农半牧区，他们的足迹踏遍了内蒙古三分之二以上的土地，人们亲切地称他们是"草原上的文化轻骑队"。乌兰牧骑队员们在革命斗争中与广大群众建立了亲密的友情，群众称他们为"八大员"（社员、宣传员、演员、保健员、理发员、投递员、炊事员、售货员），称赞他们是"毛主席派来的"。这一时期，乌兰牧骑适应牧区生产特点，配合中心任务广泛深入地宣传党的政策及各项中心工作，向广大农牧民宣传毛泽东思想，进行阶级教育和爱国主义、社会主义以及民族团结的教育，提倡新人新事新风尚，普及生产、科学和卫生知识，培养红色业余文艺骨干，传播社会主义的革命文化，抵制和反对资本主义、封建主义的旧文化，不断占领、巩固和扩大社会主义的思想文化阵地，在实践中解决了为谁服务、用什么去服务和怎样服务这三个根本性问题，有效地推动牧区生产，对动员牧民积极参加社会主义改造和建设发挥了巨大的积极作用。

"文化大革命"期间，一些旗县的乌兰牧骑或被解散或被改名，有些乌兰牧骑没有经费，队员没有工资，许多乌兰牧骑队员被迫改行。但是，仍有不少乌兰牧骑坚持在农村、牧区活动，有的队员把周恩来总理的指示写出来贴在大街上，捍卫乌兰牧骑的正确方向。周总理的威望关怀和广大农牧民群众的支持保护，使许多乌兰牧骑得以保留下来，在艰难困苦中继续坚持为农牧民群众服务。

二、1977—2017年乌兰牧骑的功能：以演出为主，兼做宣传、辅导、服务工作

1978年党的十一届三中全会把全党工作重点转移到社会主义现代化建设上来，实现了党和国家以经济建设为中心的历史性转变，要求在建设社会主义物质文明的同时做好精神文明建设。

在党的十一届三中全会精神的指引下，经过拨乱反正，内蒙古各项事业得到了迅速恢复和发展，乌兰牧骑迎来了第二个建设的春天，从1978年年底到1982年10月，全区乌兰牧骑猛增至80支，几乎遍布内蒙古农村、牧区的全部旗县。1982年9月召开的党的十二大，从战略高度提出全面开创社会主义现代化建设新局面、建设以共产主义思想为核心的社会主义精神文明的任务。全区乌兰牧骑以党的十二大精神为指引，坚持四项基本原则，坚持"二为"方向，坚持"百花齐放，百家争鸣""古为今用""洋为中用""推陈出新"的文化方针，适应形势要求，立足本旗县，深入农村、牧区基层，不断拓展服务内容，发挥综合性文化团体的作用，开展演出、宣传、辅导、服务四项活动，努力建设社会主义精神文明。

为了"发扬乌兰牧骑作风，全心全意为人民服务"（邓小平同志题词）、"坚持党的文艺方向，面向基层，为广大农牧民服务"（邓颖超同志题词），适应改革开放的新形势，在时任内蒙古自治区主席布赫同志的主持领导下，1985年8月28日，内蒙古自治区人民政府正式颁布《内蒙古自治区乌兰牧骑工作条例》，对乌兰牧骑的性质、方针、任务、体制、队员、经费等再次做出明确规定。根据工作条例规定，乌兰牧骑以演出为主，兼做宣传、辅导、服务工作，其主要任务有四项：一是演出。创作演出具有社会主义内容、民族形式、地方特点、小型多样为群众喜闻乐见的剧目和节目。丰富各族农牧民群众的文化生活，进行爱国主义、集体主义、社会主义、共产主义和民族团结的思想教育。二是宣传。运用图片展览，放映幻灯、电影，流动书箱，播放录音录像等方式及时地向各族农牧民群众宣传党的路线、方针、政策，宣传在"四化"建设中涌现出来的先进人物，普及与生产、生活相关的科学常识。三是辅导。乌兰牧骑要在深入基层演出时或利用农闲牧闲季节，在当地文化主管部门的领导下，分散或集中地组织、辅导群众业余文艺演出和创作活动，培养群众中的业余文艺骨干。四是服务。乌兰牧骑在深入基层的活动中，应为农牧民做一些力所能及的生活、生产服务活动，如代销图书、照相、理发和各项修理等。可实行有偿服务。

（一）演出逐渐成为乌兰牧骑的主要功能

这一时期，改革开放、社会主义现代化建设、中国特色社会主义建设、全面建成小康社会是全党工作的中心，文艺创作必须密切配合不同阶段的这些中心开展工作。乌兰牧骑树立了文艺必须走改革之路的思想，强调文艺创作要反映时代主题，以改革开放、计划生育、安全生产、市场经济、交通法规宣传、法制教育、青少年教育、禁毒宣传等进行创作，始终贴近时代、贴近生活、贴近群众，把反映改革开放带来的现实生活的巨大变化、讴歌人民群众的新思想新观念作为文艺创作和表演的主题，不断推进内蒙古建设社会主义文化大区、文化强区。乌兰牧骑满腔热情地关注改革开放和社会主义现代化建设中人民的实践和创造，正确认识时代和反映时代，努力塑造社会主义现代化建设、中国特色社会主义建设中的新人新事新风貌，艺术地再现先进模范人物及其事迹，创作表演了《春天》《分粮》《牧民的喜悦》《弹起我心爱的好毕斯》《前进在社会主义大道上》《内蒙古好地方》《把青春献给四化》《球场上的小伙子》《草原上的姑娘们》《致富赞》《光棍娶妻》《牧人浪漫曲》《草原人民的问候》《圣地天歌》《千里草原多秀美》《小村总理》《盛世欢歌》《高高的兴安岭》《额尔古纳之恋》《天歌云舞》《精准扶贫颂》《筑梦北疆》等大批现实主义题材作品，用开拓进取、奋发向上的精神激励人民不断前进，既突出主旋律，又坚持艺术风格和表现手法多样化，为人民群众提供更多更好的精神产品，满足他们日益增长的多样化的文化生活需要和对美好生活的需要，创造了有利于社会安定、经济发展的和谐健康的文化环境。

这一时期，乌兰牧骑的演出形式在保持深入基层为农牧民演出的基础上有了进一步的拓展，包括巡演、调演、展演、会演、接待演出、慰问演出、访问演出、商演等。

深入基层为农牧民演出始终是乌兰牧骑最主要的任务。党的十一届三中全会以后，牧区生产发展了，经济、文化生活也有了很大的改善，但由于草原地区牧业经济的特点，人口分散且交通不便，广大基层牧民仍然需要乌兰牧骑输送社会主义文化产品。但同时，由于农村、牧区实行家庭联产承包责任制，过去那种由大集体统一安排食宿、接待演出的服务条件已难以为继，加之经商风、南下潮、"走穴"热时时冲击着乌兰牧骑这支人才济济又困难重重的文艺队伍。在这种情况下，乌兰牧骑没有被困难吓倒，也没有迷失方向，坚持为牧民送去新排演的节目。为了减轻群众接待负担，他们自带粮油、餐具和帐篷、行李深入牧区。有时骆驼走不动了，他们就身背服装、道具徒步翻越一座座沙山去为牧民进行演出。无论是在20世纪八九十年代的相对困难时期，还是21世纪以来党和国家为乌兰牧骑配备流动舞台车、演出大巴车以及基础设施、服装道具等，各地乌兰牧骑每年深入基层演出都在100场以上，多的甚至超过300场。基层巡演也是乌兰牧骑深入农牧民生活的演出方式之一。1981年8月20日—10月20日，内蒙古自治区直属乌兰牧骑组成演出队到锡林郭勒盟、昭乌达盟（今赤峰市）、辽宁省阜新蒙古族自治县等地进行两个月的巡回演出，观众超过7万人次。1996年，伊金霍洛旗乌兰牧骑在实施文化下乡中，深入矿区、苏木（乡、镇）巡回演出92天，举办文艺演出152场。2017—2018年，察哈尔右翼前旗乌兰牧骑组织开展庆祝内蒙古自治区成立70周年和迎接党的十九大大型系列文艺演出活动，先后在13个社区、9个乡镇开展了80余场惠民巡演。

这期间，除了深入基层演出，在乌兰牧骑建立周年庆典、乌兰牧骑艺术节、那达慕大会、全国乌兰牧骑式演出队文艺会演等节庆或活动上，还有展演、调演、会演、汇报演出等多种演出形式；在一些特殊的节庆或活动上，如春节、少数民族体育运动会、庆祝中国人民解放军建军周年联欢晚会、"全民文明礼貌月"慰问活动、其他少数民族自治区及自治州成立周年庆典等，举办慰问演出；应邀到区外巡演；参加残疾人福利基金会募集资金义演；不同地区的乌兰牧骑联合演出；接待国家领导人、外国友人和港澳地区客人等的接待演出；出国访问演出，等等。全国巡演更是乌兰牧骑为繁荣社会主义文化艺术、推动两个文明建设的创举。2001年12月22日乌兰牧骑开始进行第二次全国巡回演出，在为期四个月的巡回演出中，他们在山东、江苏、湖南等12个省、市、自治区进行了100多场演出。这次巡回演出再一次向人们展示了内蒙古的民族风情和优秀文化，特别是内蒙古自治区成立以来50多年的发展变化，让全国各地的观众深切感受到了内蒙古豪迈奔放的民族神韵和改革开放的时代精神。

为了适应社会主义市场经济的发展，这一时期各地乌兰牧骑大胆解放思想，在服务农牧民群众的基础上，特别强化了为经济建设服务的内容。他们利用自身优势，主动参与改革开放和现代化建设实践，有些乌兰牧骑积极投身到地方政府组织的经济活动中，通过演出为企业和相关经济部门的经济交往架设桥梁；有的乌兰牧骑或与当地旅游部门联姻在旅游景点提供演出服务，或为边境贸易提供接待演出，或随商务团体外出进行商务公关演出，或直接进入市场参与竞争，不但在发展边贸、招商引资、扩大开放中发挥了重要作用，还缓解了经费不足的困难，使队员们开阔了视野，增强了市场竞争意识，同时为提高内蒙古的知名度、推动本地区的改革开放起到了很好的宣传作用。

乌兰牧骑把丰富多彩的精神食粮奉献给广大农牧民群众，为宣传党的方针政策、密切党和群众的联系、丰富群众的文艺生活、加强各民族团结做出了重要贡献，对促进民族文化交流和各国人民之间相互了解发挥了积极作用。乌兰牧骑把普及与提高相结合、传统与现实相结合、保持民族特色与借鉴优秀文化成果相结合，展示了在社会主义现代化建设中崭新的精神风貌，回答了在新的历史条件下，文艺要坚持什么方向、走什么道路、举什么旗帜、为什么人服务等一系列根本问题，较好地解决了文艺方向问题，较好地解决了继承与发展、文艺与生活、提高与普及、文艺工作者与人民群众的关系问题。

（二）基层宣传领域大为拓宽

随着改革开放以来党的工作重心的转移，乌兰牧骑基层宣传的领域不断拓宽，由 20 世纪五六十年代单纯的政治宣传拓展到经济、社会、文化、科技等各个方面，不仅宣传党的方针政策和针对农村、牧区的各项政策，而且承担了普及科技知识和法律知识，进行交通安全、计划生育、草原防火等多方面宣传的任务。在宣传手段和方式上，也由过去的口头解说、图片、广播、好来宝、幻灯为主辅之以报告会、座谈会等形式，发展为利用录像、录音、视频、音频宣传为主，同时更注意将这些宣传内容编创加工到文艺节目中去表演，使宣传与演出互为呼应、相得益彰。

（三）辅导重在推动群众文化活动开展

改革开放以来，随着内蒙古农村、牧区"旗乡村户"四级群众文化网络的逐步健全，乌兰牧骑在基层文艺辅导的内容上也有了很大变化和发展。队员们一方面继续加强农牧民业余演出队的文艺辅导工作，鉴于农村、牧区群众文化素质不断提高，参与各类文化艺术活动的主动性日益增强，所以，乌兰牧骑队员们变通辅导方式和内容，把组织自娱自乐型群众文化活动作为重要的文化辅导内容，或现场举办草原卡拉OK娱乐活动，或与农牧民举行联欢活动，或辅导群众广场舞；另一方面，队员们通过举办各类辅导班、文艺骨干训练班，抽调专人深入基层辅导等方式，培养有发展前途的艺术人才，为加强基层文化站（室）建设、推动群众文化活动、繁荣社会主义文艺事业不断探索。

（四）改进服务方法，增加服务内容

党的十一届三中全会后，农村、牧区社会主义市场经济大力发展，农村、牧区的生产形式有了很大变化，乌兰牧骑为农牧民提供服务的内容和方式也随之发生了重大变化。在继续帮助那些因劳动力缺乏或遇到特殊困难的农牧户从事剪羊毛、打井、修水库等生产活动以及为一些农牧民提供照相、送书送药、照料孤寡老人生活等基本的生活服务之外，有的乌兰牧骑增加了修理家用电器、摩托车和风力发电机的服务项目，更为重要和普遍的是，许多乌兰牧骑积极探索改革服务，逐步把服务重点转移到为农牧民提供经济信息、科技手段和致富门路方面，转移到为农村、牧区社会化服务体系的建立和社会主义市场经济的发展上来。

毋庸讳言，随着改革开放的深入，随着经济社会的快速发展，随着互联网的兴起和普及，随着三网融合覆盖全社会，乌兰牧骑四项功能中的演出功能逐步得到强化和突出，辅导功能仍然持续，而宣传和服务功能则不断弱化。但无论时代如何发展，乌兰牧骑扎根基层为人民服务的宗旨没有改变。在新的历史条件下，这支"草原文化轻骑队"紧紧追随时代发展，努力适应不断变化的社会、经济、文化环境，始终不渝地沿着国家指引的方向开拓前进，在为人民服务、为社会主义服务的实践中，不断取得新的成绩，使乌兰牧骑精神历久弥新。

三、2017年以来乌兰牧骑的功能：从演出、宣传、辅导、服务、创作、创新到演出、宣传、辅导、服务、创作、创新、保护传承民族民间优秀传统文化和开展对外文化交流活动

2017年11月21日，习近平总书记给内蒙古自治区苏尼特右旗乌兰牧骑队员们的回信在内蒙古引起强烈反响，如何发挥乌兰牧骑功能、发扬乌兰牧骑精神再次成为社会热点话题。2018年1月，内蒙古自治区党委、自治区人民政府印发《关于深入贯彻落实习近平总书记重要指示精神 加快推进乌兰牧骑事业发展的意见》（以下简称《意见》），乌兰牧骑的功能在原来四项功能的基础上进一步扩充，《意见》就如何更好履行新时代乌兰牧骑的光荣使命提出了乌兰牧骑六大职能，分别是：充分发挥演出职能，为人民群众提供更多更好的精神食粮；充分发挥宣传职能，把党的声音和关怀传遍万里草原；充分发挥辅导职能，大力培养基层文艺人才；充分发挥服务职能，丰富优秀文化服务供给；充分发挥创作职能，提升艺术作品的思想内涵和表现手法；充分发挥创新职能，推动优秀民族文化创造性转化、创新性发展。2017年以来，内蒙古认真落实习近平总书记关于普法宣传工作要"创新宣传方式，注重宣传实效"的指示精神，印发《关于打造"法治乌兰牧骑"普法品牌的通知》，将法治元素融入乌兰牧骑节目演出，塑造"法治乌兰牧骑"普法金色品牌，全区形成90支专业"法治乌兰牧骑"队伍。

2019年9月26日，内蒙古自治区第十三届人民代表大会常务委员会第十五次会议通过《内蒙古自治区乌兰牧骑条例》（以下简称《条例》），《条例》于2019年11月1日起实施。为适应新形势新要求，《条例》健全完善了乌兰牧骑的职能，赋予了乌兰牧骑演出、宣传、辅导、服务，创作群众喜闻乐见的优秀文艺作品，创新乌兰牧骑创作方式、表演形式、传播途径，保护、传承民族民间优秀传统文化和开展对外文化交流活动等八项职能，促进乌兰牧骑事业持续健康发展，传承乌兰牧骑精神，保证乌兰牧骑充分

发挥为人民服务、为社会主义服务的作用，充分发挥文艺战线上的旗帜的作用。

在乌兰牧骑60多年的发展过程中，在国家政策的指引下，内蒙古自治区党委、政府以政策法规的形式规定了乌兰牧骑的功能，在政策法规的视角下，其职能发挥粗略经过了以上三个发展和嬗变过程。60多年来，乌兰牧骑有的功能得到加强，有的功能出现弱化，有的功能产生并正在发挥积极作用，同样的功能在不同时代被赋予了不同的内涵，但乌兰牧骑"扎根生活沃土，服务牧民群众"的本质始终没有改变，"为广大农牧民送去了欢乐和文明，传递了党的声音和关怀"的功能始终没有改变，乌兰牧骑队员们"对事业的那份热爱，对党和人民的那份深情"始终没有改变。相信在国家政策指引下，在内蒙古政策法规大背景下，未来乌兰牧骑将继续与时俱进地发挥其特殊职能，永远做草原上的"红色文艺轻骑兵"。

第三节　乌兰牧骑与北部边疆文化安全

自古以来，国家的边疆与国家的安全问题就有着天然的联系。边疆安全，除了国土安全、政治安全、经济安全、军事安全、能源安全外，最重要的是国家文化安全。作为内蒙古的文化品牌，乌兰牧骑自诞生之日起即与我国北部边疆文化安全有着必然的关系。

乌兰牧骑是20世纪50年代在内蒙古牧区和半农半牧区建立的红色文化轻骑队，建立目的在于传播党的政策，改变基层农牧民贫穷落后的面貌，促进中华人民共和国成立后内蒙古草原牧区农牧民在文化上的翻身解放，从根本上改善和丰富农牧民的精神文化生活。乌兰牧骑快速地在内蒙古农村、牧区推广，把贯彻落实党的民族政策和文艺方针同内蒙古农村、牧区改革开放的具体实际相结合，坚持社会主义先进文化前进方向，繁荣发展社会主义文化，对内起到了凝聚人心、强化民族认同和国家认同、培养爱国主义思想的作用，对外通过文化"走出去"传播本地区、本民族文化，减弱外来文化的冲击和渗透，为内蒙古农村、牧区基层经济社会发展和文化建设做出了突出贡献，对保障内蒙古地区的稳定发展和文化安全、维护我国北部边疆文化安全起到了关键作用。

一、内蒙古承担着维护我国北部边疆文化安全的使命

内蒙古地处我国北部边疆，是以蒙古族为主体的多民族、多语言和多元文化并存发展的边疆地区，文化存在复杂性和相对脆弱性。对内，内蒙古有55个民族共生共长，各民族在漫长的历史发展过程中都形成了独立的个性特点鲜明的民族文化，文化多样而复杂，同时这些民族文化共同构成了以蒙古族文化为主体的独特的零散型文化体系。由于各民族散居在内蒙古各地，地域上的分散使得内蒙古的文化在发展过程中相对缺乏整体凝聚力。对外，内蒙古与俄罗斯、蒙古国两个国家接壤，有蒙古族、俄罗斯族、鄂温克族、鄂伦春族、赫哲族等跨境族群存在，与俄罗斯、蒙古国有长达4221千米的边境线，是我国向北开放的重要门户。这样的地缘特点，一方面有利于吸收外来先进文化，特别是改革开放以来对外文化交流的频繁使得内蒙古在与其他外缘民族文化的交流与融合中，既凸显鲜明的民族特征，又有一定的异国风情，一定程度上推动了内蒙古本地区民族文化的发展，使内蒙古的民族地区文化更具有旺盛的生命力和持续的创造活力；另一方面，这样的文化融合也容易受到来自境外不同意识形态的外缘文化的干扰和渗透。因此，构建中华民族文化大框架下的全区各族人民思想共识和民族凝聚力的共有精神家园，保持中华民族的价值观念和生活方式的民族性，抵御外来文化渗透和文化侵略，维护我国北部边疆文化安全，成为内蒙古的使命，成为内蒙古社会稳定与长治久安的思想保障。

二、乌兰牧骑的产生承担着维护我国北部边疆文化安全的使命

乌兰牧骑是推动改革开放和现代化建设、维护民族团结和边疆稳定的文艺先锋。因此本质上而言，乌兰牧骑的产生承担着维护我国北部边疆文化安全的使命。

中华人民共和国成立后，维护和保障少数民族群众的文化权益、把发展少数民族文化作为实现各民族共同繁荣的重要内容是国家民族政策的基调。以毛泽东为核心的党中央充分认识到正确处理少数民族问题的极端重要性，把发展少数民族政治、经济、文化事业确定为国家工作中的一项重大的任务，提出少数民族文化建设应充分考虑各民族的不同文化习俗和特点，照顾大多数少数民族群众的需要。1956年12月，首次全国少数民族文化工作会议在北京举行，会议提出今后一个时期内少数民族文化工作的方针，明确文化工作要密切配合各民族政治、经济的发展；依据《中国人民政治协商会议共同纲领》，中共中央将民族工作指导方针概括为"慎重稳进"。而我国少数民族基本居住和生活在北部、西北、西南边疆地区，所以，这样的少数民族文化政策和民族工作方针，事实上均考虑到了满足各族群众文化需求与巩固新生政权、维护民族团结、维护社会稳定、维护边疆安全之间的关系。当时的内蒙古地区因受到历史原因、战争原因、地理因素等多种客观条件限制，经济薄弱，发展滞后，文化生活极度贫乏，尤其在农村、牧区，地域辽阔、地广人稀、人口分散且交通闭塞、传播手段低级，党和政府的声音难以传递到基层，人民群众了解不到社会主义新文化。而世世代代劳动、生活在这些地区的蒙古族和其他各族人民正在期待着富裕、繁荣、文明的日子能够在他们的家乡——草原上，早日实现。

乌兰牧骑就是在这样的社会背景下产生的。乌兰牧骑的产生必然也承担着满足各族群众文化需求与巩固中国共产党新生政权、维护民族团结、维护内蒙古社会稳定的使命。1957年1月至5月初，内蒙古自治区文化局遵照全国少数民族文化工作会议的精神和内蒙古党委政府的要求，经过时

任内蒙古自治区党委第一书记、自治区人民委员会主席乌兰夫同志的调研和建议，在反复研究后做出决定：鉴于牧区、半农半牧区地广人稀、交通不便和居民点极其分散的特点，要使农牧民群众的文化生活丰富起来，就必须建立一种装备轻便、组织精干、人员一专多能、便于流动的小型综合文化工作队，通过这样的工作队，把社会主义的文化艺术直接地、经常地送到广大农牧民居住和生产的浩特与牧场，把党的关怀送给农牧民群众。按照当时试点调查工作组的同志们的提议，这支工作队命名为"乌兰牧骑"，意思是"红色的嫩芽"，后丰富为"红色文化工作队"。乌兰牧骑试点工作首先在群众文化活动比较活跃的昭乌达盟（今赤峰市）翁牛特旗和锡林郭勒盟苏尼特右旗进行。乌兰牧骑的建立满足内蒙古农村、牧区各族群众文化需求与加强民族团结、维护社会稳定的共同需要。

维护我国民族文化安全是重大历史任务和政治任务。乌兰牧骑的建立，本质上而言也承担着维护内蒙古边疆地区思想文化安全的重大政治任务。这一点，从乌兰牧骑的性质、组成和任务都可看出。1957年5月27日颁布出台的《乌兰牧骑试点计划》中明确提出内蒙古自治区文化局与盟党政领导部门派员参加乌兰牧骑试点工作的要求。同期颁布实施的《乌兰牧骑工作条例（草案）》把乌兰牧骑的性质、方针和任务概括为：乌兰牧骑应密切配合牧区政治、经济的发展，根据牧区的民族的特点，宣传社会主义思想，不断进行党和政府各项政策法令及时事的宣传，提高牧民的政治觉悟，发展牧区群众文化事业；乌兰牧骑的活动要配合中心工作问题，乌兰牧骑的干部必须是历史清楚、政治可靠、有文化宣传工作能力的人员等。这些要求，体现出乌兰牧骑作为文化工作队与内蒙古政治、经济建设的密切关系，在社会发展中扮演着重要角色，本质上即表现为维护内蒙古地区中华人民共和国主权国家的主流文化价值体系，保持文化的民族性，维护民族自尊心和凝聚力。总之，乌兰牧骑承担着重大政治使命，突出表现为维护民族团结与社会稳定，维护我国北部边疆思想文化安全。

三、乌兰牧骑促进内蒙古文化建设始终保持先进性，保障了北部边疆文化安全

先进文化是指顺应历史发展，能够满足人民群众的文化需求并逐渐变得强大、富有生命力的文化。社会主义先进文化指的是面向现代化、面向世界、面向未来的，民族的科学的大众的社会主义文化。当代中国的先进文化指中国特色社会主义文化。回顾乌兰牧骑的建立及其60多年的发展历史，乌兰牧骑始终坚持贯彻和执行党的文艺路线和政策，秉持以人民为中心的服务宗旨，大力推进和普及社会主义先进文化，促进内蒙古文化建设始终保持先进性，有效保障了北部边疆的文化安全。

中华人民共和国成立后，在1949—1956年完成了社会主义文化改造，确立了马克思主义在整个思想文化领域的指导地位，并提出"为人民服务、为社会主义服务"的文化方向。社会主义文化改造完成后，马克思主义成为中国的主流意识形态，社会主义文化逐步建立。乌兰牧骑正是诞生于这一时期。根据国家领导人的指示和要求，当时乌兰牧骑的主要任务概括为"四队"功能，即宣传马列主义、毛泽东思想和党的方针、政策；普及科学、卫生常识；辅导群众业余文化活动，活跃人民文化生活；创作、翻译群众演唱材料和搜集、整理民间艺术。要求乌兰牧骑发展牧区群众文化事业，组织和辅导牧民业余文化艺术活动，建设与发展自治区的社会主义的民族的新文化，即社会主义先进文化。

乌兰牧骑引领内蒙古地区先进文化的前进方向。这首先在于乌兰牧骑本身具有先进性。乌兰牧骑被周恩来总理誉为"社会主义的新生事物"和"草原上的一面红旗"，其产生即是社会主义先进文化的产生，其本身就是社会主义先进文化的最好代表。60多年来，乌兰牧骑队伍由成立之初的两支发展到今天的75支，几乎遍布内蒙古12个盟市，就是社会主义先进文化在内蒙古地区的发展和传播。乌兰牧骑在内蒙古广袤的原野土地上广泛地生产先进文化、传播先进文化、弘扬先进文化，乌兰牧骑坚持演出、宣传、辅导、服务四项功能，以机动灵活的综合性文化服务为主要内容，坚持与基层实际相结合，不断反映经济社会发展带来农村、牧区的新变化和新风貌，不断宣传经济社会发展建设中的新观念和新气象，不断引领先进文化的前进方向，为广大农牧民送去了欢乐和文明，传递了党的声音和关怀。乌兰牧骑顽强的生命力、巨大的感召力和深入民心的影响力，就是社会主义先进文化在内蒙古的最好呈现。

乌兰牧骑发展先进文化。这首先在于乌兰牧骑严格执行党的文艺政策。从诞生之日起，乌兰牧骑始终坚持听党指挥，自觉当好党的政策的宣传队，并贯彻落实到演出、宣传、辅导、服务全过程。作为草原上的"红色文艺轻骑兵"，乌兰牧骑坚定文化自信和文化自觉，其演出紧紧围绕时代主题，聚焦社会主义建设、改革开放、全面建成小康社会以及中国梦、社会主义核心价值观等重大主题，弘扬主旋律，努力创作了如《草原儿女爱延安》《千歌万曲献给党》《牧民歌唱共产党》《蝶恋花》《草原上升起不落的红太阳》《七十支红蜡烛五十六朵花》《党的恩情永不忘》《草原晨曲》《祝福》等一批歌颂党、歌颂祖国、歌颂人民的精品力作，用文艺的形式宣传党的方针政策和党对内蒙古各族人民的巨大关怀。乌兰牧骑发展先进文化还在于其坚持"以人民为中心"的服务宗旨。乌兰牧骑通过演出和宣传向牧区和半农半牧区传播社会主义文化，坚持深入生活、扎根人民进行艺术创作，用鲜活的创作，用小型、灵活多样的艺术形式反映客观现实，生产先进文化，传播先进文化，满足人民群众的精神需求。《我们大队的好书记》《腾飞的骏马》《团结之歌》《草原上的姑娘们》《小村总理》《牧马英雄》《欢腾的山村》《牧民的喜悦》《彩虹》《牧人浪漫曲》《炒米飘香》等大批文艺作品，通过有血有肉、生动感人的艺术形象，表现时代前进的要求和历史发展的趋势，创造出具有民族风格和时代特色的完美的艺术形式。60多年来，乌兰牧骑累计行程130多万千米，为农牧民和各族群众演出服务36万多场次，各民族观众总数达2.6亿人次，真正体现了艺术来自人民、服务于人民这一根本原则，使艺术真正变成了为最广大人民群众服务的人民艺术。同时乌兰牧骑又通过辅导业余文艺小组，培养业余文艺骨干，让社会主义先进文化在群众中扎根；通过参加农牧民的生产生活，帮助牧民剪羊毛、挤奶、打井、送信、买书、修理钟表和收音机，为群众理发，带病人看病，等等，塑造乌兰牧骑社会主义先进文化的形象。乌兰牧骑满足了内蒙古草原牧区牧民和半农半牧区群众的文化需求，保障了绝大多数人的文化权益，体现出文化分配的公平性，保证了乌兰牧骑建设的社会主义方向。乌兰牧骑发展先进文化还在于其发扬了不畏艰难险阻的无私奉献精神。60多年来，一代代乌兰牧骑队员迎风雪、冒寒暑，长期在戈壁、草原上辗转跋涉，以天为幕布，以地为舞台，为广大农牧民送去了欢乐和文明，传递了党的声音和关怀。

作为内蒙古的文化品牌，乌兰牧骑以其自身的先进性及其生产社会主义先进文化，有效地保障了内蒙古文化建设的主流性和先进性，为我国北部边疆文化安全做出了独特的巨大贡献。

四、乌兰牧骑促进中华民族文化认同，保障了北部边疆文化安全

一个民族之所以存在和发展，共同的文化认同是它的前提和基础，没有共同的文化认同，一个民族的存在与发展就失去了必需的凝聚力量。民族文化认同包括本民族文化认同、区域文化认同和国家文化认同。中华民族文化认同指的是以各民族文化认同为基础的，对统一的国家文化形成的高度认同。

乌兰牧骑促进了内蒙古区域各民族的文化认同。分布在全区12个盟市的75支乌兰牧骑关注内蒙古各民族的文化利益诉求，对内蒙古地区以蒙古族文化为主体的民族文化价值充分认识和重视，各地乌兰牧骑注重当地民族特色文化的传承和保护，自觉传承本地区优秀传统文化，从本地区的文化资源中吸收养分进行创造性转化和创新性发展。《敬酒歌》《金色的摇篮》《筷子舞》《顶碗舞》《安代舞》《马铃舞》《敖包相会》《彩虹》《辽阔的草原》《褐色的鹰》《鄂伦春人》《特莫奈达拉喇嘎》《万马奔腾》等大批艺术作品的创作和演出，首先表现出对所属民族的归属感、情感依赖和责

任意识，以及对本民族文化的赞美、对民族精神的颂扬、对民族形象的爱护，还表现出为所属民族的利益而努力和奋斗的实际行动。同时，乌兰牧骑的文化传承与创新也是内蒙古各族人民对国家文化认同与国家文化安全深刻而又具体的表征形态。文化的认同感、整合能力是政治得以克服地理上的离心力并使其超越一般的政治组织成为一种可能。而文化安全的一个重要表现就在于它能够在多大的程度上使人们在国家和民族问题上形成高度一致的认同。因为只有这种认同，才能形成有效的整合能力。这种整合能力是一个国家的兴盛所需要的凝聚力程度的表现，更是一个国家安全稳定的基石。在党的民族政策的指引下，乌兰牧骑无偿地把党的政策和社会主义文化送到最偏远的牧区，送到牧民的蒙古包前，他们一个文化工作队，12个演员，全部行李道具就在一辆马车上。长年累月在草原上巡回；翻山涉水，横越沙丘，哪里最偏僻，就到哪里去送歌献舞；只要群众需要，为了几个人，甚至为了一个人，也可以演出。乌兰牧骑解放了农牧民的思想，引导农牧民树立了社会主义的文化观、价值观、国家观，农牧民逐步消解了在封建制度下对国家机器的对立性认识，以全新视角认识社会主义新政权并自觉融入社会主义中国。在文化建设过程中，乌兰牧骑自觉地引导人民群众将内蒙古各民族文化艺术纳入中华文化大框架下加以传承保护和发展弘扬，使得内蒙古各民族对中华文化的认同不仅表现在对本民族文化属于中华民族文化不可分割的一部分的认知上，强化了中华文化同根同源的意识和情感，并且对自身所属的中华文化充满感情，在行动上自觉守护、传播和弘扬中华文化，维护、捍卫中华文化的利益和荣耀，增强了对中华民族的认同感和凝聚力。2016年，苏尼特右旗乌兰牧骑举办庆祝中国共产党成立95周年群众文艺会演，各族观众齐声高唱《赞歌》："从草原来到天安门广场，高举金杯把赞歌唱，感谢伟大的共产党，哎，恩情深似海洋。英雄的祖国屹立在东方，像初升的太阳光芒万丈。"就是草原人民对中华民族的认同感的最好见证。乌兰牧骑文化蕴含着以爱国主义为核心的勇于创造、不畏艰险、甘于奉献、重视团结等中华民族精神，推动和促进内蒙古各族人民构筑和守护共同的精神家园，是保障内蒙古社会稳定和文化安全的智力支持、精神动力与思想保障。乌兰牧骑促进了内蒙古各民族对中华文化的认同，有利于凝聚中国力量巩固内蒙古地区团结稳定的政治局面，维护我国北部边疆文化安全。

五、乌兰牧骑"走出去"有助于文化反渗透，保障了北部边疆文化安全

文化反渗透最好的办法就是输出自己的文化。乌兰牧骑坚持"走出去"，到世界各地进行文化交流和沟通，一定程度上保障了内蒙古地区的文化安全。

乌兰牧骑的"走出去"始于20世纪70年代个体参加国家组织的代表团出访。1974年11月5日—13日，内蒙古自治区直属乌兰牧骑的牧兰参加由当时的国家外贸部副部长柴树藩率领的中国友好参观团赴法国参加北京—卡拉奈—巴黎国际班线正式开航庆祝活动；1977年10月28日，内蒙古自治区直属乌兰牧骑队员娜布沁花参加以当时的中央卫生部负责人杨纯为团长、湖南省妇女联合会主任曹瑞武为副团长的中国妇女代表团赴日本进行友好访问。改革开放之后，随着我国文化步入世界文化潮流，文化走向世界已经成为我国文化发展的重要战略，在党和政府的重视和支持下，乌兰牧骑艺术团开始团体出访。文艺团体到外国访问演出最大的好处就是在短时间内能够拉近与外国受众的距离，让外国受众零距离感受和认识中国文化，起到最佳的文化传播效果。1978年10月12日—11月15日，由内蒙古自治区直属乌兰牧骑的牧兰、吉日木图、图力古尔、拉苏荣等16名乌兰牧骑队员参与组成的中国内蒙古艺术团在云照光团长带领下赴非洲布隆迪、坦桑尼亚、塞舌尔三国访问演出，行程2万千米，观众达14万人次。2009年第十一届亚洲艺术节闭幕后，鄂尔多斯市文化局派出鄂托克旗乌兰牧骑、伊金霍洛旗乌兰牧骑、鄂托克前旗乌兰牧骑、达拉特旗乌兰牧骑、乌审旗乌兰牧骑等五支乌兰牧骑，分别前往缅甸、越南、菲律宾、孟加拉国、泰国、斯里兰卡、印度尼西亚、日本等八个亚洲国家访问演出。60多年来，乌兰牧骑在全球 50 多个国家和地区进行访问演出，讲述草原故事，介绍中国传统文化和社会进步，促进文化交流，在国际舞台上宣扬中国国家立场、传播意识形态、维护国家利益，塑造和提升了我国的正面国家形象，并在国际文化交流中维护自身文化安全，保持中华文化的民族特性和独特形态，成为中华优秀文化走向世界的闪亮品牌。

  乌兰牧骑以内蒙古 118 万多平方千米、2400 万多人口为主要服务范围和对象，通过文化交流，乌兰牧骑的足迹遍布祖国大江南北，乌兰牧骑精神传遍祖国大地；通过文化输出，乌兰牧骑把具有中华民族特色的文化输送到世界各地。乌兰牧骑是内蒙古精神文明建设和民族文化大区、强区建设的排头兵和轻骑队，是内蒙古促进社会进步、推动经济发展、增进民族团结、维护边疆稳定的文化劲旅和文艺先锋。同时，乌兰牧骑以其广泛的文化交流和精神弘扬吸引了世人的关注，从而在一定程度上维护了中国国家文化利益，维护了人民文化利益，维护了国家政治安全利益，维护了国家身份利益，为保障我国北部边疆地区的文化安全发挥了不可替代的独特作用。

第四章 乌兰牧骑对优秀传统文化的传承与传播

第一节 乌兰牧骑对内蒙古非物质文化遗产的传承

内蒙古非物质文化遗产承载着内蒙古各族人民丰富的历史文化,生动地记录着各族人民的聪明才智和杰出创造成果,表现并存活了各民族独特的文化传统,不仅是建设民族文化大区的重要资源,也是全区各族人民的宝贵精神财富。乌兰牧骑是诞生于内蒙古自治区草原上的流动演出文艺团体,自1957年第一支乌兰牧骑——苏尼特右旗乌兰牧骑诞生以来,乌兰牧骑走过了60多年的光辉发展历程,在彰显其强大的生命力的同时也表现出作为文艺团体的巨大文化感召力。在坚持四项功能的同时,乌兰牧骑自觉传承内蒙古各地非物质文化遗产,以发展和繁荣内蒙古民族文化为己任,做出了独特的贡献。尤其是21世纪以来,在全球形成保护非物质文化遗产浪潮以及我国对非物质文化遗产保护传承力度加强的大背景下,乌兰牧骑保护民族民间文化、自觉传承内蒙古非物质文化遗产的举动更具有了保护世界文化多样性的当代价值。

一、非物质文化遗产概说

(一)非物质文化遗产概念内涵的发展及认定

"文化遗产"作为一个完整的概念,在我国古代典籍中找不到确切的表述和解释。在我国古代典籍中只能找到"文化"和"遗产"的表述。我国"文化"一词最早出现于《周易·贲卦·象传》，其云："观乎天文，以察时变；观乎人文，以化成天下。"说的是要用人文来教化大家，改变人的精神面貌，提高人的精神素质。"遗产"一词最早见于《后汉书·郭丹传》："丹出典州郡，入为三公，而家无遗产，子孙困匮。"这里的"遗产"指的是祖辈遗留下来的物质财产。检索"二十五史"等古代典籍，"遗产"一词均指祖辈遗留下来的物质财产。其内涵扩大到精神财富的范畴，应该始于五四运动。

在西方社会，"遗产"一词的原意也指先人遗留的物质财产，引申的"文化遗产"概念出现在20世纪30年代，历经80多年的演变发展最终形成当前物质文化遗产和非物质文化遗产（或有形遗产和无形遗产）两大类。而在形成全球范围的文化遗产保护浪潮中，联合国教科文组织的贡献最大，自1972年11月通过《保护世界文化和自然遗产公约》，到2003年10月通过《保护非物质文化遗产公约》，分别对物质文化遗产和非物质文化遗产的内涵及范畴进行了权威界定，并在全球范围推广。

我国于2004年加入联合国教科文组织《保护非物质文化遗产公约》，在该公约所认定非物质文化遗产概念内涵的基础上提出我国关于"非物质文化遗产"的概念和内容，并于2005年颁布的《国务院办公厅关于加强我国非物质文化遗产保护工作的意见》中实施。

（二）内蒙古自治区非物质文化遗产简介

内蒙古自治区非物质文化遗产历史悠久，据研究，自新石器时代就出现了本土特征鲜明的艺术形式，后来又有匈奴、鲜卑、东胡、回纥、突厥等十多个民族在此生息，近现代以来主要有蒙古族、汉族以及三少民族（鄂伦春族、鄂温克族、达斡尔族）等聚居，他们共同创造了内蒙古的民间美术、音乐、舞蹈、戏曲、技艺以及各种礼仪、节日活动等丰富的非物质文化遗产。截止到2022年年底，在我国入选联合国教科文组织非物质文化遗产名录（名册）的43个项目中，内蒙古地区有2项——蒙古族长调民歌和蒙古族呼麦歌唱艺术；在目前公布的五批国家级非物质文化遗产代表性项目名录中，内蒙古成功入选106项（含新增项目和扩展项目）；内蒙古自治区区级非物质文化遗产代表性项目则多达710项（包括扩展项目），盟市级近2000项，旗县级3000多项。总体而言，内蒙古非物质文化遗产名录体系日臻完善，非物质文化遗产保护工作已经进入了更加科学和更为深入的阶段。

二、乌兰牧骑对内蒙古非物质文化遗产的传承

根据我国国家级非物质文化遗产的分类办法，内蒙古现存的非物质文化遗产可分为如下四大类：民间风俗类，包括民间信仰、礼俗节庆、民间医药等；民间文学类，包括民间故事、神话、祝赞词、诗歌等；民间表演艺术类，包括民歌、戏曲、民间音乐、舞蹈等；民间传统手工技能类，包括民间美术、传统手工艺、民间体育游艺竞技等。作为少数民族地区非物质文化遗产传承与发展的重要载体，乌兰牧骑对内蒙古非物质文化遗产有不同程度的传承和保护。乌兰牧骑注重地区历史文化资源的利用和挖掘，发扬民族民间文化精粹，对草原各民族先人留下的宝贵遗产或原汁原味或经过改编进行了继承和传播。

由于乌兰牧骑是内蒙古地区以艺术表演为主的团体，所以乌兰牧骑对内蒙古各类非物质文化遗产又突出表现为以艺术表演的方式进行传承。入选联合国教科文组织非物质文化遗产名录（名册）的长调、呼麦，在全区各支乌兰牧骑中均有不同程度的传承。除此之外，一方面，乌兰牧骑通过挖掘民歌、民族舞蹈、民间故事、传奇、历史等文化遗产和文化资源，从素材、主题、结构到整台节目均充分展示民族风格和地方特色。东部乌兰牧骑注重表演的是东部蒙古族群众最为喜欢的蒙古语传统说唱艺术，如蒙古语说书、史诗《格斯尔》、好来宝、叙事体短调民歌，以及东部汉族群众喜欢的东北民歌小调、二人转、评剧、皮影戏等；西部乌兰牧骑多演出西部蒙古族群众喜欢的音乐旋律起伏较大的短调民歌、蒙汉民族文化融合的

漫瀚调，以及西部汉族群众喜欢的二人台、爬山调等。另一方面，乌兰牧骑还挖掘整理了种类繁多的内蒙古优秀民族民间文化遗产，将赞歌、长短调民歌、安代舞等富有蒙古族民族情调的民族歌舞遗产，以及传统的马头琴演奏、蒙古族服饰、蒙古族祭祀、饮食、居住、婚俗礼仪、手工技艺等民族生活、习俗遗产等内容吸收到创作及表演中，极大地丰富了乌兰牧骑的表演艺术，在集成和提高的基础上保护并传承了内蒙古非物质文化遗产。本着满足人民精神需求的服务宗旨，乌兰牧骑努力适应农牧民群众文化需求的新特点和新变化，保持和发扬乌兰牧骑与现实生活紧密联系的艺术品格，以多样化的手段保护和传承非物质文化遗产，并利用非物质文化遗产创作了大量具有鲜明民族特色和浓郁地方特色的艺术作品。

通过对内蒙古几支乌兰牧骑的实地调查，将其在传承非物质文化遗产方面的个别成就整理如下：

（一）以参加那达慕活动为载体传承蒙古族民间文学、艺术、习俗、技艺等多种非物质文化遗产

那达慕是蒙古族人民重要的传统节日，在蒙古族人民心中占有重要的地位。2006年5月，由内蒙古自治区锡林郭勒盟报送的那达慕入选国务院公布的第一批国家级非物质文化遗产名录。那达慕有久远的历史，最初是为表示团结友谊和庆祝胜利而举行。据收藏在俄罗斯圣彼得堡市艾尔米塔什博物馆（Hermitage Museum）的《成吉思汗石文》记载，早在1225年成吉思汗西征战胜花剌子模的返回途中，为庆祝胜利，就在布哈苏齐海（今新疆、甘肃边境）举行了一次规模盛大的那达慕大会。近八个世纪以来，蒙古族人民相沿成俗，每逢祭旗点将、庆祝战功、盟旗聚会、敖包祭祀以及军民欢聚等，都要举办规模大小不同的那达慕活动。目前，那达慕更是成为蒙古族人民为表达丰收喜悦之情而举行的一年一度的传统盛会和节日，形成了特有的那达慕文化。在那达慕传统盛会期间，各地乌兰牧骑必定会编排并参演各类精彩晚会，其中都会把传统那达慕文化融入节目里。

乌兰牧骑传承利用非物质文化遗产创作并演出多台晚会和节目，如达

茂旗乌兰牧骑的民族音·舞·诗大型晚会《草原祭礼》；锡林郭勒乌兰牧骑的歌舞《蓝色哈达》、长调《神马颂》、呼麦《赞颂诗》；鄂托克旗乌兰牧骑的歌舞表演《鄂尔多斯婚礼》、舞蹈《在那达慕盛会上》、鄂尔多斯民歌《慈祥的母亲》；巴林右旗乌兰牧骑的《欢乐的那达慕》；察哈尔右翼后旗乌兰牧骑的歌舞剧《心醉察哈尔》；二连浩特市乌兰牧骑的男群舞《行者无疆》、长调民歌《清凉的杭盖》、器乐合奏《海木日》；内蒙古自治区直属乌兰牧骑队员在内蒙古自治区第18届旅游那达慕大会上进行传统服饰表演；翁牛特旗乌兰牧骑的《顶碗舞》《胡笳猎曲》《那达慕之夜》，等等。在演出中，把内蒙古少数民族地区的各种饮食、居住、婚礼、丧葬等民族传统习俗用歌舞的方式传承下来，其中也会融合许多蒙古族古代民歌与祝词谚语等。在晚会表演过程中，所用的道具、服饰、乐器等本身也是对非物质文化遗产的传承，如蒙古族皮囊酒壶制作技艺、马鞍制作技艺、勒勒车制作技艺等，都被乌兰牧骑的创作人员编排融合进了各种节目里。同时，在乌兰牧骑的不断发展和参与各种演出的过程中，激起了当地群众的兴趣，涌现出许多民间文艺爱好者，区域民族文化特色更加鲜明，文化氛围更加浓郁。

（二）阿拉善左旗乌兰牧骑成为非物质文化遗产"查玛"的传承基地

查玛是一种面具舞蹈艺术，在内蒙古流传至今已有400多年的历史。起初是一种蒙古族民间舞蹈，后来被佛教去糟粕、取精华并注入佛教内容，成为藏传佛教寺庙舞蹈，是寺庙定期举办的固定活动。查玛是蒙、藏宗教文化艺术相结合的产物，分为"大查玛""小查玛"等，具有传播佛教普度众生、改恶从善、镇邪除魔的主题思想。查玛舞的舞蹈者由头戴特制的鹿、羊、鬼脸、鹰、牛等面具和身穿各式各样服装的表演者组成，他们手拿兵器和罗、伞、旗幡等，这些道具根据各自扮演的角色和剧情制定，为舞蹈伴奏的大都是吹打乐器类，有唢呐、鼓、羊角号等。查玛舞是阿拉善盟的牧民们最喜爱的一项文化娱乐活动，其浓厚的宗教色彩、文化色彩对阿拉善盟的宗教艺术、音乐、蒙古族舞蹈的发展长期保持着重大影响。查玛舞于2007年入选内蒙古自治区级第一批非物质文化遗产名录，于2008年6月入选第二批国家级非物质文化遗产名录。

2008年，阿拉善盟相关文化部门把阿拉善左旗乌兰牧骑作为非物质文化遗产查玛的保护传承基地，组织20余名青年演职人员向寺庙喇嘛拜师学艺，培养其成为非物质文化遗产查玛的传承人，保留了原生态的民族宗教艺术查玛舞的技艺和跳法，组织完成36套查玛服装、道具的制作，推出了原生态民间宗教艺术表演《阿拉善查玛舞》。作为查玛的传承保护基地，阿拉善左旗乌兰牧骑每年邀请社会各界专家学者组织召开座谈会，就查玛艺术的普查、传承和发扬进行深入的探讨研究，并且与地方相关机构如阿拉善左旗文化馆、阿拉善南寺管委会、阿拉善左旗民族宗教事务局共同合作成立了非物质文化遗产查玛项目资料库，对有关查玛的全部资料集中进行保护与传承，供相关学者学习、研究、探讨。阿拉善左旗乌兰牧骑通过这些手段，使得查玛舞在青年喇嘛和青年演职人员中得到传承、保护和发展，老一辈传承人和新一代传承人相互切磋技艺方法，保护和传承了这一古老的艺术瑰宝。

（三）苏尼特右旗乌兰牧骑挖掘整理并传承苏尼特宫廷音乐演奏乐器雅托噶技艺

雅托噶是蒙古族的一种弹拨弦鸣乐器，汉语译为蒙古筝，主要流行于内蒙古自治区锡林郭勒盟、鄂尔多斯市等地以及吉林省和辽宁省的蒙古族聚居区，是蒙古族人民十分钟情的古老民族乐器。雅托噶盛行于元代宫廷，《元史·礼乐志》记载："宴乐之器，筝，如瑟，两头微垂，有柱，十三弦。"雅托噶与我们平日所见的传统古筝在结构和弹奏方法上基本相同，常用来演奏蒙古族民歌和器乐曲。2010年，苏尼特右旗申报蒙古雅托噶（蒙古筝音乐）为锡林郭勒盟盟级非物质文化遗产，2011年成功入选内蒙古自治区区级非物质文化遗产名录。苏尼特右旗乌兰牧骑挖掘整理了苏尼特宫廷音乐，重新编排了由雅托噶演奏的苏尼特宫廷音乐《图日音道布其》。《图日音道布其》一般在大型演出、那达慕、婚礼等场合演奏，是一种欢快、轻松，能够烘托气氛的曲子，自1957年苏尼特右旗乌兰牧骑建立后，由其传承发展。由于《图日音道布其》最初被人们挖掘整理时，只是短短的几句词调，后来苏尼特右旗乌兰牧骑把传统曲目与现代元素相结合，重新编排了《图日音道布其》，并在各种场合演奏、传承这一技艺和曲目。

（四）达茂旗乌兰牧骑编创大型晚会《草原祭礼》传承哈萨尔祭祀文化

哈萨尔祭祀是纪念为统一蒙古族建立大蒙古国做出突出贡献的英雄哈布图·哈萨尔而举行的一项传统祭祀活动，在内蒙古达茂旗已经有300多年的祭祀历史，2007年6月入选内蒙古第一批自治区级非物质文化遗产名录。哈布图·哈萨尔是孛儿只斤·也速该的次子、成吉思汗的胞弟，他从少年时代就跟随成吉思汗，为蒙古族的统一和大蒙古国的建立立下了不朽的功勋，在蒙古族历史上是一位著名的政治家和军事家。哈萨尔身材魁梧，力大过人，尤其善射，能百发百中。公元1206年，成吉思汗建立大蒙古国后，将其属民组编成万户、千户，分别奖励给功臣家族成员。哈萨尔获封四千户属民，领地辖呼伦湖四周及海拉尔河、额尔古纳河流域。今科尔沁、阿鲁科尔沁和原乌兰察布盟四子王、茂明安、乌拉特等部以及和硕特部均为哈萨尔后裔属民。

哈萨尔祭祀仪式及祭祀过程都是蒙古族的重要文化遗产，内容涉及文化、音乐、舞蹈、宗教、军事等各个方面。祭祀过程为元朝宫廷所制定，庄严肃穆、礼节复杂繁多并且要求严格，使蒙古族文化得以集中体现，被人们誉为研究蒙元文化的"活化石"。2013年，为了更有力地传播与传承哈萨尔祭祀文化，保护这一稀有的少数民族文化传统，达茂旗乌兰牧骑创作编排了以哈萨尔祭祀为文化背景，具有浓厚地域特色的原创民族音·舞·诗《草原祭礼》大型晚会。该晚会中，达茂旗乌兰牧骑把祭祀活动中涉及的文化、艺术、宗教、军事都以歌舞的形式编排，让更多的人了解哈萨尔祭祀这一稀有的民族文化遗产以及祭祀的整个过程及含义。该晚会的创作打造不仅让哈萨尔祭祀文化得以更好传承，也对达茂旗乌兰牧骑的完善发展起了很大作用，一方面，填补了达茂旗乌兰牧骑多年来没有大型经典剧目的空白；另一方面，通过与旅游产业的完美结合，推进当地文化产业的发展，做到文化与旅游双发展，进一步加大对外宣传力度，加强了对外文化交流。

（五）鄂尔多斯市各支乌兰牧骑对传统民俗婚礼及短调民歌的传承

1. 对传统民俗婚礼的传承

《鄂尔多斯婚礼》这一作品作为乌兰牧骑艺术表演项目当中最具代表性的一个作品，融合了古代蒙古贵族婚礼的每项内容和传统，对历史上流传下来的婚礼细节和仪式程序进行了完美的复刻，用极其欢快热情的表达方式表现了当时蒙古族人民极其鲜明的民族性格。《鄂尔多斯婚礼》这部歌舞剧，通过描写一位蒙古族男子娶亲的整个过程，将蒙古族婚礼的每项细节进行展示，同时又添加了极为吸引人的故事情节，使得《鄂尔多斯婚礼》这部歌舞剧成为既富有故事性又体现了传统的民族文化的精神盛宴。《鄂尔多斯婚礼》这一作品被搬上舞台之后，受到了全国乃至世界人民的喜爱，这也成功地为鄂尔多斯带来了旅游项目的发展，在伊金霍洛旗，当地的乌兰牧骑专门编排了《鄂尔多斯婚礼》这一节目，在旅游景区进行表演。为了感受真实的《鄂尔多斯婚礼》盛况，并且能够瞻仰一代天骄的豪迈姿态，世界各地的游客纷至沓来。文化的传承和创新是否获得了成功，其检验的标准就是是否得到大众的喜爱和接受，这样的结果无疑说明《鄂尔多斯婚礼》这一作品成功地传承和创新了传统文化，并且为当地旅游业发展做出了很大贡献。

2. 对蒙古族短调民歌的传承

除了丰富的民俗文化，鄂尔多斯地域中还流传着许多极具民族特色的艺术形式，如蒙古族短调民歌。对于这一艺术形式，在乌兰牧骑的表演当中，《森吉德玛》这一艺术作品完美地展现出了蒙古族短调民歌的特色。《森吉德玛》最早盛行于内蒙古伊克昭盟（今鄂尔多斯市）部落聚居的地方，通过歌词中完美的比喻，《森吉德玛》刻画出温柔动人的森吉德玛这一蒙古族女孩的形象，也通过婉转的歌声使得两人之间坚贞不渝的感情展现了出来。在经过乌兰牧骑的表演之后，更多的人感受到了这种艺术形式的震撼力。作品诞生以来受到了很多人的喜爱，《森吉德玛》被列入内蒙古自治区区级非物质文化遗产名录。《森吉德玛》的流传使得全国人民都感受到了蒙古族短调民歌这种艺术形式的文化魅力，让大家对蒙古族人民的性格有了更多的理解，感受到了蒙古族人民粗犷豪迈之中也不乏柔情。《森吉德玛》也被称为中国的朱丽叶、草原的祝英台，丰富的音乐形式，完美的舞台设计，引人入胜的剧情，都成为这部作品得到大家认可的原因。在漫长的岁月中，鄂尔多斯市各支乌兰牧骑不断地对当地传统文化进行挖掘、传承、创新，无论是丰富当地人民的精神和文化生活，还是及时传达党的政策，乌兰牧骑都做到了。同时，乌兰牧骑还创造出了无数知名的艺术作品，在时代发展的过程中不断进步。

第二节　乌兰牧骑对优秀传统文化的创造性转化与创新性发展

习近平总书记指出，要"努力实现传统文化的创造性转化、创新性发展，使之与现实文化相融相通，共同服务以文化人的时代任务"。2019年9月26日通过的《内蒙古自治区乌兰牧骑条例》提出乌兰牧骑坚持为人民服务、为社会主义服务的方针，推进优秀民族文化传承和创新。60多年来，乌兰牧骑始终以人民为中心，坚持保护、传承民族民间优秀传统文化，将内蒙古的历史文化、红色文化、民族优秀传统文化进行持续的成效显著的创造性转化和创新性发展，为社会主义文化建设提供了独特的范本。

一、对"以人为本"精神的实践与创新

2017年11月21日，习近平总书记在给内蒙古苏尼特右旗乌兰牧骑队

员们的回信中提到,乌兰牧骑"长期在戈壁、草原上辗转跋涉,以天为幕布,以地为舞台,为广大农牧民送去了欢乐和文明",要求乌兰牧骑"永远做草原上的'红色文艺轻骑兵'"。"红色文艺轻骑兵"的本质在于乌兰牧骑"以人民为中心"的精神。"以人民为中心"的思想来自于中国优秀传统文化的核心理念之一——"以人为本"思想。

中国自古就有"以人为本"思想。古代典籍中最早明确提出"以人为本"思想的是春秋时期齐国著名政治家管仲,他说:"夫霸王之所始也,以人为本。本理则国固,本乱则国危。"管仲提出的"以人为本"就是"以人民为本",《诗经》《尚书》《孟子》《谷梁传》、汉代贾谊《新书·大政上》、唐太宗李世民《民可畏论》等中均有类似说法,成为中国传统文化的基本精神。而现代关于中国优秀传统文化的相关书籍,如国学大师张岱年先生主编的《中国文化概论》将"以人为本"列为中国传统文化的四大要点之一,蔡尚思的《中国文化的优良传统》、张岂之的《中华优秀传统文化核心理念读本》、邵汉明主编的《中国文化精神》、吴毅等人的《中华人文精神论纲》等研究性专著都认为"以人为本"是"中国传统文化的基本精神"或"中国文化的精髓"或"中华优秀传统文化的核心理念"。如果说中国历史上的"以人为本"思想更多地体现为统治阶层社会治理的术略,那么中国共产党领导下的中国特色社会主义制度下体现国家文化意志的乌兰牧骑的"以人民为中心",则既是对这一传统精神的继承,更是一种创新和超越,它是马克思主义关于人的思想的本质体现,是中国共产党领导下的人本思想、人本精神的体现。乌兰牧骑的"以人民为中心"体现的并非仁义礼智信的统治策略,而是切实维护人民利益、满足人民精神文化需求的人本思想。

"以人民为中心"一直是乌兰牧骑的目标和宗旨,也是乌兰牧骑的初心和使命,贯穿其演出、宣传、辅导、服务、创作的各个方面。作为中华人民共和国成立后在内蒙古草原牧区建立的文化机构和文艺团体,乌兰牧骑维护农村、牧区基层群众的利益,满足人民群众的精神文化需求,是社会主义先进文化的积极探索者和引领者,也是优秀传统文化在内蒙古传承与传播的创新者和实践者。在周恩来、乌兰夫等国家领导人的指导下，乌兰牧骑改变了历史上"统治阶层至上"的旧的社会文化秩序，建立了覆盖草原牧区的"以人民为中心"的社会主义的新文化秩序，并通过60多年的可持续创新和发展，不断弘扬具有当代价值的文化精神，成为最具有中国特色的社会主义文化品牌和典范。

60多年来，人民始终是乌兰牧骑服务的实践主体和价值主体。为了人民，乌兰牧骑在实践中创造了一种极具韧性和张力的中国化的社会主义文化。乌兰牧骑坚持扎根生活沃土，服务牧民群众，长期在戈壁、草原上辗转跋涉，累计行程130多万千米；边走边演，把农牧民喜爱而难得看到听到的歌舞送到村屯、浩特和一个个放牧点，把各种服务活动送到家门口和蒙古包里，不漏掉一个蒙古包，不落下一个农牧民，为农牧民和各族群众演出服务36万多场次，观众总数达2.6亿人次。乌兰牧骑坚持六个"不分"——不分观众多少有求必应，不分场地优劣见缝插针，不分严冬酷暑坚持演出，不分生活好坏以苦为荣，不分路途远近送戏上门，不分时间早晚接送观众，常常为一两个正在放牧或卧病在床的牧民进行专场演出，使牧民们感动得热泪盈眶。有时，天阴下雨或风沙弥漫，队员们照样化妆登场，一丝不苟，认真演好每一个节目，努力做好每一项服务。按照马斯洛需求层次理论，本质上而言，乌兰牧骑从中华人民共和国成立初期即"零距离"关注牧民群众的精神生活，事实上在精神上和人生观、世界观、价值观方面满足了牧民的安全需求，也满足了牧民的情感需求和渴望归属于特定群体、民族、国家的归属感需求，可以说在中华民族的历史上，还从未有过哪一个历史阶段对人民群众有过如此直击人心的独特关照，也没有哪一个时代的人民群众有过这样"以人为本"的纯粹体验，就此角度来看，乌兰牧骑是文化史的奇迹，是社会主义的创举。

乌兰牧骑坚持平等对待牧民，切实维护了社会主义公民的公民权利。乌兰牧骑在深入基层的过程中，风雨无阻地坚持每年下乡演出100—200场，还发挥宣传、辅导、服务功能，自觉自愿地践行着"以人民为中心"的文化使命，发扬着"全心全意为人民服务"的精神。乌兰牧骑在实践创造中进行文化创造,实现了精神高度、文化内涵与艺术价值的高度契合和统一,成为中华优秀传统文化"以人为本"核心理念具有典范价值的传承者、弘扬者和创新者。

二、对文艺现实主义传统的传承与创新

现实主义是一种文艺创作传统,是指写作方式,同时也是文艺的风格和精神体现,注重"场域"的真实。俄罗斯作家契诃夫说:"创作应该按照生活的本来面目描写生活。它的任务是无条件的、直率的真实。"[①] 乌兰牧骑继承与弘扬文艺的现实主义创作传统,坚守"以人民为中心"的创作导向,坚持文艺的意识形态属性,弘扬主旋律和社会主义核心价值观,将优秀传统文化与党和国家的政策、农村牧区的现实生活相结合,贴近实际、贴近生活、贴近群众,讲中国故事,大量编创老百姓喜闻乐见的原创文艺节目,打造真正适合于在农村、牧区表演的节目,创作出大批接地气、传得开、留得下的优秀作品,引领了社会风尚,开辟了民族艺术发展的新路子,保持了内蒙古兼具民族神韵、生活气息和时代特点的良好文化生态,闪耀着深刻的现实主义光芒。

乌兰牧骑的现实主义作品以现实生活为题材,以民族艺术形式进行创作和表演,题材上或聚焦社会主义建设、改革开放、全面建成小康社会以及中国梦、社会主义核心价值观、法治、抗击新冠病毒感染疫情等重大主题,或针对人民群众身边的人和事进行创作,通过生动感人的艺术形象,表现时代前进的要求和历史发展的趋势。

乌兰牧骑的现实主义创作具有鲜明的时代特征。20世纪五六十年代,乌兰牧骑建立初期正是中华人民共和国成立不到十年,所以乌兰牧骑的现实主义创作有一部分以革命内容为主,如乌兰牧骑队员们在参加了社会主

[①] [俄]契诃夫:《契诃夫论文学》,汝龙译,人民文学出版社1959年版,第53页。

义教育运动后，根据真人真事编写反映阶级教育的小剧《重见光明》《眼镜》，根据革命烈士乌力吉胡图嘎的事迹编写小歌剧《把一切献给党》。中华人民共和国成立后新人新事层出不穷，所以这一时期的乌兰牧骑根据当地的新人新事用好来宝及其他民间形式编成节目，如笑呵亚热《学习毛主席著作》、好来宝《达西是个好战士》、舞蹈《团结桥畔》《巡逻之夜》《为祖国锻炼》等。乌兰牧骑时刻感受中华人民共和国时政的变化，并将这种变化及时通过文艺作品传播出去，如唱出"学大寨，赶大寨，来个共产主义大竞赛；学大寨，赶大寨，建设社会主义新时代"来宣传1964年中共中央提出的"学大寨"口号。20世纪80年代以来，改革开放成为乌兰牧骑现实主义文艺创作的重大主题，编创演出了一大批反映在党的十一届三中全会精神鼓舞下的农村、牧区现实生活，兼具浓郁乡土气息和地方特色，如凉城县乌兰牧骑的现代小戏《光棍娶妻》《分粮》、乌拉特前旗乌兰牧骑的二人台小戏《相亲记》、自治区直属乌兰牧骑的群口好来宝《我们大队的好书记》、巴林右旗乌兰牧骑的集体好来宝《致富赞》、额尔古纳市乌兰牧骑的歌剧《家住临江村》、敖汉旗乌兰牧骑的评剧《桃源喜讯》、达拉特旗乌兰牧骑的地方戏《有盼》、锡林郭勒乌兰牧骑的蒙古语话剧《巴拉登的商店》、乌拉特中旗乌兰牧骑的蒙古语话剧小品《傍晚敲门声》等剧目，从不同侧面、不同角度表现和歌颂了城市、农村、牧区改革的大好形势、发生的巨大变革，以及各族群众的精神风貌、道德情操、理想追求等方面的深刻变化，塑造了在改革开放中涌现出来的新生人物形象。21世纪，特别是党的十八大以来，宣传中国梦、社会主义核心价值观、法治、精准扶贫等成为乌兰牧骑现实主义创作的重点，如鄂尔多斯市的乌兰牧骑排演的《人间正道》《利剑出鞘》《艾叶》《扫黑除恶享平安》等各类法治题材作品60余部，赤峰市的乌兰牧骑表演的普法节目表演唱《法务工作室进咱村》、竹板舞《法治少年说》等。宣传党的十九大精神的音乐舞蹈快板《十九大精神传万家》、以乡村振兴战略为主题的原创蒙古剧《茫瀚巴拉尔畅想曲》、精准扶贫题材小品《岗位》《一个也不能少》等。2020年创作了突出疫情防控主题的好来宝《国家安全人人有责》、歌曲《不忘初心》《爱的力量》、漫瀚调《幸福平安千万家》、快板《万众一心铸盾牌》、短剧《"疫"常安全》、小品《不信谣、不传谣、不造谣》，助力脱贫攻坚主题的歌曲《走在小康路上》、器乐联奏《快马加鞭奔小康》《圆梦小康》、音乐快板《脱贫攻坚话真情》等内容丰富、形式多样的演出节目，将党的脱贫攻坚政策、普法知识、社会主义核心价值观、抗击新冠病毒感染疫情等内容融入其中，以群众喜闻乐见的艺术形式传送在乡间地头、广袤草原和社区边关。

习近平总书记指出："我们的文学艺术，既要反映人民生产生活的伟大实践，也要反映人民喜怒哀乐的真情实感，从而让人民从身边的人和事中体会到人间真情和真谛，感受到世间大爱和大道。"这些节目以人民群众身边的人和事形象直观地传达国家政策、反映生活变化，进而潜移默化地促使人民群众从价值观高度观照和审视自身作为社会群体的一员所应承担的责任和道德约束，以自己身边的小事感知大社会、大精神。

同时，这些作品都以其对中国社会不同时代"及物"、细腻而真切的描绘，将不同社会背景下人民群众个体和群体的情感心理、行为风范、人际关联、道德伦理等要素生动地表现出来，蕴含着浓郁的草原生活气息，深刻体现着社会发展本质，在社会功能上既有艺术审美作用，同时具有政治宣传或道德教化作用，是艺术性、政治性、生活性的统一，兼具历史真实、本质真实和细节真实，客观还原了各时代人民生活的时代场域，并指向具有时代性、现实性的"人"，充满着现实性和人民性的艺术力量。

茅盾先生说过："文艺作品不仅是一面镜子——反映生活，而须是一把斧头——创造生活。"乌兰牧骑的现实主义创作正确把握了艺术个性和社会道德的关系，弘扬正能量，用有筋骨、有道德、有温度的文艺作品，用文艺的力量引导社会思潮，成为文艺现实主义传统在新时代的创新者、践行者和引领者。

三、充分挖掘民族优秀传统文化并搬上舞台

中国大多数的优秀传统文化分布在乡村、牧区，中华人民共和国成立后，由于多种主客观因素影响从而形成一种普遍认识，就是民间艺术、传统技艺是落后的，带有"下里巴人"的烙印，是与现实生活格格不入的，尤其改革开放以来，外来文化的冲击以及现代化的迅猛发展和城镇化的快速推进，造成了大量优秀民间传统文化的流失和消亡。冯骥才先生曾指出："民间文化处于最濒危的现状有两种，一种是少数民族民间文化，另一种是传承人的问题，而传承人濒危现象又在少数民族地区最为明显，急需关注。"[1]作为内蒙古地区的文艺团体，全区各地几十支乌兰牧骑团队、一代代乌兰牧骑人始终以集体姿态守护内蒙古地区以蒙古族为主体民族的本土文化的个性和价值，搜集与整理民族民间文化艺术遗产，编创适应牧区特点和牧民喜爱的文化艺术作品，不仅保存了大量具有独特的地域特色、民族特色的文化艺术遗产，更使其以鲜活的活态方式自信地在新时代发扬光大，为优秀传统文化的传承、发扬营造了良好的可持续的文化土壤、生态环境和氛围。

（一）搜集、整理、保存优秀文化遗产

在各地演出时，乌兰牧骑通过走访调查将优秀的民族民间文化艺术搜集保存下来。如阿拉善左旗乌兰牧骑在20世纪70年代搜集、整理阿拉善当地民歌，并出版发行了阿拉善左旗历史上第一个比较全面、系统的民歌专辑《阿拉善民歌二百首》；准格尔旗乌兰牧骑搜集到十分珍贵的漫瀚调调曲和唱词，发现了全旗近200名漫瀚调演唱者，搜集了唱词近3万首，曲牌100多个。

（二）改编民族民间艺术并搬上舞台

20世纪80年代以来，乌兰牧骑改编民族民间艺术并搬上舞台的作品有：阿巴嘎旗乌兰牧骑根据民间故事改编演出《黄花鹿》，正蓝旗乌兰牧骑根据蒙古族叙事民歌改编演出蒙古语短剧《北京喇嘛》，库伦旗乌兰牧骑根

---

[1] 周文翰：《民协将评民间文化传承人》，《新京报》2005年3月23日。

据民间传统舞蹈《安代》的传说和音乐素材经过艺术加工和再创作编排了蒙古剧《安代传奇》，库伦旗乌兰牧骑改编的科尔沁蒙古剧《乌云其其格》，苏尼特左旗乌兰牧骑根据古老故事改编的蒙古剧《宝德尔石林传说》，等等。

（三）"原汁原味"地表演传统曲艺

直接将传统艺术曲目、内容搬上舞台在乌兰牧骑的演出中占有不小的比例，如自治区直属乌兰牧骑演出的传统的潮尔陶力《江格尔》选段，巴林右旗乌兰牧骑和翁牛特旗乌兰牧骑联合演出的昭乌达蒙古剧《沙格达尔》，自治区直属乌兰牧骑用乌力格尔形式移植《智取威虎山》选段《打虎上山》，正蓝旗乌兰牧骑和阿巴嘎旗乌兰牧骑用蒙古语歌剧移植《智取威虎山》选段《迎来春色换人间》和《红灯记》选段《做人要做这样的人》，等等；还有各地乌兰牧骑演唱的蒙古族民歌《金叶马》《稳步的三岁黑红马》、蒙古族长调民歌《鸿雁》《雕花的马鞍》《辽阔的草原》《小黄马》、蒙古族短调民歌《森吉德玛》、土尔扈特民歌《小走马》、阿拉善民歌《阿日锡勒》、东北民歌《月牙五更》《王二姐思夫》等，马头琴演奏《万马奔腾》，达斡尔族民间舞蹈《鲁日格勒》、鄂伦春族民间舞蹈《阿玛仁》、土尔扈特民间舞蹈《陶布术尔》，等等。

（四）以传统艺术形式编创和表演新内容

在乌兰牧骑的演出中，依据传统艺术形式进行的艺术编创占有的比例最大，这类演出节目在形式上大多以具有蒙古族特色的音乐舞蹈为主，各地乌兰牧骑又以各地域特色艺术为主编创、表演，具有鲜明的民族和地域特色。如器乐合奏《阿苏茹》，马头琴独奏《草原新歌》，好来宝《党的关怀》、对口好来宝《向首都人民致敬》、群口好来宝《我们大队的好书记》、交响好来宝《腾飞的骏马》，群口乌力格尔《嘎达梅林之歌》《打虎上山》，蒙古舞《巡逻之夜》《挤奶姑娘》《彩虹》《顶碗舞》《安代舞》《打沙枣舞》《擀毡舞》《剪马鬃》《鸿雁舞》《驼铃舞》，蒙古族长调、短调如《弹起我心爱的好毕斯》《吉祥的那达慕》《红色接班人》《放驼姑娘》，晋剧《三娘教子》,二人台《五哥放羊》,胡笳、觱篥二重奏《敖特尔月夜》《敖包相会》《诺恩吉亚》,四胡独奏《节日的草原》,民乐小合奏《欢腾的兴安》,东路二人台《小镇的浪花》《吃莜面》,京剧《春耕曲》,快板《抗旱曲》《新女婿上门》,唢呐独奏《看公报》,相声《可敬的人》,二人转《铁道架东》,京韵大鼓《东风万里路不偏》,爬山调歌剧《告女婿》,等等。表演时,乌兰牧骑在保留传统独唱、独奏、齐奏等表演形式的同时努力创新,将对唱、重唱、同一种乐器不同声部的重奏、不同乐器不同声部的重奏、声乐与器乐的组合、好来宝、乌力格尔说书等灵活变通,并自编自演取材于当地农牧民生活的情景剧、小品、相声等,大大提高了原有传统曲艺的表现能力,增强了传统曲艺的艺术感染力和吸引力,多数节目既可在田间地头、牧场、蒙古包演出,又可在城乡社区、国际大舞台演出,在全方位满足人民群众精神文化需求的同时,更使乌兰牧骑始终自觉保持着对本民族文化的认同和守护中华民族精神家园的使命感,对本民族文化保持着极大的自信。

对传统文化的创造性转化、创新性发展,最重要的在于让优秀传统文化和我们所生活的时代"相适应、相协调、相融通"。乌兰牧骑对传统文化的创造性转化、创新性发展,使得许多传统文化尤其是民间优秀传统文化60多年来从未走出过人民的视野和生活,并不断结合时代要求以新的内涵、新的方式呈现,有利于发挥反哺作用,为草原牧区各族人民提供了强大的文化自信和文化滋养。

第三节 乌兰牧骑对中华优秀传统文化的传播

一、乌兰牧骑的媒介性

乌兰牧骑具有双重身份,既是专门的艺术生产组织,同时又扮演着艺术传媒机构的角色。作为艺术生产者,乌兰牧骑是20世纪50年代在党和国家高度关注下产生的文化事业机构，有明显的政治色彩，其文艺演出是政治任务，本质上并不仅是娱乐，更在于艺术形式框架下对传统文化、国家意识形态和价值观的宣传和传播，所以在注重表演艺术作品的娱乐及审美功能的同时，更是作为艺术传播媒介传播蕴含在表演艺术作品中的功利性价值取向，从而整体上呈现出文化传播的特征。乌兰牧骑既是艺术作品的传递者，同时又是传媒媒介，将以声音、音乐、舞蹈等艺术符号生产的表演艺术作品通过剧场、舞台设施和服务等公共传播媒介面向公共空间传播出去。剧场、舞台等设施类传媒媒介为乌兰牧骑的表演艺术作品提供了传媒产品样式，将其表演艺术作品转化成公共文化产品，使被传播的表演艺术作品拥有了公共传播的特性，拥有了向受众展现的客观形态，成为文化传媒产品。可以说，乌兰牧骑生产的表演艺术作品被传媒介质赋予了传媒产品的意义。

尽管乌兰牧骑产生于大众传播时代，但乌兰牧骑的文化传播是从带有一定仪式感的传播开始的，这符合传播的仪式性起源。乌兰牧骑的演出本身而言是带有一定仪式感的，在其表面的随性和接地气的动作下，实际上体现的是带有仪式感的文化传播，尽管这样的仪式并非宗教意义上的本源色彩，也非"神圣化了的活动"，而是现代人类学中凡俗的活动，作为仪式的象征体系。20世纪五六十年代，乌兰牧骑带着明确的播撒社会主义文化的目的出现在草原深处的牧民面前，牧民都是带着虔诚的感恩心理观看乌兰牧骑的演出，甚至将乌兰牧骑视为"毛主席派来的"，因而，牧民们都要着新装观看演出。乌兰牧骑的演出在这样的"仪式情境"中以格尔兹所言的"文化表演"的方式呈现。乌兰牧骑更多的演出是在节假日庆典、接待演出、会演、展演及乌兰牧骑艺术节、那达慕大会等特殊的聚集性场合，同样带有极强的文化传播的仪式感。

在传媒媒介语境下，乌兰牧骑生产的表演艺术作品被改造成了文化传媒产品，通过自身的公共传播，在其表演艺术作品的审美讯息中植入公关传播的价值取向。乌兰牧骑的艺术传播活动既包含艺术作品的创作、传播和欣赏，同时呈现为传媒文本的生产和再生产活动，呈现为感性意义上的表征、传递和接受的文化传播活动。在形式上，乌兰牧骑既可充分依赖现代设施媒介如标准化舞台、灯光设备、舞美设备、音响设备等进行精彩的演出，使表演艺术作品成为名副其实的舞台艺术；亦可在田间地头、牧区草场只借助于表演者的身体语言和马头琴、四胡等普通乐器的音乐语言完成，为艺术作品的公共传播营造出有独特意义的文化氛围。

在文化艺术传播领域，乌兰牧骑以专业身份从事文化艺术传播活动。乌兰牧骑集生产和服务于一体，既是文化艺术作品的生产者，又是自身生产的文化艺术作品的传播者和传播主体。从组织类型看，乌兰牧骑是公益机构，代表的是公众利益，以非营利的方式从事文化艺术作品的生产、服务和传播活动，其艺术生产和传播特别注重社会效益，因而具备公共传媒的职业意识和从业精神，重视和坚守社会公德和伦理准则。从运营模式来看，垂直整合运营是乌兰牧骑的基本运营模式，包括产品运营和服务运营，直接传播自己生产的表演艺术作品，并以提供观赏服务的方式为公众提供艺术文化传媒产品，实现了艺术传媒产品的开发、生产与服务的一体化。乌兰牧骑通过传媒介质将艺术产品传入公共领域，进而建构起艺术传播的公共空间，培育出公共文化传播理念。

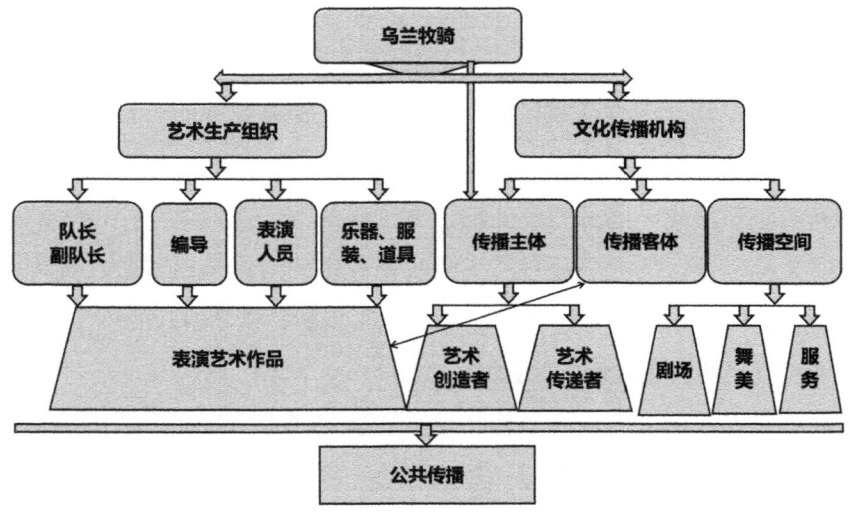

乌兰牧骑文艺生产与传播流程

二、乌兰牧骑传播优秀传统文化的内容和方式

一方面,乌兰牧骑将党和国家的方针政策、社会热点等以内蒙古广为流传的传统文艺形式表现出来;另一方面,乌兰牧骑收集、整理了大量民族传统文化,将蒙古族长调民歌、马头琴、呼麦、安代舞、顶碗舞、筷子舞、短调民歌、说唱艺术、史诗、口头文学、二人台、漫瀚调等民族文化艺术通过舞台表演的艺术形式传播。在现实的艺术传播活动中,乌兰牧骑是一种艺术文化的公共传播组织,提供的文化产品兼具艺术品和文化品的特点。一方面,乌兰牧骑以艺术品的审美传播生产符合公众审美需求的艺术品为原则,旨在提升公民的艺术审美需求和实现公民的艺术参与权利;另一方面,乌兰牧骑依照公众的文化趣味生产相应的文化产品,从产品的价值特点、传播取向和产品的实际传播效应上更注重对公众进行伦理道德、价值观、社会责任等形而上的思想塑造。

如果说艺术作品有纯艺术和实用艺术之分,那么乌兰牧骑创作生产和传播的艺术作品则多为实用艺术。因乌兰牧骑为公益性演出团体,它生产的多数演艺作品带有它所代表的生活的阐释和意义,在其表层的娱乐价值和审美价值的掩盖下,其艺术传播的深层价值结构被赋予公共传播价值这一主导性核心价值取向,甚至许多艺术产品的宗旨在于宣传意识形态的话语,因而其公共传播价值具有明显的实用艺术价值取向。

乌兰牧骑的艺术生产是一种"媒介化生产"方式,或选择原汁原味、原表现形式的民族传统文化艺术作品,或选择传统艺术形式对当地文化资源中的历史人物、历史事件等或者当下生活中的政策实施、社会热点、英雄人物、普通百姓等,经过自主编码创作和制作艺术传媒产品,在内容上被赋予了民族情感、价值观、时代精神等意义,是一种内容产品。乌兰牧骑传播各地优秀传统艺术的创作更多地着眼于艺术感性价值表层的情感享受和情感体验,如各种源远流长的长调民歌、短调民歌、民族特色舞蹈等。而在另外一些创作中,则在作品核心价值的深层结构中预设了公共传播的

一种或多种基础性价值取向，从而使得这种预设的公共传播价值取向与审美价值要素之间建立关系。如选择当地文化资源中的历史人物、历史事件等进行编码创作大型舞台艺术作品甚至精品，往往基于人物生活或者事件发生的宏大历史背景，一方面展示其在历史进程中的特殊作用和影响，传播并造成在接受者心目中的崇高感；另一方面也可以古鉴今，以历史折射现实，为接受者传播一种可参照和可借鉴的生活经验、生活哲理，甚至是人生观、价值观、国家观、民族观、文化观等形而上观念的洗礼和再造重塑，在这样的过程中获得一种或崇高或悲壮、或喜或悲的艺术与文化交融的独特体验，在潜移默化中影响公众。乌兰牧骑在传统艺术形式框架下选择当下生活进行编码创作的现实主义风格艺术作品，传播给公众的是主旋律弘扬、国家政策执行、社会发展现状展示、人民诉求与生活获得感等现实状态，观众体验的是在场感，从而产生一种国家认同、国家自豪感和文化认同、文化自豪感。无论生产何种题材内容的艺术表演作品，都充分利用民族民间音乐、民间舞蹈、民间曲艺等形式加工生产，内容与形式浑然一体，充分体现传统文化的特色与精华。

新闻媒体总是会在选择和传递消息的过程中通过议程设置等方式表达传媒机构的话语取向，乌兰牧骑的艺术生产与传播事实上基本带有这样的"议程设置"进入公众传播空间，成为一种"社会景观"。法国学者居伊·德波指出："从整体上理解景观，它不仅是占统治地位的生产方式的结果，也是其目标。景观不是附加于现实世界的无关紧要的装饰或补充，它是现实社会非现实的核心。在其全部特有的形式——新闻、宣传、广告、娱乐表演中，景观成为主导性的生活模式。景观是对在生产领域或由生产所决定的消费领域中已做出的选择的普遍肯定。"① 因乌兰牧骑熔铸着历代党和国家领导人的重视而带有的国家文化意志特殊身份标识，乌兰牧骑的演出进入公共空间后就成为一道"社会景观"，向人们传递着一种文化信息：

---

① ［俄］君伊·德波：《景观社会》，王昭凤译，南京大学出版社2006年版，第3页。

乌兰牧骑呈现的东西都是好的，好的东西才被呈现出来。

毫无疑问，乌兰牧骑传播传统文化有很明确的传播动机和传播目标，其传播过程中呈现着传播的本质，以编创、表演的艺术作品作为传播媒介，表达或代表了60多年来不同时代现实本质的一个大概描述，创造、表达和传递对现实的态度，或隐或显地对接受者的心理产生着积极、正面的影响，发挥了媒介的功能。詹姆斯·凯瑞说："传播是一种现实得以生产（produced）、维系（maintained）、修正（repaired）和改造（transformed）的符号化过程。"① 乌兰牧骑每年上万场次的大量演出，在整体性地表现中国共产党领导下的中国特色社会主义的同时，也在不断生产、创造和维系着这样的政治现实、文化现实、生活现实，并使其传播的公共文化艺术成为人们日常生活中不可或缺的有机组成部分。

三、乌兰牧骑传播优秀传统文化的公共传播理念

乌兰牧骑传播优秀传统文化的公共传播理念在于审美价值和公共传播价值。艺术传播本身带有关怀他者的情结，表现为艺术编码创作过程中有关怀他者的意向，艺术作品中有为他者而存在的审美召唤，艺术鉴赏过程中有与他者对话的艺术越界。可见，这种关怀他者的情结是艺术本源的质的规定性。艺术的审美价值在私人领域传播中即可实现，而艺术的公共传播价值——关怀受众的价值取向则需要在艺术的公共传播过程中实现，当然，艺术的公共传播过程中同样传播着艺术的审美价值，二者是同构互显的。借助于舞美、灯光、音效等传播媒介的特殊功能发挥，艺术的审美意义在公共空间中有可能迅速、广泛而有效地实现甚至被强化，公共传播速度增长迅捷，覆盖面加大。但同时值得关注的是，对于非艺术专业的普通大众而言，或者因公众个体的受教育程度、宗教信仰、性别年龄、文化习

---

① ［美］詹姆斯·W.凯瑞：《作为文化的传播："媒介与社会"论文集》，丁未译，中国人民大学出版社2019年版，第23页。

俗、艺术经验等的影响,在艺术接受过程中,艺术的审美价值会被淡化或者遮蔽,会被艺术作品中的人物形象、故事情节等主题明显的传播价值消解,艺术的公共传播价值则会被更多的人解读并对其产生或显或隐的影响,有时甚至是深刻影响、改变或重塑其价值观。

乌兰牧骑作为艺术生产者,同样具有关怀他者的情结,同时作为在一定程度上代言国家文化意志的公共艺术的传播者,其编创人员在表演艺术作品的创作过程中总会不自觉地将意识形态话语注入艺术作品的编码中,表露出艺术编码的价值取向,并力图使其得到艺术接受者的接受和认可。从接受者角度出发,公众在观看乌兰牧骑的演出并进行艺术鉴赏的过程中往往会加入自身的经验、理解和判断,也会不自觉地将意识形态的话语融入视知觉的"解码"中进行艺术再加工,这种"解码"有时是表象的,有时则是社会伦理的、深层观念的。因而,乌兰牧骑传播优秀传统文化既可实现艺术的审美价值,同时也可实现艺术的公共传播价值,国家赋予的特殊职责和使命得以实现。

四、乌兰牧骑传播优秀传统文化的功能

(一)娱乐功能

美国学者 C.R. 赖特在耶鲁大学法学教授、传播学者拉斯韦尔提出的大众传播"三功能说"基础上加入"娱乐"功能,提出大众传播的"四功能说"。之后,美国著名传播学者施拉姆又提出,自从人类社会诞生以来,传播的监视、管理、指导、娱乐四大功能根本不曾发生改变,而且娱乐功能所占比重更大。而艺术本质上都具有娱乐功能,英国学者科林伍德认为,在我们生活的世界里,在艺术名义下从事的绝大部分活动都是娱乐。①

---

① [英]罗宾·乔治·科林伍德:《艺术原理》,王至元等译,中国社会科学出版社 1985 年版,第 107 页。

乌兰牧骑属于演艺团体，主要从事演出活动，而演出属于传统艺术，但乌兰牧骑产生于大众传播时代，是在党和国家领导人高度关注下产生的文化事业机构，其艺术传播带有明显的大众传播特征，如活动的有组织性、传播内容的公开性、信息流通的单向性、覆盖面广、传播速度快、资源利用率高等，无论是从传统的表演艺术还是从大众传播的角度出发，乌兰牧骑传播传统文化都体现出极强的娱乐功能。

乌兰牧骑开辟了内蒙古区域电视艺术大范围进入公众视野之前的艺术的娱乐功能。中华人民共和国成立之前的"三百多年来特别是近百年来，帝国主义、异民族统治者和民族内部的封建势力，对内蒙古人民除在政治上实行分割统治、经济上实行掠夺、军事上进行武装镇压外，在文化上采取了愚昧奴化的反动政策，给内蒙古各族人民带来了沉痛的灾难。社会生产力被束缚和破坏，人民生活极端贫困，民族文化遭到摧残，形成了民族文化的黑暗时期"①。中华人民共和国成立之初，百废待兴，文艺娱乐是"奢侈品"，社会大众难以接触到，因而1957年在党和国家公权力干预下产生的乌兰牧骑首开内蒙古地区"平民文化"艺术传播的大众娱乐功能，降低了大众娱乐的门槛，社会大众都拥有了娱乐的权利。即使在电视艺术传播盛行以来，乌兰牧骑在公共传播空间大量表演传统民间音乐、民间舞蹈、小戏小曲、舞剧、音乐剧等兼容开放的艺术传播内容，既有纯艺术传播，更多的是在娱乐的"包装"下将国家政策、法律、伦理道德等呈现在公众面前，既注重娱乐，又注重价值约束，呈现出轻松愉悦又不失格调的传媒氛围，实现了大众传播的娱乐功能与传播功能的无缝对接。

按照赖特的娱乐功能理论，大众传播可以使公众既获得个人休息、调整、逃避压力、充实闲暇的时间，又可以制造大众文化，增加大众的文化接触，提高大众的品位、偏好。乌兰牧骑将我国丰富的传统文化资源与演出媒介相融合，编创出富有内涵的深度娱乐、绿色娱乐作品，通过公共传

---

① 胡昭衡：《内蒙古自治区的文化教育卫生事业》，《民族研究》1959年第10期，第35页。

播空间满足了受众认识的需要，受众从演出中获得信息、知识和理解，也获得了情感需要，获得了情绪上愉悦、美感的体验，纾解了压力。同时，公共空间中大规模的人群聚集性表演和传播，增加了大众的文化接触，有助于提高大众的品位，潜移默化地形成观众偏好，增加社会凝聚力。

（二）审美意识形态功能

马克思在《德意志意识形态》一书中说："统治阶级的思想在每一时代都是占统治地位的思想。这就是说，一个阶级是社会上占统治地位的物质力量，同时也是社会上占统治地位的精神力量。"① 在此基础上，法国学者阿尔都塞提出"意识形态国家机器"的概念，从意识形态社会功能角度指出教会、党派、工会、家庭、学校、报纸、广播、出版和电视等组织都是国家意识形态的机器，强调了主流意识形态在现代社会中的支配地位。艺术的审美意识形态功能有别于一般社会意识形态，按照英国学者伊格尔顿的观点，艺术审美意识形态具有双重性功能。在艺术传播领域，审美意识形态功能的双重性在于："一方面，它给艺术的传播者和接受者带来了个性化的感觉冲动和人性化的肉体解放，在他们的艺术创作、传播和鉴赏活动中发挥着个性解放的作用；另一方面，它又给艺术传播者和接受者的个体发出了'主体化的传唤'，将国家意识形态机器的思想、观念、情感等'内化'到艺术传播者个体的身体之中，以一种'内化的压抑'的方式发挥着最有成效的政治领导权的作用。"②

乌兰牧骑的产生是国家文化意志的体现，乌兰牧骑的艺术生产和传播带有明显的艺术审美意识形态特征。乌兰牧骑是有目的地选择和传送信息的社会系统，它面对的主传播群体是内蒙古各族人民，但其传播外延因它在全国及世界各地的演出而呈放射状扩大，对传统文化的传播覆盖面也在

---

① ［德］马克思、恩格斯：《德意志意识形态》，载中共中央马克思恩格斯列宁斯大林著作编译局编《马克思恩格斯选集》（第1卷），人民出版社1972年版，第52页。

② 陈鸣：《艺术传播原理》，上海交通大学出版社2009年版，第107页。

扩大，传播效果不但在于文化艺术的多样性，更体现出鲜明的意识形态传播效应。乌兰牧骑的运行是国家文化意志、国家治理文化的体现，而国家治理文化多以政策法律的形式呈现，带有极强的契约性、权威性和强制性，再加上乌兰牧骑一脉传承的红色基因内核的动能，所以在马克思主义文化观、文艺观的指导下，乌兰牧骑生产的文艺作品必然带有极强的主旋律特点和社会正面引导性，乌兰牧骑传播的传统文化、价值观体现着国家机器中支持整个社会网络的意识形态。

（三）建构社会秩序功能

美国传播学家詹姆斯·凯瑞说："传播的起源及最高境界并不是指智力信息（intelligent information）的传递，而是建构并维系一个有秩序、有意义，能够用来支配和容纳人类行为的文化世界。"① 乌兰牧骑常态化的持续演出实际上建构了文化艺术传播与社会秩序的关系。各地乌兰牧骑以各地的区域文化资源为开发利用对象，60多年来持久演出，为受众提供文化产品，在满足人民群众精神文化需求的同时，其文艺演出已经成为社会生活的有机组成部分甚至成为文化生活的生态环境，从而建构独具区域特色的日常生活化的有秩序、有意义的乌兰牧骑文化世界。

按照马林诺夫斯基关于原始思维之本质的思想，原始思维反映了一种功利性思维。乌兰牧骑作为传播主体，其演出、传播的功利性在于构建中国特色的社会主义文化秩序这样一种社会秩序，这是一种客观功利，是促进人的生存或特定社会秩序的功利。乌兰牧骑把传统积淀的道德、伦理、心理、价值观念及当代主流意识形态以剧目表演的形式传播到公众集聚的剧场等公共文化空间，群众群体性接受这种正确价值观的符号和心理，有助于增加趋同性和一致性，并转化为情感认同、族群认同、文化认同和社会凝聚力，转化为行为习惯。社会大众观看乌兰牧骑的演出，受其自身内

---

① ［美］詹姆斯·W. 凯瑞：《作为文化的传播："媒介与社会"论文集》（修订版），丁未译，中国人民大学出版社2019年版，第18页。

在智慧的暗示，很容易转化为思维的功利形式——思维的无意识层面促成其人格或社会秩序的稳定。

前文已经论述了乌兰牧骑的审美意识形态功能，而意识形态就是用来表达社会秩序的。乌兰牧骑担负着用文化智力修改、重建社会秩序的职责并使受众形成习惯，在内蒙古城乡农村、牧区，乌兰牧骑已经成为农牧民群众生活的一部分，成为一种明确的生活方式。

按照拉扎斯菲尔德和默顿的观点，媒介具有强化社会规范的功能。通过暴露那些偏离社会公认道德的情况，大众媒介可以强化社会规范。① 乌兰牧骑一方面正面传播传统文化尊崇传统、公共礼节和秩序的美德，另一方面通过编创暴露偏离社会公认道德的表演艺术作品并在舞台上演出，以辨识对与错、善与恶，传播正确的价值观和社会公德，强化了社会规范。乌兰牧骑以舞台演出形式公布的行为使得社会成员意识到无论个人私下的信仰如何，都必须支持和遵守这些社会规范。乌兰牧骑通过演出调动观众的生活经验，捕捉观众的理解力，使得观众从表演者的声调韵律、舞蹈动作及整个节目的故事、情节、塑造的人物形象、描摹的大自然和社会环境中获得既有个性化又带有普遍性的理解，把显而易见违背社会公序良俗的事实抽离出来，把它们置于舞台，激发出观众对生活中有违社会规范的行为的厌恶和批判，并自觉规范自身行为，监督他人、监督社会。

（四）传承社会遗产功能

耶鲁大学法学教授、传播学者拉斯韦尔认为，大众媒介有三个功能，其中之一为传承社会遗产②，就是将信息、价值观和规范代代相传或者将之告知新来者，打下共同经验的基础，增强社会凝聚力。媒介发挥传承社会遗产的功能，使个人在开始正规的学校教育之前以及学校教育结束以后，

---

① ［美］沃纳·赛佛林、小詹姆斯·坦卡德：《传播理论：起源、方法与应用》，郭镇之等译，中国传媒大学出版社2006年版，第282页。

② 同上书，第277页。

都能通过持续的社会化过程而融入社会之中。媒介通过提供给个人一个使其认同的社会，而减少了个人对社会的疏离感和漂泊无定的感觉。

乌兰牧骑传承社会遗产主要表现在两个方面。一是传承了革命文化的红色基因。乌兰牧骑扎根基层宣传党的方针政策、执行党的文艺路线、服务人民的工作任务和队伍短小精干、队员一专多能、装备轻便灵活、节目小型多样的特点，一脉传承了1939年革命根据地延安青少年文艺宣传队及1946年革命战争年代创立的内蒙古文工团以文艺形式宣传革命思想、教育群众的红色文化功能，使得红色文艺成为内蒙古文化强区建设中的重要内容。二是传承了民族历史文化和传统文化。乌兰牧骑把内蒙古的发展历史及传统积淀的公认的伦理、道德、心理、价值观念及主流意识形态在公众集聚的剧场等空间以剧目表演的形式传播，观众群体性接受这种正确价值观的符号和心理，不断消解个体性，增强趋同性和一致性，增加社会凝聚力，减少社会无序性，减少公众之间的疏离感。更重要的是以演出形式传播区域文化遗产，延续优秀文化基因。

乌兰牧骑把优秀传统文化搬上舞台，通过演出、传播教授群众共同的世界观、角色观和价值观，通过传统文化的内涵、价值观等对群众进行行为模式和态度的引导，引导群众价值体系的重塑。乌兰牧骑常年活跃在农村基层传播传统文化，对大众的心理、思想、价值观、认知观的影响随着时间而呈正态积累。乌兰牧骑传播传统文化是可持续的，一方面，每支乌兰牧骑每年下乡演出100—200场，传播主流价值观，与群众接触较多，对群众的影响是集中的、趋同的，具有极强的引导性；另一方面，在国家领导人观摩演出、乌兰牧骑艺术节、那达慕大会、各种会演、汇报演出、比赛等特殊场合，各地乌兰牧骑都会演出依据当地文化资源、优秀传统文化编创的经典优秀剧目，这样特殊的演出环境势必对更多人产生较强的影响，加大传播效果，加深受众的心理感受和理解，从而形成一种潜在的心理定式和行为习惯。再加上乌兰牧骑已经成为内蒙古文化品牌，品牌的吸引力也很容易吸纳关注，借助互联网渠道以及"网上乌兰牧骑"的传播，造成事实上的乌兰牧骑传播传统文化的无空间和无时间限制性特点，传播覆盖面无限扩大，传播效果成倍增长。

　　从传播学角度观照乌兰牧骑，从主体角度出发，乌兰牧骑具有双重身份，既是艺术作品的生产者，同时又是自主生产艺术作品的传播者。乌兰牧骑生产和传播的客体，形式上主要采用民间传统艺术形式，内容上在注重时代性的同时则多取材于传统文化进行创作演出。因乌兰牧骑本身天然的政治性属性及演出的空间特殊性，使得乌兰牧骑的演出具有极强的公共传播价值和传播功能。乌兰牧骑是传承与传播中华传统文化的载体，乌兰牧骑对中华传统文化的传承与传播是它作为传播媒介的传播本质体现，创新了文化供给，强化了文化功能，丰富了中华文化内涵。

第五章　乌兰牧骑与内蒙古公共文化服务体系建设

第一节　乌兰牧骑基层公共文化服务范式及其当代价值

2006 年发布的《国家"十一五"时期文化发展规划纲要》明确提出"公共文化服务"的概念，但事实上，20 世纪 50 年代诞生的乌兰牧骑不仅是政府为内蒙古基层农牧民提供的公共文化福利，而且是国家为保障基层农牧民文化权利而设立的组织（运营）系统，而乌兰牧骑"以人为本"的服务宗旨，送文化至牧区每一个嘎查、每一个蒙古包甚至每一个牧民的服务模式，履行着公共文化服务的职能。

2010 年 7 月 19 日内蒙古自治区下发的《关于加强新时期乌兰牧骑工作的意见》明确提出"乌兰牧骑是我区农牧区公共文化服务体系的重要组成部分"，2019 年 9 月 26 日颁布的《内蒙古自治区乌兰牧骑条例》进一步以法规形式规定乌兰牧骑"是公共文化服务体系的重要组成部分"。乌兰牧骑作为公共文化服务体系的一部分被赋予了从政策到法规的制度合理性和合法性，形成了其制度设计的内部伦理机制。而在实践层面，乌兰牧骑在多年的基层文化服务过程中探索出一些或共性或个性的经验，这种独特的公共文化服务模式，笔者称其为"乌兰牧骑基层公共文化服务范式"。

一、托马斯·库恩的"范式"理论

"范式"一词由美国著名科学哲学家托马斯·库恩于 1962 年在其科学

哲学经典著作《科学革命的结构》一书中提出，并成为该书的核心词汇，形成了著名的"范式"理论体系。对于什么是"范式"，库恩的解释是：一是科学共同体的成就"空前地吸引一批坚定的拥护者"，二是其"成就足以无限制地为重新组成的一批实践者留下以待解决的种种问题"，"凡是共有这两个特征的成就，我们此后便称之为'范式'，这是一个与'常规科学'密切相关的术语"。①

库恩的"范式"概念一经提出，迅速成为20世纪下半期风靡全球的自然科学和哲学社会科学的学术流行语，掀起了世界性的研究热潮，物理学、天文学、文化学、心理学、经济学、艺术学、企业管理……都从"范式"理论寻求新的切入点以解决各种问题。由于库恩在书中并未提出"范式"的确切含义，甚至有很大的模糊性，因而学术界对"范式"的讨论愈演愈烈，1965年英国学者玛格丽特·马斯特曼在其《范式的本质》一文中指出"范式"有21种解释，而库恩本人说有22种含义。对"范式"概念的争论舛使得库恩本人不得不出面澄清，在1969年第二版《科学革命的结构》的后记中库恩指出，"范式"有两种意义不同的使用方式，其中之一就是"它代表着一个特定共同体的成员所共有的信念、价值、技术等构成的整体"。②

1974年库恩写作《对范式的再思考》一文，再次对"范式"的含义进行辨析："'范式'一词无论实际上还是逻辑上，都很接近于'科学共同体'这个词"，"科学共同体是由一些科学专业的实际工作者所组成。他们由他们所受教育和见习训练中的共同因素结合在一起，他们自认为，也被人认为专门探索一些共同的目标，也包括培养自己的接班人。这种共同体具有这样一些特点：内部交流比较充分，专业方面的看法也比较一致。同一共同体成员很大程度上吸收同样的文献，引出类似的教训"。③库恩的解释并

---

① ［美］托马斯·库恩：《科学革命的结构》，［美］伊安·哈金导读，金吾伦、胡新和译，北京大学出版社2012年版，第11页。

② 同上书，第147页。

③ ［美］托马斯·库恩：《必要的张力——科学的传统和变革论文选》，范岱年、纪树立等译，北京大学出版社2004年版，第297页。

没有给出"范式"标准的话语表达体系,但从他反复三次解释"范式"的概念仍然可以理解为,他所说的科学共同体指的是某个领域中对相同或者相近的问题感兴趣的科学研究者组成的团体,这些成员或具备共同的信念并围绕该信念进行科学工作,或采用相同或类似的方式方法、工具、设备"解谜"。

库恩本意上探讨的是偏重于政治学范畴的"范式"理论,但用大量的自然科学的案例来加以论证,这也可见"范式"理论体系可适用于更为广泛的领域,其理论成果对文化研究也具有重要的借鉴作用,提供了理论研究工具。"范式"是解决疑难的方法,这正是乌兰牧骑基层公共文化服务范式成立的理论依据。75支乌兰牧骑队伍采用相同或相似的方式为基层农牧民提供文化艺术产品和服务,满足基层群众的基本文化需求,形成了"共同体"认可的特定"范式",成为一种公认的模式或模型,也为相同领域或者相似领域提供了解决问题的思路、方法。

二、规则耦合:"范式"理论与乌兰牧骑基层公共文化服务模式的内在一致性

库恩的"范式"理论提出了解决问题非常重要的方法论规则:"如果一个问题被看成是一个谜,那么这个问题必定要有一个以上确定的解为其特征。也还必须有一些规则,以限定可接受解的性质和获得这些解所采取的步骤。"[①]也就是说,一个问题可能有多个答案或者多种解决方式,而要得到这样的结果就必须要遵循一些"规则",对其进行限制。为此,库恩还列举了拼图谜游戏,他说:"为了要得到解,所有的拼图片都必须用上,它们的空白面都必须朝下,它们之间必须毫不勉强地相互扣紧,直到不留一点空隙。

---

① [美]托马斯·库恩:《科学革命的结构》,[美]伊安·哈金导读,金吾伦、胡新和译,北京大学出版社2012年版,第32页。

这些都是支配拼图谜解的规则。"① 规则是具有普遍约束性的要求、制度、法律、标准等,用以保障社会活动的有序性、稳定性和可持续性。从科学研究角度看,"规则"可能是理论、方式方法或者工具;从社会治理角度看,"规则"可以是价值观、社会公德等;从政治治理角度看,"政策"具有较强的限制性。而一个法治国家,法律法规则是最具有社会约束力的"规则"。

乌兰牧骑无疑是解决广袤草原上牧民基本文化生活问题的最合适的"解",这已经过60多年的实证,这个"解"也是遵循了一些必要"规则"——合理性的标准和限制而制定的。作为社会主义文化建设的一个特殊现象,乌兰牧骑的产生首先是伴随着政策法规这种合理性的"规则"开始的,这即是1957年5月27日下发的《乌兰牧骑工作条例(草案)》。值得一提的是,该条例的颁布先于第一支乌兰牧骑的建立。尽管条例的颁布首先体现的是政府公权力对文化建设的干预和支持,但不可抹杀的是,条例中体现政府文化治理的法规政策的"规则""是那些熟悉情况和详细考察了情况的人们为了某些目的而提出的工具"②,在乌兰牧骑"范式"形成初期具有权威性的指导和制约作用,而初期"范式"的成功为乌兰牧骑的推广和普及搭建了基本框架并制定了解决问题的初步标准,是有目的的理性活动。

在实践层面,从锡林郭勒盟苏尼特右旗覆盖到全内蒙古区域、从一支队伍发展到75支队伍的普及过程,乌兰牧骑探索形成了成员内部遵守的较为完备的基层公共文化服务"规则"体系,包括性质定位、服务原则、服务内容、服务方法、服务标准、体制机制、组织分工、人才队伍、设施建设、经费来源,建构起乌兰牧骑基层公共文化服务的完整"范式"(见图1:乌兰牧骑基层公共文化服务范式"规则"体系)。尽管库恩的"范式"理论中关于科学共同体的"规则"内涵远比这样的文化现象的"规则"丰富得多,

---

① [美]托马斯·库恩:《科学革命的结构》,[美]伊安·哈金导读,金吾伦、胡新和译,北京大学出版社2012年版,第32页。

② [美]保罗·法伊尔阿本德:《自由社会中的科学》,兰征译,上海译文出版社2005年版,第35页。

但就乌兰牧骑而言,"范式"的表象就是共同遵守的"规则",这些"规则"与库恩的"范式"所言"规则"存在内在的一致性——以限定可接受解的性质和获得这些解所采取的步骤,为乌兰牧骑这个"共同体"开展内蒙古农村牧区文化工作、解决农牧民群众基本文化需求问题提供了行之有效的科学的方法,为所有乌兰牧骑团体创设了基层公共文化服务实践的框架,指明了乌兰牧骑基层公共文化服务的目标,规定了乌兰牧骑基层公共文化服务的内容和形式,保障了乌兰牧骑社会服务、文化服务的稳定性和可持续性。

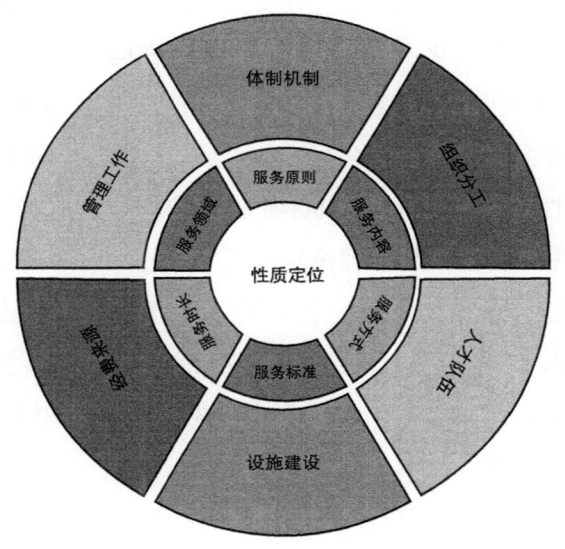

图1 乌兰牧骑基层公共文化服务范式"规则"体系

三、乌兰牧骑基层公共文化服务基本范式的形成

从库恩的"范式"理论出发,"一个范式就是一个科学共同体的成员所共有的东西,而反过来,一个科学共同体由共有一个范式的人组成"①。如果把乌兰牧骑看作是一个"科学共同体",那么乌兰牧骑基层公共文化服务模式

---

① [美]托马斯·库恩:《科学革命的结构》,[美]伊安·哈金导读,金吾伦、胡新和译,北京大学出版社2012年版,第148页。

就是一个"范式"。1957年5月27日内蒙古自治区文化局下发的《乌兰牧骑工作条例（草案）》、第一支乌兰牧骑队伍诞生可以视作乌兰牧骑"范式"的诞生。按照库恩的"范式"理论，"范式"规定了常规科学的问题，而"常规科学的工作，不过是致力于求解当前的某一知识领域中给我们留下的谜题"。

乌兰牧骑的诞生正是直面中国国情及内蒙古自治区区情现实寻求解决社会"谜题"的"解"。1949年中华人民共和国成立之后，内蒙古草原牧区存在的最直接的思想文化问题是牧民不能及时了解党和国家的政策、牧区严重缺乏基本文化服务，在《乌兰牧骑试点计划》中明确表示，以乌兰牧骑作为开展牧区群众文化工作的基本措施，而在同时颁布的《乌兰牧骑工作条例（草案）》中则对乌兰牧骑做了规则性的要求，主要包括性质定位、服务内容、服务方式和服务量化标准、人员构成、经费来源等内容，如乌兰牧骑是综合性的基层文化事业机构；乌兰牧骑的基本工作任务是宣传、演出、辅导、服务，搜集与整理民族民间文化艺术遗产；乌兰牧骑的活动方式是"集体巡回，点上开花"，全年下乡巡回活动时间为七个月以上，担负所在旗内总人口的百分之八十以上的牧民文化生活；乌兰牧骑组织分工及人员配备包括：主任1—2人、歌舞人员3—4人、说唱艺人1—2人、宣传人员2—3人、搜集编创人员1—2人等。

人类的实践才是诸多范式形成的源泉。《乌兰牧骑工作条例（草案）》这一明确的、具有约束力的"规则"在最早成立的锡林郭勒盟苏尼特右旗乌兰牧骑、赤峰市翁牛特旗乌兰牧骑中得到了成功的实践、检验和证实，证明这些"规则"是有效的、有用的和恰当的，加强了社会对乌兰牧骑本质的认识和认可，为各地乌兰牧骑的建立提供了初步的"模型"，在一段时期内为实践者们规定了一个研究领域的合理问题和方法。内蒙古各旗县纷纷按照这样的模式建立乌兰牧骑，基本保持着同样的规则和标准，经过短短八年建设，到1965年全区先后建成37支乌兰牧骑，受到国家领导人的高度重视和全国文艺界的高度关注，文化部组建了三支乌兰牧骑队伍进行为期七个半月的全国巡演，推广乌兰牧骑模式，这说明乌兰牧骑是合理的、成功的。当然，由于各支乌兰牧骑受区域经济、社会、文化、人口、交通、环境等因素的影响而呈现出一些地域性特征，表现为在大的乌兰牧骑范式下形成各自的子范式，如人员数量、服务质量的差异性等，则是乌兰牧骑作为"共同体"的正常表现，也从侧面表明乌兰牧骑范式并不是生硬地运用理性程序而不顾及尺度和变化。

四、乌兰牧骑基层公共文化服务范式的趋向成熟

1978年，改革开放促成了全区各地乌兰牧骑的全面恢复和快速发展，到1982年，全区有80支乌兰牧骑活跃在基层的草原牧区和乡间农野。随着改革开放的深入、经济社会的巨大变化，基层群众对公共文化服务产生了新的要求，乌兰牧骑范式需要科学变革来指导解决新的社会矛盾。

改革开放初期，农村、牧区联产承包责任制的新环境和社会主义精神文明建设的新要求使得20世纪五六十年代形成的乌兰牧骑基层活动范式遇到了"包产到户"经营体制导致的运行机制滞后等新问题，如过去依靠人民公社集体安排演出，现在需要乌兰牧骑直接面向农牧民个体协调组织演出；个体农牧民难以单独安排由30多人组成的乌兰牧骑队伍的吃住和演出活动；市场经济体制下乌兰牧骑需要根据农牧民的忙闲安排演出活动；乌兰牧骑的演出、宣传、服务、辅导活动需要与时俱进地满足农牧民的文化需求；乌兰牧骑队员注重"一专"、忽视"多能"；地方财政经费难以保障乌兰牧骑活动开展，等等。经过充分探索和实践，20世纪80年代中期，在五六十年代乌兰牧骑范式的基础上，乌兰牧骑进一步明确和细化基层文化服务"规则"和标准，指导乌兰牧骑基层工作：乌兰牧骑是一支以演出为主的综合性文化工作队，属文化事业单位；乌兰牧骑以队伍短小精干、队员一专多能、节目小型多样、装备轻便灵活等组织形式，为当地各族农牧民服务；乌兰牧骑以演出为主，兼做宣传、辅导、服务工作；一般地区的乌兰牧骑每年深入基层活动的时间不少于六个月，演出120场；高寒地区和自治旗乌兰牧骑每年深入基层活动的时间不少于五个月，演出100场；编制一般定为25人，自治旗可定为30人；乌兰牧骑在牧区、边境地区、

山区、老区演出一般不收费等。

相较于改革开放之前的初级范式，这些经过反复探索和实践所确定和实施的"规则"在基层公共文化服务模式、服务功能、组织形式、服务标准方面均进一步规范并趋向稳定和成熟。但是，就基层文化服务客观效果而言，从20世纪80年代到2009年全区乌兰牧骑工作会议召开这一时间段，由于政府在乌兰牧骑实践中的领导和管理作用在一定程度上减弱，各地乌兰牧骑的实际运行情况差别较大，有的乌兰牧骑队伍基层服务较好，自身发展速度快，有的乌兰牧骑队伍基层服务工作开展不力，职能发挥不充分，社会效果和影响弱化。但总体上，乌兰牧骑范式拓展了少数民族地区基层文化的发展途径，加强了内蒙古农村、牧区的精神文明建设，持续发挥指导乌兰牧骑基层文化服务工作的职能，体现了"范式"的坚韧性。

2010年以来，在总结经验教训并结合社会实际需求的基础上，综合主客观因素，乌兰牧骑成为内蒙古农村、牧区公共文化服务体系的重要组成部分，坚持公益服务、服务基层等原则，保持队伍短小精干、队员一专多能、节目小型多样、装备轻便灵活的组织形式，每年每支乌兰牧骑必须在基层活动四个月以上，为农牧民和各族群众演出100场以上，每个行政村平均每月演出一场以上，同时开展满足新时期农牧民和各族群众需要的多种文化服务。之后，在具体实施过程中，又探索组建自治区、盟市、旗县三级培训体系，激发出基层公共文化队伍的强大活力，更好地精准服务；以调演、展演、乌兰牧骑艺术节、参加那达慕等形式提升服务技能，开展"互看互学互评互比互促"活动，全面提升乌兰牧骑服务基层公共文化的能力；开展乌兰牧骑千场惠民演出、百场调演展演活动及流动文化服务活动、网上乌兰牧骑等，实现乌兰牧骑服务基层公共文化全覆盖，以打造"乌兰牧骑+"综合惠民服务，打通服务群众最后一公里等。

法伊尔阿本德说库恩的"范式……包含着很容易辨认的特征"[1]。英国科

---

[1] ［美］保罗·法伊尔阿本德：《自由社会中的科学》，兰征译，上海译文出版社2005年版，第73页。

学哲学家拉卡托斯在批判继承波普尔思想并借鉴库恩的"范式"理论基础上提出的"科学研究纲领"认为，一个完整的系统要有一个"内核"和保护"内核"的辅助保护带："所有科学研究纲领都可用其'硬核'来刻画其特征……在这个硬核周围形成一个保护带。"[①] 经过不断的实践检验并指导乌兰牧骑基层文化服务的范式建构起包括"硬核"和"保护带"的核心系统，有一套极有辨识度的特征。

尽管在改革开放以来的不同时期，关于乌兰牧骑的服务方式、服务内容、人员编制、人才培养、管理机制、财政支持等各方面新出现的问题都曾经有过大大小小的争论和各有特色的探索，但乌兰牧骑的公益性质和坚持演出、宣传、服务、辅导等功能与队伍短小精干、队员一专多能、节目小型多样、装备轻便灵活以及每年须有一定时间段下乡演出辅导、演出一定场数等构成乌兰牧骑基层公共文化服务范式的"基质"——共同要素，成为其特定模型（见图2：乌兰牧骑基层公共文化服务范式核心要素架构模型）的科学伦理。

这些核心要素是乌兰牧骑基层公共文化服务范式的普遍特征、共有规则和共有价值，是乌兰牧骑基层公共文化服务均等化和标准化的体现，是乌兰牧骑基层公共文化服务范式之"谜"——满足基层群众基本文化需求的"解"。它们形成一个整体而共同起作用，具有内部一致性，与乌兰牧骑的内在目的相对应，确保乌兰牧骑的运行和保障机制的良性循环，同时体现外部一致性——与内蒙古社会、经济、文化的发展需求即社会效益相一致。乌兰牧骑基层公共文化服务范式不断成熟并形成内在机制，有效地发挥其指导公共文化服务的功能，而其量化标准则提高了范式的精确性和服务的精准性，有效助推内蒙古地区社会、文化的科学化发展。

各地乌兰牧骑在范式指导下工作，乌兰牧骑基层公共文化服务范式因其共同遵守的"规则"而具有较强的恒定性、坚韧性和绝对的不可选择性，

---

① ［英］伊姆雷·拉卡托斯、艾兰·马斯格雷夫：《批判与知识的增长》，周寄中译，华夏出版社1987年版，第172页。

成为厘清"公益"和"非公益"的标准。全区乌兰牧骑作为一个单一整体性的、统一的事业单位,坚持乌兰牧骑范式的共有价值并保持一致性,其本体与范式共存亡,但各支乌兰牧骑之间则是松散的结构,相互之间没有任何连贯性。

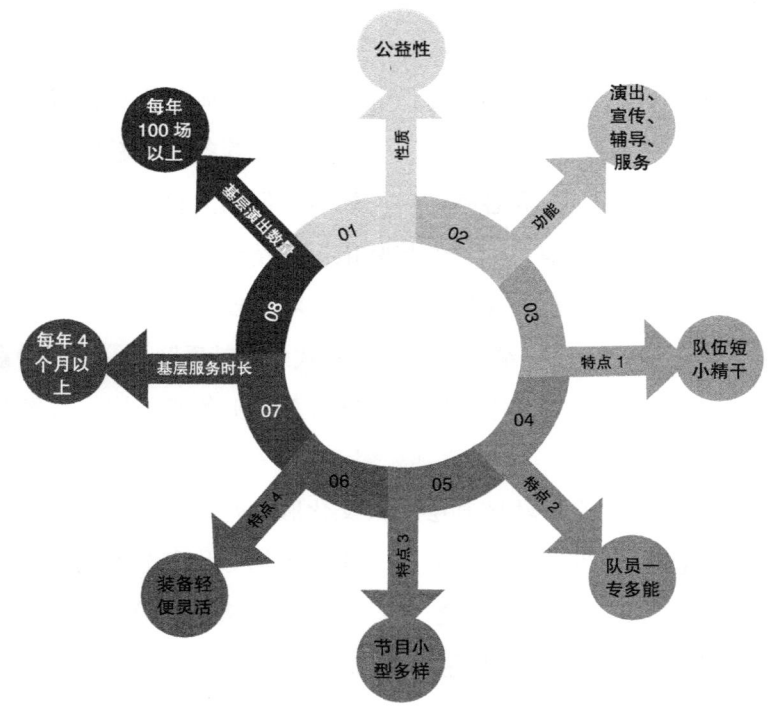

图 2 乌兰牧骑基层公共文化服务范式核心要素架构模型

五、乌兰牧骑基层公共文化服务范式的当代价值

作为当代文化现象,乌兰牧骑基层公共文化服务范式蕴含着"以人为本"的中国文化内涵和精神,具有特殊的时代价值,新时代充分挖掘乌兰牧骑基层公共文化服务范式的时代价值,可以促进其焕发新的时代魅力。

(一)文化权利共享价值

基层公共文化服务的出发点是"以人为本"、服务人民,满足公民的基本文化需求，对应的就是我国宪法肯定的公民文化权利，而公民文化权的重要内容之一即是文化享有权。乌兰牧骑是文化福利，也是文化组织运营系统，其基层公共文化服务体现文化的公平性、均等性，维护公民的文化享有权利。保障公民的基本文化权利成为乌兰牧骑基层公共文化服务范式的内在伦理机制，有助于推动文化领域内国家、政府、社会与公民之间基本关系模式的建构和正向维护。

（二）精神承载价值

乌兰牧骑基层公共文化服务范式的文化价值主要在于是乌兰牧骑精神的载体。乌兰牧骑精神是非常丰富和值得探讨的文化范畴，其精神内核与中华文化精神、民族精神一脉相承，其核心内容为以人为本、扎根基层、艰苦奋斗、无私奉献的精神，这样的精神通过乌兰牧骑基层公共文化服务范式得以完整体现。

（三）文化认同价值

乌兰牧骑坚持标准化、均等化的基层精准公共文化服务范式，践行保障民族平等、保护和传承各民族优秀文化、守护民族团结、加强文化认同的重任，促进了内蒙古地区各民族文化交融共生、和谐发展，培育和营造了民族认同的生态土壤和文化氛围。

（四）范例价值

乌兰牧骑基层公共文化服务范式为公共文化服务体系建设提供了可资借鉴的范例。乌兰牧骑基层公共文化服务范式自乌兰牧骑在内蒙古建立之后即引起社会多行业的关注和效仿，将这一范式引入企事业单位，发挥了示范和引领作用。乌兰牧骑基层公共文化服务范式已经经过60多年的检验和实践，被认为是成功的范例，新时期，其应用价值更加凸显，基层公共文化服务体系建设的管理者可以从乌兰牧骑范式——基层服务的均等化、标准化模式中"学会从不同的问题中看出彼此间相似的情形，并将其看作同一科学定律或定律概略的应用对象"①，进而借鉴于公共文化服务体系建设的其他领域、其他"科学共同体"。

2015年1月14日，中共中央办公厅、国务院办公厅印发的《关于加快构建现代公共文化服务体系的意见》《国家基本公共文化服务指导标准（2015—2020年）》中提出了以群众实际文化需求为导向，要求各地方的公共文化服务达到均等化与多样化的有机统一，提高公共文化服务的效能。2020年10月26日至29日召开的党的十九届五中全会明确提出"十四五"时期"公共文化服务体系和文化产业体系更加健全，人民精神文化生活日益丰富"的文化建设目标。

乌兰牧骑基层公共文化服务范式体现为政府治理文化的积极作为和乌兰牧骑自身内循环系统的理性调试。辩证地看，这一范式在内蒙古文化建设过程中发挥了积极作用，但因主客观原因导致的机制滞后性或多或少地影响着其功能的发挥，表现为范式的局限性，这也正如法伊尔阿本德所言："一切规则都有局限，没有全面的'合理性'。"新时代，在国家建设文化强国和人民群众文化需求多样化的背景下，在政府治理的核心作用下，还需市场力量和社会力量的参与，推动乌兰牧骑基层公共文化服务范式转换，促进乌兰牧骑功能的更大发挥，更好适应新时代"满足人民文化需求和增强人民精神力量相统一"的目标。

第二节　乌兰牧骑的文化惠民

"文化惠民工程"于2007年在党的十七大上提出，是全国人民物质生活水平快速提高之后保障人民文化权益的一项伟大工程，是社会主义文化

---

① ［美］托马斯·库恩:《科学革命的结构》,［美］伊安·哈金导读,金吾伦、胡新和译,北京大学出版社2012年版,第190页。

大发展、大繁荣的一项重大举措，也是一项惠及全国人民、普及大众文化的工程。保障人民文化权益，建设惠及人民的公共文化服务体系，也是科学发展观在文化建设中的具体体现。内蒙古自治区原主席巴特尔在《2010年内蒙古自治区人民政府工作报告》中指出，要广泛开展文化惠民活动。2009年12月8日—9日，在全区乌兰牧骑工作会议上的讲话中，时任内蒙古自治区党委宣传部部长乌兰指出，乌兰牧骑从成立之初就已经成为公共文化服务体系的重要组成部分，新时期，乌兰牧骑应该担负起推进文化惠民工程、全身心服务农牧民综合文化生活、实现农牧民文化权益的时代责任，如何贯彻落实党的二十大精神、通过实施文化惠民工程不断完善公共文化服务体系是繁荣发展乌兰牧骑事业面临的新课题。

一、乌兰牧骑要提高和加强文化惠民的自觉意识与效能意识

建设公共文化服务体系，以文化服务人民、惠及百姓，不仅反映在文化基础设施建设方面，更体现在广大文艺工作者全心全意为人民办文化、谋利益上。乌兰牧骑最可贵的生存价值和终身使命是为农牧民提供文化产品和文化服务。乌兰牧骑的文艺工作者始终坚持"为人民服务、为社会主义服务"的"二为"方向，坚持贴近实际、贴近生活、贴近群众，努力创作优秀作品，积极开展各类丰富多彩的文化活动，用丰富的文化产品和文化活动满足内蒙古各族群众的精神需求。新时期，乌兰牧骑必须牢固树立文化为民、文化惠民的理念，牢固树立建设文化惠民工程就是落实科学发展观的具体行动的思想，要以全新的理念服务实践，维护好、实现好、发展好人民群众的基本文化权益；要把文化惠民作为工作常态，自觉地着力于把文化惠民与保障人民基本文化权益紧密结合起来，创作和提供的文化产品既在大范围中普及，又在高层次上运行；既让人民群众借此得到健康的审美享受，又让人民群众从中获取丰富的精神养料；既突出民族性、地域性，又彰显丰富性、多样性和时代性。

作为内蒙古农村、牧区公共文化服务体系的重要组成部分，乌兰牧骑

取得的成就是巨大的。自 1957 年创建的 60 多年以来，全区各地乌兰牧骑坚持队伍短小精干、队员一专多能、节目小型多样、装备轻便灵活的轻骑队特点，发挥演出、宣传、辅导、服务的建队职能，根植基层、艰苦奋斗、无私奉献，足迹踏遍了内蒙古农村、牧区的每一片土地，累计行程 130 多万千米，辅导农村、牧区业余文艺骨干 70 多万人次，为农牧民和各族群众演出 36 万多场次，各族观众总数达 2.6 亿人次，创作了一大批具有民族特色、地域特点和生活气息，深受群众喜爱的文艺精品。新时期，面对促进社会主义文化大发展、大繁荣的历史重任，面对建设民族文化大区、文化强区的目标任务，乌兰牧骑要站在新的更高的历史起点上，不断适应自治区经济社会又好又快发展、构建和谐内蒙古的新要求，抓住建设民族文化大区、文化强区，建设新农村、新牧区，建设公共文化服务体系等一系列发展机遇，更好地在自治区文化惠民工程中发挥其独特的作用。

二、乌兰牧骑要坚持以人为本，做到文化为民、文化惠民

在全区乌兰牧骑工作会议上，自治区党委明确提出要抓好文化惠民工程，其主旨就是要坚持以人为本，加强公共文化产品的供给能力，努力满足人民多层次、多方面、多样化的精神文化需求，让全体人民共享文化发展成果，切实保障人民的基本文化权益。

保障人民群众的基本文化权益，让人民共享文化发展成果，是文化建设的一项重大内容和主要目标，也是实现科学发展与和谐发展的必备条件之一。乌兰牧骑要实现这个目标，一个最基本、最经常、最广泛、最重要的实现途径，便是以多种形式开展文化惠民活动。作为公益性文化事业单位，乌兰牧骑要创新运行机制和服务方式，拓宽服务领域，提高公共文化服务能力。按照重在基层、重在服务、重在实效的要求，扩大资源总量和流动范围，提高公共文化服务的绩效。

（一）从内容方面出发，重在服务基层，满足农牧民的基本文化需求

1.送文化、送艺术下基层

文化既要靠人民群众建设，更要让人民群众共享。乌兰牧骑是文化载体。从建立之始，乌兰牧骑就以机动灵活的综合性文化服务为主要内容，把演出和宣传、辅导、服务紧密结合起来，在送歌献舞的同时，辅导基层群众文艺队伍，宣传科学文化知识，开展多种爱民服务活动，把健康丰富的精神食粮送到农牧民家中。根据全区乌兰牧骑工作会议精神，乌兰牧骑要发挥好公益性文化事业单位的作用，每支乌兰牧骑每年除了完成下基层的惠民演出之外，还要继续实践和发挥"四队"作用。结合中共中央宣传部、文化部（现文化和旅游部）和自治区党委、政府提出的文化、科技、卫生"三下乡"活动，乌兰牧骑同时要做好送知识帮助当地农牧民，以群众喜闻乐见的形式宣传党的方针政策和法律法规，宣传新人、新事、新风尚，提高农牧民的科学文化水平，帮助他们做有知识的新型农牧民，从而肩负起农村、牧区建设生力军的责任。

2.帮助基层种文化和养文化

乌兰牧骑送文化下基层的重心在惠民演出，下基层演出的目的，不单是满足各地群众对文艺的一时之需，更要坚持"送"与"建"相结合，以送文化达到种文化的目的，实现以文养文，使文化具有更强的创新能力和创造活力。针对农村、牧区日益增长的文化需要，特别是基层文化生活贫乏的状况，乌兰牧骑开展种文化活动，主要是传承民间草根文化，激发农村、牧区文化内生力，不断发展壮大各地群众文艺队伍；挖掘农村、牧区文艺人才，精心挑选有专长且热心公益事业的文艺骨干分子，对其进行重点培养，并采取以点带面的方式，发展一批"文艺示范户"和"民间艺术能人"，让越来越多的农牧民从"观众"转化为"演员"；帮助农村、牧区打造自办文化活动平台，培育农牧民自办文化的能力；动员农村、牧区广泛建立文艺团队，引导和指导基层业余文艺队开展自娱自乐的文化活动；鼓励各种形式的自办文化，以农牧民"自创、自演、自乐"的方式，不断

丰富农牧民群众的文化生活。这样，既培养了基层文艺骨干，又盘活了基层文化资源，丰富了基层文化活动，扩大了文化的社会效益，提升了文化惠民的质量。

（二）从形式方面出发，尝试拓宽服务领域，增强文化惠民能力

根据全区乌兰牧骑工作会议精神，乌兰牧骑作为公益性文化事业单位，服务于全区公共文化服务体系建设。在总结建设和发展经验的同时，乌兰牧骑要发展创新。在保持本色、保持服务基层农牧民群众的前提下，乌兰牧骑可以从以下渠道入手创新性地增强文化惠民的覆盖面。乌兰牧骑的每一场演出可计入送文化下乡的服务任务。

1. 各地乌兰牧骑进行异地交流演出，宣扬不同的特色文化，感受不同的民俗风情

内蒙古自治区是多民族地区，各民族都有悠久的历史和不同的文化传统。全区75支乌兰牧骑要在更多挖掘具有本土文化特色节目的基础上，吸引区内不同民族的外来文化，实现节目的异地交流，这不仅丰富了当地的基层文化活动，也让其他地区的百姓能感受到不同的民俗风情和特色文化。尤其值得试行的是中心城市乌兰牧骑与边远地区乌兰牧骑的互动，推行城市乌兰牧骑和边远地区乌兰牧骑的结对互助机制。组织城市乌兰牧骑与边远地区乌兰牧骑结对，不定期地进行专业人才和文艺骨干的艺术交流，共同举办演出或其他文化活动，充分发挥各自特长，实行优势互补，促进文化资源共享和文艺人才交流。

2. 由政府买单，在节假日尤其是春节期间举办文化惠民活动

在节假日尤其是春节期间，学生和外出务工人员返乡，不但受众面扩大，而且带回了一些新鲜的文化血液。在不占用乌兰牧骑文艺工作者的法定假期的前提下，除举办兼具时尚性、娱乐性、观赏性、新颖性的小型文艺演出（如街舞等）之外，乌兰牧骑也可举办包括学生和外出务工人员参与的思想性较强的经典诵读会或者爱国主义故事会，既便于乌兰牧骑与群众上下联动打开文化惠民的新局面，又有利于先进文化的迅速传播，展现

文化的独特人文魅力，形成乌兰牧骑惠民活动的长效机制。

3. 积极探索文企联姻，举办公益性的文化惠民活动

除了政府买单、群众受惠的惠民活动之外，乌兰牧骑可与区内大型企业如蒙牛、伊利等联姻，举办一些内容健康向上，融思想性、娱乐性和观赏性于一体的小型或中型的文艺演出活动，以"公益演出，企业买单"的形式，使文艺下乡活动得到更加持久、深入的开展。文企联姻活动的主旨是以文艺的形式来反映自治区改革开放的成果，既可借文艺演出起到文化惠民的效果，又可借活动间接地宣扬企业文化和企业精神，扩大乌兰牧骑的社会影响，起到互相宣传、效益"双赢"的作用。

4. 联手当地文化部门共同举办消夏广场文化艺术节

艺术节是文化惠民的有效载体。艺术节可以让普通群众接触到优秀艺术作品，可以为文艺工作者提供艺术资源，成为艺术院团推出新人新作、服务社会、探索群众艺术需求的良好突破口，是共享文化建设成果的有效平台。除了两年一届的乌兰牧骑艺术节之外，乌兰牧骑可在当地举办具有长效机制的消夏广场文化艺术节。艺术节以文艺演出为主，除乌兰牧骑专业演员参演之外，可以穿插来自当地各行各业的工人、农民、机关干部和学生自编自演的节目。参演节目要形式各异，内容丰富多彩，兼具思想性、艺术性和娱乐性。艺术节的举办，不仅可以帮助当地文化部门促进群众文化活动的蓬勃开展，丰富广大群众的文化生活，而且对当地的经济建设、城镇风貌都有一定的带动作用，成为乌兰牧骑文化惠民的有效服务方式。

5. 针对特定群体对象举办文艺演出活动

特定群体对象包括城市低收入家庭、进城务工人员、监狱、戒毒所、福利院等，这些对象属于社会的弱势群体，文化惠民工程应该关注到他们。乌兰牧骑可根据不同人群组织多种形式的文艺演出活动，以人为本办演出，把文化成果的受益对象扩大到更加广泛的群体，提高公共文化服务的覆盖面，既保障了特定群体的文化权益，又充分尊重和满足不同社会群体的不同文化需求，不断处理好普及与提高的关系，使人们都能在"文化享有"上各得其利，在"文化提高"上各得其所，在"文化创造"上各尽其能，

推动城乡文化的均衡发展。

6. 开展乌兰牧骑进校园活动，让民族艺术与教育结合进行普及

乌兰牧骑作为享誉世界的民族文化品牌，是一笔极为宝贵的民族文化精神财富。60多年来，乌兰牧骑踏遍了全区农村、牧区的山山水水，培养了大批德艺双馨的优秀民族文艺人才，向国家和自治区各级文艺团体和文化单位输送了3700多名文艺骨干，推动了民族文化工作的繁荣发展。在坚持深入农村、牧区演出服务的前提下，乌兰牧骑累计行程130多万千米，足迹遍布国内30多个省、市、自治区及香港和台湾地区，出访亚洲、非洲、欧洲、美洲的50多个国家和地区。乌兰牧骑已经成为内蒙古自治区经济发展和社会进步不可或缺的民族文化要素。作为传播内蒙古自治区民族艺术的载体和培养民族艺术的金色摇篮，乌兰牧骑更应该让全区的孩子们认识乌兰牧骑、体会乌兰牧骑、感受乌兰牧骑，了解乌兰牧骑艰苦创业的豪迈、送歌献舞的激情、奋发进取的拼搏、无私奉献的服务，了解乌兰牧骑传承的民族艺术。以乌兰牧骑的服务理念感染下一代，使全区学生有机会受到乌兰牧骑文化的熏陶，也使乌兰牧骑这一艺术瑰宝得到更好的传承和发展，从而实现文化惠民和以文养文的有效结合。

文化是民族精神的火炬，是催人奋进的号角。文化惠民是一个具有深刻社会内容的时代命题，也是实现科学发展、和谐发展与文明发展的重大之举，更是关注民生、以人为本和全面建成小康社会的不容舍弃和懈怠的重要内容。作为内蒙古自治区文化事业的重要组成部分，作为文化惠民的重要体现和传承非物质文化遗产的重要载体，乌兰牧骑要具备适应市场经济的活力和生机，要开拓创新"四队"作用，要与农村、牧区公共文化服务体系有机结合，势必要进行大胆的探索。乌兰牧骑在文化惠民工程中的尝试和实践，对于乌兰牧骑的繁荣发展和推动民族文化在基层的大发展、大繁荣，具有重要的现实意义和深远的历史意义。

第三节　乌兰牧骑与新时代文明实践

2018年7月6日，中央全面深化改革委员会第三次会议审议通过了《关于建设新时代文明实践中心试点工作的指导意见》。2018年8月，习近平总书记在全国宣传思想工作会议上强调，"推进新时代文明实践中心建设，不断提升人民思想觉悟、道德水准、文明素养和全社会文明程度"。2018年11月，锡林郭勒盟苏尼特右旗被列为内蒙古自治区新时代文明实践中心建设试点地区，2019年12月被列为全国试点。苏尼特右旗新时代文明实践中心的核心是依托乌兰牧骑、以"乌兰牧骑+"建设牧区流动的文明实践体系，这为全区乌兰牧骑的新时代文明实践提供了思路和样板。2021年1月30日通过的《内蒙古自治区国民经济和社会发展第十四个五年规划和2035年远景目标纲要》中明确指出："把乌兰牧骑建设成党的声音和主张的宣传队、服务基层群众的文艺队、新时代文明实践志愿服务队、铸牢中华民族共同体意识的示范队、弘扬新时代精神的奋斗队和党的基层组织建设的工作队。"乌兰牧骑为广大农牧民送去了欢乐和文明，传递了党的声音和关怀，以文化人，切合新时代文明实践中心的工作任务，是新时代文明实践中心的重要力量，是新时代文明实践的特色化志愿队伍和内蒙古特色化的志愿服务品牌。那么，乌兰牧骑在新时代文明实践中如何发挥作用？发挥了哪些作用？本节尝试对这些问题进行回答。

一、乌兰牧骑天然具有发挥新时代文明实践作用的优势

乌兰牧骑在新时代文明实践中发挥积极作用，有它得天独厚的天然优势。这种优势至少表现在两个方面，一是性质任务优势。乌兰牧骑起于基层、兴于基层，在60多年的发展过程中，始终以农村、牧区为活动中心，以农牧民为主要服务对象，以在基层宣传党的方针政策、送文化艺术到农

村牧区、为农牧民提供各种文化生活服务为主要工作,普及社会主义先进文化,夯实农牧民思想基础,强化中国共产党执政基础,满足农牧民文化需求,这与新时代文明实践重在举办形式多样、内容丰富多彩的精神文明实践活动的要求高度契合。二是活动方式优势。这主要表现为乌兰牧骑社会服务的志愿性。20世纪五六十年代,内蒙古草原牧区交通条件极不便利,乌兰牧骑常年依靠骑马、赶马车的方式活跃在草原牧区,少则十几天,多则连续几个月下基层宣传、演出、辅导、服务,工作时间远超事业单位要求的八小时在岗时间,实际付出远超工资所得,且服务精准、质量高效,已经具备志愿服务的特征,构成事实上的志愿服务行为。改革开放以来,流动服务车等现代装备大大方便了乌兰牧骑的出行和流动服务,但是,乌兰牧骑的文化活动主战场仍然在农村、牧区基层,每年仍然有大量时间深入农村牧区、边远地区、基层单位无私奉献,着力于满足人民群众日益增长的美好生活需要,提升群众的思想道德水准和社会文明程度,建设社会主义精神文明。乌兰牧骑服务的志愿性与新时代文明实践所要求的主要活动方式是志愿服务如出一辙。

二、乌兰牧骑在新时代文明实践中发挥作用的方式

2020年7月,中共中央宣传部、中央文明办印发《关于扎实推进建设新时代文明实践中心试点工作的通知》,对新时代文明实践中心试点工作提出要求,"努力把中心建设成为学习传播科学理论的大众平台、加强基层思想政治工作的坚强阵地、培养时代新人和弘扬时代新风的精神家园、开展中国特色志愿服务的广阔舞台"。各地乌兰牧骑长期转战内蒙古农村、牧区,充分发挥演出、宣传、辅导、服务、创新、创作职能,不但积极创作推出反映新思想、讴歌新时代、说唱新生活的文艺作品,让群众获得精神滋养,将社会主义新文化"送到位",在农村、牧区"种下根",活跃基层文化,而且通过"乌兰牧骑+"流动文明实践新模式的综合服务形式融合更多社会资源,传播科学理论,推动基层思想政治工作建设,培养时代新人,

弘扬时代新风，发挥了基层文化服务在文明实践中应有的作用。

三、乌兰牧骑在新时代文明实践中发挥的作用

乌兰牧骑的文明实践活动充分发挥其本源的联系群众、根植基层、贴近群众的优势，以此为基础，注重大力弘扬乌兰牧骑精神，以乌兰牧骑队员为主体力量，以志愿服务为基本方式，精准聚焦群众所需，解决群众实际问题。2018年，乌兰牧骑以"乌兰牧骑+"的方式，组建了200多支"草原综合服务轻骑兵"，以城乡基层宣传思想文化工作和精神文明建设为重点，着眼于引导群众，以文化人。各支乌兰牧骑"草原综合服务轻骑兵"小分队通过志愿服务＋文艺演出的形式开展文艺演出、宣讲活动、文化辅导、电子商务、技术指导、咨询解答、法律援助、医疗服务等多种服务，为农牧民送去精准的政策解答、细致的医疗服务、精彩的文艺表演，把满足群众需求同提高群众文明素养结合起来，整合服务基层的各领域资源，在服务群众中宣传群众、引导群众、教育群众，扎实开展基层精神文明建设改革创新，形成辐射内蒙古全域的新时代文明实践格局，为乡村振兴注入强劲动力，综合发挥了多重作用，具体可以概括为"引""宣""德""乐""帮""传""安"七字要诀。

（一）"引"——思想价值引领

根据2019年颁布的《内蒙古自治区乌兰牧骑条例》的规定，乌兰牧骑以习近平新时代中国特色社会主义思想为指导，坚持为人民服务、为社会主义服务的方针，坚定文化自信，以社会主义核心价值观为引领。乌兰牧骑把新时代中国特色社会主义思想融入创作演出中，通过下乡巡回演出等方式送文化到蒙古包，补齐基层群众"精神短板"，使党的执政基础深深植根于人民群众之中，使百姓受益。为了发挥好思想引领作用，乌兰牧骑首先重视自身思想文化建设。锡林郭勒盟2018年面向全盟乌兰牧骑举办马克思主义文艺观培训，提升队员的思想政治素质，再通过"草原综合服务轻

骑兵""走下去",让党的宣传思想工作在基层实起来、强起来,让党的创新理论飞入寻常百姓家。磴口县乌兰牧骑以《共圆中国梦》《相信未来》歌唱新思想,西乌珠穆沁旗乌兰牧骑深入牧区开展贯彻党的十九大精神文艺演出,这些实践活动推动新思想、新政策教育入脑入心,增强基层群众拥戴核心、维护核心的政治自觉和思想自觉,促进群众在理想信念、价值理念上的紧密团结,加强社会主义核心价值观教育、新时代爱国主义教育和铸牢中华民族共同体意识教育,深化镇村文明创建,培养高素质现代农牧民,不断增进农牧民群众的政治认同、思想认同和文化认同。

（二）"宣"——理论政策宣传

理论政策宣传是乌兰牧骑的核心功能之一,乌兰牧骑的理论宣讲功能与新时代文明实践中心高度一致。乌兰牧骑一直坚持把理论政策宣传工作放在基层一线上,在内容上,开展政策宣讲、知识宣讲,注重提高宣传效能,宣讲小组一方面向农牧民宣传党的大政方针和惠民政策,同时,把宣传重点转移到为农牧民提供经济信息、科技知识、法治服务上来,通过好来宝、戏剧小品等文艺节目,将宣传内容融入节目中,拓展到经济社会发展、民族团结稳定、建设社会主义新农村新牧区等各个方面,宣传党的好政策,讲述脱贫新故事,提振群众精气神。如察哈尔右翼中旗乌兰牧骑于2020年10月30日,参加由旗司法局开展的扫黑除恶专项斗争宣传暨切实贯彻实施《中华人民共和国民法典》,谱写法治中国新篇章宣传活动,推动扫黑除恶专项斗争向纵深发展;组织队员创作宣传疫情防控知识的文艺作品,创作了歌曲《爱的天使》《战疫情》《白衣天使》、舞蹈《感谢有你》、快板《抗击疫情》等系列文艺作品,用文化的力量提振群众防控疫情的信心。在形式上,一方面,坚持把理论政策融入创作演出中,重点加强现实题材作品的创作,确定创作重点和方向,把宣传习近平新时代中国特色社会主义思想放在第一位,让新时代文明实践活动聚民心、暖人心;另一方面,不断改进和创新宣传方式,努力提高宣传的到达率和精准度,适应宣传媒介形态的变化,充分利用现代网络技术和媒体平台进行各种宣传。如苏尼特右旗新时代文明实践中心开通了掌上乌兰牧骑展厅，举办"新时代网上乌兰牧骑"专题培训班；各地乌兰牧骑采取制作、推送相关平台短视频产品等方式全方位宣传，实现线上线下全覆盖，辐射带动作用更强。

（三）"德"——道德教化

2019年9月4日，由中央农办牵头，联合中央组织部、中央宣传部、中央文明办、国家农业农村部等10个部门，共同印发了《关于进一步推进移风易俗建设文明乡风的指导意见》，明确提出，各地要把道德教育作为新时代文明实践中心的重要工作，推进道德宣讲团等队伍阵地建设，不断引导广大农村群众爱党爱国、向上向善、孝老爱亲、重义守信、勤俭持家。2019年10月27日颁布的《新时代公民道德建设实施纲要》中，提出要推动基层广泛开展中国特色社会主义文化、社会主义思想道德学习教育实践。乌兰牧骑紧扣经济社会转型升级、人们思想观念和价值取向多元多变这个最大的实际，开展先进人物事迹宣讲活动，充分发挥道德模范作用，提升基层精神文化生活和文明程度，弘扬真善美，传播正能量。如苏尼特右旗乌兰牧骑开展"讲好乌兰牧骑精神传承故事""身边好人""诚信故事"，讴歌先进事迹，弘扬社会正能量；科尔沁右翼前旗乌兰牧骑在国际家庭日来临之际开展以"'我爱我家'弘扬传统美德，传承良好家风"为主题的国际家庭日活动。乌兰牧骑把社会主义核心价值观、乡约乡规或农村不良陋习融入创作演出中，大力弘扬中华传统美德；把文明风尚、净化社会风气等内容融入创作演出中，增强群众道德水准、文明素养和社会文明。如磴口县乌兰牧骑的方言相声《懒汉周二蛋》以案说法，告诫那些坐等扶贫资金的懒汉，只有自己勤劳，加上精准帮扶，才能早日脱贫致富，激发他们脱贫致富的内生动力，夯实勤劳可敬、脱贫光荣、致富有望的坚定信心。乌兰牧骑开展公民道德、家庭伦理、社区意识教育培养，使人们明是非、知敬畏，夯实社会治理共同体的道德基础、文化基础，基层群众思想觉悟、道德水准、文明素养不断提高，道德领域呈现积极、健康、向上的良好态势，唤回了乡土自信，夯实了道德底蕴，为基层治理赢得情感支持、社会认同。

(四)"乐"——休闲娱乐

演出是乌兰牧骑的核心功能,也是乌兰牧骑在新时代文明实践中发挥作用的最佳载体。乌兰牧骑编创演出群众喜闻乐见的节目,把现实生活中的新气象、新故事,用人们喜闻乐见的文艺形式展现出来,把更多更好的文艺精品节目呈现给广大群众,把欢声笑语送到千家万户,不断丰富基层文化生活,满足群众的精神文化需求,让农牧民群众真正共享"文化民生"。用充满生活气息的作品,将党和国家的政策、精神传达给群众,为基层干部群众加油鼓劲。如苏尼特右旗乌兰牧骑创作的蒙古语小品《喜鹊为啥叫喳喳》,是以脱贫攻坚为主题的现实题材节目,用诙谐的方式点出牧区贫困户致贫原因,并巧妙融入牧区发展方针政策和牧民关心的知识,深受牧民群众欢迎。乌兰牧骑通过各种惠民演出、"百团千场"下基层活动深入农村牧区、学校、边防部队、厂矿等地交流演出,自觉投身到讴歌党、讴歌祖国、讴歌人民、讴歌英雄的为民惠民乐民中去,成功地将新时代中国特色社会主义思想与人民群众地方性娱乐活动完美融合,丰富了百姓的业余文化生活,动员和激励了广大农村干部群众投身于建设美丽乡村的伟大事业。

(五)"帮"——文艺辅导、综合服务

文艺辅导和综合服务是乌兰牧骑的传统。乌兰牧骑队员学习老一代乌兰牧骑队员帮助牧民建立业余文化组织的做法,发挥自己的管理才能和才艺,推动乌兰牧骑与新时代文明实践中心融合发展,创新文明实践活动,将送文化和种文化相结合,整合乡村文艺力量的作用。如苏尼特右旗乌兰牧骑发挥乌兰牧骑天然联系群众、根植基层、贴近群众的优势,抓住各苏木(镇)、嘎查(村)每年举办那达慕、文化节等有利时机,主动参与进去,辅导他们编排节目,辐射带动全旗七个苏木(镇)均成立了业余乌兰牧骑。充分发挥"乌兰牧骑+"文明实践活动模式的功能,将辅导教学服务作为常态化工作,配备专业的演员辅导团队走进基层;演出结束后,医疗小组为村民们检查身体、释疑解惑,法律顾问为村民们现场提供咨询;

演出结束后就地开展"积雪清除"志愿服务活动；深入建档立卡户家中开展综合志愿服务；积极探索"乌兰牧骑+产业"新时代文明实践新模式，带动牧户稳步增收，等等。乌兰牧骑不断创新方式方法，满足人民群众的文化艺术需求，增强他们的精神力量，着力增强互动性，调动群众参与热情，促进群众自我教育、自我提高。

（六）"传"——文化传承

传统文化是中华民族的精神给养，传承中华传统文化是乌兰牧骑的历史使命。在新时代文明实践中，乌兰牧骑传承中华优秀传统文化、传承红色基因，积极发挥文化传承作用。

乌兰牧骑是优秀传统文化传承发展的阵地。优秀传统文化是新时代文明实践的精神沃土，在新时代文明实践基地中传承优秀传统文化是培育时代新人、涵育文明之花的必然要求。乌兰牧骑的演出作品大多数采用地域特色鲜明的艺术形式，如长调、马头琴、呼麦、乌力格尔、笑呵亚热、二人台、漫瀚调、爬山调、蒙古舞等，内容上传承了中华民族传统文化中有关以文化人、成风化俗的优秀文化，建立了优秀文化传承体系。通过开展灵活多样、内容丰富的文明实践活动，增强人们对优秀传统文化的自信，塑造正确的文化观，把传统文化与新时代文明实践相结合，用中国传统文化精华守护乡村，创新基层治理，铸就文明底蕴，进一步培育和发展优秀传统文化，积极发挥文化传承和公共教育功能，产生巨大的文化影响力。

红色基因传承是乌兰牧骑新时代文明实践的"底色"。乌兰牧骑将弘扬乌兰牧骑精神与广泛开展志愿服务关爱行动结合起来，推动红色资源传承弘扬与文明实践活动融合发展，传承革命传统，赓续红色基因。培育本土业余乌兰牧骑和小小乌兰牧骑文艺志愿服务队伍，通过培训、实践指导、同台会演等多种形式，既为当地农牧民提供丰富多彩的文艺表演，又将艺术品质和红色精神血脉更好地播种传承，发挥了优秀传统文化传承发展示范点的作用。

（七）"安"——文化安全

2014年4月15日，在中央国家安全委员会第一次会议上，习近平总书记创造性地提出要构建国家安全体系，文化安全是其中重要的、不可或缺的组成部分。内蒙古地处我国北部边疆，文化安全是社会治理最重要的一部分。乌兰牧骑坚持贯彻和执行党的文艺路线和政策，秉持以人民为中心的服务宗旨，扎根内蒙古农村、牧区传承中华文化，大力推进和普及社会主义先进文化，有效提升人民群众文化素养，强化民族认同、文化认同，坚定民族文化自信，促进内蒙古文化建设始终保持先进性，其文明实践符合维护国家文化安全的战略要求，发挥了满足人民精神文化需求和国家文化安全需要的双重文化治理效能，具有维护内蒙古社会稳定、维护国家文化安全、培养中华民族共同体意识、促进中华民族共有精神家园建设的政治意义及现实价值。

乌兰牧骑在60多年的以人民为中心的文化服务过程中发挥了巨大作用，当前，乌兰牧骑以新时代文明实践建设要求为标准，结合内蒙古实际，培育和打造"乌兰牧骑+"新时代文明实践模式，创新文明实践活动方式，丰富文明实践活动内容，扩大文明实践范畴，进一步延伸文明实践和志愿服务功效，体现了打通宣传群众、教育群众、关心群众、服务群众的"最后一公里"的创新性，使文明的节奏与群众的步伐同频共振，保证了乌兰牧骑在新时代文明实践中作用的有效发挥，为新时代文明实践贡献了乌兰牧骑经验，为内蒙古区域新时代文明实践提供了样板，为精神文明建设高质量发展提供了可复制模式和全新的经验、范例，具有创新性和典范性。

第六章 乌兰牧骑创新发展存在的问题与应对策略①

第一节 新时代背景下乌兰牧骑创新发展存在的问题

乌兰牧骑这支流动的文化服务队，成立之初就立足于牧区人口居住分散、交通不便、文化生活匮乏的客观实际和文化建设工作的基本情况，重点解决牧区在政策宣传方面落实不到位、牧民群众的基本文化生活无法得到满足的问题。这支队伍短小精干、装备灵活轻便、队员一专多能的文艺服务队，针对不同时期人民群众的需要开展各类工作。在60多年的发展中，乌兰牧骑始终发挥优良传统，传播党和国家的方针政策，丰富牧民群众的精神文化生活，在基层公共文化服务和民族文化大区的建设过程中发挥了积极的作用，做出了重要贡献。但是随着农村、牧区基础文化设施不断完善，乌兰牧骑原有的服务模式不再适应草原牧区人民生活的新需要，再加上乌兰牧骑本身的管理问题，使得乌兰牧骑的发展明显滞后，面临着许多问题。时代不同，乌兰牧骑发展过程中存在的问题也有变化。

一、21世纪初到党的十九大之前，乌兰牧骑发展存在的问题

2009年12月8日至9日，内蒙古自治区全区乌兰牧骑工作会议在呼和

---

① 内蒙古艺术学院文化艺术管理学院文化产业管理专业2021届本科生李延莉在本书作者指导下参与了该章节部分内容的撰写。

浩特市召开，经过深入讨论，分析进入 21 世纪以来乌兰牧骑发展存在的问题，主要包括：

（一）对乌兰牧骑的定位认识模糊

在市场经济体制下，在文化体制改革过程中，有些地方对乌兰牧骑公益性事业单位的正确定位认识模糊，认为乌兰牧骑是文艺团体，应该全面推向市场，走市场化发展道路。

（二）乌兰牧骑内部改革创新不到位

进入 21 世纪以来，乌兰牧骑对社会、经济日新月异的巨大变化造成的基层人民群众的生产生活方式和精神文化需求的深刻变化认识不足，准备不足，内部管理机制不灵活，演出服务内容和形式创新不够，缺乏充分和及时的应对措施。创作节目虽多，但节目空泛雷同，或偏重大型歌舞，缺乏曲艺小戏作品，特色精品较少。究其原因，或因乌兰牧骑队员深入现实生活感受体验不够，或因作品艺术升华不够，或因创新意识不强，表现手法陈旧，在一定程度上削弱了乌兰牧骑演出的思想感召力和艺术感染力。

（三）乌兰牧骑基层服务滑坡

有些乌兰牧骑队伍在基层的演出场次明显下滑，甚至下滑了 50%，粗略估计，有三分之一的乌兰牧骑队伍能超额完成演出任务，另外三分之一的队伍基本能完成任务，还有三分之一的队伍无法完成任务。究其原因，可以分为以下几种情况：经济条件好的乌兰牧骑盲目攀比大团队，建大队伍，排大晚会，难以下基层演出；经济条件差的乌兰牧骑缺乏下乡演出经费和发展资金；还有一部分乌兰牧骑按当地政府的要求，日常忙于接待迎送，脱离基层、脱离群众、脱离现实生活，不知不觉游离于服务基层工作重心之外。

（四）人才流失严重，队伍更新缓慢

乌兰牧骑队伍普遍缺乏编导作曲人员（专兼职加起来不足60人），缺乏尖子演员，缺乏一专多能青年演员（国家二级以上不足200人）。多数乌兰牧骑尚未形成队伍更新机制和优秀人才奖励机制，尖子演员流失严重，队员老龄化、新人难进、后继乏人情况普遍，严重制约着乌兰牧骑整体艺术水平的提升。

（五）乌兰牧骑理论研究滞后，引导作用不强

乌兰牧骑已经有60多年的发展历程，是内蒙古的著名文化品牌，在区内乃至国内产生了巨大的影响，但是没有专门的研究机构，也没有专兼职研究人员，没有形成对乌兰牧骑发展规律的深入研究，致使乌兰牧骑的继承发展和开拓创新缺乏理论支撑和理论指导。

2009年全区乌兰牧骑工作会议之后，各地政府和文化管理部门有针对性地进行了改革，情况有所好转，乌兰牧骑的发展态势得到有效改观，但根本问题并没有得到解决。2014年8月26日，在乌兰牧骑工作座谈会上，时任内蒙古自治区文化厅厅长的周纯杰同志提出，乌兰牧骑发展存在的问题包括：一是总体影响力有所滑坡；二是原创作品的数量不够多，质量不够高；三是沉下去的惠民服务不够多；四是队伍的素质不够强；五是内部机制僵化，缺乏活力，等等。

二、党的十九大以来，乌兰牧骑创新发展存在的问题

党的十九大以来，乌兰牧骑无论是基础设施建设，还是人才队伍规模、节目创作，都有了很大的提高，整体上保持了发展的态势。站在新的起点上，就需要乌兰牧骑进行创新发展。新时代展现新气象，乌兰牧骑在推进队伍发展的过程中，对已有的发展问题也正在进行积极的探索解决。当前，乌兰牧骑至少存在以下几方面不足。

（一）发展模式陈旧

乌兰牧骑是根据农村、牧区文化建设工作的特点组建的。早期建立时，是为了输送革命文化，丰富精神文化，开展业余文化生活辅导。经过60多年的发展，农村、牧区的生活条件得到有效改善，人们的生活水平获得显著提升，在大力推进偏远地区基础设施建设的大背景下，电视、广播已经在草原牧民的家中广泛普及，人们的娱乐活动更加多元，获取信息的途径更加广泛。智能手机的普及更是提高了人们获取信息的便捷度。但是，新时代许多乌兰牧骑队伍还是沿用过去的宣传方式、传播手段和服务方式，传播内容与当下牧民群众面对的生产生活问题没有良好地衔接，满足不了群众的多元需求，内容和形式缺乏吸引力，导致乌兰牧骑演出活动在多数情况下只能流于形式，一些地方甚至销声匿迹。因此，新时代下乌兰牧骑队伍亟须提高综合能力，借用互联网的手段创新传播形式，灵活运用"两微一端一抖"（微博微信、手机客户端和抖音）进行可视化、数字化宣传，实现线上线下的互动联合，同时吸纳司法、行政、医疗等方面的人才，组建功能更加多样的服务队，实现知识性和娱乐性的统一，在进行文化惠民的同时，帮助群众解决实际困难，培育新时代的农牧民。

（二）管理不到位

乌兰牧骑的发展困境还体现在管理不到位上。从外部来看，长期以来乌兰牧骑队伍的软硬件设施配置不到位，很多盟市、旗县的乌兰牧骑由于缺乏资金帮扶，条件简陋，不仅缺乏日常活动所需的排练厅，队员的服装、道具等也长期得不到更新。与此同时，由于多地文化主管部门重视程度较低，相关的文件政策也未能及时、有效、明确地落实，乌兰牧骑的发展一度陷入停滞不前的窘态。从内部来看，乌兰牧骑队员的工资与市场上演职人员的薪资相比差距大、待遇低，上升空间小，因此很多优秀的年轻演员纷纷选择了在旅游演出行业就职，即便有新人加入乌兰牧骑队伍，但是由于上升空间小，没有更多的发展机会，很多演员也纷纷选择离开。因而乌兰牧骑的队伍难以吸纳专业人才和年轻人才的加入，队伍整体缺乏吸引力。加之乌兰牧骑队伍的人员退出机制不健全，造成人员老龄化，队伍整体缺乏活力和创造力，发展后劲不足。同时，随着改革开放的持续推进，人民生活水平日益提高，市场经济的冲击使得一些乌兰牧骑队员片面看重经济效益，过度追求经济报酬，从而使其服务意识下降。

（三）理论研究滞后

乌兰牧骑在60多年的发展中，积极响应不同时期的社会需要创作了众多文艺精品，与此同时，在乌兰牧骑早期巡演的过程中，还收集了许多民间音乐和民间传说，并据此获得灵感，创作文艺作品，这些都是重要的文化资源。同时，在乌兰牧骑长期的实践中，在艺术建设、队伍建设等方面积累了许多丰富的经验，应当加强对乌兰牧骑的理论挖掘，通过对这些经验进行深入总结和研究，在理论指导实践的基础上，利用科学发展规律，促进新时代乌兰牧骑持续健康发展。在当前国内学术界和实践探索中，对乌兰牧骑以及乌兰牧骑精神的研究正在逐步推进，并且涌现出了一些研究成果，但总体来看，乌兰牧骑的相关理论研究还相对滞后，特别是对乌兰牧骑精神的阐释和挖掘还不够深入，学术研究层次不高，致使乌兰牧骑的继承发展和开拓创新缺失理论的支持与引导。究其原因，在长久发展的过程中，各个旗县、盟市的乌兰牧骑缺乏资料整合的意识，未能对一些有价值的资料、书籍、作品集进行有效的收集和整理，从而对乌兰牧骑的理论研究工作造成诸多的不便，导致乌兰牧骑的发展研究存在普遍的滞后性。尤其是乌兰牧骑作为一支先进的文化服务队，需要不断地从变化发展的实际中总结先进经验，然后用理论经验指导文艺实践。理论研究的滞后对乌兰牧骑的可持续发展具有消极影响，使得乌兰牧骑逐渐走出人们的视野，不利于队伍发展壮大。因此亟须建立专门的部门梳理乌兰牧骑发展的历史，汇总乌兰牧骑多年来的文艺成果，指导乌兰牧骑的资料收集和理论研究工作。

（四）优秀人才缺乏

杭锦旗乌兰牧骑队长旺扎拉脑日布说："培养一个好队员需要3至5年，过去财政投入不足，没编制，到手工资低，往往刚培养出来，就流失了，很难留住人才。不少老队员干不动了却难以流出，急需的优秀人才又招不进来，'血液'无法循环，成为制约发展的最大瓶颈。"①

目前，各地乌兰牧骑人才缺失严重是制约其发展的突出原因之一，特别是各类编创人才、年轻尖子演员和一专多能演员，都是促进乌兰牧骑深入发展的主力军，必须加大引进力度。乌兰牧骑队伍中还普遍存在人才老龄化问题，一些早期加入乌兰牧骑的老演员，几乎没有接受过专业的院校培养和训练，而是通过传统的师徒传教模式习得技能，这种模式在一定程度上解决了队伍的人才成长问题，但长远来看，这种单一的人才培养模式，不利于培养乌兰牧骑队员创作演出的创新能力，难以满足当前农牧民群众的精神文化需求。乌兰牧骑队伍还经常出现青黄不接、人才断档问题。因为乌兰牧骑内部机制不够健全的原因，许多老队员面临着退出难，而年轻队员则面临着晋升难、缺少编制保障。再加上人员编制不足，工资薪酬待遇不高，业务能力突出者跳槽现象时有发生，不利于艺术的传承和专业人才的培养。

据统计，目前全区已有75支乌兰牧骑演出团体，而且团队规模正在不断扩大，演职人员也在逐步扩充。在此形势下，如何使团队建设更加专业化、规范化、多样化，为农牧民群众带来内容健康、形式多样、质量较高的文化服务和演出，这些无疑对乌兰牧骑的发展，特别是人才培养和队伍建设，提出了新的挑战。

---

① 张枨：《为"红色文艺轻骑兵"队伍建设添动力》，《人民日报》2020年2月27日，第B18版。

(五)精品创作缺乏突破

60多年来,乌兰牧骑创作了许多精品剧目,如《安代舞》《顶碗舞》《美丽的草原我的家》《毛主席,草原人民热爱您》《赞歌》等一大批贴近群众、贴近现实、贴近时代,突出民族地域特色和时代精神的特色精品流传至今。近些年来,乌兰牧骑新创作品的数量虽然在不断增加,但真正留得下、传得开的特色精品却为之甚少。主要体现在:一是文艺作品与农牧民生活实际密切度不高,节目内容空洞、不实,文化内涵、地区特色不够突出,一味追求大舞台,缺乏对群众喜爱的曲艺小戏的创作;二是创新理念、创作手法陈旧单一,缺乏创新意识,难以产生特色精品;三是新生作品良莠不齐,而一些好的作品亟须后续完善提升,在实际演出中不断打磨,塑造优秀艺术精品。这三种倾向在一定程度上严重减弱了乌兰牧骑演出的艺术感染力。究其原因,则是在剧本、音乐、舞蹈等方面缺乏创作人才,这导致乌兰牧骑很难创作出思想精深、艺术精湛、制作精良的优秀作品,有些作品甚至要外聘创作人员,这些"援兵"本质上并不了解草原文化,不了解乌兰牧骑的发展历程,创作不出农牧民喜闻乐见、具有"乌兰牧骑魂"的优秀作品,这就导致乌兰牧骑无法利用其独特的演出形式和传播方式弘扬中华优秀传统文化。这对于内蒙古自治区非物质文化遗产的传承与发展来说也形成了一种阻力,使得非物质文化遗产无法通过剧目等形式进行更好的宣传推广,进而也影响到对非物质文化遗产的创新性发展及创造性转化,很难实现文化"走出去"的远大目标。新时代,乌兰牧骑如何提高创新意识,创作出人民群众喜闻乐见的艺术精品,是乌兰牧骑发展需要正视的问题。

(六)经费保障相对不足

在国家的一系列政策出台后,乌兰牧骑的经费、设施虽然有了明显地完善,但仍旧缺乏。乌兰牧骑每一次演出的道具、设施和服装都要耗费很多经费,何况每年要演出几百场,经费保障仍旧是乌兰牧骑面临的一大难题。以阿拉善左旗乌兰牧骑为例，2019年的收入为836.4万元，且基本均为公共预算财政拨款，全年支出860.2万元，其中，基本支出390万元，惠民演出经费录入支出为400万元，再加上一些闲杂费用等，经费就有些不足了。在设施方面，2017年阿拉善左旗乌兰牧骑从阿拉善左旗体育场搬入了新建的乌兰牧骑宫，在空间上有了明显的改善，但是因经费有限，乌兰牧骑宫地理位置较偏，闲置空间较大，排练厅、演艺厅难以满足实际排练和演出需求。

第二节　乌兰牧骑创新发展存在的外部阻碍

一、城市化进程加快影响基层乌兰牧骑的可持续发展

乌兰牧骑是计划经济时代的产物，乌兰牧骑建立的目的是沉入基层农村、牧区，丰富农村、牧区人民的文化生活。近年来，随着城市化进程的加快，城市化、城乡分割发展使得城市与农村、牧区之间的经济、文化差距越来越大，越来越多的农牧民向往城市的文化资源和生活，他们离开农村、牧区，涌入城市。城市化与乌兰牧骑的面向基层服务相矛盾，就出现了嘎查无牧民、乌兰牧骑演出无人看，而在城市演出又不能完成任务的尴尬局面。此外，现代多元的文化艺术产品更加吸引农牧民，乌兰牧骑的基层受众逐步在减少，受众少成为乌兰牧骑在基层可持续发展的掣肘。

二、多元文化的冲击给基层乌兰牧骑的发展带来考验

20世纪五六十年代，乌兰牧骑是农村、牧区群众了解国家大政方针政策、法律法规、科学技术的途径，乌兰牧骑的演出对于一些偏远地区的群众来说或许就是他们全部的娱乐。改革开放尤其是21世纪以来，随着经济

社会发生翻天覆地的变化，文化快速发展，加上政策对文化发展的支持，新兴的文化服务方式越来越被人们所青睐。电子媒介的普及，使原有文化传播方式发生了史无前例的大变革，互联网、驿站、便捷图书馆、移动电影车等传播方式的兴起，尤其是手机移动端的普及，使得受众获取信息、获得娱乐产品不再受空间和时间的限制，哪怕是偏远地区的农牧民群众，只要有互联网基站，他们就可以随时获取信息、获得他们想要的文化产品、观看演出，满足各种精神文化需求。更为重要的是，多元的文化产品培养了农牧民群众的审美观，提升了他们的审美层次，刺激了他们对多元化精神产品的需求，农牧民群众对文化产品的质量有着高层次的要求，而乌兰牧骑提供的演出在一定程度上存在同质化、艺术水准较低的缺点，难以满足农村、牧区群众日益增长的文化需求，群众对乌兰牧骑的期望也大不如从前，给乌兰牧骑的发展带来了较大的考验。

第三节　乌兰牧骑创新发展的原则、必要性及举措

一、乌兰牧骑创新发展需坚持的原则

（一）公益性

乌兰牧骑是在党的文艺方针和民族政策的指引下，结合内蒙古的自然条件、民族传统和文化特点创建起来的一种专业艺术表演团体，是国家重点扶持的公益性文化事业单位，主要从事对内蒙古地区农村、牧区普及和传播社会主义文化艺术的工作。这一性质是1957年拟定的《乌兰牧骑工作条例（草案）》中明确规定的。60多年来，乌兰牧骑以全心全意为人民服务为宗旨，以队伍短小精干、队员一专多能、节目小型多样、装备轻便灵活为组织形式，以民族歌舞为主要演出内容，以灵活多样的活动方式在农

村、牧区发挥着演出、宣传、辅导、服务的"四队"作用，成为社会主义文化建设的一个典范。

60多年的磨砺，乌兰牧骑始终坚持其公益性质不变。乌兰牧骑长期坚持全心全意为人民服务的大方向及宗旨，植根于农牧民群众当中，一切从农牧民群众的需要出发，以简便灵活的形式为农牧民群众送去科技知识，帮助他们提高科学文化素质；为农牧民群众带去丰富多彩的文化活动，缩短了文化艺术与人民群众的距离。乌兰牧骑的演出坚持弘扬时代主旋律，突出民族文化特色。乌兰牧骑不断吸收民族文化中的营养和精华，注重贴近群众、贴近生活，创作和表演富有时代气息、群众喜闻乐见、高品位的文艺节目。乌兰牧骑通过努力宣传科学理论弘扬社会正气、倡导科学精神，通过传播先进文化对农牧民群众进行爱国主义、集体主义和社会主义教育，充分发挥其公益性的文化事业单位特征。

未来学家沃尔夫·伦森提出，人类在经历狩猎社会、农业社会、工业社会和信息社会之后，将进入一个以关注梦想、历险、精神及情感生活为特征的梦幻社会。人们消费的注意力将从物质需要转移到文化需要，从科学和技术转移到情感逸闻趣事。改革开放以来，在市场经济条件下，我国的社会发生了巨大的变化。随着物质经济生活的极大提高，一个以满足心理需要、文化需要为主体的新时代已经到来，文化需求已超越实用性需求而成为人们生活中占主导地位的需求，文化消费需求、文化消费需求层次的提高成为当前社会的主要特征之一。随着改革开放的深入，世界范围内的多种文化思潮不断涌入我国，形成了人民群众多元的文化需求，同时对传统文化造成巨大冲击。尤其是演艺行业的产业化发展趋势，更加重了乌兰牧骑的发展危机。乌兰牧骑的建立在全国是首创，其发展与改革没有可以作为参照的对比物。乌兰牧骑要保持其公益性是必需的，但是，在文化产业化背景下，作为以演出为主，兼做宣传、辅导、服务的文化事业单位，乌兰牧骑在新时期如何保持其公益性，如何适应社会发展的需要，如何满足人民群众不断提高的精神文化的需求，其发展方向到底在哪里，该如何定位？这是当前需要从战略高度首先予以解决的重大问题。

（二）时代性

当今世界，各种文化交流频繁，中国加入世界贸易组织后，中国文化要应对外来文化思潮的冲击，中国要立于世界民族文化之林，除了要具备社会、人生、历史、现实等意义外，还要注意与时俱进的问题。在全面建成小康社会的进程中，要实现文化艺术的繁荣，也要注意与时俱进的问题。优秀的民族文艺形式，经过与时俱进的不断创新，不仅可以满足中国观众的精神文化需求，而且可以登上世界舞台，赢得外国观众的掌声，展现中华文化的独特魅力。要实现乌兰牧骑事业的与时俱进，必须做到管理的与时俱进和产品、服务的与时俱进。

乌兰牧骑自建立以来，就大环境而言，经历了计划经济和市场经济两大时代。不同的历史时期，乌兰牧骑肩负的历史使命是不同的。社会大环境的不断变化，使得乌兰牧骑的管理也在不断发展，以适应变化的环境。新时期，随着文化体制改革的深入，乌兰牧骑的管理应注重创新。创新是乌兰牧骑进步的灵魂，是乌兰牧骑事业兴旺发达的不竭动力。乌兰牧骑要加大管理力度。乌兰牧骑的领导要懂文化、懂艺术，对乌兰牧骑事业的发展有一定的理论见解，能够准确把握乌兰牧骑在社会主义市场经济条件下的发展方向；有决策力，对乌兰牧骑的发展有长远规划和既定方针；能够合理化地开发人力资源，培养和选拔德艺双馨的艺术人才。要让管理人员的责、权、利统一起来，不断提高管理人员的业务素质和管理水平。乌兰牧骑要做到由静态管理向动态管理的转变，要利用信息畅通的便利条件，主动抓住时机，深入农村、牧区进行实际的调查，了解农牧民对于文化的多种需求，及时发现问题、解决问题，提高对乌兰牧骑事业的领导驾驭能力，真正体现"权变"的科学管理原则。乌兰牧骑要提升服务管理观念，就必须明白：文化的本质就在于不断提高人的文明和现代程度，发展乌兰牧骑事业的目的是为内蒙古农村、牧区创造一个和平、安定的社会环境，要考虑群众的审美愿望和心理需求，要考虑群众在接受文化时对实用性和理想性价值的选择，要考虑群众对传统文化、地方文化的认同，满足群众多元的文化需求，提高群众的文化素质，加强群众的民族自豪感，让群众更好地投入到社会主义新农村、新牧区的建设中。乌兰牧骑要实现人本管理，将"人"的因素放在首位，要做到尊重知识，依托于知识的积累、传递、应用与创新，推动乌兰牧骑文化事业与时俱进，从而通过管理促进乌兰牧骑事业的发展。

文化产品是一种特殊的产品，文化服务是一种特殊的服务。乌兰牧骑产品与服务的与时俱进首先表现为坚持中国先进文化的前进方向。60多年来，乌兰牧骑为人民群众提供了适应时代的基本的文化及娱乐形式，并且不断提高人民群众的文化素质和审美能力。新时期，乌兰牧骑更要强化创新意识，发扬创新精神，在继承中创新，在创新中发展，在发展中繁荣；用科学发展的思想建设乌兰牧骑文化事业，立足本土，面向国家和世界，发掘和创造既有内蒙古特色又有高质量、高品位的作品；要发挥民族地区优势，用优秀作品鼓舞人民群众振奋精神，与时俱进。

乌兰牧骑要大力发展精品文化事业。精品是具有深刻思想内容和较高艺术水平、有较强时代气息和浓郁民族精神、有强烈吸引力和感染力的文化产品。精品主要以弘扬时代主旋律为中心，是民族风格与时代精神契合的产物。乌兰牧骑文化事业体现了草原文化的优良传统以及国家和政府发展文化、繁荣艺术、提高人民审美文化水平的思想。乌兰牧骑应当抓住民族及地区特色，创作地域特色鲜明，民族生活气息浓郁，集思想性、艺术性、观赏性于一体的艺术精品，给人以强烈的艺术感染和美的精神享受；应当抓住现代气息，创作以讴歌民族新生活为宗旨，富有时代特征、与时俱进的艺术精品，奉献适合时代需求的精神食粮；抓住民族历史，创作挖掘民族文化遗产、弘扬民族文化传统、彰显草原文化底蕴、创新发展民族文化的艺术精品，以满足草原人民多元的审美需求。

在发展艺术精品的同时，乌兰牧骑也要重视面向普通大众的通俗文化的推动。要注重作品及服务的娱乐性、实用性等功能的发挥，创作农牧民群众喜闻乐见、自觉追捧的大众娱乐文化产品，使其作品更好地迎合一般大众的心理需求和现实需要。满足不同群体对乌兰牧骑公益性文化日益丰富多彩的需求，让受众群体既能欣赏到艺术精品文化，也能欣赏到通俗流行文化，从而真正使乌兰牧骑文化事业步入雅俗共赏的发展轨道。

（三）战略性

"战略"原为军事术语，是指在战斗中指导战争全局的计划和策略，后引申为在一定历史时期内的全局性的方针、政策、任务。乌兰牧骑公益性文化事业作为我国社会主义文化事业的组成部分，是内蒙古地区文化底蕴和文化积累的重要展示，发展乌兰牧骑事业，加强发展战略研究，从全局上增强乌兰牧骑事业的发展能力，才能确保乌兰牧骑持续、健康地发展。

人的自身发展是社会存在的前提和基础，人的全面发展也是整体社会进步的标志和目的。乌兰牧骑公益性文化事业的主体是人，目标也是为了满足人的文化需求，人是乌兰牧骑事业生存、发展的基础和动力，乌兰牧骑的发展战略必须把以人为本、保障和维护农牧民群众的文化权益作为出发点，充分考虑群众的愿望，体现群众的利益，切实保障群众享受平等的文化权。以奉献高雅艺术精品、普及法律科技知识、传授增收致富本领等多样化的丰富多彩的文化产品和服务，满足广大人民群众对生活质量不断提高的要求、对提升思想道德修养和综合素质的要求、对自身全面发展的要求。要做到以文养文，以乌兰牧骑的文化宣传与文化服务带动农牧民群众主动积极地参与到社会主义文化的建设中来，从而保证乌兰牧骑文化事业的可持续性。

乌兰牧骑的文化事业建设要强化中华民族精神和地方民族特色。民族精神是一个民族在长期的历史发展过程中所形成的具有独特性、稳固性和持久性的民族意识和品质，是民族生存的精神支持。中华民族是一个以共同的华夏文化所凝聚而成的多民族统一的国家，一脉相承的华夏文化始终是凝聚各民族人民的强大力量。中华民族精神和地方民族特色是乌兰牧骑文化事业的基本内涵，是乌兰牧骑文化事业的根基所在。强化民族精神与民族特色，才能保证乌兰牧骑文化事业的可持续发展。

乌兰牧骑文化事业自身能力建设是实现乌兰牧骑发展目标的关键。要在推动其自身能力不断加强的基础上，不断提高其服务社会的能力，满足社会的需求。乌兰牧骑的自身建设要突出持续性、长期性和长效性。要在管理、体制、资金、人才、组织等方面加强自身建设，尤其在组织创新方面，可以借鉴和引入非营利组织理念。比如，促进文化的自主发展，满足公众的多元化文化需求，拓展文化发展的资金来源等。将组织创新理念与非营利组织的视角引入乌兰牧骑的改革和文化发展战略中，对加强乌兰牧骑文化组织自身能力的建设具有一定的示范意义和作用。

（四）区域性

文化是人类社会与生活环境相互作用的最终产物。人类文化从孕育开始就表现为一定的区域性，区域内自然地理各要素的组合决定了人类的生产方式。在同一个国家内部，不同的自然地理环境、人文因素及历史发展进程形成各具特色的区域文化，进而形成整个国家民族的文化。内蒙古地区地理环境的独特性，以及长期形成的文化心理积淀，直接造成了本土相对稳定的传统习俗、风土人情、性格特色和心理特征，也创造了丰富多彩的文化成果。内蒙古的区域文化就这样产生了。区域文化是区域内形成的思想意识的总和，是在历史发展的过程中逐渐形成的，反映了一个地区特定的人文历史境遇，也构成了这个地区基本的人文特色，并与其他区域的文化相区别。

乌兰牧骑文化事业的发展体现了内蒙古民族地域的历史传承性，表达着内蒙古地区的文化特征，具有显著的内蒙古地域性和民族文化特色。乌兰牧骑的现代价值正是建立在这一特性基础之上。内蒙古地区地域辽阔，是多民族聚居的少数民族自治区，据调查，目前全区有75支乌兰牧骑活跃在各盟市旗县，每支乌兰牧骑都代表着当地的区域文化特色，因此，乌兰牧骑的建设既要注重大区域性文化特征——内蒙古文化特征，又要注重小区域性文化特征——本土文化特征，要以区域的独特文化背景吸引观众。

但仅有独特性是不够的，不一定能保证文化传播的竞争优势，尤其是持续性优势。在乌兰牧骑的文化建设中始终强调特色、营造特色、突出特色，显然是对以往自发状态下的发展经验的总结。新时期，发展乌兰牧骑事业，既要知晓大区域、小区域文化的基础，又要洞察深藏于其背后的区域群众的接受心理、思维方式和审美价值取向；既要把握本区域文化的一般特征，又要深入挖掘其不同于其他区域的个性特点，借以实现乌兰牧骑文化事业的有效传播和持续发展。

在大众传播时代，文化的多元共存和扩散流动使得乌兰牧骑文化事业在区域特色的传承延续上相对比较困难。但是无论是物质文化还是精神文化，文明流动的态势越明显，守护区域文化资源的要求就越强烈，这正是人类文化理性的体现。乌兰牧骑的区域性需要每一支乌兰牧骑带着各自的文化背景、伦理道德和价值观念走到一起，实现文化多元共存、相互兼容，并通过促进人的全面发展，最终为内蒙古地区区域经济的发展提供精神动力。

（五）市场性

自国家明确提出繁荣文化事业和发展文化产业的战略任务以来，全党全社会已达成共识：文化必须面向市场，在繁荣文化事业的同时，积极发展文化产业。不但经营性文化要走上市场，公益性文化事业的繁荣也同样离不开市场，也要在市场中找到自身的适当位置和生长点。虽然按照文化与市场关系的不同，客观上将文化划分为公益性和经营性两类是必要的。但我们也应该看到，在现实中这种区分也是动态的，并非一成不变。即便事业单位主要靠政府财政投入，也有一个面向市场的问题。事实上，很多文化形式的公益性和经营性时常是交织在一起的，高雅的艺术形式可以通过成功的市场运作为自己打开广阔的市场，产业的发展也可以以高品质的文化内容为载体而获得更多的上升空间。再好的艺术品，如果只尘封在角落里，也终究是一潭死水。乌兰牧骑公益性文化事业，尤其是乌兰牧骑的演出精品，要实现自身的价值，就必须要面向市场。所以说，要拓展发展空间，乌兰牧骑必须要创作具有浓郁民族特色的艺术精品。以艺术精品拉动艺术生产力的发展，以艺术精品留住人才，以艺术精品树立社会形象，以艺术精品提高社会效益并实现社会效益和经济效益的统一。

乌兰牧骑作为依据内蒙古自治区实际情况建立发展起来的文化轻骑兵，是活跃在草原农舍和蒙古包之间的文艺团队，在20世纪六七十年代曾经享誉大江南北。乌兰牧骑的足迹遍及全国及台湾、香港地区，出访世界50多个国家和地区，给兄弟民族带去了草原人民的问候，给世界各国人民带去了我国人民的友谊，为我国社会主义文化建设做出了独特的贡献。

在乌兰牧骑的背后，是整片民族文化的海洋。乌兰牧骑从内蒙古人民群众及其火热的现实生活中寻找创作源泉与灵感，从民族民间丰厚的文化传统中汲取营养，创作演出了1.3万余个文艺节目，创作出《顶碗舞》《鄂尔多斯婚礼》《筷子舞》《腾飞的骏马》等内蒙古民族艺术的精品和典范。乌兰牧骑还积极挖掘、整理了大量优秀的民族民间文化遗产，极大地丰富了乌兰牧骑的表演艺术。从乌兰牧骑走出去的德德玛、拉苏荣、牧兰、敖德木勒、敖登格日乐、那顺等一批国内知名艺术家，用他们的歌声和舞姿讲述着草原上马背上的民族热爱生活、勇敢拼搏以及对美好事物的追求和向往。而更多的乌兰牧骑人则是坚持植根于农牧民群众当中，一切从农牧民群众的需要出发，全心全意地为社会主义文化建设默默无闻地奉献着。

60多年来，乌兰牧骑的队员走了一批又一批，换了一茬又一茬，但是，扎根基层、面向群众的初衷没有改变，全心全意为人民服务的宗旨没有改变，艰苦奋斗、无私奉献的本色没有改变，这一切都是乌兰牧骑历久弥新的宝贵经验。

二、新时代乌兰牧骑创新发展的必要性

党的十九大指出中国特色社会主义进入了新时代。面对已经发生深刻变化的时代内涵和社会主要矛盾，面对我国基层公共文化服务存在的供需矛盾，乌兰牧骑作为一支具有明确定位和属性的流动服务队，必须要坚持创新发展。

（一）文艺坚持马克思主义在意识形态领域的指导地位的必需

新时代，要做好我国意识形态工作，关键是要坚持马克思主义在意识形态领域的指导地位，才能确保党和人民群众统一思想、团结奋斗、坚定信心、凝心聚力，始终朝着社会主义的正确方向前进。然而，当前我国马克思主义意识形态发展态势复杂，不仅面临着非马克思主义思潮的冲击，还存在着全球化、网络化等方面的挑战，内部与外部、先进和落后相互影响、碰撞，致使人们的价值观日益呈现出多元化和碎片化态势。因此，巩固马克思主义在意识形态领域的指导地位显得愈加必要和紧迫。

意识形态是文化发展的核心，文化是意识形态发展的基础。因此，只有加强和推进我国社会主义文化建设，才能使马克思主义在意识形态领域的指导地位得到真正地体现。乌兰牧骑建设在我国一直处于社会主义文化建设层面，作为一支积极的力量，既是对优秀传统文化的继承、弘扬，又是对当代文化先进性的体现，贯彻落实了党的精神文明建设要求，大力推进了我国社会主义精神文明建设。文艺是一种特殊的意识形态，乌兰牧骑作为一个有着鲜明意识形态属性的公益性文化事业单位，其文化事业和社会形象都反映了社会主义意识形态的价值观念。

乌兰牧骑的发展处处体现了社会主义的意识形态特征，彰显着马克思主义的生命力、亲和力、感召力。在乌兰牧骑的人员构成方面，要求队员具有明确的政治方向，以全心全意为人民服务为工作导向。另外，乌兰牧骑是传播传统文化、民族文化的特殊载体，其提供的文艺作品和服务也具有鲜明的社会主义意识形态特征。乌兰牧骑成立60余年来，一直与时俱进，坚持走党的路线、方针、政策，加强社会主义精神文明的建设，推动民族艺术的繁荣发展，提高人民的文化素养。新时代，我们要继承乌兰牧骑的优良传统，在为基层做好服务的同时，也要引导广大民众树立正确的人生理念和价值观念，要使广大人民更加深入地了解和把握马克思主义的实质和精髓，逐步实现马克思主义大众化。

(二)增强民族文化自信的必需

坚定文化自信,对于国家经济发展、文化安全和社会稳定具有重大意义。2016年5月,习近平总书记在哲学社会科学工作座谈会上的讲话中强调:"要坚定中国特色社会主义道路自信、理论自信、制度自信,说到底是要坚定文化自信。文化自信是更基本、更深沉、更持久的力量。"因此,我们要坚定文化自信,不能空喊口号,要实事求是,深入挖掘文化自信根基,做到知行合一。更要明确,坚定文化自信的底气来源于博大精深的优秀传统文化、革命文化和社会主义先进文化。这种在优秀传统文化基础上的继承和发展,奠定了我们文化自信的强大底气。一直以来,乌兰牧骑始终致力于以中华优秀传统文化、革命文化和社会主义先进文化引领社会风尚、教育人民、服务社会,始终以增强民族文化自信为己任,不断夯实民族文化创新力、创造力,成为推动民族文化大发展、大繁荣的重要力量。

在增强民族文化自信方面,乌兰牧骑发挥了不可替代的作用。首先,乌兰牧骑始终坚持党的领导,自觉培育和践行社会主义核心价值观,引导农牧民和各族群众牢固树立正确的理想信念,坚守主流价值理念和道德观念,激发民族凝聚力,增强民族向心力,更好地凝聚起文化发展的强大合力。其次,乌兰牧骑是民族文化传承的载体,自建立以来一直担负着保护和传承民族传统文化的重要使命。乌兰牧骑通过多元化的方式增强民族文化自信,主要表现为:从各民族丰富的语言文化资源中汲取精华,注重传承和保护优秀的民族民间文化遗产,不仅如此,乌兰牧骑的表演还融入了其他民族风格和地方特色,以此让各族群众都能看得懂、听得懂。此外,乌兰牧骑不仅在内蒙古地区大放异彩,同时也在对外交流中彰显着民族文化自信。尤其是改革开放以来,乌兰牧骑走遍全国各省、市、自治区,与各民族进行交流学习,广泛宣传内蒙古改革开放和现代化建设的成就,扩大了乌兰牧骑在全国各地的影响力,最重要的是把"乌兰牧骑"这张名片,积极地带到世界各地,搬上了世界舞台,让世界见证了优秀的草原文化,成为中国与世界交流的文化使者。

（三）文艺为人民服务的必需

首先是人民渴望获得更均衡的公共文化服务的需要。当前，虽然党和政府高度重视农村、牧区的社会发展问题，积极推进城乡一体化建设，但是与城市相比，边远农村、牧区的基本公共文化服务设施依旧落后，只能保障基础性的精神文化活动，缺乏高层次、高水平的公共文化服务，供给不平衡、不充分的问题突出。因此大力推进乡村振兴战略，就是为了消除城乡之间、区域之间的公共文化服务供给不平衡、不充分的问题。但是在当前农村、牧区基础设施不健全、资源配置不到位的前提下，乌兰牧骑亟须扮演好"替补"的角色，补上公共文化服务缺失的短板。

其次是人民追求美好生活的需要。在过去，由于交通不发达、不便利，基础设施不完善，人们无法收看广播、阅读报纸，因而乌兰牧骑的出现弥补了牧民群众在牧区无法获得基本文化服务的缺憾。但是随着可供选择的文化活动和文化产品的增多，许多的文艺糟粕也伺机侵扰着人们的精神和意志，因此人民群众更加需要艺术精品来弘扬真善美。面对新的历史时代，文艺只有肩负起更大的历史责任和时代担当，才能体现应有价值，才能发挥巨大作用。伴随着生产生活方式的深刻变革，农牧民群众的精神文化生活更丰富，包容性更强，文化需求更加趋于个性化，过去的"送餐"已经不适合今天"点餐"的需要。

三、新时代乌兰牧骑创新发展的有效举措

（一）创新形式，开辟"乌兰牧骑+"志愿服务新模式

乌兰牧骑是人民的服务队，始终秉持着"流动服务"的理念。牧区草场地广人稀，乌兰牧骑队员在长期的演出活动中，摸索出了独特的流动服务模式。这样的流动性文化服务模式对于农村、牧区的社会工作具有很强的借鉴意义。因此，自2017年以来，内蒙古自治区人民政府已联合全区农

牧、科技、司法等 11 个部门，组成 247 支行业志愿服务轻骑兵，深入开展基层综合志愿服务。开辟"乌兰牧骑+"的模式，突破了基层服务的区域限制，创新了服务方式。依托乌兰牧骑灵活多样的服务特征，开展法律帮扶、政策宣讲、医疗服务、农牧业知识普及等活动，打通农村、牧区社会服务的"最后一公里"，将社会服务带到了每一个苏木、嘎查，甚至是每一个蒙古包中。在 60 多年的发展进程中，乌兰牧骑队员与当地的群众相融相知，对牧区群众的情况非常熟悉，借助乌兰牧骑的流动服务形式，融合专业的指导，对开展基层社会工作十分有利。可以说，"乌兰牧骑+"的流动服务模式，是接续推进文化服务和社会服务有效衔接的新模式，是新时代社会服务可资借鉴的新方式。

（二）修订条例，推进乌兰牧骑法治化管理

进入新时代，内蒙古自治区各级政府以及文化主管部门对乌兰牧骑的组织管理呈现出由松到紧的状态。尤其是习近平总书记给乌兰牧骑回信后，重申了乌兰牧骑作为全国文艺战线上的一面旗帜所具有的引领作用和模范作用，从国家的层面对乌兰牧骑的存在与发展做出肯定，指明了乌兰牧骑未来的发展道路。因此为了增强乌兰牧骑的服务质量和服务水平，就要从法律法规的层面对乌兰牧骑的权利义务进行明确，从而更好地实现有序发展。2019 年 9 月，内蒙古自治区第十三届人大常委会第十五次会议通过《内蒙古自治区乌兰牧骑条例》，这是内蒙古法治建设历程中首部解决文艺团队建设、保护、发展问题的地方性法规，也是自 1957 年以来内蒙古自治区再次为乌兰牧骑的发展修订的条例。这些文件明确了乌兰牧骑的内涵、基本职能、人才保障制度、经费保障制度等，切实保障了乌兰牧骑队伍的规范性、有序性，为乌兰牧骑走稳、走好为人民服务的道路奠定了重要的基础。与此同时，2020 年出台的《2020 年乌兰牧骑工作方案》，为乌兰牧骑队伍提供了总体性的发展目标和发展计划，在《内蒙古自治区乌兰牧骑条例》的指导下，该工作方案着眼于推进乌兰牧骑的改革与发展，从而满足人民群众的新需要，实现新时代乌兰牧骑的创新发展。因而条例的修订为乌兰

牧骑事业的各个环节提供了基本的遵循，有效解决了新时代乌兰牧骑发展面临的难题，提供了积极的政策指向和方法引导，将乌兰牧骑引上了法治化发展的正轨。

（三）组建学会，建设乌兰牧骑研究主阵地

2017年12月4日，新一届内蒙古乌兰牧骑学会成立，这对发展乌兰牧骑理论研究具有重要意义。在60多年的发展历程中，乌兰牧骑创作了众多反映时代精神和社会新风的文艺精品，这些作品类型多样，包括舞蹈、歌曲、好来宝等众多形式。其中有很多的艺术作品是乌兰牧骑队员在搜集整理民间音乐、民间舞蹈、民间传说后创作的，也有的艺术作品是从生产生活的实践中获取灵感创作的，这些作品广泛传播主流意识形态，激发正能量，起到了思想引领的作用，因而具有很高的研究价值。乌兰牧骑学会成立后，充分挖掘乌兰牧骑的发展历史、文艺作品、先进事迹，记录好、传承好、讲述好乌兰牧骑的故事。与此同时，乌兰牧骑学会也在整理、出版乌兰牧骑原创优秀作品的过程中，成为研究乌兰牧骑历史，弘扬社会主义先进文化和先进文艺的主流阵地，为乌兰牧骑的继承、创新提供借鉴参考。

（四）繁荣创作演出，打造乌兰牧骑文化精品

创作演出是乌兰牧骑的中心任务，也是丰富农牧民群众文化生活的重要手段。新时代要繁荣创作演出，必须继续扎根基层，深入农村、牧区火热的现实生活，牢固树立文艺创作来自人民、根植人民、服务人民的观念意识，围绕农村、牧区发展变化的生活实际，以新时代视角诠释乌兰牧骑的传播内容，以新时代反映乌兰牧骑精神的鲜活的真人真事来传播文化，创作演出要贴近生活实际、贴近群众，要具有民族地区特色，与时俱进，具有一定的思想高度和文化水平，艺术节目要具备小型多样的特点，为广大农牧民和各族群众所喜闻乐见。要宣传好新时代党和国家的政策法规，在艺术作品中融入正确的国家观、历史观和民族观，有助于各民族实现共同团结奋斗、共同繁荣发展。要聚焦现实题材进行创作，深刻把握时代脉

搏，紧紧围绕改革开放40周年、中华人民共和国成立70周年、中国共产党成立100周年，以及中国梦、社会主义核心价值观等重大主题，创作生产一批思想精深、艺术精湛、短小精干、广受欢迎的艺术精品。要强化精品意识、品牌观念，以强化文艺创作和节目内容新颖为重点，在深入基层创作演出的过程中，努力打造品牌节目。对优秀节目要重点奖励，注重交流推广，常演常新，让广大农牧民和各族群众充分共享。

如今，各项文化事业的迅速发展，催生了多样化的艺术表演形式，这对于乌兰牧骑提出了更高更新的要求。乌兰牧骑要想在新时代创作出更多具有艺术高度和自身特色的精品，不仅需要继承优秀传统文化，不断汲取其中先进的优秀的艺术精华，还需要弘扬乌兰牧骑积极进取的精神，逐步在创作演出中引领提升人民群众的鉴赏品位。要坚持以习近平新时代中国特色社会主义思想为指导，着力传播科学理论和先进文化，更好满足人民群众的精神文化需求。

（五）立足人才培养，加强队伍建设

乌兰牧骑发展的关键在于加强队伍建设和人才培养，运用各种方式，教育和培养新一代乌兰牧骑人，始终扎根基层、服务人民。首先要创新体制机制，大力推动人才培养工作，加强人才队伍建设。创新人才引进机制，开放人才引进通道，对专业过硬有发展潜力的人才，在政策、待遇上给予适当倾斜。针对乌兰牧骑队员的实际情况，建立培训机制，并且制定乌兰牧骑人才培养的长期计划。根据乌兰牧骑的具体情况制定详细的培训方案，重点以本地文化和一专多能为主，拉动乌兰牧骑队伍整体的水平。建立培训基地，积极开展与其他队伍的乌兰牧骑队员的交换、调训工作。每年进行两次队员轮训，并加强各支乌兰牧骑之间的合作交流。支持队员的继续教育和外出进修，可以根据需要，安排优秀队员到区内外专业团队、院校进行全日制或长期培训。每年选出若干优秀人才做重点培养，组建新人组合，鼓励参赛，使其快速成长。建立乌兰牧骑储备人才培养机制，在相关艺术类高校设立乌兰牧骑培训专业，开设乌兰牧骑教育相关课程，在政策

允许的范围内，在初高中开设第二课堂，招收符合条件的初高中生进行培养，与即将参加高考的优秀艺术生签订待遇较好的直聘协议书，待其毕业后招入乌兰牧骑。

其次要强化人才精品战略，以优秀人才带动乌兰牧骑的创新发展。大力培养一专多能的专业人才，重点抓好剧本、舞蹈、音乐等方面各类编创人才、尖子人才、一专多能人才的培养与使用。各级各地乌兰牧骑都要定期举办编导、音乐、舞蹈等各类长短期培训班，采取集训、调演、专项比赛等行之有效的措施，全面加强队员的文化素质和业务水平。在招聘方面，适当放宽乌兰牧骑进入门槛。结合实际制定乌兰牧骑人才引进规划，充分落实用人单位用人自主权，对急需的紧缺人才、拔尖人才、复合型人才和特殊人才的录用，可在国家政策法规允许的范围内，适当放宽招考的比例，精简录用程序，改进录用的方式，对储备乌兰牧骑人才择优放宽，可以根据需要，改为聘用合同制，确保乌兰牧骑所需人才进得来、留得住。

（六）建立乌兰牧骑公益基金会

建立乌兰牧骑公益基金会，鼓励个人及企业为乌兰牧骑捐赠，必要时增加以文补文工作。在城镇设立录像放映售票演出，收入全部捐入乌兰牧骑公益基金会，以解决外出演出的活动经费，添补部分设备。

第四节 当前乌兰牧骑创新发展的成效

一、拓展了服务形式，提升了服务质量

乌兰牧骑是农牧民群众的"服务员"，而"乌兰牧骑+"的流动志愿服务新模式赋予了"服务员"身份新的内涵。尤其是针对脱贫攻坚、乡村振兴、扫黑除恶的政策宣讲，这支"新时代文明实践综合服务队"探索出

线上线下相结合的社区服务新形式。与此同时，乌兰牧骑努力创作艺术作品，提升新时代人民群众的精神品格。2019年，由内蒙古艺术学院乌兰牧骑舞蹈团排演的原创民族舞剧《草原英雄小姐妹》获得文华大奖，这部作品以20世纪60年代草原姐妹龙梅和玉荣冒死保护公社羊群的故事为原型，通过回顾过去、立足当下、面向未来，讴歌了草原牧民永不褪色的爱国主义精神和集体主义精神，回应着对时代主题的深深关切。

二、优化了队伍管理，实现了良性发展

新时代的背景下，人民群众对于精神文化产品有了更高的要求。新的管理条例以及工作方案的颁布与落实，明确了新时代乌兰牧骑队伍的权利与义务、定位与职责，要求乌兰牧骑队员一专多能，既要有专业性又要有多元性，既要有文化素养又要有政治素养。这些都促使乌兰牧骑队伍努力培养自身的服务精神和奉献意识，将责任使命铭记于心，从而真正练就政治素养过硬、业务能力够高的人才队伍，起到凝心聚力的显著成效。2017年阿荣旗乌兰牧骑积极开展党的十九大精神宣讲，到阿荣旗霍尔奇镇后山根村开展"阿荣旗学习宣传贯彻党的十九大精神——文化下乡惠民演出"，"十九大精神放光芒，百姓心里亮堂堂，家庭和睦心向党，凝心聚力奔小康，奔小康"，阿荣旗乌兰牧骑通过编排脍炙人口的音乐快板，让老百姓更容易了解党的政策。新时代乌兰牧骑不断加强思想理论学习，坚持做好政策方针的"解说员"，做好人民群众的"加油人"。

三、丰富了宣传手段，提升了传播效果

随着网络技术和新媒体技术的发展，手机日渐成为人们了解社会的主要媒介工具，其获取知识和新闻资讯的便捷性远超电脑、电视、广播、报纸等媒介工具，线上的"云"生活成为人们日常生活的重要组成部分，也成为牧民群众获得公共文化服务的主要途径之一。新时代乌兰牧骑积极探

索线上传播方式,建立"网上乌兰牧骑",将各支队伍的实物资料和演出活动进行数字化处理,转化成文字、图片、音视频,进行线上传播。内蒙古自治区人民政府办公厅印发的《牧区现代化三年行动方案(2020—2022年)》将推动基本公共文化服务、提升能力建设作为重点任务,推进"互联网+政务服务"向苏木(乡镇)、嘎查(村)延伸。因此,线上传播已然成为不可阻挡的发展趋势,未来众多的公共文化服务将通过屏幕传递到千家万户,这既降低了公共文化服务的成本,也突破了地域的局限,加快了文化传播的步伐。"网上乌兰牧骑"微信公众平台的建立,为全区75支乌兰牧骑提供了线上的交流平台和服务平台,成为乌兰牧骑的线上宣传阵地。平台为各支队伍设置了包括简介、创作、宣传、辅导、服务、艺术家、惠民演出、创城·创新、经典节目、经典人物、经典故事、经典文件在内的12个板块,使人们能够全方位了解每支乌兰牧骑的基本情况和最新动态,了解乌兰牧骑60多年发展进程中那些台前幕后的感人故事,弘扬正能量。同时为广大群众提供了观看乌兰牧骑演出的新渠道,足不出户就能享受精彩的文化盛宴。

四、加强了理论研究,提供了建设指导

乌兰牧骑的发展对弘扬民族艺术、传播民族文化具有重要意义。在过去,乌兰牧骑不注重文化档案的收集整理工作,一方面是现实的客观原因,技术和保存手段落后,作品资料得不到有效管理;另一方面是各个部门单位对乌兰牧骑资料收集的重视程度不够,缺少对档案的维护。乌兰牧骑学会的成立使得这一情况获得改善。乌兰牧骑学会自觉承担着乌兰牧骑的理论建设、指导服务、宣传推广等任务。乌兰牧骑学会在对乌兰牧骑目前以及过往的文艺作品、文化资源进行挖掘、整理、保护的过程中,能够让广大人民群众通过某些具体可感的内容感受国家的发展变化,增强文化认同感和中华民族归属感,由此也突显了乌兰牧骑学会在"讲好乌兰牧骑故事"方面的重要意义。

在历史方位、时代意义、社会主要矛盾都已经发生深刻变化的今天,乌兰牧骑"为人民服务"的初心使命始终不变，但如何更好地为人民服务？乌兰牧骑正在进行积极的探索。但是无论如何，创新发展应当是牢记于心的基础原则。在宣传形式上，要将线上的微信账号、抖音账号等作为主要的传播阵地和服务平台，充分吸纳年轻的新媒体人才，运营好线上的传播渠道。在日常工作中，要接续推进文艺服务与社会服务的有效衔接，将乌兰牧骑这种流动的服务形式，在社会服务中充分发扬，弥补基层社会文化服务的不足。在文艺创作上，要紧跟党和国家的政策指引，用最通俗的歌舞音乐宣传最新的理论方针。与此同时，关注百姓、关注民生，从人民群众的实际需求出发，从实现中华民族伟大复兴的时代主题中挖掘真善美，弘扬正能量。在自身发展的过程中，乌兰牧骑要牢记自己的使命责任和定位属性，作为全国文艺战线上的一面旗帜和艺术范本，各支乌兰牧骑更要注意规范化发展，坚定政治立场，培养道德素养，肩负起新时代文艺发展的使命，也肩负起繁荣少数民族文化的责任。与此同时，各支乌兰牧骑应该博采众长、与时俱进，加强彼此之间的交流学习，增进感情，相互促进，共同发展。

第七章 乌兰牧骑一专多能人才队伍建设

第一节 乌兰牧骑人才队伍建设的目标

乌兰牧骑自成立起就需要建立一支队伍短小精干、人员一专多能，便于在牧区流动的小型文艺队伍，因而，人才是乌兰牧骑繁荣发展的根本，人才建设是乌兰牧骑发展的核心和重中之重。乌兰牧骑事业能够繁荣的关键在于对人才的培养，建立一支高素质的艺术创作者和艺术生产者队伍，形成一个合理、有特色的创新群体是乌兰牧骑事业繁荣发展的基石。

一、一专多能——乌兰牧骑的人才队伍建设目标

"你们会几样乐器？会六七种！一专多能！一专多能是中国的传统。"这是1965年在人民大会堂乌兰牧骑队员表演无伴奏合唱时周总理对他们的评价。60多年来，"一专多能"便成为乌兰牧骑一以贯之的人才要求目标。

二、乌兰牧骑一专多能人才队伍建设思路

第一，思想上号召。1957年，苏尼特右旗乌兰牧骑这样一支文艺工作团体，54天时间行程3000多里，他们克服了复杂的环境和艰难的条件，演出了30余场。他们的做法得到了内蒙古自治区相关部门的高度认可，认为这是文艺为牧民服务的最好办法，同时号召全区各地文化部门总结苏尼特

右旗乌兰牧骑的好做法，建立更多支这样一专多能型的表演团队。2017年11月，习近平总书记给苏尼特右旗乌兰牧骑队员回信，内蒙古自治区党委政府高度重视回信并严格贯彻执行，进一步将乌兰牧骑的一专多能型人才培养工作作为重要内容，要求乌兰牧骑队员们在思想上重视一专多能，始终钻研一专多能，鼓励乌兰牧骑的队员们要继续在"一专"上下苦功夫，在"多能"上有成就，持续夯实乌兰牧骑事业发展的基础。

第二，政策上指引。自1957年内蒙古自治区文化局颁布《乌兰牧骑工作条例（草案）》开始，《内蒙古自治区乌兰牧骑工作条例》《关于加强新时期乌兰牧骑工作的意见》《关于深入贯彻落实习近平总书记重要指示精神 加快推进乌兰牧骑事业发展的意见》《全区乌兰牧骑事业发展中长期规划（2018—2025）》《内蒙古自治区乌兰牧骑条例》等的相继发布，加强了乌兰牧骑改革创新顶层设计，提出乌兰牧骑一专多能型人才要求。2019年重新修订《内蒙古自治区乌兰牧骑考核评估管理办法》，办法中强调，要"加强乌兰牧骑优秀人才培养，重点做好编导、作曲人才，年轻演员、一专多能演员的培养与使用"，并将一专多能作为乌兰牧骑人员考核评估的准则。要求乌兰牧骑队员要热爱自己的本职工作，要始终坚持刻苦钻研业务，精益求精，做到一专多能。

第三，行动上落实。一个合格的、称职的乌兰牧骑队员，能在农村、牧区各种简陋条件下随时随地胜任各类演出、各种角色，必须有一专多能的本领，上台是演员，下台是职员。乌兰牧骑队员要从思想上认识到一专多能的重要性，行动上落实到演出、宣传、服务、辅导的全过程。队员们个个是多面手，台上能吹、拉、弹、唱、舞、演，样样拿得起；台下会理发，能放幻灯片，帮牧民剪羊毛，辅导业余文艺爱好者。乌兰牧骑队员们把一专多能贯穿基层文化服务的始终，成为名副其实的"八大员"：演员、社员、宣传员、保健员、理发员、投递员、炊事员、售货员。

第二节　乌兰牧骑在人才队伍建设方面存在的问题

随着时代的变迁，乌兰牧骑的发展面临着诸多困难和挑战。创作力量薄弱、艺术佳作匮乏、创新作品较少等都成为制约其发展的瓶颈，归根究底在于缺乏优秀人才。具体而言，乌兰牧骑人才队伍建设方面存在如下问题和不足。

一、缺乏一专多能人才

各地乌兰牧骑普遍存在表演类演员人数居高、一专多能型演员匮乏的现象，音乐类演员只会唱歌，舞蹈演员只会跳舞，严重缺乏一专多能的高水平演员，既能表演又能进行编导创作的队员全区乌兰牧骑加起来不足50人。人才匮乏问题使得乌兰牧骑的艺术水平难以有整体性的提高。

二、缺乏编导、作曲人才

创编人才是乌兰牧骑生命力的关键所在。据统计，全区75支乌兰牧骑中，专兼职编导、作曲人才在人员配置中仅约占2%—4%，且严重断档，导致乌兰牧骑特色精品较少。究其原因，一方面是新人才进不来，队伍更新迟缓；另一方面是乌兰牧骑现有的创编人员普遍缺乏深入基层体验生活的实践经验，缺乏外出观摩、学习、考察，开阔眼界、增长本领的机会。

三、缺乏年轻尖子演员

年轻尖子演员是舞台表演的中坚力量，也是乌兰牧骑发展的后备人才，关系到乌兰牧骑事业的提高以及可持续发展，是乌兰牧骑事业的基石。目前，各地乌兰牧骑因工资低、年轻人不愿意到基层工作等原因，导致乌兰牧骑普遍存在年轻尖子演员流失、缺乏的问题。乌兰牧骑队伍更新迟缓、后继乏人，创作力量薄弱，难以形成结构合理的人才梯队，难以带动提高乌兰牧骑的整体艺术水平。

四、缺乏分工细化的专业人才

乌兰牧骑需要一专多能的复合型艺术人才，同时，因剧种增多以及对演出效果的高追求，需要高水平的专业人才。但是，由于乌兰牧骑编制少、工资不高、经费紧张等原因，导致乌兰牧骑留不住人才、进不了人才。各地乌兰牧骑普遍不同程度地缺乏高水平的声乐、器乐、舞蹈、灯光、舞美设计等细化人才。乌兰牧骑无法激活用人机制，制约了乌兰牧骑的发展。

五、队员文化程度不高、学历低

除了部分队伍之外，大多数乌兰牧骑存在着队员文化程度不高和学历低的问题。许多具有如长调、呼麦等表演天赋的专业人才，却只有小学初中文化水平。由于学历层次低，导致演职人员工资低，进而更不愿意留在乌兰牧骑。由于乌兰牧骑队员整体文化素质偏低，乌兰牧骑又难以落实人才保障制度，留不住人才，严重制约着乌兰牧骑人才的全面发展。

六、高职称人员偏少

据统计，目前全区75支乌兰牧骑中，除个别乌兰牧骑外，大多数乌兰牧骑队伍中，高级职称（国家二级演员及以上）队员偏少。五六十人的队伍中，国家一级、二级演员一般不超过10人。由于学历问题难以解决，许多演员贡献大，但职称评不上，严重影响了乌兰牧骑队员的工作积极性。

除此之外，乌兰牧骑多年来难以彻底解决的一个显著问题是新老队员的更替。由于编制缺、待遇相对较差等问题，新老队员无法更替衔接的问题在各地乌兰牧骑中都有不同程度的存在。老一辈的乌兰牧骑队员大多数是从基层发掘出来的艺术人才，他们实践经验丰富，实战能力强，但文化素养相对较低，且乌兰牧骑队伍大多沿袭保留着"传帮带"的模式，有一部分队员子承父业，缺乏专业的培训，而一些从高校选拔上来的新成员，缺乏基层的实践，成长速度慢，演出水平亟待提升，这就使得乌兰牧骑队伍出现了新老队员水平高低不齐的现状。

第三节　乌兰牧骑人才队伍建设的举措及成效

人才资源是第一资源，乌兰牧骑发展的关键在人才。多年来，乌兰牧骑在人才方面的短板，使得优秀剧目编创受到限制，质量与数量难以保证，服务效能减弱，滞缓了乌兰牧骑的发展步伐。2017年来，乌兰牧骑通过建设较为系统的人才队伍建设体系，着力加强乌兰牧骑人才引进、培养和管理，选好人才、培育人才、用好人才，全力抓好乌兰牧骑人才队伍建设。

一、拓宽人才引进渠道，充实乌兰牧骑队伍

公开招聘制度是事业单位招录人才的主渠道。为增强乌兰牧骑发展活力，形成稳定的人才梯队，全区乌兰牧骑创新选人用人机制，结合现有队员年龄结构、专业结构和岗位需求，在内蒙古自治区文化和旅游厅、内蒙古自治区人力资源和社会保障厅等部门指导监督下，面向社会自主公开招聘舞蹈、声乐、器乐、表演等方面的急需紧缺人才，充实并优化乌兰牧骑人才队伍。一些盟市和旗县级乌兰牧骑已按照《内蒙古自治区乌兰牧骑条例》《内蒙古自治区事业单位公开招聘人员办法》等的规定，创新人才引进机制，对乌兰牧骑队员实行自主公开招聘。例如，鄂尔多斯市伊金霍洛旗

乌兰牧骑根据《伊金霍洛旗乌兰牧骑演职人员流动管理办法（试行）》，在主管部门和鄂尔多斯市人力资源和社会保障局等部门指导监督下，对演职人员实行自主公开招聘，对特殊人才通过专家评估和专业技能考核等方式择优聘用；兴安盟科尔沁右翼中旗乌兰牧骑制定并实施《自主招聘演职人员实施方案》，以更好引进急需人才；等等。这些举措为乌兰牧骑队伍补充必要和必需的新鲜血液，充实乌兰牧骑人才队伍，使得乌兰牧骑队伍代际传承、实现老中青"梯队化"科学结构。

二、加强业务培训，提升乌兰牧骑队员专业素养

业务培训是提升乌兰牧骑人才质量、建设人才队伍最重要的措施和方法。随着全区乌兰牧骑人才队伍的不断壮大，内蒙古自治区及基层相关文化管理部门、乌兰牧骑领导者采取多种人才专业培养、能力提升的形式，为乌兰牧骑人才培养和成长创造条件。通过靶向制定培训内容，不断提升培训质量，持续巩固人才培训效果。

一是由内蒙古自治区文化和旅游厅举办的各类全区乌兰牧骑人才培训。自治区文旅厅设立专项经费，举办各类专业培训班，如全区乌兰牧骑队长培训班、全区乌兰牧骑声乐培训班、全区乌兰牧骑舞台技术培训班、全区乌兰牧骑舞蹈编导培训班、全区文艺院团舞蹈编导人才培训班、全区乌兰牧骑小戏小品表演人才培训班、全区文艺院团作曲人才创作实践能力提升培训班、全区乌兰牧骑新媒体运用培训班、内蒙古自治区乌兰牧骑蒙汉语舞台艺术创作培训班，等等。有的培训专门面向乌兰牧骑举办，有的培训面向所有文艺院团，但乌兰牧骑都有参与。培训邀请国内专业类艺术院校和国内一线剧团院团的专家学者、行业优秀从业人员授课，激发乌兰牧骑演职人员的艺术热情，夯实专业技术基础，强化艺术素养和创新能力，推动乌兰牧骑创作出更多受百姓喜爱的作品。

同时，内蒙古自治区分别在鄂尔多斯市、锡林郭勒盟等地建立乌兰牧骑人才培训基地，为乌兰牧骑队员提供优质的教学平台，不定期选派编创

人员、一专多能型骨干队员进行培训，并进一步对全区3000多名乌兰牧骑队员进行全覆盖培训，整体性加强新时代乌兰牧骑所有队员的理论水平及专业素养和综合能力。

二是与区内外相关高校建立合作，建立乌兰牧骑队员培训基地，培养和提升乌兰牧骑人才，推动乌兰牧骑人才建设、艺术创作和事业发展。这类合作包括自治区相关文化管理部门、基层文化管理部门和乌兰牧骑与相关高校的合作三种形式。第一种如内蒙古自治区党委政府与中央民族大学、内蒙古艺术学院合作，在中央民族大学合作建立"乌兰牧骑人才培养和科学研究基地"，举办"内蒙古乌兰牧骑音乐创作和舞蹈编导高级研修班"；在内蒙古艺术学院开设"乌兰牧骑班"，联合培养"乌兰牧骑式"全能型人才；在内蒙古民族幼儿师范高等专科学校建立"全区乌兰牧骑人才培训基地"。第二种如由呼和浩特市文化旅游广电局（文物局）、呼和浩特市文学艺术界联合会主办的呼和浩特地区乌兰牧骑及民营院团专业艺术人才培训班。第三种如锡林郭勒盟镶黄旗乌兰牧骑与内蒙古师范大学音乐学院签署了合作共建协议，内蒙古师范大学定期或不定期针对乌兰牧骑队员进行声乐、器乐、舞蹈、作曲技法等中短期培训；阿拉善左旗乌兰牧骑与阿拉善职业技术学院合作开设民族表演艺术大专班；等等。依托高校平台，与相关教学科研团队融合，畅通乌兰牧骑人才培养通道，为乌兰牧骑队员提供优质便捷的学习平台，努力推进乌兰牧骑人才培养工作，弘扬民族文艺创新繁荣中的乌兰牧骑精神。

三是各盟市开展的各类乌兰牧骑的培训辅导活动。例如，呼和浩特市赛罕区乌兰牧骑举办冬季培训，锡林郭勒盟举办"全盟乌兰牧骑舞蹈基本功培训班"，鄂托克前旗乌兰牧骑每年开展队内春、冬两期专业培训班，阿拉善左旗乌兰牧骑组织开展乌兰牧骑春季声乐、舞蹈、器乐等专题培训，扎鲁特旗乌兰牧骑开展2023年度专业知识技能培训班，等等。通过各种培训活动，激发本土创作活力，有效提升了乌兰牧骑文艺创作队伍的整体水平，形成乌兰牧骑优秀人才梯队，打造了一支弘扬传统、开拓创新、服务基层、德艺双馨的乌兰牧骑队伍。

四是通过国家艺术基金艺术人才培养项目培训，提升乌兰牧骑人才的业务能力。如国家艺术基金2019年度艺术人才培养项目"乌兰牧骑小戏小品编剧人才培养"、国家艺术基金2022年度艺术人才培养资助项目"内蒙古舞蹈剧目编创人才培养"，紧扣乌兰牧骑当前存在的问题，对乌兰牧骑开展"精准培训"，向乌兰牧骑输送养分，通过专业的阐释和系统的指导，更新观念，开阔眼界，为乌兰牧骑队员们打开艺术创作和表演的思路，不断提高队员自身的综合素质、专业技能和创作水平。国家艺术基金艺术人才培养项目是推进乌兰牧骑人才队伍建设的重要举措，为内蒙古自治区探索新的艺术类人才培养模式拓宽了思路，同时也是深入贯彻复合型人才培养理念的有益尝试。

五是以赛代培，激励乌兰牧骑队员、队伍不断提升服务能力和本领。这类活动分为内蒙古自治区区级赛事和地方赛事。区级赛事如内蒙古自治区乌兰牧骑艺术节，全区乌兰牧骑新人新作比赛，全区蒙古语、汉语小戏小品比赛等，通过比赛，涌现出了一大批生活气息浓厚、时代特征鲜明、精神思想良好、质量水平较高，反映现实生活，紧扣发展主题，讴歌时代风尚的艺术作品，也展露出一批专业技能较强、业务素养较高、一专多能兼备的新生代年轻人。地方赛事如呼和浩特市乌兰牧骑学·创·演展演、通辽市乌兰牧骑队员"一专多能"比赛、鄂尔多斯市乌兰牧骑优秀剧（节）目展演、锡林郭勒盟乌兰牧骑舞蹈器乐大赛等，通过评比促进乌兰牧骑队员、队伍之间形成比学赶超的竞争机制，起到激励作用，加强各乌兰牧骑间的交流学习，夯实业务基础，多出艺术精品，不断加强服务基层人民群众的能力，发扬乌兰牧骑精神。

乌兰牧骑要继续坚定文化自信、把握时代脉搏、聆听时代声音，坚持与时代同步伐、以人民为中心、以精品奉献人民、用明德引领风尚的一专多能艺术人才培养目标，力争培养更多优秀的一专多能人才，服务广大农牧民群众，提升公共文化服务水平，不断增强乌兰牧骑队伍适应新时代中国特色社会主义文化发展要求的能力。

第四节 建立乌兰牧骑一专多能人才培养中心

乌兰牧骑作为内蒙古文艺事业中重要的演出团体，其发展毋庸置疑是精彩的、辉煌的。当前，乌兰牧骑在解决人才培养方面有了一些创新举措，也取得了良好成效。但是，乌兰牧骑本身是内蒙古本土文化品牌，乌兰牧骑队伍产生自本土，人才也多来源于本土，乌兰牧骑要在新时代发挥更大作用、提升文化服务能力、提升文化影响力，就要立足本土拓宽新的培养路径，建设更系统、常态化、可持续的稳定的人才培养体系，培养一专多能人才，不断优化人才质量，补齐人才短板。为此，乌兰牧骑需要立足本土，依托本土高水平艺术院校建立乌兰牧骑一专多能人才培养中心。

一、建立全区乌兰牧骑人才培养中心的必要性

（1）建立人才培养中心，提升乌兰牧骑人员素质，加强乌兰牧骑人才队伍建设，是加强新时期乌兰牧骑工作、推进乌兰牧骑品牌建设的迫切要求。

乌兰牧骑是内蒙古自治区独有的、在草原上流动演出的文艺团体，被誉为文艺战线上的"轻骑兵"。自1957年第一支乌兰牧骑诞生以来，乌兰牧骑走过了光辉的发展历程，显示了强大的生命力和文化感召力。作为享誉世界的民族文化品牌和社会主义文艺战线上的一面光辉旗帜，乌兰牧骑为内蒙古自治区民族文化服务基层积累了丰富的实践经验，为内蒙古农村、牧区的社会发展做出了独特的贡献，是内蒙古自治区社会主义精神文明建设的宝贵财富。

内蒙古自治区党委高度重视乌兰牧骑文化事业的发展，提出加强新时期乌兰牧骑工作，是推进经济社会又快又好发展、促进民族文化大发展大繁荣的重要举措。人才资源是第一资源，是乌兰牧骑事业持续繁荣发展的

基础。出人才，才能出精品、出效益，才能推动乌兰牧骑的繁荣发展，才能把乌兰牧骑品牌做大做强。加强新时期乌兰牧骑工作，必须要加强人才培养，以优秀人才带动乌兰牧骑的艺术创新，才能始终保持乌兰牧骑旺盛的生命力和创造活力。

（2）建立人才培养中心，根据乌兰牧骑人才一专多能的特点，加大人才培养培训力度，尽快改善乌兰牧骑人才匮乏和失衡的局面，是解决乌兰牧骑事业发展瓶颈的重要举措。

根据调查了解，目前乌兰牧骑人才队伍缺口较为严重、结构失衡，甚至出现人才断档现象，主要表现为缺乏一专多能人才和编创人才。一专多能复合型文艺人才是对乌兰牧骑队员的基本要求，这是由乌兰牧骑"一队多用、短小精干"的建队原则决定的。随着时代的发展和演出效果要求的提高，乌兰牧骑队员不仅要具备声器乐、舞蹈等基本专业技能，还应兼具主持、小品表演、灯光设计、舞美设计甚至组织管理的能力，这也是乌兰牧骑能够长期在农村、牧区巡回演出的保证。但是，近些年来，由于大环境的变化，乌兰牧骑队员专业分工细化了，一专多能的能力和水平有所下降。这不仅影响到乌兰牧骑队伍能不能深入基层的问题，更关系到乌兰牧骑的优良传统能不能传承下去的问题。

（3）建立乌兰牧骑人才培养中心，通过高校的学历教育和系统培训，有助于满足基层乌兰牧骑现有人员提升素质、提高学历的迫切要求，有助于乌兰牧骑人才保障制度和队伍更新机制的具体落实，真正做到"能上能下，能进能出"。

大多数乌兰牧骑普遍存在着队员文化程度不高和学历低的问题，目前全区75支乌兰牧骑的3500多名队员中，高级职称演员（国家二级演员及以上）不足。因为文化素质和学历偏低，一方面，很多演员贡献大，拿奖多，但职称评不上，导致演职人员工资低，缺乏工作积极性，留不住人才，难以落实人才保障制度；另一方面，有些老队员转岗困难，"出口"不畅，人才更新滞后，严重制约着乌兰牧骑人才的全面发展。

因此，按照"政治强、业务精、作风正"和"一专多能"的标准要求建立乌兰牧骑人才培养基地，系统全面地加强人才队伍的建设，建立一支高素质的艺术管理、艺术创作和艺术表演人才队伍，形成结构合理、特色鲜明的人才梯队和创作表演群体，才能满足和适应乌兰牧骑发展的迫切要求。

二、内蒙古艺术学院建立自治区乌兰牧骑人才培养中心的可行性

内蒙古艺术学院是内蒙古自治区唯一一所独立设置的综合性普通高等艺术院校，建校60余年来始终坚持为自治区全方位多层次育人的办学理念，共培养培训了万余名艺术人才，许多人已成为享誉国内外的优秀艺术家和建设自治区艺术事业的骨干力量。进入21世纪以来，教育教学质量和办学水平得到进一步提升，社会知名度和影响力进一步扩大，已成为自治区民族文化大区建设的重要人才基地和服务平台。

（一）内蒙古艺术学院多年来始终培养乌兰牧骑人才的办学实践为做好新时期乌兰牧骑的人才培养工作积累了丰富的实践经验

内蒙古艺术学院与乌兰牧骑的成立、建设与发展有着悠久的历史渊源和天然联系。1957年，在国家社会主义建设热潮的鼓舞下，内蒙古艺术学校（内蒙古艺术学院的前身）建校，乌兰牧骑试点工作开展；从建立之初起，两者都始终坚持面向基层、传承和发展民族民间艺术的原则，在自治区文化艺术事业的发展建设中发挥了重要的作用；在共同发展的历史进程中，以著名舞蹈家康绍辉为代表的内蒙古艺术学院的许多毕业生来到乌兰牧骑工作，成为壮大和建设乌兰牧骑的人才资源，以著名歌唱家拉苏荣为代表的乌兰牧骑优秀演员进入内蒙古艺术学院系统学习，走向全国、走向世界；在自治区艺术事业的发展建设中，内蒙古艺术学院和乌兰牧骑始终都有着密切的合作：1971年内蒙古艺术学校刚恢复招生之初，就开办了为期半年的第一期乌兰牧骑培训班，当时的内蒙古自治区文化局组织锡林郭勒盟、乌兰察布盟（今乌兰察布市）等地的八支乌兰牧骑队员参加培训，

1975年举办乌兰牧骑作曲培训班，1982年为青海省代培乌兰牧骑队员，1984年举办乌兰牧骑手风琴培训班，等等。直至目前，内蒙古艺术学院还为甘肃肃北蒙古族自治县乌兰牧骑承担着乌兰牧骑队员的委托培养任务。20世纪六七十年代，内蒙古艺术学校也多次将在校学生分成乌兰牧骑小队下基层服务演出，21世纪以来，内蒙古艺术学院每年依然有按乌兰牧骑类型建制的小分队下基层演出，许多毕业生已成长为乌兰牧骑的骨干力量。2017年11月习近平总书记给苏尼特右旗乌兰牧骑回信以来，内蒙古艺术学院积极行动，2018年5月31日内蒙古艺术学院成立自治区首支大学生乌兰牧骑，在全区各地乌兰牧骑"教学实践基地""就业见习基地"举办2019年全区乌兰牧骑舞台技术培训班，举办首届乌兰牧骑专场招聘会。2019年6月2日，由内蒙古艺术学院乌兰牧骑舞蹈团排演的原创民族舞剧《草原英雄小姐妹》荣获第十六届中国文化艺术政府奖"文华大奖"，填补了内蒙古自治区文华大奖奖项的空白，实现了"零的突破"。

（二）内蒙古艺术学院综合型多学科的办学优势和教学成果为培养乌兰牧骑一专多能人才提供了现实依据

经过60多年的建设，内蒙古艺术学院现有新华和云谷两个校区，占地750余亩，建筑面积19余万平方米。现有音乐学院、舞蹈学院、影视戏剧学院、美术学院、设计学院、新媒体学院、文化艺术管理学院、马克思主义学院、公共教学部、附属中等艺术学校10个教学单位，涵盖硕士研究生、本科、中专等办学层次。学科专业设置以艺术学学科为主，有艺术学理论、音乐与舞蹈学、美术学三个一级学科硕士学位授权点和涵盖音乐、舞蹈、美术、艺术设计四个领域的艺术硕士专业学位授权点。有艺术史论、音乐表演、音乐学、作曲与作曲技术理论、舞蹈表演、舞蹈学、舞蹈编导、表演、戏剧影视文学、广播电视编导、播音与主持艺术、动画、美术学、绘画、雕塑、书法学、中国画、艺术设计学、视觉传达设计、环境设计、产品设计、服装与服饰设计、公共艺术、数字媒体艺术、文化产业管理等25个本科专业。

内蒙古艺术学院有国家级一流本科专业建设点 7 个（舞蹈表演、音乐表演、服装与服饰设计、绘画、动画、舞蹈编导、视觉传达设计），国家级一流本科课程 4 门（综合版画、装帧设计、蒙古舞、民族音乐组合训练与实践），自治区级一流本科专业建设点 6 个（音乐学、作曲与作曲技术理论、中国画、表演、播音与主持艺术、文化产业管理），自治区级一流本科课程 17 门。国家级特色专业 1 个（音乐表演），国家级精品课程 1 门（蒙古舞），国家级精品资源共享课 1 门（蒙古舞）。自治区级精品课程 6 门，精品在线开放课程 8 门。获国家级教学成果二等奖 2 项［民族地区舞蹈专业"四维融合"应用型人才培养模式实践创新（2023 年）、基于民族音乐非遗传承的音乐表演特色专业建设（2014 年）］，自治区级教学成果一等奖 3 项，二等奖 5 项，自治区级中等职业教育教学成果一等奖 1 项。自治区级课程思政教学研究示范中心 1 个，自治区级课程思政教学示范课程 1 门。教育部新文科研究与改革项目 2 项。中国"互联网＋"大学生创新创业大赛国家级铜奖 4 项，自治区级金奖 4 项、银奖 6 项、铜奖 6 项。

内蒙古艺术学院目前有教职工 900 余人，其中专任教师 472 人，专任教师中有硕士及以上学位 313 人，双师双能型教师 206 人，二级教授 4 人；聘有国内外客座教授、兼职教授 50 余人。有教育部高等学校教学指导委员会委员 2 人，入选中宣部文化名家暨"四个一批"人才工程并遴选为国家"万人计划"哲学社会科学领军人才 1 人，全国中青年"德艺双馨"文艺工作者 1 人，国务院政府特殊津贴专家 2 人，"全国教材建设先进个人" 1 人，荣获全国五一劳动奖章 1 人，自治区有突出贡献中青年专家 4 人，自治区文学艺术突出贡献奖 3 人，自治区"草原英才"培养人选 9 人，自治区"草原英才"创新团队带头人 4 人，自治区"草原英才"滚动支持个人项目 2 人，自治区级优秀教学团队 6 个、教学名师 4 人、教坛新秀 7 人。

（三）内蒙古艺术学院积累的人才基地建设经验和办学条件的改善为承担全区乌兰牧骑人才培养、理论研究提供了实践基础

内蒙古艺术学院设有非物质文化遗产研究院、民族艺术研究所等科研机构，现有自治区重点培育学科1个（艺术学理论），自治区高校人文社会科学重点研究基地2个（内蒙古自治区艺术类高校美育研究中心、内蒙古自治区高校民族艺术研究基地），自治区哲学社会科学重点研究基地1个（草原丝路音乐文化研究与传播基地）。先后获批建立全国普通高校中华优秀传统文化传承基地（传承项目"蒙古族传统音乐"）、文化和旅游部中国—东欧国家民族艺术传承交流中心、教育部高校数字媒体产教融合创新应用基地等国家级科研创演平台；自治区中华优秀传统文化传承基地（内蒙古民族民间舞蹈传承基地）、蒙古族青年合唱艺术人才培养基地、安达民族音乐传承创新与传播中心、自治区级工业设计中心、内蒙古皮革艺术产业化项目示范基地、蒙古族服装造型与工艺实践教学示范中心、蒙古族装饰艺术研究中心、内蒙古动漫产业研发与人才培养基地等自治区级科研与人才培养平台。2010年以来获批国家级科研项目12项，省部级科研项目113项。学报2020年获评"RCCSE中国核心学术期刊（A-）"，2022年入选《中国人文社会科学期刊AMI综合评价报告（2022年）》扩展等级。2016年以来，获批国家艺术基金项目22项，成功组织实施了蒙古族长调艺术人才培养、马头琴教育与传承人才培养、蒙古族礼服制作技艺传承与创新设计人才培养、民族题材动漫青年创作人才培养等项目。

  内蒙古艺术学院云谷校区的建成极大地改善了学院的办学条件，具备了建立人才培训基地的硬件设施和教学环境，对内蒙古学艺术学院来说是发挥高校培养人才的主渠道作用，利用独特的区位优势和办学资源实现整合艺术教育资源、优化办学结构、实现服务社会职能的良好途径；对乌兰牧骑文化事业来说是以人才促发展、以人才保质量、以人才增效益、以人才强品牌的重要依托。双方互惠双赢，共同发展，必将有效地促进乌兰牧骑及内蒙古自治区文化艺术事业的繁荣发展。

三、建设思路与人才培养模式

（一）培养模式

主要分为学历教育与非学历教育两种模式。学历教育包括以人才培养为目的的全日制教育模式和以在职人员学历提高为目的的成人教育模式。非学历教育主要是以在职人员素质提高和理念更新为目的的进修学习和短期集中培训方式。

1. 全日制模式

采取社会招生（含特招——具有蒙古族声器乐、舞蹈、曲艺、二人台、漫瀚调等方面的专长，有发展潜力且素质高的好苗子，可适当降低招生分数）、定向委培招生（毕业就业方向为全区乌兰牧骑）的方式，分别建立乌兰牧骑本科基地班和中专基地班，采取蒙汉语授课两种模式。本科班可设立乌兰牧骑表演专业方向和创编专业方向，可每两年招生一届，每届各专业共50人；中专班借鉴合唱基地班模式，只设立乌兰牧骑表演专业，招50人，学制三年，主要面向基层乌兰牧骑直接就业，作为乌兰牧骑储备人才。

2. 成人教育模式

直接面向乌兰牧骑在职队员教学，旨在提高乌兰牧骑队员的综合素质和学历。分为成人专科班和成人本科班，根据基层特点采取函授与集中面授相结合的方式授课，分设乌兰牧骑表演专业和创编专业，分为汉语授课班和蒙古语授课班。学制均为2—3年，授课时间为每年3月、11月，招生人数各为80人。

3. 短期培训模式

面向乌兰牧骑在职队员，以三种方式进行：

（1）集中培训：每年4月、12月定期举办为期一个月的短期培训，旨在解决乌兰牧骑演职人员中出现的各种业务难题，提高乌兰牧骑队员的艺术水平。

（2）下基层培训：根据基层乌兰牧骑的需求情况，可选择乌兰牧骑演出淡季（1月或2月），安排若干创编、表演、艺术管理等方面的专业教师赴基层为乌兰牧骑提供专项业务培训。培训时长为1—2周。

（3）个别进修：可根据基层乌兰牧骑人员情况和需求，接收部分乌兰牧骑队员到内蒙古艺术学院进行为期半年或一年的专业进修。

（二）建设步骤

分为三个阶段：

第一阶段：利用基层乌兰牧骑演出淡季，面向基层乌兰牧骑队员开设两期集中培训班，初步改善基层乌兰牧骑当前面临的集训、创编等迫切问题；同时，积极筹备落实以学历提高为目的的成人教育招生任务。当年可完成至少200名队员的培训任务，并组织承担160名乌兰牧骑现有队员的成人专本科的培养任务。

第二阶段：在深入调研和周密筹备的基础上，开设以人才培养为目的的乌兰牧骑本科基地班和中专基地班，并通过系统的学校教育初步改善乌兰牧骑人才匮乏的现状。五年后完成乌兰牧骑人员培训1200人次，560名乌兰牧骑队员取得成人本专科学历，为乌兰牧骑输送合格的中专学历演员100名，培养乌兰牧骑本科毕业生50名。

第三阶段：经过两个阶段的培养和建设，使乌兰牧骑人才队伍得到全面改善，解决乌兰牧骑人才队伍发展的根本问题，并积累、整理（录制）、出版、完成一整套关于乌兰牧骑人才培养的教学成果和科研成果。目前全区3500多名乌兰牧骑队员全部轮训完成，五年后50%以上的乌兰牧骑队员拥有成人本专科学历，自治区从事乌兰牧骑表演、创作、研究的新生力量达到550人，30%的乌兰牧骑队员可得到更新或补充。

四、培训目标

乌兰牧骑急需综合素质高、实践能力强的创编人才和一专多能的表演人才。

（1）创编人员培训目标：通过对乌兰牧骑现职创编人员的培训，使其在民族民间舞及其他舞种的编导创作方面，或在作曲技术及理论、编曲配器等方面，巩固基础知识，提高理论水平与专业技能，强化创编能力。除此之外，还要使其熟知演出的运行管理理论，学习分析了解新时期农牧民的精神文化需求，以适应乌兰牧骑当前发展的需要。

（2）演员培训目标：通过对现职演员的培训，使其在了解表演理论的基础上，全面提高声乐、器乐、舞蹈、戏剧、表演等方面的技巧和能力，成为一专多能人才。

五、培训内容及形式

（一）培训内容

针对乌兰牧骑人才"一专多能"的实践要求，采取课堂教学、理论讲座、艺术实践相结合的形式进行。

课堂教学：包括创编类、表演类、管理类、文化类课程，按照主辅修技能相结合的原则，根据学生专长强化主修技能的课程教学，发展和提高辅修技能水平。以乌兰牧骑本科专业方向为例，具体设想如下表：

乌兰牧骑一专多能本科人才培养教学安排设想一览表

专　　业		技能要求	
乌兰牧骑创编 本科专业方向	音乐编导方向	作曲配器、指挥排练、乐器演奏	
	舞蹈编导方向	舞蹈编舞、舞蹈表演、戏剧表演	
	戏剧编导方向	脚本写作编创、戏剧导演、艺术管理	
乌兰牧骑表演 本科专业方向		声乐主修技能+器乐辅修技能+特色技能	特色技能可包括：呼麦、说唱、相声、曲艺、主持、小品、口技、魔术或反串等切合演员实际的技能形式
		器乐主修技能+声乐辅修技能+特色技能	
		舞蹈主修技能+器乐或声乐辅修技能+特色技能	

理论讲座：通过举办乌兰牧骑学习研讨会，聘请区内外著名专家学者、乌兰牧骑学会管理者、各地乌兰牧骑优秀演职人员以讲座、讨论会等形式开展对乌兰牧骑队员的岗前教育和理论提升。

艺术实践：在基层乌兰牧骑设立专业实习基地，组织学员专场演出以及下基层采风实践，或推荐学员及其优秀作品直接参加乌兰牧骑的各种演出活动，为学员提供表演或现场观摩学习的机会，加强学员基本技能和应用能力的培养。

（二）培训形式

采取内蒙古艺术学院定点培训或教师赴各地乌兰牧骑提供培训两种方式。

（1）定点培训：在内蒙古艺术学院设立乌兰牧骑培训班，在各地乌兰牧骑表演淡季（3月或4月）定时集中培训。由内蒙古艺术学院制订教学计划，提供教室、宿舍、教学用具、表演场地等教学设施和教师，并指定负责人切实抓好对培训过程的管理。

（2）教师到各地乌兰牧骑提供培训（此种培训方式为视需求情况的机动安排）：选择乌兰牧骑演出淡季（1月或2月）安排若干音乐、舞蹈、艺术管理等方面的专业教师赴各地乌兰牧骑提供培训。由内蒙古艺术学院制订教学计划并安排教师，其他培训设施等由当地文化主管部门及乌兰牧骑负责提供，并落实对培训过程的管理。

第八章　乌兰牧骑精神融入高校课程思政的实践

习近平总书记强调:"思想政治理论课要坚持在改进中加强,提升思想政治教育亲和力和针对性……其他各门课都要守好一段渠、种好责任田,使各类课程与思想政治理论课同向同行,形成协同效应。"① 乌兰牧骑精神是中国精神的一部分。乌兰牧骑产生于 20 世纪 50 年代,先天承继中国共产党革命文化,形成了爱国主义、扎根基层、艰苦奋斗、无私奉献等文化精神,是乌兰牧骑 60 多年发展过程中一以贯之的精神内核,将乌兰牧骑精神融入学校思政育人体系和思政课教学,是新时代内蒙古高校思政教育的重要任务和使命。2017 年 11 月习近平总书记给苏尼特右旗乌兰牧骑队员们回信以来,内蒙古艺术学院通过多种方式将乌兰牧骑精神融入课程思政建设,引入人才培养过程,对高质量艺术人才培养发挥了积极作用。那么,在大思政背景下,内蒙古艺术学院采取哪些方式将乌兰牧骑精神融入课程思政建设?取得了什么样的效果?有必要对此做出梳理总结。

---

① 《把思想政治工作贯穿教育教学全过程　开创我国高等教育事业发展新局面》,《人民日报》2016 年 12 月 9 日第 1 版。

第一节 理论探索

一、"大思政课"理念

2021年全国两会期间,习近平总书记强调,"大思政课"我们要善用之,一定要跟现实结合起来。2022年8月,教育部等十部门印发《全面推进"大思政课"建设的工作方案》,为推进"大思政课"建设提供了方向和抓手。"大思政课"之"大",是对各种思政要素所形成的合力体系的整体描述,着眼大教改、大课堂、大平台、大师资等多维思政要素,构建高校思想政治工作体系。

二、课程思政

课程思政建设,就是要"发挥好每门课程的育人作用","要寓价值观引导于知识传授和能力培养之中,帮助学生塑造正确的世界观、人生观、价值观"。课程思政建设是党的十八大以来党和国家推动高校思想政治工作改革创新的重要内容,是贯彻落实习近平总书记关于教育工作重要论述的关键抓手。2017年12月,教育部下发《高校思想政治工作质量提升工程实施纲要》,将课程育人作为高校思想政治工作"十大"育人体系的重要组成。2019年8月,《关于深化新时代学校思想政治理论课改革创新的若干意见》进一步明确将课程思政作为专业课程教学中的重要任务,提出"高校应当努力形成各类课程与思政课的协同育人效应"。2020年6月,教育部印发《高等学校课程思政建设指导纲要》,对各类学科、专业课程思政的实施提出了更加具体的行动指南与具体举措,标志着高等学校的课程思政进入了新的发展阶段。2022年8月,教育部等十部门印发《全面推进"大思政课"建设的工作方案》,从思政课到课程思政,再到"大思政课",是我国高等教育思想政治教育改革创新发展理念的再更新、视野的再开阔和格局的再拓展。

三、乌兰牧骑精神

2017年11月，习近平总书记在给苏尼特右旗乌兰牧骑队员们的回信中高度赞誉60年来一代代乌兰牧骑队员"扎根生活沃土，服务牧民群众""迎风雪、冒寒暑，长期在戈壁、草原上辗转跋涉，以天为幕布，以地为舞台，为广大农牧民送去了欢乐和文明，传递了党的声音和关怀"，可视为对乌兰牧骑精神的高度概括。乌兰牧骑精神就是乌兰牧骑政治认同、家国情怀的体现，是爱党、爱国、爱社会主义、爱人民、爱集体的精神，是艺术团体扎根基层、艰苦奋斗、无私奉献、全心全意为人民服务的精神。

四、乌兰牧骑精神与大思政课、课程思政相结合

乌兰牧骑精神与大思政课及艺术类院校课程思政改革的要求相契合。在内蒙古艺术类院校高等教育中，乌兰牧骑精神是大思政课、课程思政改革的题中应有之义。乌兰牧骑精神蕴藏着丰富的思想政治教育要素，其丰富内涵是中国精神的具象化表达，构成了大思政课、课程思政的多元素材。同时，大思政课、课程思政也是乌兰牧骑精神融入艺术类院校高等教育的重要渠道，乌兰牧骑精神的传承与发展是艺术类院校思想政治教育的重要组成部分。乌兰牧骑精神与大思政课、课程思政三者在形式上的相辅相成，根本源于内容上的耦合。乌兰牧骑精神与大思政课、课程思政在育人理念上的一致，是"立德树人"育人目标在艺术教育中的具体体现，更是时代对艺术类人才素养的高层次要求，如何将乌兰牧骑精神融入课程思政改革，培育适应时代需求的艺术人才，是内蒙古艺术教育特别是艺术类院校高等教育面临的重要课题。

第二节 乌兰牧骑精神融入课程思政的主要内容

乌兰牧骑精神融入课程思政的内容是多方面的、丰富的。

一、乌兰牧骑"队伍短小精干、队员一专多能"的组织形式

乌兰牧骑践行社会主义文艺为人民服务、为社会主义服务的"二为"方针,创造了一套便于深入基层、便于为人民服务的组织形式和工作方法:队伍短小精干、轻便灵活,演员一专多能、人少戏多。乌兰牧骑队伍短小精干,建队之初的标准是12人,乐器五六件,服装10余套,幻灯、图片、收音机若干个,大车1辆,马4匹,说走就走,说演就演。队员各有所长、一专多能、身兼数职,能报幕,能吹拉弹唱,能放幻灯,能讲时政。这在1957年5月27日颁布的《乌兰牧骑工作条例(草案)》中做了明确要求。此后,随着乌兰牧骑事业的发展和人民群众的需求,乌兰牧骑与时俱进地实时调整内部建制,从1985年提出的25—30人,到2010年提出的35人,再到2019年提出的乌兰牧骑编制根据服务范围、人口规模和所在地区经济社会发展水平等因素综合考虑。这样的队伍建制相较于同时期国内的若干演出团体来说非常"轻便",队伍短小精干、队员一专多能、装备轻便灵活的组织形式和活动方式是乌兰牧骑60多年来一以贯之的不变要求。乌兰牧骑不因队伍短小而影响基层服务质量。乌兰牧骑的建制是对延安文艺宣传队和革命战争年代内蒙古文工团的继承,是特征鲜明的红色文化工作队。

二、乌兰牧骑以人民为中心、深入基层的工作作风

乌兰牧骑坚持"四个不分":一是不分生活好坏,以苦为荣,二是不

分观众多少，有求必应，三是不分场地条件，见缝插针，四是不分路途远近，送戏上门。乌兰牧骑的口号是：哪里最困难，哪里最偏僻，就到哪里送歌献舞。在居民点能演，在打草场能演，在蒙古包能演，在羊圈也能演；点汽灯能演，点油灯能演，刮风能演，下雨能演，白天能演，晚上能演，甚至有人半夜来请也能演；为几百人能演，为几十人能演，为几个人能演，甚至为一个人也能演。乌兰牧骑全心全意为人民服务的精神，是对老八路、老文工团革命精神的传承。新时期，乌兰牧骑依然保持这样的精神。

三、乌兰牧骑"节目小型多样"、贴近现实的演出形式和内容

在演出方面，乌兰牧骑坚持深入基层，让作品反映生活；演出形式大、中、小结合，丰富多彩，观众喜闻乐见；演员和群众打成一片，作风扎实，强调要演戏，先做人。乌兰牧骑编创的文艺作品一方面继承中华民族文艺传统，表现中华民族精神；另一方面将各民族的文化传统和当下的现代生活相结合而创作生产出兼具民族传统特色和现代生活特点的"三贴近"新文艺和大众文艺，满足基层农牧民群众的精神文化需求。乌兰牧骑深入旗县农村、牧区基层，与农牧民和基层群众保持密切联系，创作表演了如《顶碗舞》《筷子舞》《雕花的马鞍》《乳飘香》《社员都是向阳花》《草原上建起了钢铁城》《鄂尔多斯婚礼》《富饶美丽的内蒙古》《桃源喜讯》《欢腾的山村》《草原风情》《草原上升起不落的太阳》《祝酒歌》等真实反映丰富社会生活的文艺作品，力求把最好的精神食粮奉献给人民，使农牧民群众得到教育和启发，得到娱乐和美的享受。

第三节　乌兰牧骑精神融入内蒙古艺术学院课程思政的实践路径

　　教育部等十部门印发的《全面推进"大思政课"建设的工作方案》(以下简称《工作方案》)明确提出思政课内容要改革创新主渠道教学,"充分挖掘地方红色文化",将各种"伟大精神"引入课堂,要"善用社会大课堂",组织开展多样化的实践教学,"利用志愿服务、理论、宣讲、社会调研等实践活动,开展实践教学",全面推进课程思政高质量建设。内蒙古艺术学院落实《工作方案》精神,2022版人才培养方案明确提出:促进学生德智体美劳全面发展,弘扬乌兰牧骑精神,培养一专多能创新型人才,加强思政课程和课程思政建设,在各类课程中融入思政元素,实现价值引领、知识传授和能力培养的有机融合,全面推进课程思政建设。将乌兰牧骑精神融入思政课和课程思政,为内蒙古艺术学院各专业课程思政建设和创新提供了路径,形成以思想政治理论课为引领、专业实践课为重点、专业理论课为辅助、课程延展环节为补充扩展的课程思政协同育人课程体系,建设高效率的思政课堂,不断提高思政课程的育人能力。更重要的是,内蒙古艺术学院是内蒙古自治区唯一一所综合性本科高等艺术学府,与乌兰牧骑历史渊源深厚,是培养"红色文艺轻骑兵"的基地,更便于传承和弘扬乌兰牧骑的光荣传统和优良作风,培育各层次各类别的文化艺术新人。

一、乌兰牧骑精神融入思政课程

　　习近平总书记指出:"思政课是落实立德树人根本任务的关键课程。"①

---

① 习近平:《思政课是落实立德树人根本任务的关键课程》,《求是》2020年第17期,第4页。

内蒙古艺术学院将乌兰牧骑精神融入思政课，发挥好思政课第一课堂育人主阵地作用。内蒙古艺术学院2022版人才培养方案思政课程体系中，根据国家提出的"不断增强思政课的思想性、理论性和亲和力、针对性"的基本原则和"以政治认同、家国情怀、道德修养、法治意识、文化素养为重点"的思政课程内容要求，在《思想道德与法治》《铸牢中华民族共同体意识》等课程中有针对性地引入乌兰牧骑精神教育，通过深入讲解乌兰牧骑走入基层，为广大农牧民服务的事例，让学生体会乌兰牧骑队员将青春年华献给内蒙古发展的情怀，进而受到乌兰牧骑精神的影响，促进学生思想道德品质的发展。同时，注意理论课堂的延伸，在思想政治教育实践活动中加深对乌兰牧骑精神的理解和深化。其中，《思想道德与法治》课程引入乌兰牧骑精神中关于政治认同、家国情怀、爱国主义、扎根基层、艰苦奋斗、无私奉献、全心全意为人民服务、人生观、价值观、中国精神、传统美德、革命道德、职业道德等相关内容；《铸牢中华民族共同体意识》课程引入乌兰牧骑精神中关于民族团结、社会主义先进文化、文化安全等内容，在美育教学中潜移默化地令学生坚定理想信念、厚植爱国主义情怀、加强品德修养、增长知识见识、提升审美素养、培养奋斗精神，进而提升学生综合素质，陶冶情操、温润心灵、激发创造创新活力，达到润物无声的育人效果。

作为思政课程理论知识的补充，内蒙古艺术学院改革创新思想政治理论课，探索"艺术＋思政"教学模式，延展课程理论教学的实效，通过举办课程活动开展实践教学，如以"学习党史强信念 培根铸魂育新人"思政主题——乌兰牧骑专场演唱会、主题党日活动等形式，让学生在近距离的体验和实践中更好地将乌兰牧骑精神内化于心，引导学生树立正确的价值观与艺术观，促进学生的思想政治教育与艺术素养提升密切融合，激励学生坚定理想信念，大力弘扬和传承乌兰牧骑精神。

二、乌兰牧骑精神融入专业课程

《高等学校课程思政建设指导纲要》要求艺术学类专业课程"要在课

程教学中教育引导学生立足时代、扎根人民、深入生活，树立正确的艺术观和创作观。要坚持以美育人、以美化人，积极弘扬中华美育精神，引导学生自觉传承和弘扬中华优秀传统文化，全面提高学生的审美和人文素养，增强文化自信"。内蒙古艺术学院2022年下发的《内蒙古艺术学院关于修订本科专业人才培养方案（2022版）的指导意见》中明确提出"弘扬乌兰牧骑精神"，契合了指导纲要要求。

（一）乌兰牧骑精神融入专业课程课程思政的探索与实践

乌兰牧骑精神融入专业课程，一方面在于培养乌兰牧骑式一专多能型人才，另一方面借助课程思政对艺术专业课程进行创新，通过引入乌兰牧骑案例，学习、鉴赏、分析乌兰牧骑艺术作品，传达给学生清晰的艺术情怀和宗旨：艺术家、艺术团体要学习和发扬乌兰牧骑扎根基层、艰苦奋斗、无私奉献、全心全意为人民服务的精神，传承乌兰牧骑式服务方式和服务内容，充分利用乌兰牧骑精神的文化优势与精神优势将乌兰牧骑精神所蕴含的中国精神、爱国主义情怀、社会主义核心价值观、职业素养等思政内容与艺术专业课程教学目标进行紧密融合，将价值引领、知识传授和能力培养与学生价值观形成有机融合，培养高素质应用型人才，提高艺术领域人才的整体素养，这是内蒙古艺术学院学生未来职业生涯中不可或缺的精神动力和方向保证。

（二）乌兰牧骑精神融入专业实践课程的探索与实践

艺术的核心动能是实践。思政教育仅通过理论教学是无法给学生带来思想上的真正转变的，课程实践教学，特别是社会实践教学更能够给学生的心理造成冲击和触动，引起广泛的心灵、情感共鸣，给学生的思想境界带来提升，还能够给学生带来更多的专业灵感，提高学生通过艺术作品进行自我表达的技巧和能力，从而实现思想境界和专业水平双融合、双提升的效果。因而，乌兰牧骑精神融入专业课程课程思政，最重要的是融入专业实践类课程，打通理论教育和实践教育的脉络，一体化落实"立德树人"

根本任务。

进入新时代，实践教学越来越受到重视，教育部也反复强调要"坚持理论与实际相结合，注重发挥实践环节的育人功能"[①]，善用社会大课堂，组织开展多样化的实践教学，建好用好实践教学基地。内蒙古艺术学院落实教育部精神，2022 年下发的《内蒙古艺术学院关于修订本科专业人才培养方案（2022 版）的指导意见》中明确提出课程思政建设要求，并强调要弘扬乌兰牧骑精神，加强乌兰牧骑实践基地建设，将乌兰牧骑精神融入教学过程。目前的 25 个本科专业中，在实践课程中融入乌兰牧骑精神主要集中在音乐、舞蹈、影视戏剧各专业，包括音乐学、作曲与作曲技术理论、音乐表演、舞蹈编导、舞蹈表演、舞蹈学、表演、视觉传达设计（舞台美术方向）、戏剧影视文学等专业课程，因为乌兰牧骑是艺术院团，因而音乐、舞蹈、戏剧戏曲表演等专业更易于将乌兰牧骑精神融入课程思政实践教学。其他如美术类、文化产业类专业可依托专业优势，将乌兰牧骑精神思政内容用艺术类语言进行加工与提炼，从而形成优秀的文化 IP 创意作品。

2018 年以来，内蒙古艺术学院以"思政＋艺术"为思路，以课堂教学与实践教学为主渠道，综合运用第一课堂和第二课堂，特别是深入挖掘第二课堂的思政教育元素，将"读万卷书"与"行万里路"相结合，深入开展多种形式的社会实践、志愿服务、实习实训活动，拓展课程思政建设方法和途径，搭建思政全覆盖平台。乌兰牧骑精神融入课程思政建设是其中的重要一环。

1. 组建内蒙古艺术学院乌兰牧骑艺术团队，弘扬乌兰牧骑精神

内蒙古艺术学院先后分别组建了内蒙古艺术学院大学生乌兰牧骑（2018 年 5 月 31 日）、安达民族音乐乌兰牧骑班（2018 年 9 月 23 日）及内蒙古艺术学院乌兰牧骑（2018 年 11 月 8 日），三支艺术团队依托专业课程教学，在课程实践中融入乌兰牧骑精神，传承乌兰牧骑红色文化基因。内

---

① 中华人民共和国中央宣传部、教育部：《普通高校思想政治理论课建设体系创新计划》，《中华人民共和国教育部公报》2015 年第 9 期。

蒙古艺术学院大学生乌兰牧骑重在发挥大学生的社会实践功能，利用社会实践、志愿服务等机会，深入农村牧区、工厂学校、街道社区进行文艺演出，以实际行动传承乌兰牧骑深入基层、服务人民的优秀传统，弘扬乌兰牧骑精神；安达民族音乐乌兰牧骑班利用内蒙古艺术学院艺术教育教学资源，培养新一代乌兰牧骑艺术人才，打造"下得了牧区、进得了市场、走得出国际"的专业素质过硬的新一代乌兰牧骑草原文艺轻骑兵，壮大乌兰牧骑式人才队伍；内蒙古艺术学院乌兰牧骑由学校较为成熟的10个演出团体组成，囊括了音乐、舞蹈、戏剧戏曲等多种艺术形式，是一支教学与实践相结合的乌兰牧骑队伍，重在传承和发展民族艺术，补位和壮大内蒙古艺术人才队伍和艺术市场。三支乌兰牧骑艺术团队以乌兰牧骑式人才培养和活动方式拓展课堂教学内容，创新教学方法，延展课堂教学效果，积极发挥学生的主动性和能动性，沉浸式感受和体验乌兰牧骑生动鲜活的实践成就，增强其传承乌兰牧骑精神的责任感和使命感，传承乌兰牧骑红色文化，让乌兰牧骑精神真正入心入行，培养学生正确的艺术观、职业观，坚定文化自信。

2. 举办校内专场演出，弘扬乌兰牧骑精神

校内专场音乐会包括主题系列音乐会，如2019年12月13日—24日内蒙古艺术学院乌兰牧骑举办的四场主题系列音乐会；乌兰牧骑经典歌曲演唱会，如2019年12月15日举办的"在那百花盛开的草原上——内蒙古艺术学院音乐学院师生乌兰牧骑经典歌曲演唱会"，等等，以专场音乐会形式传承乌兰牧骑艺术经典，感受乌兰牧骑红色文化的独特魅力，感悟乌兰牧骑艺术人生，加深学生对乌兰牧骑精神的理解，弘扬乌兰牧骑精神，对学生进行中华优秀传统文化教育。

3. 深入基层为民演出，弘扬乌兰牧骑精神

乌兰牧骑精神最闪光的部分在于扎根基层为民服务。内蒙古艺术学院大学生乌兰牧骑善用社会大课堂开展实践教学，充分利用暑期"三下乡"实践送戏下乡，将乌兰牧骑精神融入第二课堂，讲好中国故事，用好中国精神，满足基层群众的精神需求。如2018年7月，内蒙古艺术学院大学生乌兰牧骑前往二连浩特市走进格日勒敖都苏木额尔登高毕嘎查牧民家里送歌献舞；2018年11月，内蒙古艺术学院乌兰牧骑原创儿童剧《阳光少年七彩梦》在全区巡演20场；2018年12月，内蒙古艺术学院乌兰牧骑潮尔民族乐团参加首届自治区乌兰牧骑高校巡演活动，参加全区首届大学生文化艺术活动月启动仪式暨高校乌兰牧骑会演，等等。下基层演出，是内蒙古艺术学院乌兰牧骑教育引导学生立足时代、扎根人民、深入生活，体会乌兰牧骑扎根基层、为人民服务的最直接和最直观的方式。师生利用自己的艺术特长，参加社会公益、志愿服务、大学生暑期"三下乡"等社会实践活动，充分利用社会大课堂传播正能量，加深学生对乌兰牧骑精神的理解，传承和发扬乌兰牧骑红色文化基因，提升课程思政的时效性，真正做到将乌兰牧骑精神内化于心、外化于行，在实践中成长成才。

4. 建设乌兰牧骑实践教学基地，弘扬乌兰牧骑精神

《全面推进"大思政课"建设的工作方案》明确提出，"建好用好实践教学基地""主动对接各级各类实践教学基地，开发现场教学专题，开展实践教学"。内蒙古艺术学院拓展实践教学，建设乌兰牧骑实践教学基地，为师生提供高效培养综合素质的平台，分别在二连浩特市乌兰牧骑（2018年7月11日）、阿拉善左旗乌兰牧骑（2018年8月2日）、丰镇市乌兰牧骑（2020年6月29日）、喀喇沁旗乌兰牧骑（2020年10月29日）等挂牌"教学实践基地""就业见习基地"，师生与乌兰牧骑队员同编创、同演出、同服务，以"乌兰牧骑人"的角色和身份参与乌兰牧骑发展和建设，身临其境体验乌兰牧骑扎根人民、深入生活的实践，提升学生的实践能力，奠定学生长期职业发展的坚实基础，更好感知乌兰牧骑艺术形式，传承乌兰牧骑优良传统，弘扬乌兰牧骑精神。

5. 培养乌兰牧骑人才，弘扬乌兰牧骑精神

乌兰牧骑一专多能型艺术人才是乌兰牧骑精神的核心体现之一。乌兰牧骑能实现常年扎根基层、服务人民得益于队伍短小精干、队员一专多能的组织形式。内蒙古艺术学院在内部培养一专多能型人才，并为乌兰牧骑提供人才培养指导和帮助，如内蒙古艺术学院影视戏剧学院培养乌兰牧骑一专多能型二人台人才；2019年4月，内蒙古艺术学院组织全区乌兰牧骑舞台技术培训班；2022年7月，内蒙古艺术学院乌兰牧骑艺术团——安达组合赴兴安盟扎赉特旗进行为期七天的艺术培训与指导；2022年8月，内蒙古艺术学院国家艺术基金资助项目"乌兰牧骑蒙古族舞蹈表演、创作人才培养"学员圆满完成学习任务并顺利结业，其中设置"乌兰牧骑精神及其传承"专题课程等。内蒙古艺术学院把乌兰牧骑人才需求融入学生个人成长成才过程，通过培训提升学生的艺术素质，按照乌兰牧骑需求量身打造"合体"人才，培养学生的艺术自觉、职业自觉、身份自觉，弘扬乌兰牧骑精神。

6. 课程实践＋国家艺术基金打造乌兰牧骑经典作品，弘扬乌兰牧骑精神

内蒙古艺术学院乌兰牧骑培养学生"学思结合、知行统一，增强学生勇于探索的创新精神、善于解决问题的实践能力"。探索把课程思政小课堂与社会大课堂相结合，形成课堂教育和其他教育形式有机结合的大教育格局，实现"以美育人、以美化人，积极弘扬中华美育精神"，让学生"敢闯会创"，"在亲身参与中增强创新精神、创造意识和创业能力"，实实在在提升学生思政课获得感。内蒙古艺术学院乌兰牧骑舞蹈团结合课程教学＋完成国家艺术基金项目倾心打造排演的原创民族舞剧《草原英雄小姐妹》荣获文华大奖等多个奖项。剧目排演过程是乌兰牧骑精神融入课程思政与专业技能互融互促、合体提升、引领艺术创作、建构新时代艺术标杆的过程，引导学生在创作表演实践中用艺术元素阐释思政教学内容，加深个体对乌兰牧骑精神的认知和吸收消化，并通过舞台艺术表演扩大乌兰牧骑精神的辐射面和教育面，在落实立德树人根本任务上收到显著成效。

除此之外，作为对课程思政的补充和丰富，进一步夯实乌兰牧骑精神在课程思政中的作用，内蒙古艺术学院组织乌兰牧骑专题"思政大课"，举办乌兰牧骑讲座活动加强思政教育效果，如邀请杰出校友、乌兰牧骑事业特别贡献奖获得者拉苏荣，著名歌唱家德德玛、金花、木兰、那顺、索依拉、王晓弘、康也维、新吉乐图、苏日塔拉图、刘成等讲述乌兰牧骑故事，通过一个个鲜活真实的人物和故事，把课程思政的小课堂与社会大课堂相结合，让学生更加深刻地认识和了解乌兰牧骑，感知乌兰牧骑忠诚于党、热爱人民、吃苦耐劳、甘于奉献、勇于创新的光荣传统和优良作风，感受乌兰牧骑不忘初心使命的红色文艺精神，形成课堂教育和其他教育形式有机结合的大教育格局，实实在在提升学生思政课获得感。

第四节　乌兰牧骑精神融入课程思政的育人成效

《全面推进"大思政课"建设的工作方案》要求，推动思政小课堂与社会大课堂相结合，推动各类课程与思政课同向同行，教育引导学生坚定"四个自信"，成为堪当民族复兴重任的时代新人。《高等学校课程思政建设指导纲要》提出，课程思政建设要坚持学生中心、产出导向、持续改进，不断提升学生的课程学习体验、学习效果。乌兰牧骑精神融入艺术类高校课程思政建设追求实效，不但在于学生专业能力、专业素质的提升，更在于以德育才、以德育人，归根结底在于落实高等教育立德树人根本任务，培养高质量艺术人才。

一、深化乌兰牧骑精神影响，贯穿育人全过程，实现育人目标

课程思政最终的目的是提升育人效果，因此，学生的学习产出和满意度是评价的直接指标。乌兰牧骑精神融入课程思政的成效从乌兰牧骑在内蒙古艺术学院组织的人才招聘会上可见一斑。内蒙古艺术学院承办的"内蒙古自治区2020届艺术类高校毕业生就业洽谈会暨首届乌兰牧骑专场招聘会"吸引了包括24家乌兰牧骑、9家艺术剧院、9家歌舞团、民族演艺集团、广播电视台等在内的168家用人单位参会。

究其根本，在于乌兰牧骑精神与艺术类高校专业知识体系中所蕴含的思想价值和精神内涵具有一致性，将乌兰牧骑精神一体化、系统性融入艺

术类高校思政课程和课程思政教学全过程,以艺术专业应用前景为要求深入推进课程思政建设,实现了碎片化改革到体系化创新,保证课程思政建设在正确的目标引导和发展方向上深入推进。从学生成才角度而言,学生自发地将所需专业知识和技能内化为素质、外化为行为,不断提升专业理论水平、实践应用技能和思想政治素养,在完成知识目标、技能目标的同时,完成了思政育人目标,实现了认知、情感、行为三个层面目标的一致性;从高校育人角度而言,在持续改进了专业教学质量的同时,保障了专业教育与思政教育协同育人目标同向同行同实现,从而达到立德树人的根本要求。

二、艺术教育与乌兰牧骑精神思政教育相融合,激发艺术情怀和爱国主义热情

乌兰牧骑精神是社会热点话题,内蒙古艺术学院将乌兰牧骑精神引入课程思政教育,使艺术教育与乌兰牧骑精神思政教育相融合,精准确定思政育人定位,利用乌兰牧骑精神时空交错的感染力和说服力,让学生感受乌兰牧骑红色文化蕴含的革命精神和理想信念,进一步增强乌兰牧骑精神对学生思想政治教育的渗透力、浸染力、影响力,潜移默化地影响学生的思想教育,激发学生的艺术情怀和爱国主义热情。

课程思政与思政课程双融合,启迪学生思考思政问题,分析乌兰牧骑社会文化现象背后蕴含的育人规律,进而形成以学生为育人核心,以思政实践为育人主线的思政教育模式,促使思政内容有效内化为学生的价值理念。乌兰牧骑精神一体化融入思政教育,不断启发学生自然实现从艺术生到"乌兰牧骑人"的身份转换,具体形象地以乌兰牧骑"爱国、奉献、团结、奋斗"的精神品质为引线,感知艺术天然蕴含的爱国主义因素,激发学生个体的爱国主义热情,激发学生刻苦学习、奋发向上,努力提高文化素养和专业能力,更好地传承乌兰牧骑精神。

三、乌兰牧骑精神育人成果服务社会，增强当代大学生的社会责任感

艺术类高校充分发挥与乌兰牧骑精神同向相行的先天优势，将精神的力量转化为自身课程思政资源的建设特色，推动课程思政教学见功见效，不断丰硕专业课程思政建设资源的学理性基础，引导课程思政实践。乌兰牧骑精神融入内蒙古艺术学院课程思政教育，形成课程交叉、理实一体、共建共享的课程思政发展模式。思政课程、课程思政的育人功效长于价值观引导，而大学生乌兰牧骑的创建，推动学生积极发挥主动性和能动性，以创造转化、服务社会为抓手，实现知行合一，保证了课程思政的育人效果落到实处，增强了大学生的职业使命和社会责任感。大学生乌兰牧骑组织参加"三下乡"服务、下乡巡演、高校巡演等多种形式的实践活动，提高落实课程思政的能力，思想政治育人效果从"平面"走向"立体"，思想政治教育从学校"小课堂"走向社会"大课堂"，实现了课程思政教育有效落地，加深了学生对乌兰牧骑精神的理解，将课程思政教学质量内化为学生个体的价值追求和自觉行动，发挥了课程思政教学的长效辐射作用，增强了学生传承弘扬乌兰牧骑精神的责任感和使命感，将思政教育的文化育人成效转化为乌兰牧骑精神的传承力量。

艺术类院校要在"大思政"理念的积极指导下，构建一体化思政教育长效机制，以学生成长成才为教育根本，将思政教育工作融入艺术类院校各个方面的教育活动中。这其中，思政课程是主渠道，课程思政是最为重要的一环。乌兰牧骑精神一体化、系统性融入内蒙古艺术学院思政教育体系，兼顾思政课程与课程思政，特别是通过延展实践活动实现可视化育才育人，突破了课堂思政课空间的局限，将乌兰牧骑精神的思政性与艺术教育课程内容的思政性、艺术性和教育性深度融合，与学生专业和就业元素融合，贯穿于大学生的整个教学活动之中，构建以学生学习生活和成长发展为时空维度，从课内向课外延伸，从校内向校外延伸，从思政课学段向全学段思政课延伸，构建起贯通学校与社会全时空的思政课，初步形成了

思政教学格局，无疑成为实现学校全面育人目标的重要路径，是"大思政"背景下艺术类高校教育体系的一个新发展，为应用型人才办学与社会需求有效对接赋能。但是，乌兰牧骑精神融入课程思政建设还需拓展载体，结合课程思政与"大思政"，在深度、广度、力度上进一步为"大思政"教育赋能，共同推进铸魂育人。

参考文献

专著:

[1] 毛泽东:《毛泽东选集》(第一卷、第二卷、第三卷、第五卷),人民出版社1991年版。

[2] 中共中央文献研究室编:《毛泽东文集》(第六卷、第七卷),人民出版社1999年版。

[3] 毛泽东:《毛泽东论文艺》,人民文学出版社1983年版。

[4] 中共中央文献编辑委员会编:《毛泽东著作选读》(下册),人民出版社1986年版。

[5] 唐敬杲选注:《管子》(第二册),商务印书馆1936年版。

[6] 作者不详:《四书五经》,北京古籍出版社1995年版。

[7] 司马迁:《二十五史·后汉书卷二七》,上海古籍出版社1986年版。

[8] 宋濂、王濂:《元史》,中州古籍出版社1996年版。

[9] 方东树:《昭昧詹言》,汪绍楹校点,人民文学出版社1961年版。

[10] 中国人民解放军国防大学党史党建政工教研室编:《中共党史教学参考资料》(第19册),中国人民解放军国防大学出版社1986年版。

[11] 中共中央马克思恩格斯列宁斯大林著作编译局编:《马克思恩格斯文集》(第3卷、第8卷),人民出版社2009年版。

[12] [德] 马克思、恩格斯著,中共中央马克思恩格斯列宁斯大林著作编译局译:《马克思恩格斯全集》(第1卷、第2卷、第41卷),人民出版社1982年版。

[13] 中共中央马克思恩格斯列宁斯大林著作编译局编:《马克思恩格斯选集》(第1卷),人民出版社1972年版。

[14] [德] 马克思:《1844年经济学—哲学手稿》,刘丕坤译,人民出版社1979年版。

[15] [德] 黑格尔:《美学》(第2卷),上海文艺出版社1980年版。

[16] 朱光潜:《朱光潜美学文集》(第三卷),上海文艺出版社1983年版。

[17] 朱光潜:《朱光潜谈美》,华东师范大学出版社2012年版。

[18]《李维汉选集》编辑组:《李维汉选集》,人民出版社1987年版。

[19] 茅盾:《茅盾文艺杂论集》(上集),上海文艺出版社1981年版。

[20] 宗白华:《中国现代美学名家文丛:宗白华卷》,王德胜选编,浙江大学出版社2009年版。

[21] 林同华主编:《宗白华全集》(第1卷),安徽教育出版社2008年版。

[22] 刘德:《乐记》,吉联抗译注,人民音乐出版社1982年版。

[23] 周来祥:《论美是和谐》,贵州人民出版社1984年版。

[24] 胡经之:《文艺美学》,北京大学出版社1989年版。

[25] [法] 福柯等:《激进的美学锋芒》,周宪译,中国人民大学出版社2003年版。

[26] [英] 爱德华·泰勒:《原始文化》,连树声译,上海文艺出版社1992年版。

[27] [法] 路易·多洛:《国际文化关系》,孙恒译,上海人民出版社1987年版。

[28] [美] 梅·所罗门编:《马克思主义与艺术》,杜章智等译,文化艺术出版社1989年版。

[29] [俄] 契诃夫:《契诃夫论文学》,汝龙译,人民文学出版社1958年版。

[30] [意] 葛兰西:《论文学》,吕同六译,人民文学出版社1983年版。

[31] [古希腊] 柏拉图:《柏拉图文艺对话集》,朱光潜译,人民文学出版社1963年版。

[32]［英］特里·伊格尔顿:《美学意识形态》,王杰等译,广西师范大学出版社1997年版。

[33]［美］克利福德·格尔兹:《文化的解释》,纳日碧力戈等译,上海人民出版社1999年版。

[34]［英］罗宾·乔治·科林伍德:《艺术原理》,王至元等译,中国社会科学出版社1985年版。

[35]［法］居伊·德波:《景观社会》,王昭凤译,南京大学出版社2006年版。

[36]［美］沃纳·赛佛林、小詹姆斯·坦卡德:《传播理论:起源、方法与应用》,郭镇之等译,中国传媒大学出版社2006年版。

[37]［美］克利福德·吉尔兹:《地方性知识:阐释人类学论文集》,王海龙、张家瑄译,中央编译出版社2004年版。

[38] 陈鸣:《艺术传播原理》,上海交通大学出版社2009年版。

[39] 慕羽:《中国当代舞蹈创作与研究》,中国文联出版社2009年版。

[40] 胡惠林:《中国国家文化安全论》,上海人民出版社2011年版。

[41] 周平等:《中国边疆治理研究》,经济科学出版社2011年版。

[42] 内蒙古自治区文化局编:《乌兰牧骑(一)》,内蒙古人民出版社1965年版。

[43] 内蒙古自治区文化局编:《乌兰牧骑(二)》,内蒙古人民出版社1965年版。

[44] 内蒙古自治区文化局编:《乌兰牧骑之歌》,音乐出版社1965年版。

[45] 内蒙古自治区文化厅编:《乌兰牧骑之路》,内蒙古人民出版社1997年版。

[46] 内蒙古自治区文化厅编:《草原上的文艺轻骑队——乌兰牧骑》,内蒙古人民出版社1983年版。

[47] 内蒙古自治区史志办:《内蒙古自治区志·文化志》,内蒙古人民出版社1999年版。

[48] 达·阿拉坦巴干、朱嘉庚主编:《乌兰牧骑赞》,内蒙古自治区乌兰

牧骑学会 2007 年版。

[49] 达·阿拉坦巴干、朱嘉庚主编：《周恩来总理与乌兰牧骑》，内蒙古自治区乌兰牧骑学会 2014 年版。

[50]《准格尔旗志》编纂委员会编：《准格尔旗志》，内蒙古人民出版社 1993 年版。

[51]《乌兰夫传》编写组编：《乌兰夫传（1906—1988）》，中央文献出版社 2007 年版。

[52] 达·阿拉坦巴干、朱嘉庚、洪涛主编：《乌兰牧骑发展史》，内蒙古自治区艺术研究院 2017 年版。

[53] 刘增军、张仲仁主编：《翁牛特旗乌兰牧骑志》，内蒙古文化出版社 2012 年版。

[54] 吉日嘎拉、朱嘉庚主编：《乌兰牧骑回忆录》，内蒙古人民出版社 2018 年版。

[55] 高丙中：《民间文化与公民社会：中国现代历程的文化研究》，北京大学出版社 2008 年版。

[56] 金花：《红色文艺轻骑兵——金花讲乌兰牧骑的故事》，内蒙古文化出版社 2019 年版。

[57] 拉西敖斯尔：《乌兰牧骑巡回演出之路》，通辽民大印刷有限公司印刷 2018 年版。

[58] 王慧琴、邢野编著：《乌兰牧骑精神》，方志出版社 2018 年版。

[59] 周宪、刘康主编：《中国当代传媒文化研究》，北京大学出版社 2011 年版。

[60] 颜晓峰主编：《坚持中国特色社会主义文化》，重庆出版社 2019 年版。

政策汇编：

[61] 国家民委办公厅等编：《中华人民共和国民族政策法规选编》，中国

民航出版社 1997 年版。

[62] 中共中央文献研究室编:《十八大以来重要文献选编》(上),中央文献出版社 2014 年版。

[63] 中共中央统战部编:《民族问题文献汇编》,中共中央党校出版社 1991 年版。

论文集:

[64] [美] 詹姆斯·凯瑞:《作为文化的传播:"媒介与社会"论文集》(修订版),丁未译,中国人民大学出版社 2019 年版。

期刊文章:

[65] 章剑华:《文化时空论》,《艺术百家》2007 年第 2 期。

[66] 郝凤彩、刘筠梅:《乌兰牧骑文化现象的本质之思考》,《内蒙古艺术学院学报》2018 年第 2 期。

[67] 关凯:《基于文化的分析:族群认同从何而来》,《甘肃理论学刊》2013 年第 1 期。

[68] 胡惠林:《论文化政策选择的矛盾运动与价值取向》,《上海交通大学学报(哲学社会科学版)》1998 年第 2 期。

[69] 乌兰:《总结经验 明确方向 全面推进新时期乌兰牧骑工作的繁荣发展》,《思想工作》2009 年第 Z1 期。

[70] 胡昭衡:《内蒙古自治区的文化教育卫生事业》,《民族研究》1959 年第 10 期。

[71] 席宣政:《内蒙古草原上的文艺尖兵——"乌兰牧骑"》,《实践(思想理论版)》1965 年第 2 期。

[72] 中共内蒙古自治区委员会宣传部:《乌兰牧骑的新实践》,《求是》1994 年第 10 期。

[73] 赵子义:《乌兰牧骑在公共文化服务体系建设中的作用》,《实践(思想理论版)》2019年第2期。

[74] 蔡洞峰:《中国艺术的生命精神——宗白华对中国美学与艺术的新阐释》,《贵州大学学报(艺术版)》2019年第4期。

[75] 王德胜:《审美文化批评与美学话语转型》,《求是学刊》1994年第5期。

[76] 牛静:《扎根理论及其在新闻传播学的运用》,《东南传播》2010年第4期。

[77] 于兆吉、张嘉桐:《扎根理论发展及应用研究评述》,《沈阳工业大学学报(社会科学版)》2017年第1期。

[78] 陈向明:《扎根理论的思路和方法》,《教育研究与实验》1999年第4期。

[79] 贾旭东、衡量:《扎根理论的"丛林"、过往与进路》,《科研管理》2020年第5期。

[80] 孟强:《科学实践哲学与知识观念的重构:兼谈地方性知识》,《自然辩证法通讯》2015年第3期。

[81] 吴继霞、何雯静:《扎根理论的方法论意涵、建构与融合》,《苏州大学学报(教育科学版)》2019年第1期。

[82] 郭欣、陈向明:《教育质性研究的本土化探索——第二届"实践—反思的教育质性研究"学术研讨会综述》,《教育发展研究》2015年第6期。

[83] 李志刚、李兴旺:《蒙牛公司快速成长模式及其影响因素研究——扎根理论研究方法的运用》,《管理科学》2006年第3期。

[84] 胡雅萍、刘千里、何菊香:《决策失误防范中的情报介入影响因素研究——基于Nvivo 11的质性分析》,《图书情报工作》2019年第11期。

[85] 盛东方:《我国图书情报研究中的扎根理论应用》,《图书馆论坛》2020年第8期。

[86] 邓春林、贾懿、隆征帆、姜柳:《基于扎根理论的微博用户情感倾向性分析及应对策略》,《现代情报》2020年第9期。

[87] 张敏、薛云霄、罗梅芬、张艳:《移动社交网络用户间歇性中辍行为形成机理的概念模型——一项基于扎根理论的探索性研究》,《情报资料工作》2019年第4期。

[88] 孟韬、关钰桥、董政、王维:《共享经济平台用户价值独创机制研究——以Airbnb与闲鱼为例》,《科学学与科学技术管理》2020年第8期。

[89] 徐彤阳、李婷:《短视频社会化阅读推广效果分析——以抖音短视频为例》,《图书馆》2021年第2期。

[90] 李春雷、雷少杰:《想象、话语与景观:底层视角下公共事件中的谣言传播进路研究——一项基于NC市XH事件的扎根研究》,《国际新闻界》2020年第8期。

[91] 张红霞、马桦、李佳嘉:《有关品牌文化内涵及影响因素的探索性研究》,《南开管理评论》2009年第4期。

[92] 何琼峰:《基于扎根理论的文化遗产景区游客满意度影响因素研究——以大众点评网北京5A景区的游客评论为例》,《经济地理》2014年第1期。

[93] 焦雪岱、姜永生:《学习〈讲话〉精神 坚持文艺为人民服务》,《内蒙古社会科学(文史哲版)》1992年第3期。

[94] 达·阿拉坦巴干:《"不锈的乌兰牧骑"——纪念乌兰牧骑成立40周年》,《求是》1997年第15期。

[95] 达·阿拉坦巴干、朱嘉庚:《玛奈乌兰牧骑赛!》,《求是》2007年第17期。

[96] 许鑫:《乌兰牧骑》,《中国民族》2009年第Z1期。

[97] 乌小花:《文艺工作的初心使命与铸牢中华民族共同体意识——解析"乌兰牧骑精神"及其时代价值》,《西北民族研究》2020年第3期。

[98] 季春芳:《本色、红色、特色、原色——乌兰牧骑精神基本特征的四维解读》,《云南民族大学学报(哲学社会科学版)》2021年第1期。

[99] 晨耕:《"乌兰牧骑"给我们的启示》,《人民音乐》1965年第1期。

[100] 赵奇恩:《竹韵百年 历史回响:快板艺术传续衍变中的红色基

因》,《中国文艺评论》2021 年第 12 期。

[101] 彭正德、江桑榆:《论红色基因及其在新时代的传承》,《湖南社会科学》2021 年第 1 期。

[102] 卞成林:《基于红色文化资源建设的马克思主义意识形态创新》,《广西民族大学学报(哲学社会科学版)》2021 年第 3 期。

[103] 阮南燕:《英雄塑造与红色基因的历史传承——"十七年"革命历史题材话剧英雄形象研究》,《未来传播》2021 年第 4 期。

[104] 梅萍:《论对党忠诚的伦理意蕴、精神特质与养成路径》,《中州学刊》2021 年第 12 期。

[105] 王宝鑫:《大学生坚定理想信念的时代任务与实践逻辑》,《东北师大学报(哲学社会科学版)》2021 年第 5 期。

[106] 陈庆国:《大学生培育和践行社会主义核心价值观实效评价体系研究》,《江苏高教》2021 年第 2 期。

[107] 项久雨、石海君:《中国特色社会主义文化自信的内在根据》,《学习与实践》2019 年第 7 期。

[108] 陈路路:《中国共产党百年伟大革命精神的新时代诠释》,《社会主义研究》2021 年第 1 期。

[109] 吴团英:《哲学与人的全面发展——新时代中国特色社会主义的哲学使命》,《内蒙古社会科学(汉文版)》2018 年第 1 期。

[110] 石书臣、张朋林:《习近平关于红色文化重要论述的德育思考》,《思想政治教育研究》2019 年第 5 期。

[111] 穆兆勇:《旗帜问题至关重要——"在毛泽东的旗帜下胜利前进"的重大意义和时代价值》,《人民论坛》2020 年第 19 期。

[112] 穆鹏程、高福进:《合法性与道义性:党内政治文化认同的双重特性》,《广西社会科学》2021 年第 6 期。

[113] 孙雅艳、郭立冬:《习近平文艺铸魂思想研究》,《学校党建与思想教育》2017 年第 21 期。

[114] 王易、田雨晴:《论红色基因的生成条件、核心内容及时代价值》,

《南开学报（哲学社会科学版）》2022年第1期。

[115] 程小强：《红色基因的深刻内涵与时代价值》，《人民论坛》2021年第1期。

[116] 赵宝文、易重华：《中国道路的红色基因：传承与发展》，《西安财经大学学报》2020年第6期。

[117] 黄念然：《马克思主义文学批评的中国化探索——延安文艺大众化运动的重要历史价值》，《人民论坛》2017年第10期。

[118] 范玉刚：《新人新话语新文艺与国家的艺术想象——对新文艺发展道路早期探索的思考之一》，《社会科学辑刊》2021年第4期。

[119] 陈明琨、解科珍：《习近平新时代文明交流互鉴观论析》，《社会主义研究》2020年第2期。

[120] 赵丽媛：《中国共产党革命精神的生成逻辑、精髓要义与战略意义》，《哈尔滨工业大学学报（社会科学版）》2021年第6期。

[121] 蒋述卓、李石：《新中国精神与文学经典的生成》，《中国社会科学》2021年第2期。

[122] 王志强：《1949—1956年我国大众文艺与社会价值观的重塑》，《广西社会科学》2017年第9期。

[123] 张清民：《中国共产党领导文艺百年发展与成功经验》，《中国社会科学》2021年第7期。

[124] 仝妍：《国家在场与现实情怀——中国共产党的百年文艺政策与中国舞蹈艺术的当代话语建构》，《艺术百家》2021年第3期。

[125] 王韵、辛笑颖：《仪式传播视域下建党百年晚会的价值认同建构》，《当代电视》2021年第8期。

[126] 李鹏、李荣、孙伟：《政治话语、受众本位与新技术表征——新媒介传播环境下"红色经典史诗剧"的艺术创新实践》，《中国电视》2017年第7期。

[127] 孙冲亚、高福进：《革命文化认同的逻辑、挑战及其推进路径》，《毛泽东邓小平理论研究》2020年第2期。

[128] 田雨晴：《习近平关于英雄精神价值的重要论述探析》，《思想教育研究》2020年第12期。

[129] 冯宪光：《中国化马克思主义文论百年发展道路——中国共产党组织领导下的文艺共同体理论探索》，《社会科学战线》2021年第1期。

[130] 丁燕：《论坚定文化自信的三个维度》，《山东师范大学学报（人文社会科学版）》2020年第6期。

[131] 胡晓红、贾依桐：《思想政治理论课建设的文化力量》，《思想理论教育导刊》2020年第1期。

[132] 杨胜才：《民族院校铸牢中华民族共同体意识的价值意蕴、方法路径与保障体系》，《中南民族大学学报（人文社会科学版）》2020年第5期。

[133] 顾利民：《邓小平经济协调发展战略思想与开发中西部》，《西安交通大学学报（社会科学版）》1999年第3期。

[134] 卢丽娜：《"为人民大众"：毛泽东文艺理论的思想根基》，《理论学刊》2001年第4期。

[135] 胡可：《人民文艺——社会主义文艺的生机》，《文艺理论与批评》1998年第5期。

[136] 陈晓明：《人民性、民间性与新伦理的历史建构——百年中国文学开创的现代面向思考之三》，《文艺争鸣》2021年第7期。

[137] 蒋述卓、李石：《当代大众文化的发展历程、话语论争和价值向度》，《杭州师范大学学报（社会科学版）》2019年第1期。

[138] 刘恒、李永：《新中国戏改中传统戏曲剧目的改编研究——以黄梅戏《天仙配》为例》，《齐鲁学刊》2019年第5期。

[139] 刘梦羽：《准格尔旗漫瀚调：蒙汉民族音乐文化交融的结晶》，《实践（思想理论版）》2018年第5期。

[140] 乌小花：《弘扬乌兰牧骑精神 铸牢中华民族共同体意识》，《实践（思想理论版）》2020年第11期。

[141] 白玉刚：《大力弘扬乌兰牧骑精神 全面推进中国特色志愿服务》，《实践（思想理论版）》2019年第12期。

[142] 习近平:《思政课是落实立德树人根本任务的关键课程》,《求是》2020 年第 17 期。

学位论文:

[143] 周颜玲:《我国主流意识形态建设视域下传承弘扬中华优秀传统文化研究》,博士学位论文 2019 年。

网络文献:

[144]《内蒙古自治区乌兰牧骑条例》,2019 年 11 月 1 日起施行。http://www.nmgrd.gov.cn/.

[145] 习近平:《在纪念孔子诞辰 2565 周年国际学术研讨会暨国际儒学联合会第五届会员大会开幕会上的讲话》,人民网 2014 年 9 月 24 日。

[146] 习近平:《在中国文联十大、中国作协九大开幕式上的讲话》,新华网 2016 年 11 月 30 日。

[147] 王维轩:《红色基因究竟"红"在哪》,人民网 2018 年 8 月 8 日。http://dangshi.people.com.cn/n1/2018/0808/c85037—30215534.html.

[148] 王静:《〈大江大河〉的三重审美境界》,中国社会科学网 2019 年 1 月 18 日。

http://www.cssn.cn/yingshi/yingshi_yspl/201901/t20190118_4813569.html.

[149]《内蒙古自治区人民政府关于印发自治区国民经济和社会发展第十四个五年规划和 2035 年远景目标纲要的通知》,内蒙古自治区人民政府 2021 年 2 月 7 日。

[150]《关于扎实推进建设新时代文明实践中心试点工作的通知》,中国文明网 2020 年 8 月 28 日。

[151]《教育部关于印发〈高等学校课程思政建设指导纲要〉的通知》,教育部 2020 年 6 月 3 日。

http:// www. moe. gov. cn/srcsite/A08/s7056/202006/t20200603_462437.html.

[152]《中共中央办公厅 国务院办公厅印发〈关于深化新时代学校思想政治理论课改革创新的若干意见〉》,中华人民共和国中央人民政府2019年8月14日。

http://www.gov.cn/zhengce/2019-08/14/content_5421252.html.

[153]《教育部等十部门关于印发〈全面推进"大思政课"建设的工作方案〉的通知》,中华人民共和国中央人民政府2022年8月24日。

http:// www. moe. gov. cn/

报纸文章:

[154] 丁薇:《打造一支高素质的乌兰牧骑队伍——访内蒙古鄂尔多斯市乌审旗乌兰牧骑队长阿拉腾图雅》,《中国艺术报》2010年9月17日第S01版。

[155] 阿勒得尔图:《大草原上驰骋的文化轻骑兵——第五届内蒙古自治区乌兰牧骑艺术节综述》,《中国文化报》2010年8月12日第6版。

[156] 吉日嘎拉:《高擎乌兰牧骑这面红色文艺旗帜》,《内蒙古日报》2020年2月21日第7版。

[157] 习近平:《在纪念邓小平同志诞辰110周年座谈会上的讲话》,《人民日报》2014年8月21日第1版。

[158]《把思想政治工作贯穿教育教学全过程 开创我国高等教育事业发展新局面》,《人民日报》2016年12月9日第1版。

附 录

附录一 乌兰牧骑部分重要政策和法律法规选辑

乌兰牧骑试点计划

1957年5月27日

一、目的

为了促进牧区群众文化事业的发展，改变当前牧区文化馆不能适应牧区特点、工作不易进展的局面，以乌兰牧骑作为开展牧区群众文化工作的基本措施，并进行试点。

通过试点，系统地摸索牧区群众文化活动规律，拟定较为具体的方针、任务以及乌兰牧骑的组织形式、活动原则等，为改进自治区群众文化工作提供经验。

二、内容

通过试点实践，寻找适应牧区经济与文化特点、发展牧区群众文化事业所需的组织形式。这种组织形式应具有机动灵活性能，不受人力物力的限制，能具备深入生产及群众并富有民族风格的优越性。

作为牧区的群众文化事业基层组织——乌兰牧骑，应采取什么工作方针、任务，是什么性质，应采取什么活动原则。通过试点，修订出乌兰牧骑工作条例，包括：乌兰牧骑的具体活动原则，组织分工，各项工作、业务学习制度，以及经费使用等方面的具体措施。

三、试点地点及需用时间

选择锡林郭勒盟苏尼特右旗文化馆为试点对象，在该旗内选择一个苏木（苏木即乡）为地点。采取多种工作方法进行巡回试点，时间约为三个月。

四、组成

以当地文化部门为主，组织乌兰牧骑试点工作组，内蒙古自治区文化局与盟党政领导部门派员参加，并吸收乌兰牧骑主任（即队长，当时称主任）和兄弟文化馆人员参加。组长由当地文化部门人员担任为宜。

五、工作步骤

第一步为准备阶段。需用时间两周，学习有关文化工作的方针政策、牧业社会主义改造的各项政策措施，准备巡回活动节目、用品及材料（排练节目、定制活动图书箱、图片、幻灯、小型演唱材料、收音机等）；商定试点的具体工作计划。

第二步为具体试点阶段。进入试点的具体工作，需时约六十天。活动方法，以服务活动为示范，通过联欢等形式对群众进行辅导和向民间学习，逐步活跃群众自己的文化娱乐活动。

活动形式，采取"集体巡回，点上开花"的办法，选择居住较为集中的地方为巡回点，在点上到处开花。

从活动中寻找解决工作、学习、休息、行军、服务、辅导等方面的有机配合问题，以及乌兰牧骑与有关方面的关系问题等的办法。

第三步为总结工作阶段。需时约两周：1. 总结试点工作；2. 修订《乌兰牧骑工作条例（草案）》；3. 拟订乌兰牧骑下一步工作计划；4. 向有关方面报告试点工作。

六、其他

乌兰牧骑试点工作,不仅是一件新的工作,而且关系到整个民族群众文化事业的发展,所以对试点工作者提出下列注意事项和要求:

1. 试点态度问题。必须深入客观实际,进行社会调查、个别访问等,采取集思广益地寻求知识、学习钻研的态度,防止主观片面性。

2. 试点工作组由各级人员组成,试点是各级党政领导部门极为关心的事情,所以要求加强团结和联系,互相尊重同心协力地进行工作,定期向有关方面汇报工作。

3. 会议与汇报。每十到十五天举行一次工作会议,总结前段工作与研究下步工作,书面上报材料。每段工作结束后专题报告一次,试点工作结束后做出全面总结和提出修订乌兰牧骑工作条例的方案。

乌兰牧骑工作条例(草案)

1957 年 5 月 27 日

为了便于在试点工作中进行有系统的研究,先提出关于乌兰牧骑的工作条例(草案),仅作为参考使用。

一、乌兰牧骑的性质与方针、任务

乌兰牧骑是政府为开展牧区的民族的群众文化工作,活跃民族的群众文化生活而设立的综合性的基层文化事业机构。它以机动灵活、富有民族风格的文化宣传形式,向牧区广大劳动人民群众进行巡回服务与辅导活动,并继承和发扬民族文化遗产,从而满足牧民群众的文化需要。

乌兰牧骑应密切配合牧区政治、经济的发展,根据牧区的民族的特点,宣传社会主义思想,不断进行党和政府各项政策法令及时事的宣传,提高牧民的政治觉悟,发展牧区群众文化事业,组织和辅导牧民业余文化艺术活动，建设与发展自治区的社会主义的民族的新文化。

为了完成上述基本工作任务，乌兰牧骑可进行以下三方面的工作：

（一）利用各种形式与机会，如与民间艺人联欢或者个别采访传授的办法，对各种群众文化事业进行辅导，特别是对有组织的民间艺人和牧民业余文化组织进行重点辅导，以便更广泛地活跃群众文化生活，普及与日常生活和生产有关的科学卫生知识，开展全民性的文化活动，并从中丰富自身活动内容。

（二）运用灵活多样、生动活泼的民族民间传统的文化艺术宣传形式，如用好来宝、说唱、歌舞、戏剧、幻灯、图片、报刊、图书等内容和形式进行服务活动。

（三）搜集与整理民族民间文化艺术遗产，编创适应牧区特点和牧民喜爱的文化艺术作品和宣传材料，以供应自身和群众活动的需要。

二、乌兰牧骑的活动原则及基本活动方法

（一）乌兰牧骑可以采取"集体巡回、点上开花"的办法，选择人口聚集点和居住较为集中处作为自己的巡回点，在点上到处开花，每年可在点上巡回活动几次。

（二）乌兰牧骑在具体活动中必须围绕中心工作，使自己的活动适应当地建设与生产的特点，拟定巡回活动计划。在所到之处，可以采取以服务活动为示范（指演出等服务活动），通过联欢的形式对群众进行辅导和向民间学习，逐步活跃群众的文化娱乐活动。

（三）乌兰牧骑全年下乡巡回活动时间为七个月以上，担负所在旗内总人口的百分之八十以上的牧民文化生活。

三、乌兰牧骑的组织分工

乌兰牧骑的组织分工及人员配备，应根据方针、任务所需，适应所在旗群众文化工作的发展。视现有条件，可设下列人员：主任1—2人，歌舞人员3—4人，说唱艺人1—2人，宣传人员2—3人，搜集编创人员1—2

人。在具体工作中应相互配合，取长补短，共同做好工作，使其成员逐步培养成适应群众文化工作的各类专长人员。

四、其他

（一）经费问题：乌兰牧骑的全部经费由国家文化事业费内开支，在使用上应本着少花钱、多办事、勤俭办一切事业的原则开支。特别在目前经费不足的情况下，可尽力与有关部门联合举办一些活动，如展览会、晚会等，并可以接受有关方面的补助、捐赠和社会力量的支援。

（二）关系方面：乌兰牧骑直接受当地旗人委（旗文化主管部门）的领导。乌兰牧骑与盟文化队、自治区群众艺术馆是业务上辅导和被辅导的关系，乌兰牧骑应经常与文化队、群众艺术馆联系业务上的问题，而文化队、群众艺术馆应经常为乌兰牧骑做些业务上的辅导和指导工作。

（三）乌兰牧骑的各项制度：

1. 全年工作总结和计划，主报旗人委，抄报旗党委宣传部、文教部、盟人委文化（教）处、内蒙古自治区文化局。

2. 重大工作的专题报告，报送机关同上。

3. 年度、月度总结和计划，主报旗人委，抄报旗党委宣传部、文教部。

4. 每月召开 1—2 次生活会议。

5. 每月召开一次业务总结计划会议。

（四）学习问题：

1. 文化、理论学习。在日常工作中有计划地坚持学习外，可采取冬训的方式集中学习。

2. 业务学习。在活动中主要以向民间学习和自学的方式进行，此外可举行冬训，输送学员参加盟和内蒙古自治区文化局举办的专业训练班，参加盟和内蒙古自治区文化局组织的观摩组进行观摩学习。乌兰牧骑也可抽派人员到兄弟文化馆、盟文化队进行专业学习。

（五）配合中心工作问题：

旗党政应抓紧对乌兰牧骑工作的领导和布置工作，吸收乌兰牧骑主任参加党政召开的有关会议,使乌兰牧骑工作能紧密配合中心工作。乌兰牧骑必须以业务配合中心工作,防止以人配合中心工作(抽调人去做其他工作,而脱离本职工作)。

(六)乌兰牧骑的干部配备条件和调动原则:

1. 乌兰牧骑干部必须是历史清楚、政治可靠、有文化宣传工作能力的下列人员:

主任,具有初中以上的文化(蒙文)程度,并有一定群众文化工作经历和经验者。歌舞人员,具备初步的民间歌舞和艺术知识者。说唱艺人,为当地艺人中艺术水平较高的并能下乡巡回活动者。以上艺术人员应具有高小以上文化程度。宣传人员,应配备口齿清晰,有初中以上文化程度者。编创和搜集民间文化艺术遗产人员,具有民间艺术知识和初中、高中文化程度者。

2. 乌兰牧骑干部调动问题:

乌兰牧骑干部是文化艺术专业人员,不要轻易调动工作。除的确不称职、没有培养前途的人员外,严防以非文化艺术人员来调换乌兰牧骑业务人员,以免影响事业的发展。

内蒙古自治区文化局工作组
关于苏尼特右旗乌兰牧骑试点工作的总结

1957 年 9 月

一、情况

苏尼特右旗文化馆是在 1956 年 10 月建立的。该馆除对旗所在地机关的文化活动进行辅导外,还分别派出干部,对牧民的业余文化活动进行辅导。建馆半年多来,虽然取得了一些成绩,但工作不够深入,特别是要担负为牧区全体劳动牧民服务的任务,是很困难的。为解决工作中存在的这一主要矛盾，摸索在牧区开展群众文化工作的规律，决定把文化馆改为流动性的乌兰牧骑，进行试点工作。

乌兰牧骑试点是1957年6月17日正式开始的。在各级党政的领导和关怀下，经过三个月的工作实践，证实了建设乌兰牧骑的正确性，并初步摸索到了一些开展工作的方法。特提出如下总结，供会议研究。

（一）试点的准备：

由于旗领导的重视，各机关团体的支持，在试点工作开始前，首先进行了干部、设备、巡回活动方面的准备工作，为试点的顺利开展创造了条件。

1. 干部的配备和调整：原文化馆编制九人，实有五人。为保证干部质量，首先将不适合乌兰牧骑的干部进行了调整，又按照乌兰牧骑干部条件，从旗所属各单位中，进行选拔补充了编制。这样，乌兰牧骑干部虽然有部分是新配的，缺乏文化工作经验，但总的来说，都具备一定专长，并且熟悉当地情况。

2. 设备的补充：为保证乌兰牧骑工作的开展，对原文化馆的宣传活动工具，做了适当的补充，并增加了车辆马匹，供巡回活动时使用。

3. 明确了重点工作对象：过去文化馆为广大劳动牧民服务的工作重点不明确，主要搞机关业余文化活动，因此，集体巡回下乡，深入牧民的工作受到一定限制。为加强对牧民的服务，确定首先以广大劳动牧民为主要服务对象，在保证重点的前提下，利用不能下乡的时间，开展对机关文化活动的业务辅导，争取更广泛地为群众服务。

（二）试点的具体工作情况：

乌兰牧骑试点开始，首先在本旗选择了具有代表性的苏木，即第二、五佐和大型集会（那达慕会）作为试点区，共进行了54天的工作，走了1000余里，在工作中积累了一些经验，但也遇到不少困难和问题，并走了一些弯路。最后，在大家努力和群众支持下，终于克服了困难，摸索到了开展工作的初步规律及办法。

1. 通过当地干部，了解和掌握地区情况。首先我们拟选择一个牧民居住较集中的点,深入开展工作,但由于了解情况不够,主观地选了巴音杭盖牧业社,认为那里是个牧民集中点,哪知到达后,那里只有三户牧民,其他社员都离得很远。后来所选的第二个点,由于当地发生了病情,也没能去。因此,我们通过向当地干部了解,又选了额尔登胡日来,这里虽不是牧业社,但居住着五十来户。从这里,我们接受了教训,第二次下去时,事先了解当地居住、生产情况,选择活动点,以便按计划开展活动。

2. 在具体活动中,逐步丰富了活动方法,通过辅导,培养了群众业余文化组织,最大限度地满足群众的文化要求。由于缺乏经验,一开始深入活动点时,只搞了些服务(即演出)活动,群众虽然很欢迎,但也提出,这不能彻底解决问题,因为乌兰牧骑一走,他们仍和以往一样。根据牧民这一要求,我们改进了工作,创造了多种多样的工作方法,不但在点上集中活动,还分散到点周围20华里(里的别称)内外的各个浩特,进行"以辅导为主,并辅之以服务"的活动,协助群众建立自己的业余文化组织,使之"生根结果"。按照辅导工作情况,在点上还举办了一次较大型的群众奈日(小规模的联欢游艺会)活动,不但保证广泛地满足当地群众的文化要求,还辅导了群众业余文化活动,受到了群众的欢迎。

3. 乌兰牧骑必须争取广大牧民的支持,才能克服困难。由于乌兰牧骑的活动受到群众欢迎,群众主动地协助乌兰牧骑,解决了工作中的困难。如乌兰牧骑去第二苏木途中,要走两天沙漠,胶车过不去,群众便主动借给马匹、骆驼,并为乌兰牧骑带路,使乌兰牧骑完成了任务。

二、收获体会

(一)要研究地区情况及生产特点,为开展群众文化工作提供有利条件。

苏尼特右旗有七个苏木和一个区,面积约37万平方里(1平方里=25万平方米),牧民人口约9000人,平均每人约占40平方里面积,是锡林郭勒盟最辽阔分散的一个旗。境内山地、沙漠延绵,交通极为不便。

中华人民共和国成立前这里十分贫穷落后,中华人民共和国成立后在党的关怀下,牧业经济有了很大发展,并由游牧逐步变为定居游牧,出现了一些牧民居住的浩特,居住较前有了相当程度的集中。

由于生产、生活方式的不同,决定了民族性格的不同。蒙古民族长期过着游牧生活,是在不断同大自然进行搏斗中成长起来的,所以养成了勤劳、勇敢、活泼、能歌善舞的特点,容易接受新生事物,群众中还蕴藏着丰富的文化遗产,这些都是开展文艺工作的有利条件。几年来,随着政治、经济的发展,牧区人民对文化生活的要求日益迫切,但现有的文化生活还远远赶不上人民的需要。据乌兰牧骑在赛罕乌拉嘎苏木召开的一次座谈会上了解,参加会议的12个老年人中,有九人没看过文艺表演,其余三人是在1952年穿过百余里沙漠到了达巧尔吉庙,才看过文化队的表演。他们说:"人老体弱,不能出门。"青壮年妇女说:"要照料家务、生产,有孩子,也出不了门。"青壮年男人说:"我们虽然能出门,但有文化活动的地方太少。"乌兰牧骑去开展活动时,牧民们整天坐在蒙古包外,听广播,看图片,看书,问长问短。乌兰牧骑离开时,牧业互助组派出七名代表,沿路送酒和奶食欢送。他们说:"我们看到了许多以前没有看到的东西,听到了许多以前没有听到的东西,我们真不知怎样感谢你们!"有位蒙医还跟着乌兰牧骑,为乌兰牧骑队员治病,说乌兰牧骑这么远来为群众输送精神食粮,为乌兰牧骑队员治病是他应尽的责任。由此可见牧民对文化生活要求的迫切。

(二)乌兰牧骑是配合中心工作及生产任务的有力宣传形式。

乌兰牧骑所到之处,通过报告、座谈、好来宝、幻灯、图书、图片、广播等宣传形式,突出宣传了牧业政策及抗旱、保畜、饲养管理、植树造林、改造沙漠、利用水源等内容。牧民看了抗旱的幻灯演出后说:"去年遭灾要不是政府号召打草,牧畜就死光了,今年我们要响应政府的抗旱号召,在旧社会有谁这样关心牧民疾苦啊!"在达巧尔吉庙宣传卫生常识后,牧民认识到不注意卫生要引起病害,表示要改善环境卫生。牧民们都说:"乌兰牧骑给我们看了演出,还使我们得到了很多科学知识,大家的生产劲头更大。"特别是在赛汗乌尔吉苏木举办的奈日上,进行了抗旱保畜宣传,受益人数达300多。在当前牧区居住分散的情况下，要召集这么多人开会是困难的，可是通过群众喜闻乐见的文化形式，能广泛地吸引群众来参加。因此，许多苏木都来约请乌兰牧骑去组织奈日，宣传中心工作。乌兰牧骑这次在54天活动中，宣传人数为14200多人次，超过了全旗总人口数。

（三）乌兰牧骑是适应牧区特点、开展民族的群众文化活动的好形式。

乌兰牧骑是综合性的文化事业机构，它以灵活机动的巡回活动方式开展牧区群众文化工作，它协助牧区建立与发展业余文化组织，并给予辅导，它向广大牧民进行政策、时事宣传，普及生产生活方面的有关科学知识；它开展文化艺术活动，活跃和满足群众的文化生活，并搜集整理民族文化遗产，供应政治宣传及文娱活动资料。通过试点实践，证明了乌兰牧骑的性质和基本工作任务及活动原则是正确的，乌兰牧骑的组织形式能适应牧区居住分散，并在四季牧场游牧的特点，同时它的活动内容是综合性的，能满足牧民的文化生活要求，还能配合中心任务进行宣传和传播科学知识，加强牧业管理、牲畜饲养和病害预防等，对动员牧民积极参加社会主义改造和建设有着重要的作用。所以，乌兰牧骑是开展民族的群众文化工作的好形式。

由于乌兰牧骑的性质、方针和任务，符合开展牧区群众文化活动的客观规律和要求，本着这一原则所规定的工作方法，也是正确的。现就乌兰牧骑三个月来试点中运用的具体工作方法陈述于下：

1.集体巡回、以点带面、点上生根、普遍开花的方法，是乌兰牧骑根据牧区当前情况采用的经常性的活动方法。现在牧区正由居住分散走向定居，逐渐形成一些集中的聚居点。这种方法即在深入牧区前，将全旗划分为若干点，以牧业社、互助组的聚居点作为活动据点，在据点上进行集中的辅导活动，辅之以示范活动，并帮助群众建立业余文化组织。对据点附近的分散居民，也应给以适当的满足，为此，可再把乌兰牧骑分为若干小组，深入附近地区进行分散活动。这种活动方法的好处在于：（1）工作面深而广，能照顾到更多群众，并适应四季牧场的特点；（2）在点上建立群众业余文化组织，能满足群众经常性的文化要求，达到"扎根结果"；（3）

固定据点，定期辅导，可保证群众活动的不断提高；（4）可达到以点带面，点面结合，在相当时间内，可逐步成"网"。

2.参加或运用民族民间固有的集会、习惯开展文化宣传活动。根据牧民的生产、生活习惯，在各个季节里，均有一些固定的节日和集会，如那达慕、奈日、敖包会等，均含有庆祝的意义，一般都要开展文化活动。乌兰牧骑可运用这些集会、节日组织群众开展有意义的活动。在试点中，乌兰牧骑不但参加了旗那达慕会，还配合赛汗乌尔吉苏木举办了奈日活动。这次奈日主要以防旱保畜为中心宣传内容，通过各种形式开展了广泛的集中宣传，使附近300多名群众受到了教育。在准备过程中，还辅导了群众文艺活动，组织23人演出了17个节目，发展了一个业余文化组织，巩固了一个业余文化组织。牧民反映说，这次收获真大，不但看了演出，还得到不少防旱保畜知识。这种活动方法的好处是：（1）便于广泛地动员群众，深入宣传中心工作；（2）使群众业余文化活动达到自我娱乐、自我教育的目的；（3）便于大量发现人才，辅导、建立和巩固群众业余文化组织，为开展群众文化活动奠定基础；（4）可开展多种多样的活动，最大限度地满足群众的文化生活要求。

3.个别活动。乌兰牧骑的试点是在夏季进行的，但我们认为，在冬天不适于集体深入基层的季节时，乌兰牧骑应采取个别派出干部下乡的办法，进行辅导，挖掘搜集民族文化遗产，向群众学习，供应宣传材料等。这样做可以：（1）与群众保持经常地联系，随时掌握情况，进行指导，或根据情况决定今后工作；（2）供给群众业余组织宣传材料，推动群众业余文化的经常活动；（3）个别向群众学习，挖掘搜集民族文化遗产。

为保证乌兰牧骑深入基层时能很好地工作，要妥善安排其行军、学习、休息。一般在行军途中如遇到群众渴望能给他们做些服务工作时，为保证多数人在行军中的休息，可按分散活动小组，轮流进行活动。这样，除轮到的组外，其他组可以得到休息。到达据点后，则可按照群众生产时间调配工作和学习、休息时间，一般在群众生产时，乌兰牧骑进行学习和休息，在群众休息时，乌兰牧骑进行工作。

（四）乌兰牧骑在试点中，已充分显示了它开展民族文化工作的优越性，取得了领导的重视和群众的支持，归纳起来有以下几点：

1. 乌兰牧骑集中地继承了民族固有的文化形式，又是各种形式的综合和发展，所以它是适应牧区生产特点、开展民族的群众业余文化活动的组织形式，能够担负起活跃群众文化生活的使命。由于客观需要，决定了它有很大的发展前途，能够最大限度地发挥其组织作用。

2. 便于广泛深入地宣传党的政策及各项中心工作，动员牧民群众积极参加社会主义建设，起到党的宣传助手作用，普及与日常生活、生产有关的科学卫生知识，推动牧业生产。

3. 乌兰牧骑是综合性的文化事业单位，能多方面满足群众不同的文化要求，最大限度地满足群众的文化需要。

4. 便于搜集、挖掘民族文化遗产，继承优秀的传统节目，并向群众供应宣传资料，编创和整理文艺作品，为发展社会主义的民族新文化提供有利条件。

5. 采取辅导为主，辅之以服务的工作方法，可起到协助群众建立文化组织的作用，在业务上进行辅导，在工作方法上进行指导，使群众自己的活动生根开花。

三、今后的建议

为保证乌兰牧骑工作的进一步改进提高，根据这次试点工作中碰到的问题，以及通过总结后的认识，归纳出以下意见，供今后工作参考。

（一）计划路线的问题：

开展民族的群众业余文化工作，是满足牧区广大劳动人民文化生活的重要办法之一，只有牧民的业余文化活动得到充分发展，业余的文化组织得到广泛建立，才能使广大牧民得到自我娱乐和自我教育。乌兰牧骑负有协助牧民建立与发展业余文化组织的重要使命，因此乌兰牧骑工作的好坏，与群众业余文化的发展快慢有着直接关系。而试点工作证明，路线又是乌兰牧骑系统的、按计划全面安排工作的重要保证之一。在订路线计划时，必须参照两个原则：1.计划应从全民出发，并达到为全民服务的目的；2.按计划进行活动时，既要保证点上活动，又可照顾到面，做到点面结合。这样订出的路线计划，有几个好处：1.能主动地全面地进行工作；2.便于妥善安排行军、工作、学习、休息；3.计划形成习惯后，则能按时到达定点，易于在点上生根开花，逐步形成文化据点。

（二）辅导与服务问题：

通过试点，我们进一步体会到，必须采取以辅导为主、服务为辅的方法才能协助牧民建立自己的业余文化组织，才能使牧区群众文化生活从根本上活跃起来。试点工作刚刚开始时，乌兰牧骑对这两者的关系不够明确，在工作上走了一些弯路。如在巴音杭盖牧业社只做了些服务性活动，工作结束时，牧民劳布僧在座谈会上除对乌兰牧骑表示欢迎外，同时说："你们来，我们盼也盼不到，可惜我们没学会东西，你们一走，我们这里又和以前一样。"赛包勒格苏木第二巴嘎互助组，主动组织了文艺小组，要求乌兰牧骑辅导。图格木勒牧业社的青年社员，抓紧时间向乌兰牧骑学习。通过这些事例，我们认识到，辅导群众文化活动，协助建立文化组织，使之生根结果，是十分重要的问题。因此，我们明确了辅导是为建立与巩固群众业余文化组织，服务是通过示范，启发群众自办活动，或通过工作实践，提高自己的水平，或为满足更高的要求。总之，服务工作是辅导工作的辅助。

（三）干部的培养问题：

乌兰牧骑虽然是在原文化馆基础上改建的，但不同于文化馆，这是一项新的工作。为此，必须有计划地对干部进行全面培养，才能使乌兰牧骑干部真正在业务上具备两个基本条件：（1）有基本工作本领，即熟悉在牧区开展群众文化工作的基本规律，并能找出活动方法；（2）有一两项业务专长，能开展具体工作。

为保证乌兰牧骑干部在业务上的不断提高，从而提高工作质量，必须加强日常工作的计划性，不断总结与改进工作。发现问题，要通过讨论，取得统一认识。具体工作中要充分发扬民主，开展批评，搞好内部团结，发挥每个人的积极性，使工作真正开展好。同时应针对干部思想情况，不断学习有关文件和请领导做报告、参加中心工作和学习时事政策等，只有这样，才能结合中心工作，更好地进行文化宣传活动。

乌兰牧骑应建立经常的学习制度，主要是向民间学习传统的东西，作为开展工作的基础。另外，应根据具体情况，参加冬训，通过参观、观摩，向兄弟文化馆学习，提高和丰富业务知识，还可采取"小先生"制，进行互教互学。

昭乌达盟（今赤峰市）人民委员会文化处
关于翁牛特旗乌兰牧骑试点工作的报告

1957 年 7 月 22 日

根据全国民族文化工作会议和内蒙古自治区文化局1957年工作打算的精神，拟将翁牛特旗海力苏文化馆变为乌兰牧骑，但我们缺乏这一工作的经验，为了解决文化馆变乌兰牧骑的改组，了解群众业余文化活动基础，根据地区特点研究活动形式与方法，文化处、翁牛特旗文化科同文化馆组成乌兰牧骑试点工作组，在5月28日至6月15日期间深入海力苏努图克的哈吐三到两个嘎查，进行了试点工作。

在试点工作中提出的初步意见和方法尚待通过在实际工作中摸索分析才能肯定下来，因此，决定在9月末以前为试行过程，通过试行总结以便出席内蒙古牧区文化工作会议再加以研究，把牧区文化工作规律确定下来。

为了便于与群众商榷工作，适当地满足牧民文化生活，工作组做了一些服务活动（如说书、放映幻灯等）。通过服务活动，组织群众业余文化活动骨干进行座谈，召开嘎查达和社区主任会议，达到了解情况、征求意见、商榷工作的目的，最后与努图克党政领导也交换了意见，使关于某些具体问题的意见已取得一致。

指定乌兰牧骑的活动区域是三个牧业区和一个半农半牧区，以及两个由农区划过来的牧业嘎查。百分之九十以上的住户参加了高初级牧业生产合作社，大部分牧民均已定居，开展了新蒙文扫盲。地区辽阔、交通不便、居住分散是牧区特点，尤其这里的沙丘多而且大，给出行造成了更大的困难。

中华人民共和国成立后的牧民们曾自发地搞起了文艺活动，如歌舞、歌话剧、说书、好来宝、岱日拉查等，活跃了牧区文化生活，对当地当时的各项中心工作也起了一定的推动作用。但因以下几个原因，使牧区群众业余文化活动组织不巩固，活动不经常，形式单纯，甚至逐渐消沉下去：（一）缺乏正常的领导、妥善的安排和必要的支持。如哈吐业余文化活动骨干在座谈会上提出意见说："我们的活动，平时没有人管，我们主动找也不理睬，到了召开群众大会、庆祝（或纪念）节日、上级举办文艺比赛等用着的时候，才想起来抓一抓。"（二）生产不固定。因移场、接羔、打羊草、种漫撒子等活计，男子很少参加活动，参加业余文化活动的成员大部分是未结婚的少女，因结婚生孩子和丈夫限制慢慢地不参加活动了，所以群众业余文化活动组织极不巩固，活动形式比较单纯，不经常。（三）缺乏演唱材料。在《鸿嘎鲁》出刊前，就没有蒙文文艺刊物，翻译的材料数量不多又不及时，致使群众文化活动往往因材料缺乏而中断。（四）质量低。辅导工作赶不上是群众文化活动质量不高的主要原因。过去对牧区进行文化工作辅导的干部只有两名，他们的辅导水平不高，业务知识有限，不仅不能不断地增添新的内容，就连原有活动也很少提出改进意见，致使群众业余文化活动的形式和质量总停留在原有水平上，群众厌倦，演员自己也觉得枯燥无味。

翁牛特旗有一个电影小队在牧区活动，不能全面深入。三道壕的牧民想看一次电影，须去海金牧场，相距15里，哈吐嘎查的牧民就根本没看过。群众文化活动基础又差，会的东西不多，如哈吐有一名艺人（敖其尔）只会"秀英""全家福"，有些听众都会说啦，可是艺人再也拿不出来新的东西。业余文化活动多次的演出总是"打羊草""剪羊毛"，把观众也看腻了。蒙文的幻灯片没有，汉文的不懂，不能演出。从总的情况来看，牧区文化活动条件不如农区。

开展牧区文化工作、活跃牧区文化生活是牧民们所渴望的。将文化馆改成为牧区服务的乌兰牧骑是适应实际情况的。我们初步确定以"挖掘潜力，加强服务，重点辅导，大力培养业余文化活动骨干"为乌兰牧骑工作原则（或方针），在试点工作中安排了以下几个具体事项：

（一）充实编制：抽调文化站两名干部，由乌兰牧骑统一使用，加上乌兰牧骑本身七人，共九人。分为三组，每组三人，其中一名牧区艺人，一名农区辅导员，一名编译（兼做图书、经费、收发、内务等工作）。

（二）工作安排：牧区群众业余文化活动受地广人稀、交通闭塞和生产不固定等条件限制，乌兰牧骑的工作应根据实际情况安排。1.在牧业生产不太忙的季节（即1月、2月、3月、4月、7月、8月、11月、12月），各组分片包干进行服务和辅导，在搞好组织辅导群众业余文化活动的前提下，多做服务活动。2.在牧忙季节（即5月、6月、9月、10月，是牧区种漫撒子、接羔、打羊草、准备过冬等事宜的牧忙季节），基本不做辅导工作，把乌兰牧骑全体干部化零为整，搞集中服务活动。这样的集中活动单依靠乌兰牧骑几名干部是不行的，可以努图克为单位，从各嘎查抽调几名业余文化活动优秀演员配合，一方面对其进行培养，另一方面增加了活动力量。3.分组分片包括的服务活动以幻灯放映、收听广播、讲故事（逐步变为讲座）、好来宝、借阅图书、图片展览为主。集中活动以演出舞蹈、歌曲、小型歌话剧、说书、好来宝为主。4.举办一次业余文化活动积极分子训练班，这是给群众业余文化活动打基础的主要关键。

要求上级领导给予解决的几个问题：

1.广泛开展幻灯放映活动，这是适应牧区需要的。乌兰牧骑本身的宣传工具不能满足，发动各嘎查购置一台幻灯机是十分必要的，幻灯片可由乌兰牧骑供给。这个问题已与哈吐、三道壕两个嘎查的领导进行了商量并征得同意，尚待上级领导研究指示。

2.乌兰牧骑的集中活动抽调一部分业余演员参加（三男四女），这些人的劳动报酬应由各嘎查负责审核，采取与会议、学习同样解决的计分办法，给予不低于一般社员收入的报酬。因业余演员是在别人家吃饭,每日可给四五分即可。吃饭应由演员给饭票到社报销,这样负担会合理些。

3.乌兰牧骑的集中活动或分组活动,在交通工具上有困难,特别是该地区是沙丘,若不解决这个问题,就很难达到普遍深入,因此需各嘎查给以支持,从甲村到乙村或从甲社到乙社,应给予解决一两台牛车(主要用于拉宣传用品及行李)。

4.要求旗相关部门发放一定的训练费,今年的训练费是从各项经费内挤的,结果很紧。

内蒙古自治区乌兰牧骑工作条例

1985 年 8 月 28 日

乌兰牧骑是诞生在我区草原上的一支文艺轻骑队。为切实加强乌兰牧骑建设,发展民族艺术事业,更好地为建设社会主义物质文明和精神文明服务,特制定本条例。

第一章 性 质

第一条 乌兰牧骑是在党的文艺方针和民族政策的指引下,结合内蒙古实际创建起来的一支以演出为主的综合性文化工作队,属文化事业单位。主要从事社会主义文化艺术的普及工作。

第二条 乌兰牧骑以队伍短小精干、队员一专多能、节目小型多样、装备轻便灵活等组织形式,为当地各族农牧民服务。各自治旗的乌兰牧骑一般以本旗的自治民族为主要的服务对象。

第二章 方针任务

第三条 乌兰牧骑坚持党的四项基本原则,坚持文艺为人民服务、为社会主义服务的方向,贯彻执行"百花齐放、推陈出新""古为今用、洋为中用"的方针，努力实现文化艺术的革命化、民族化和群众化。

第四条 乌兰牧骑以演出为主，兼做宣传、辅导、服务工作。

一、演出：创作演出具有社会主义内容、民族形式、地方特点，小型多样，群众喜闻乐见的剧目和节目。丰富各族农牧民群众的文化生活，进行爱国主义、集体主义、社会主义、共产主义和民族团结的思想教育。

创作演出中要突出表现时代精神，反映自治区各族人民在社会主义现代化建设中团结建设的风貌，也要创作反映革命历史题材的作品；重视继承、挖掘、整理民族民间艺术遗产的工作。

乌兰牧骑的演出形式是民族歌舞、曲艺和小型戏剧以及受当地人民群众喜爱的艺术品种。鼓励队员用蒙文蒙语和区内各少数民族语言文字创作和演出。对自创自演的优秀剧（节）目，经评选从自治区艺术创作基金中给予奖励。

二、宣传：运用图片展览，放映幻灯、电影，流动书箱，播放录音录像等方式及时地向各族农牧民群众宣传党的路线、方针、政策，宣传在"四化"建设中涌现出来的先进人物，普及与生产、生活有关的科学常识。

开展宣传活动时，要与当地宣传、科教部门和各人民团体密切配合，要与演出活动有机地结合。

三、辅导：乌兰牧骑要在深入基层演出时或利用农闲牧闲季节，在当地文化主管部门的领导下，分散或集中地组织、辅导群众业余文艺演出和创作活动，培养群众中的业余文艺骨干。

四、服务：乌兰牧骑在深入基层活动中，应为农牧民做一些力所能及的生活、生产服务活动，如代销图书、照相、理发和各项修理等。可实行有偿服务。

第五条 一般地区的乌兰牧骑每年深入基层活动的时间要不少于六个月，演出一百二十场；高寒地区和自治旗乌兰牧骑每年深入基层活动的时间要不少于五个月，演出一百场。

第三章 体 制

第六条 乌兰牧骑在牧区、半农半牧区、边境地区旗县和自治旗建立。编制一般定为二十五人,自治旗可定为三十人。

乌兰牧骑设队长、副队长、编导各一名。实行队长负责制,队长有行使人事、财务、管理等方面的自主权。上述人员要严格按照干部"四化"的条件进行配备,并注意在有实践经验的队员中选拔,一般不脱产。

第七条 乌兰牧骑要实行岗位责任制,建立健全政治、文化、业务学习制度,创作、演出、深入生活、基本功训练、考勤制度。定期考核,切实实行社会主义按劳分配的原则。

第四章 队 员

第八条 乌兰牧骑队员要认真学习马列主义、毛泽东思想,坚持党的四项基本原则,贯彻执行党的文艺路线、方针、政策,树立全心全意为人民服务的思想。

第九条 乌兰牧骑队员要热爱本职工作,刻苦钻研业务,努力提高文化水平,学习掌握艺术的基本知识。在业务上精益求精,努力创新和突破,力争做到又红又专、一专多能。

第十条 乌兰牧骑队员要成为有理想、有道德、有文化、有纪律的文艺工作者。要积极深入生活,努力同群众打成一片。开展批评和自我批评,自觉抵制资产阶级思想的腐蚀,反对封建主义的遗毒。

第十一条 乌兰牧骑要制定培养、提高队员业务水平和文化水平的长远规划。要善于发现人才,多出人才。要为确有特长的队员创造深造的条件,以充分发挥他们的聪明才智。

第十二条 乌兰牧骑的队员要保持相对的稳定,一般要稳定工作十至十五年。在调整更新时,配备队员在年龄上要形成梯形结构,要保留一定数量的老队员作为骨干。对调出的队员和离休退休的老队员要给予妥善安排。

第十三条 乌兰牧骑队员的来源，主要是由艺术院校分配和在当地选拔确有特长者，经德、智、体全面考核后（包括大中专院校毕业生），择优录用。对分配和录用者都必须实行一定时间的试用期，期满合格者，方可按规定手续转为正式队员。

第十四条 乌兰牧骑也可根据自治区有关规定和实际需要，采取合同制或聘用制充实队员。

第十五条 牧区、半农半牧区乌兰牧骑的队员，要以能讲本民族语言的蒙古族成员为主；各自治旗乌兰牧骑的队员，要以本旗的自治民族成员为主。

第十六条 乌兰牧骑中从事演出、创作的人员，要按专业文艺团体编定的职称系列评定职称。

第十七条 对于长期从事乌兰牧骑工作成绩显著或有特殊贡献的队员，经盟市文化主管部门考核，可给予精神或物质奖励。

对获国家奖或国际奖的优秀队员，按国家有关规定，给予特别奖励。

第十八条 乌兰牧骑队员在政治、生活福利等方面享受旗县文化艺术事业单位工作人员的待遇。

根据乌兰牧骑工作的特殊需要，应给予队员配备必需的练功及劳保用品。

第十九条 在队员中提倡晚恋、晚婚和计划生育。

第五章 设施经费

第二十条 乌兰牧骑的排练室、办公室、集体和家属住房、服装和乐器仓库、伙房、车库等设施的建设应纳入自治区和地方的基建计划，有关领导部门要积极创造条件，统筹解决。

第二十一条 根据乌兰牧骑开展演出、宣传、辅导、服务等项活动的需要，应逐步增加必需的业务费、设备（包括演出、宣传、服务以及基本功训练设备）和交通工具。

第二十二条 乌兰牧骑的经费由各级地方财政拨给。乌兰牧骑是独立的预算单位，受地方财政和文化主管部门的监督。

第二十三条　乌兰牧骑在牧区、边境地区、山区、老区演出一般不收费。那达慕大会、物资交流会、外事或其他演出应按规定收费或售票。

乌兰牧骑要积极改善经营管理，提高收益，逐步增加自我补偿。

第六章　领　导

第二十四条　乌兰牧骑的建立与撤销，须经自治区文化厅商同有关部门审核批准。

第二十五条　乌兰牧骑受当地政府文化主管部门的领导，业务上受上级文化主管部门的指导。

第二十六条　乌兰牧骑要定期向当地政府汇报工作，各级政府要及时对乌兰牧骑的工作进行检查指导，并切实解决乌兰牧骑的一些实际困难；关心队员的思想、业务和生活，充分发挥他们的积极性。

第二十七条　自治区各级文化主管部门要有计划地对乌兰牧骑队员进行轮流培训，使他们的思想政治、业务、文化素质不断有所提高。

第二十八条　在乌兰牧骑当中定期开展评选和表彰先进集体和先进个人的活动。自治区文化厅每两年进行一次表彰，各盟市、旗县的文化主管部门每年进行一次评比和表彰。

第二十九条　本条例自发布之日起施行。

第三十条　本条例的解释和修改由自治区文化厅负责。

关于加强新时期乌兰牧骑工作的意见

（自治区党委宣传部、文化厅、财政厅、人社厅、编办）

2010 年 7 月

为深入贯彻落实党的十七大精神，确保乌兰牧骑事业在继承光荣传统基础上持续健康发展，以进一步完善基层公共文化服务体系，更好地实现文化惠民，保障农牧民和各族群众基本文化权益，促进民族文化大发展大繁荣，现就加强新时期乌兰牧骑工作提出如下意见。

一、加强新时期乌兰牧骑工作的重要意义

（一）乌兰牧骑是我国社会主义文艺战线上的一面旗帜，是享誉当代的内蒙古民族文化品牌。多年来，活跃在全区各地的乌兰牧骑，坚持全心全意为农牧民服务，开展"演出、宣传、辅导、服务"四项活动，为加强农村牧区精神文明建设，促进经济发展和社会进步，做出了卓越贡献，受到党和国家历届领导集体的重视关怀，深得广大农牧民和各族群众的喜爱，在国内外产生很大影响。特别是进入全面建设小康社会的新时期以来，乌兰牧骑坚持社会主义先进文化的前进方向，把贯彻落实党的民族政策和文艺方针同内蒙古农村牧区改革开放的具体实际相结合，创造性地探索开拓少数民族地区基层文化的发展途径，为社会主义文化建设提供了宝贵经验和深刻启示。乌兰牧骑是我区农村牧区公共文化服务体系的重要组成部分，是自治区精神文明建设和民族文化大区建设的排头兵，是推动改革开放和现代化建设、维护民族团结和边疆稳定的文艺先锋。但是，随着市场经济的深入发展和社会主义新农村新牧区建设的大力推进，随着农牧民和基层群众的生产生活方式与精神文化需求的深刻变化，乌兰牧骑也面临新的问题和挑战。主要是内部机制不活，改革创新不够，有些活动方式与内容还不能完全适应农牧民和基层群众的需求，有些地区对乌兰牧骑的性质和工作的重要性认识不到位，缺乏有力扶持。这些问题严重影响着乌兰牧骑的繁荣发展，必须引起高度重视，尽快加以解决。

（二）加强新时期乌兰牧骑工作，是推动民族文化大发展大繁荣，实现文化惠民的迫切需要。当今世界，文化在综合国力竞争中的地位和作用越来越突出。推动社会主义文化大发展大繁荣，具有全局性战略意义。加强新时期乌兰牧骑工作，是促进自治区经济社会又好又快发展、维护边疆稳定和谐的需要，是推进民族文化大区建设、繁荣发展基层文化的需要，是加强农村牧区公共文化服务体系建设、让农牧民和各族群众共享文化发展成果的需要。

二、新时期乌兰牧骑工作的指导思想、基本原则和发展目标

（三）指导思想：以邓小平理论和"三个代表"重要思想为指导，深入贯彻落实科学发展观，面向基层，面向群众，坚持全心全意为农牧民服务的宗旨，不断加大文化惠民力度，维护好、实现好、发展好各族群众基本文化权益，为农牧民和各族群众提供更多更好的文化产品和文化服务，普及社会主义先进文化，传承民族优秀艺术，为推动自治区经济社会又好又快发展，繁荣发展民族文化，维护边疆稳定和谐提供强大的精神动力。

（四）基本原则：一是政府主导原则。乌兰牧骑是公益性文化事业单位，由地方政府主导并提供财政保障，当地文化主管部门负责管理。二是公益服务原则。乌兰牧骑主要向农牧民和基层群众提供公共文化产品和公益文化服务，通过"演出、宣传、辅导、服务"活动，提高文化惠民和综合服务的能力与水平。三是民族特色原则。乌兰牧骑要突出民族风格、地区特色和时代精神，保持文艺轻骑兵的特点。四是服务基层原则。乌兰牧骑要始终坚持深入旗县农村牧区基层活动为主，始终保持与农牧民和基层群众的密切联系，同时积极参与对外经济文化交流。五是社会效益原则。乌兰牧骑必须把社会效益放在首位，做到社会效益与经济效益相统一。六是改革创新原则。乌兰牧骑要弘扬优良传统，坚持改革创新，紧跟时代步伐。七是分类指导原则。对牧区、半农半牧区、农区、市区乌兰牧骑的不同类型和发展状况，实行分类指导，动态管理。

（五）发展目标：按照新时期乌兰牧骑工作的指导思想和基本原则，努力建成以农村牧区公共文化服务为主要任务，普及社会主义先进文化，传承民族优秀艺术，队伍短小精干，队员一专多能，节目小型多样，装备轻便灵活，列入旗县全额文化事业编制的基层文艺团体。

三、新时期乌兰牧骑工作的主要任务

（六）努力开拓乌兰牧骑文化服务的新内容和新途径，创新"演出、宣传、辅导、服务"四项活动，更好地适应社会主义新农村新牧区建设的需

要。创新基层活动方式，积极参加农村牧区公共文化服务体系建设，建立健全乌兰牧骑农村牧区巡回活动网络，逐步形成适应农村牧区新变化的长效服务机制。创新基层活动内容，围绕社会主义新农村新牧区建设，反映新时代，讴歌新人物，传播新观念，倡导新风尚。每年每支乌兰牧骑必须坚持深入本旗县农村牧区基层活动四个月以上，为农牧民和各族群众演出100场以上，力争达到每个行政村平均每月演出一场以上，同时开展符合新时期农牧民和各族群众需要的多种文化服务。

（七）繁荣乌兰牧骑特色的艺术创作和文艺演出，提供更多更好的精神文化产品，不断满足农牧民和各族群众日益增长的精神需求与审美需求。制定和实施乌兰牧骑艺术创作规划，引导和推动乌兰牧骑深入农村牧区创作演出贴近实际、贴近生活、贴近群众，具有鲜明的民族特色和乌兰牧骑特点，符合农牧民需求的歌舞曲艺和宣传政策法规，促进基层"三农""三牧"工作的小戏、小品等小型文艺作品。每支乌兰牧骑每年要更新推出一台自编为主、适合基层的文艺剧（节）目。要积极参加非物质文化遗产和民族民间艺术遗产的传承保护工作，积极参加自治区民族艺术创作演出活动和国内外文化交流活动。要特别注重把社会主义核心价值体系和草原文化理念融会到文艺创作演出中，牢固树立文艺创作源自人民、为了人民、属于人民、服务人民的观念，把高尚的思想境界、健康的人生追求、美好的艺术情趣传送给广大农牧民群众和各族人民。

（八）在确保深入农村牧区活动的前提下，把基层公益服务为主与开展经济文化交流结合起来，努力做到"走下去"与"走出去"统筹兼顾和协调互补。在推动当地改革开放和经济社会发展进程中，充分发挥乌兰牧骑民族文化品牌优势，"走下去"服务农牧民和各族群众，"走出去"开展对外经济文化交流和开拓国内外市场，宣传内蒙古，扩大内蒙古的知名度和影响力。要始终把群众需求作为重心，以经济文化交流促进基层公益服务。

（九）按照公益性文化事业单位深化改革的要求，大力推进乌兰牧骑内部机制改革，不断增强生机活力。改革人事管理制度，实行定编管理。旗县乌兰牧骑一般不超过35人，全面实施岗位设置管理制度、公开招聘制度和聘用制，强化竞争激励机制和队伍更新机制，真正做到队员"能上能下、能进能出"。对在乌兰牧骑连续工作20年以上的老队员，妥善安排到文化馆（站）、图书馆、社区文化中心、艺术类学校等文化事业单位。完善岗位绩效工资制度，在分配中坚持多劳多得、优绩优酬，重点向关键岗位、业务骨干和做出突出成绩的工作人员倾斜。强化社会保障措施，确保队员的合法权益。乌兰牧骑队员参加副高级（二级）以上职称评审时，要适当予以政策倾斜。

（十）强化人才精品战略，以优秀人才和艺术精品带动乌兰牧骑的创新发展。要牢固树立人才资源是第一资源的观念，进一步加强乌兰牧骑人才培养。自治区建立乌兰牧骑培训中心，在东部和西部有条件的盟市建立乌兰牧骑培训分中心，大力培养乌兰牧骑一专多能的专业人才，同时选送优秀人才到区外深造。要重点抓好编导作曲人才、年轻尖子演员、一专多能演员的培养与使用。要选好和培养好乌兰牧骑队长，使他们成为懂业务、善管理、热心服务基层、富有开拓创新精神的复合型人才。加强乌兰牧骑班子建设、业务建设、优良传统教育和自身训练，逐步形成乌兰牧骑优秀人才梯队，造就一支弘扬传统、开拓创新、服务基层、德艺双馨的乌兰牧骑队伍。要强化精品意识和品牌观念，在深入基层创作演出的过程中，努力打造思想精深、艺术精美、短小精干、广受欢迎的乌兰牧骑品牌节目。优秀节目要交流推广，常演常新，让广大农牧民和各族群众共享。

四、加大对新时期乌兰牧骑工作的扶持力度

（十一）进一步加强对乌兰牧骑工作的领导，加大扶持力度。地方各级党委、政府和宣传文化主管部门要从全面建设小康社会、构建和谐社会、加快经济社会发展、维护民族团结和边疆稳定的大局出发，把乌兰牧骑建设纳入当地经济社会发展规划。按照科学发展的思路，积极稳妥推进乌兰牧骑的改革创新，配套乌兰牧骑改革发展的政策措施，加强乌兰牧骑标准化硬件和软件建设，重视解决乌兰牧骑面临的困难和问题，推动乌兰牧骑积极投身农村牧区公共文化服务体系建设，更好地为建设社会主义新农村新牧区服务，更好地为经济社会发展和改革开放服务。

（十二）各级财政部门要增加对乌兰牧骑的经费投入，建立长期稳定的经费投入机制。各地要从少数民族地区基层公益性文化事业和公共文化服务的特殊需要出发，在确保乌兰牧骑人员工资、公用经费的前提下，增加深入基层场次补贴、人才培训经费、精品生产扶持资金和设施更新专项资金。加大对乌兰牧骑业务骨干的培训力度，全区乌兰牧骑培训所需经费列入自治区本级财政预算。乌兰牧骑每年深入基层演出所需经费由当地政府给予解决，配备乌兰牧骑深入基层活动的多功能巡回演出车和交通车辆，配备轻便灵活的器材设施。对基层人口相对集中的地区，要加强小剧场和露天舞台建设，确保农牧民享有公共文化服务权益。

（十三）加强指导，建立健全乌兰牧骑的科学管理机制。自治区将制定出台《内蒙古自治区乌兰牧骑评估管理办法》，每三年对全区乌兰牧骑进行一次评估，针对牧区、半农半牧区、农区和市区乌兰牧骑的不同环境和发展状况，实行评估定级、分类指导、动态管理。以硬件软件建设、基层服务情况、下乡演出场次、剧（节）目创作、群众满意程度等内容为主要考评依据，逐步建立科学合理、切实可行、便于核查的乌兰牧骑评估考核指标体系。注重评估结果的运用，发挥评估的激励与约束作用。进一步加强新时期乌兰牧骑的理论建设和政策研究，深化对乌兰牧骑发展规律的认识和把握。要及时总结交流各地乌兰牧骑发展创新的实践经验，鼓励和支持先进团队发挥示范作用，表彰奖励先进集体和先进人物。要特别关注和大力扶持老少边贫地区乌兰牧骑的建设与发展。

（十四）加强民族文化品牌建设，在自治区改革开放和现代化建设中发挥更大作用。努力办好内蒙古自治区乌兰牧骑艺术节。以先进团队和艺术精品带动乌兰牧骑的品牌发展，以深入基层服务和创新"四项"活动推进品牌建设，以经济文化交流扩大品牌影响。要重点扶持乌兰牧骑艺术精品创作和优秀人才培养。鼓励和引导企业和社会各界对乌兰牧骑事业的支持和赞助。对企业赞助乌兰牧骑的资金按照中央和自治区关于支持文化体制改革的有关经济政策，实行税费减免。积极开展弘扬乌兰牧骑精神的公益文化活动，积极推进有益于乌兰牧骑文化品牌建设的对外文化交流。广播、电视、报纸、网络等各类媒体，要加强对乌兰牧骑发展创新的宣传报道。加强乌兰牧骑协会工作，开设乌兰牧骑网站。要进一步提升和扩大乌兰牧骑在国内外的文化魅力和社会影响，促进乌兰牧骑的繁荣发展。在兴起社会主义文化建设新高潮中，让乌兰牧骑这面文艺旗帜高高飘扬，永不褪色。

（十五）乌兰牧骑的指导思想、基本原则、主要任务和扶持政策，适用于旗县其他剧团。要积极引导二人台、二人转、漫瀚剧、评剧等基层剧团以乌兰牧骑精神为指导，加强基层服务和自身建设，建成深受基层各族群众喜爱的乌兰牧骑式文艺团队。对长期没有纳入基层公共文化服务体系，完不成基层演出任务的旗县剧团，要逐步转企改制，推向市场。

内蒙古自治区乌兰牧骑条例

（2019年9月26日内蒙古自治区第十三届人民代表大会常务委员会第十五次会议通过）

第一条 为了传承和弘扬乌兰牧骑精神，发挥乌兰牧骑红色文艺轻骑兵作用，促进乌兰牧骑事业全面持续健康发展，根据国家有关法律、法规，结合自治区实际，制定本条例。

第二条 本条例适用于自治区行政区域内乌兰牧骑的设立、建设、发展、保护和管理。

第三条 乌兰牧骑是面向基层、面向群众，具备先进性、群众性、民族性、时代性，队伍短小精干、队员一专多能、节目小型多样的文艺工作队。

第四条 本条例所称乌兰牧骑，是指旗县级以上人民政府依法设立，属于公益一类事业单位，是公共文化服务体系的重要组成部分。

第五条 自治区直属乌兰牧骑由自治区人民政府设立。盟市、旗县级乌兰牧骑由本级人民政府文化行政主管部门提出申请，经自治区人民政府文化行政主管部门核准后，由本级人民政府设立。

设立乌兰牧骑应当具备与其职责任务和事业发展所需要的专业人员、排练演出场所、编制、经费等基本条件。

第六条 乌兰牧骑应当坚持以习近平新时代中国特色社会主义思想为指导，坚持为人民服务、为社会主义服务的方针，坚定文化自信，以社会主义核心价值观为引领，发扬深入基层、艰苦奋斗、守望相助、甘于奉献的优良传统，推进优秀民族文化传承和创新。

第七条 旗县级以上人民政府应当将乌兰牧骑事业发展纳入国民经济和社会发展规划及年度计划，所需经费列入本级财政预算。

旗县级以上人民政府应当设立乌兰牧骑事业发展专项经费，用于乌兰牧骑创作、演出和培训等项目。

自然人、法人或者其他组织可以向乌兰牧骑捐赠财产，受赠财产应当用于发展乌兰牧骑公益事业。

第八条 旗县级以上人民政府文化行政主管部门负责本行政区域内乌兰牧骑的管理工作。

旗县级以上人民政府发展和改革、人力资源和社会保障、财政、教育、民族事务等部门按照各自职责，做好乌兰牧骑相关管理工作。

第九条 乌兰牧骑履行下列职能：

（一）开展公益性演出；

（二）创作群众喜闻乐见的优秀文艺作品；

（三）通过艺术形式，宣传党的路线方针政策和国家法律法规；

（四）辅导群众业余文艺演出和创作活动，培养基层文艺骨干；

（五）深入基层开展综合服务活动；

（六）保护、传承民族民间优秀传统文化；

（七）创新乌兰牧骑创作方式、表演形式、传播途径；

（八）开展对外文化交流活动。

第十条 乌兰牧骑编制的核定，应当综合考虑其服务范围、人口规模和所在地区经济社会发展水平等因素，保证乌兰牧骑充分履行职能。

乌兰牧骑在当地文化、人力资源和社会保障等部门指导监督下，可以自主公开招聘编制内队员；对特殊人才可以通过专家评估和专业技能考核等方式择优聘用。

乌兰牧骑招聘编制外队员的，应当依法签订劳动合同，缴纳社会保险费。

第十一条 乌兰牧骑中熟练使用本地区少数民族语言的队员应当达到一定比例。

乌兰牧骑队员应当爱岗敬业，热心服务基层群众，具备履行职能所需要的政治素质、专业知识和声乐、舞蹈、器乐、曲艺等专业技能。

第十二条 乌兰牧骑应当以深入农村牧区、边远地区、基层单位演出为主，每年最低演出场次由旗县级以上人民政府文化行政主管部门结合乌兰牧骑服务能力和范围确定。

第十三条 旗县级以上人民政府应当保障乌兰牧骑排练演出所需的场所、设施设备和交通工具。

第十四条 旗县级以上人民政府应当建立乌兰牧骑队员退出机制。

连续工作十五年以上不适宜继续演出的舞蹈演员，经本人申请，可以安置到文化、教育、社区等相关单位，保留原有职称待遇。

连续工作三十年以上但未达到法定退休年龄的队员，可以根据国家和自治区相关规定办理退养。

第十五条 乌兰牧骑队员职称评审，应当考虑其职业属性和岗位需求，突出考评创新成果和实绩贡献，具体办法由自治区人民政府制定。

第十六条 旗县级以上人民政府文化行政主管部门应当制定年度培训计划，每年组织开展对乌兰牧骑创作、编导、表演等专业人才的分类分级培训。

第十七条 旗县级以上人民政府应当加强对乌兰牧骑履行职能的监督检查，建立健全考核评价制度，并将考核评价结果作为确定补贴或者奖惩的依据。

第十八条 具备条件的高等院校、职业院校和科研单位应当开展乌兰牧骑人才定向培养，建立乌兰牧骑培训基地，开展乌兰牧骑研究和学术交流。

第十九条　旗县级以上人民政府文化行政主管部门应当推动乌兰牧骑品牌建设，建立优秀团队、杰出人才名录和传统经典作品保护名录。

第二十条　旗县级以上人民政府文化行政主管部门负责本地区乌兰牧骑相关史料的征集、整理、保护和研究工作。

乌兰牧骑应当做好艺术档案以及实物的收藏、保护和管理工作。

第二十一条　旗县级以上人民政府应当利用广播、报刊、网络、电影电视、出版等媒体和手段，宣传乌兰牧骑，传播乌兰牧骑文艺精品。

第二十二条　旗县级以上人民政府应当支持乌兰牧骑开展对外文化交流。

第二十三条　旗县级以上人民政府对在乌兰牧骑事业发展中做出突出贡献的组织和个人，按照国家和自治区有关规定予以表彰、奖励。

第二十四条　企业、事业单位和其他社会组织设立的业余乌兰牧骑，应当弘扬乌兰牧骑精神，履行乌兰牧骑职能，具体管理办法由自治区人民政府制定。

第二十五条　任何组织和个人不得利用乌兰牧骑名义和影响力，从事危害国家文化安全、损害社会公共利益和其他违反法律法规的活动。

第二十六条　违反本条例规定，旗县级以上人民政府及其有关部门和工作人员，有下列行为之一的，由其上级机关或者监察机关责令限期改正；情节严重的，对直接负责的主管人员和其他直接责任人员依法给予处分；构成犯罪的，依法追究刑事责任：

（一）侵占、截留、挪用乌兰牧骑事业发展专项经费的；

（二）擅自拆除、侵占、挪用乌兰牧骑设施，侵占乌兰牧骑场地，或者改变乌兰牧骑设施场地功能用途、妨碍其正常运行的；

（三）未依法履行监督管理职责的；

（四）有其他玩忽职守、滥用职权、徇私舞弊行为的。

第二十七条　本条例自2019年11月1日起施行。

2020年乌兰牧骑工作方案

为深入贯彻落实习近平总书记关于乌兰牧骑事业发展的重要指示精神，贯彻执行《内蒙古自治区乌兰牧骑条例》（简称《条例》）和《关于深入贯彻落实习近平总书记重要指示精神 加快推进乌兰牧骑事业发展的意见》（内党发〔2017〕39号，简称《意见》），自觉将《条例》和《意见》精神贯穿到乌兰牧骑事业发展的具体工作中，营造依法建设乌兰牧骑的浓厚氛围，扎实推动各级乌兰牧骑改革创新，制定如下工作方案。

一、扎实推动乌兰牧骑改革

（一）制定《〈内蒙古自治区乌兰牧骑条例〉分工方案》，调研督导各地对《条例》的执行落实情况及乌兰牧骑内部机制改革运行情况。

（二）推进乌兰牧骑内部机制"三项制度"改革，每个盟市在年内至少推出1支改革试点乌兰牧骑，全区共推出12支改革试点乌兰牧骑。按照《条例》及相关政策要求，主动协调各级党委政府及财政、编制、人社、发改等部门，积极推进乌兰牧骑人事制度、薪酬制度和人才制度改革。人事制度改革：督导落实编制保障，完善队员进出机制，畅通"出口"、严把"入口"，有序推进新老接替，做到进出流畅，确保乌兰牧骑队伍的生机活力。薪酬制度改革：督查经费保障落实，完善队员薪酬管理，改进队员薪资待遇，实现"多劳多得""优劳优酬"。人才制度改革：打破体制壁垒，创新人才引进机制，按照《条例》要求，制定自主招聘和特殊人才引进措施，确保乌兰牧骑事业发展人才需要。

（三）做好乌兰牧骑考核评估工作。根据《条例》要求，进一步修订完善《内蒙古自治区乌兰牧骑考核评估管理办法》，对全区乌兰牧骑2018—2019年度工作进行全面考核评估，通过验收进一步推进内部机制改革，对全区乌兰牧骑进行评估定级、动态管理、分类指导。

（四）深入实施乌兰牧骑事业发展各项政策措施。组织实施《乌兰牧骑事业发展中长期规划（2020—2030年）》及《全区乌兰牧骑基础设施建设规划》，督促各地各单位结合实际，创新落实举措，出台本地政策，确保乌兰牧骑事业持续健康发展。

二、繁荣乌兰牧骑创作

（一）完善乌兰牧骑创作机制

1. 突出乌兰牧骑自身创作，按照"七个一"要求，每支乌兰牧骑上半年完成各项创作任务；鼓励乌兰牧骑推出自编自导的原创作品，通过草原文化节、自治区舞台艺术精品工程及乌兰牧骑新作展示平台等进行推广。

2. 探索组建乌兰牧骑创作联合体，充分利用乌兰牧骑学会等社会力量和民间创作主体，采取委托创作、征集创作、通过不同渠道采用各类"微作品"等方式，不断充实创作力量，丰富创作内容。

3. 制订内蒙古大学文研班学员定向创作计划，每名学员每年为所在盟市乌兰牧骑创作一部作品。

（二）明确乌兰牧骑创作重点

聚焦现实题材创作，紧扣决胜全面小康、决战脱贫攻坚、建党100周年等重大主题，以弘扬乌兰牧骑精神、蒙古马精神、守望相助理念为主线，围绕"美好内蒙古""奋斗有我"等选题和乡村振兴战略、生态文明建设、农牧民素质提升工程等国家战略和自治区重大决策部署，创作推出具有鲜明时代特征、易于传播、短小灵活、适合基层演出的优秀文艺剧（节）目；弘扬中华优秀传统文化，突出地域特色和乌兰牧骑特点，重点推出特色传统民族音乐、舞蹈、曲艺、小戏小品等作品。各盟市要制定年度乌兰牧骑创作计划，保证每支乌兰牧骑围绕现实题材和弘扬优秀传统文化，至少各完成一项重点创作任务。

（三）深入开展采风创作活动

组织乌兰牧骑队员通过"文化进万家""百团千场下基层""深入生活、扎根人民"主题实践活动等，充分利用"结对子、种文化""助力脱贫攻坚'十进村'"等载体和平台，深入生产生活一线；每名乌兰牧骑队员蹲点采风、体验生活、积累素材时间不少于30天。

（四）组织做好各类业务培训

10月举办全区乌兰牧骑声乐培训班，11月举办全区乌兰牧骑舞蹈编导培训班，充分利用东中西部培训基地和各盟市力量，全年开展乌兰牧骑队员轮训，全面提升乌兰牧骑队员的综合素质和能力。

（五）全面做好乌兰牧骑拔尖人才培养工作

将乌兰牧骑拔尖人才特别是创作人才纳入全区文艺人才培养整体规划，利用区内外优势资源，统筹做好人才选拔、计划实施、项目推动、成果推出等工作，培养乌兰牧骑尖端骨干。

三、推进乌兰牧骑创新

建设网上乌兰牧骑，加强数字化、信息化、现代化，突出乌兰牧骑的时代特征，着力在服务理念、形式、内容、载体上创新，永远做草原上的"红色文艺轻骑兵"。

（一）网上乌兰牧骑队伍建设

1. 开设网上乌兰牧骑网络服务公共账号。一是每支乌兰牧骑开设一个政务账号；二是组织乌兰牧骑队员开设个人抖音账号，抖音平台将对政务账号和个人账号进行"内蒙古乌兰牧骑队员"认证，实现乌兰牧骑队伍整体上网。同时，根据工作需要，在快手、腾讯等平台开设服务账号。

2. 组建覆盖全区乌兰牧骑的网络创作和管理人员队伍。根据符合网端、手机端内容传播的需要，各乌兰牧骑推荐政治过硬、组织能力强、技术娴熟，能够独立将乌兰牧骑线下活动进行拍摄和上传的人员作为网上乌兰牧骑建设负责人。同等条件下，优先推荐具有一定粉丝的队员。

3. 培养乌兰牧骑"直播达人"和"网络大V"。着力培养深深扎根于草原、植根于基层，深受广大基层群众喜爱的乌兰牧骑队员为"直播达人"和"网络大V"。鼓励他们通过抖音和快手等短视频平台和各类网络平台展示乌兰牧骑新创作品、讲述乌兰牧骑故事、传播乌兰牧骑品牌。对于粉丝数达到百万以上的乌兰牧骑网络达人，自治区相关部门将给予一定的奖励并向全国推广。

（二）网上乌兰牧骑制度建设

推动出台《网上乌兰牧骑建设指导意见》，树立网络思维，转变服务理念，加强对网上乌兰牧骑建设的规划引领，加强内容规划、项目策划和推广引导，形成网上网下内容建设一盘棋，不断完善网上网下两个服务渠道，全面适应新形势下文化传播需要和广大群众精神文化需求。

（三）网上乌兰牧骑平台建设

1.构建网上乌兰牧骑，将网上乌兰牧骑建设纳入"全区宣传文化系统应用大数据系统"建设，打造数字化的"红色文艺轻骑兵"。各乌兰牧骑要围绕乌兰牧骑职能，按照分类整理的原则，全面梳理和整理内容资源，由自治区统一安排内容数字化转化和存储、研究、开发、传播工作。每支乌兰牧骑每年向网上乌兰牧骑推送不少于2个优秀新创作品。每支乌兰牧骑每年向网络服务平台报送不少于10个3—5分钟各类服务活动视频。鼓励每支乌兰牧骑在各类网络平台推出新创作品、展示经典剧（节）目。

2.构建乌兰牧骑网络服务机制。探索开发网上乌兰牧骑客户端，为基层群众提供演出点播、艺术辅导、蒙古语普及、政策宣传、生产生活技能培训等点对点"一站式"服务。

3.建立"乌兰牧骑之家"网上乌兰牧骑艺术培训和交流活动。引导各乌兰牧骑利用网上乌兰牧骑等融媒体平台面向全社会进行艺术培训和各乌兰牧骑之间的展示交流，以创新形式不断丰富新时代文明实践中心的内容。

四、深入开展乌兰牧骑宣传、辅导和服务

（一）创新宣传党的政策和国家法律法规。把宣传党的路线、方针、政策与服务群众、引领群众结合起来，以群众喜闻乐见的艺术形式广泛宣传习近平新时代中国特色社会主义思想，深入宣传各地各部门学习贯彻党和国家政策的生动举措；结合决胜全面小康、决战脱贫攻坚、生态文明建设、乡村振兴等，创作接地气、反映百姓身边事和身边人的"微作品"，开展多种形式文艺宣传；利用流动放映、展示展览、现场辅导、网上乌兰牧骑等多种方式，开展宣传教育。

（二）辅导群众业余文艺演出和创作活动。发挥乌兰牧骑队员"一专多能"优势，利用新时代文明实践中心、"结对子、种文化"等平台和载体，为基层文化工作者、文化骨干、业余文艺团体等提供常态化辅导，重点向贫困村镇、边境村镇倾斜。自治区直属乌兰牧骑、盟市乌兰牧骑每季度要对旗县乌兰牧骑进行一次业务指导；旗县乌兰牧骑结合新时代文明实践中心工作安排，有计划地为所属乡镇文化站及嘎查村文化中心、文化骨干进行点对点辅导。选派全区优秀文艺工作者对基层乌兰牧骑进行有针对性、点单式的辅导。

（三）以"乌兰牧骑+"的方式带动深化全区基层综合志愿服务工作。各级乌兰牧骑抽调精干力量加入本级"草原综合志愿服务轻骑兵"，以"乌兰牧骑+"的方式深入基层，会同相关部门开展"弘扬乌兰牧骑精神，到人民中间去"基层综合志愿服务活动，为群众提供常态化服务；根据本地区经济社会发展实际，围绕党中央和自治区重大决策部署、重要惠民举措等，认真开展"三送三问"——送服务、送思想、送文明和问需求、问满意度、问计策，重点围绕改善民生、惠民利民好政策等进行解读，围绕民间借贷、法律纠纷、种养殖服务等开展咨询，为群众提供精准服务；将"草原综合志愿服务轻骑兵"培训纳入乌兰牧骑培训整体安排，着力提升乌兰牧骑队员在理论宣讲、文化惠民、"扫黄打非"、全民阅读、电影服务、乡风文明建设、农牧民素质提升等方面的专业水平，高质量完成综合志愿服务的宣传宣讲任务。

五、做好新时代乌兰牧骑演出与展示

（一）切实完成公益性演出任务。组织乌兰牧骑深入农村牧区、贫困嘎查村、偏远地区、边境牧户、城市社区、基层单位、军营哨所等地演出。旗县级以上人民政府制定本地区乌兰牧骑2020年度最低演出场次并监督各乌兰牧骑保质保量完成演出任务。

（二）组织全区乌兰牧骑开展交流学习。遴选各乌兰牧骑的经典剧（节）目、新创优秀剧目，进行中东西部盟市之间、各旗县之间交流演出。

（三）传承展示民族民间优秀传统文化。对当地优秀民族文化、非物质文化遗产进行收集、整理、保护、传承与展示。组织实施"全区乌兰牧骑原创经典作品传承工程"，对乌兰牧骑经典剧（节）目进行复排和制作，并向全区乌兰牧骑推广学演。

（四）多渠道展示乌兰牧骑成果。加大乌兰牧骑作品展示力度，草原文化节设立乌兰牧骑板块，遴选优秀乌兰牧骑作品进行展演；举办第二届乌兰牧骑新作比赛，在声乐、舞蹈、器乐、组合等类别中推出一批作品。

（五）积极开展对外文化交流活动。支持乌兰牧骑传播优秀民族文化，推动文化"走出去"，讲好内蒙古故事、讲好中国故事；结合国家"一带一路"建设和文旅融合发展战略，组织优秀乌兰牧骑赴区外及"一带一路"国家进行交流演出。

六、加强乌兰牧骑理论研究

（一）深入开展"乌兰牧骑精神"研究，围绕"实打实、面对面、心贴心"的乌兰牧骑优良传统，进一步总结乌兰牧骑典型经验，要求各盟市、各部门、各旗县对新时代乌兰牧骑如何发挥作用进行专题研究，并形成2020年度调研报告。

（二）积极推出乌兰牧骑研究成果。加强乌兰牧骑理论研究工作，设立乌兰牧骑研究课题，组织不同层面的理论研讨，推动出版乌兰牧骑简史、乌兰牧骑作品集、乌兰牧骑人物传等，年内出版《乌兰牧骑优秀作品选》《乌兰牧骑之路（1997—2017）》。

（三）保护好乌兰牧骑文化品牌和知识产权。逐步做好注册申请乌兰牧骑知识产权保护等相关工作。

附录二 部分乌兰牧骑管理者、艺术家的相关研究

加强新时代乌兰牧骑的全面建设

原内蒙古乌兰牧骑协会副主席　朱嘉庚

乌兰牧骑精神,是在党的教育培育下,在为农牧民服务的实践锻炼中逐步形成的,是我们党"全心全意为人民服务"的宗旨在文艺队伍中的生动体现。随着时代的发展和乌兰牧骑的成长,乌兰牧骑精神不断充实丰富,已经成为乌兰牧骑事业发展的精神支柱,成为内蒙古社会主义精神文明建设的一笔宝贵财富。

乌兰牧骑精神的实践来源

乌兰牧骑精神,来自乌兰牧骑60多年的奋进历程。乌兰牧骑始终坚持全心全意为农牧民服务,根植基层、情系群众、艰苦奋斗、无私奉献,把健康丰富的精神食粮送到农牧民身边,把党和政府的关怀温暖送到农牧民心中,为农村、牧区的基层文化建设、经济社会发展,为增强民族团结、维护边疆稳定,做出了重要贡献。

乌兰牧骑精神,来自对党和人民的忠诚热爱,对党的文艺事业的执着奉献。60多年来,一代又一代乌兰牧骑队员把火热青春和生命才华奉献给党的文艺事业、奉献给农牧民。他们像草原之夜的满天繁星,把自己的梦想和光辉都融进了草原大地。

乌兰牧骑精神,来自乌兰牧骑接地气的创作演出。乌兰牧骑坚持"以人民为中心"的创作导向,扎根沃土,讴歌时代,把内蒙古民族民间优秀艺术同农牧民现实生活主旋律相结合,形成独具民族神韵、生活气息浓郁、时代特点鲜明、演出机动灵活、群众喜闻乐见的艺术品格。乌兰牧骑从农

村、牧区火热的现实生活中感受体验，从非物质文化遗产和原生态民间艺术中传承借鉴，创作演出了一大批具有乌兰牧骑艺术特色的优秀作品，数十年来久演不衰，深受各族群众喜爱。乌兰牧骑已经成为当代内蒙古最有代表性、最具影响力的民族艺术品牌。

乌兰牧骑精神的核心内涵

从乌兰牧骑的长期实践中总结提炼的乌兰牧骑精神，可以有多种表达方法，但却离不开乌兰牧骑精神的核心内涵。忠诚于党、热爱人民。乌兰牧骑是在党的领导下创建发展起来的，是服务于农牧民的"红色文艺轻骑兵"，乌兰牧骑始终保持着对党和人民的忠诚热爱。情系农牧民、服务农牧民，全心全意为农牧民服务已经成为乌兰牧骑的生命与灵魂，这是乌兰牧骑深受农牧民喜爱的重要原因。根植基层，艰苦奋斗。艰苦奋斗是乌兰牧骑的"传家宝"，吃苦耐劳是乌兰牧骑的本色。乌兰牧骑以天为幕布，以地为舞台，在蒙古包旁搞展览，辅导农牧民群众开展文化活动；他们还参加劳动，帮助农牧民放羊打草、接羔保育、春种秋收、修渠打井，成为农牧民的好帮手。团结拼搏，继承创新。多年来，乌兰牧骑形成了"忠诚于党、热爱人民、根植基层、艰苦奋斗、团结拼搏、继承创新"的优良传统，形成了"队伍短小精干、队员一专多能、节目小型多样、装备轻便灵活"的轻骑特点，形成了"以演出为主，兼做宣传、辅导、服务、传承"的综合功能，形成了"接地气、正能量、民族地区特色"的创作演出特色，成为全国文艺战线的一面旗帜，成为宣传和践行社会主义核心价值观的先行者。

乌兰牧骑精神的时代价值

乌兰牧骑精神的时代价值，就是要在新时代，坚持和弘扬我们党"全心全意为人民服务"的宗旨，面对面到群众中去，实打实为群众服务。

乌兰牧骑的社会感召力，已经成为深入基层为民服务的榜样楷模。经过半个多世纪的基层服务，两次大规模的全国巡回演出，乌兰牧骑精神之花开遍祖国各地。特别是在周恩来总理亲自安排乌兰牧骑在 1965 年到全国示范演出活动期间,各行各业学习乌兰牧骑精神,在内蒙古和边疆民族地区掀起了学习乌兰牧骑的热潮。

乌兰牧骑的文化创新力,迎来了与时俱进服务基层的新局面。全区乌兰牧骑坚持为边远贫困地区农牧民服务,为精准扶贫、全面小康贡献力量;为进城农牧民开展文化扶持活动,为搬迁农牧新村开展文化阵地建设活动;基层演出试行订单服务,按照新时代农牧民需求开展创作演出;宣传脱贫致富典型集体,参加精准扶贫驻村工作;积极参与城镇社区和农村牧区文化惠民公益活动。

当前,全区各地乌兰牧骑正在深入开展"不忘初心、牢记使命"主题教育。我们回顾总结、宣传弘扬乌兰牧骑精神,就是要"守初心、担使命、找差距、抓落实"。对照党和人民的要求,各地乌兰牧骑在思想上和工作上还存在不少差距,还有一些深层次问题需要清醒面对、认真解决,还有一些政策措施需要精准落实。我们必须深入贯彻落实习近平总书记对乌兰牧骑事业发展的重要指示精神,进一步加强新时代乌兰牧骑的全面建设,求真务实,扬长补短,以优异成绩迎接中国共产党成立 100 周年,为"建设亮丽内蒙古,共圆伟大中国梦"做出新的更大贡献。

(该文刊于内蒙古新闻网,2019 年 12 月 1 日)

怎样认识和理解乌兰牧骑这面红色文艺旗帜

内蒙古乌兰牧骑学会会长　吉日嘎拉

2017 年 11 月,习近平总书记给苏尼特右旗乌兰牧骑队员们的回信,充分肯定乌兰牧骑是"全国文艺战线的一面旗帜"。

2019 年 7 月,习近平总书记考察内蒙古时再次指出:"乌兰牧骑是内蒙古这个地方总结出来的经验,很接地气,老百姓喜闻乐见,传承了优秀传统文化。新时代加强精神文明建设,既要通过文化市场发展满足群众多方面精神文化需求，但乌兰牧骑这种直接为老百姓服务、为基层服务的文艺活动永远不会过时，要继续大力提倡、支持、扶持和推广。"

认真学习、深刻领会习近平总书记对乌兰牧骑事业的重要指示精神，全面准确地认识和理解乌兰牧骑这面红色文艺旗帜，对新时代传承和弘扬乌兰牧骑精神、促进乌兰牧骑事业发展有着非常重要的作用。我的认识和理解如下：

第一，从国家层面上来讲，党和国家肯定和称赞乌兰牧骑为"红色文艺轻骑兵""全国文艺战线的一面旗帜"。

什么叫旗帜？旗帜就是方向，旗帜就是形象，旗帜就是榜样。

（1）旗帜就是方向。

乌兰牧骑始终坚持贯彻执行党的文艺"为人民服务、为社会主义服务"的方向。在社会主义文艺为谁服务和怎样服务这一根本问题上，把准了服务性质、找准了服务内容、创新了服务方式，60多年如一日，坚持了正确方向。乌兰牧骑"扎根基层、服务人民"的性质决定，农村、牧区是乌兰牧骑活动的主战场和永远不能撤离的阵地，广大农牧民群众是乌兰牧骑永久的服务对象。

红色基因是乌兰牧骑的灵魂。乌兰牧骑的诞生，是党的文艺路线在少数民族地区的成功实践，是传承革命传统和红色基因的重要成果。1957年第一支队伍诞生时就起名乌兰牧骑，意为"红色的嫩芽"，将忠于党、服务社会主义的红色基因融入队员血液中，将"扎根基层、服务农牧民"的红色烙印，深深地印刻在乌兰牧骑旗帜上，始终传承党在革命战争年代宣传的队红色基因，弘扬延安文艺座谈会精神，跟党走，扎根基层、服务人民，用实际行动践行着党的文艺方针政策。毛泽东、周恩来、邓小平等老一辈无产阶级革命家多次观看乌兰牧骑演出，接见乌兰牧骑队员，提倡全国文艺界"向乌兰牧骑学习"。江泽民同志题词"乌兰牧骑是我国社会主义文艺战线上的一面旗帜"。习近平总书记在给乌兰牧骑队员的回信中，殷切期望乌兰牧骑永远做草原上的"红色文艺轻骑兵"，为新时代乌兰牧骑事业发展指明了方向。应该说，在乌兰牧骑60多年的光辉历程中，始终闪耀着社会主义文艺红色基因的磅礴力量，在乌兰牧骑扎根基层、服务农牧民群众的一切活动背影中，始终闪烁着社会主义文艺的红色底色。

在文艺创作上，乌兰牧骑始终坚持以人民为中心的创作导向。据统计，60多年来，全区乌兰牧骑创作演出了13200多个节目，有2000多个节目在自治区和各盟市获奖，有130多个节目获国家级奖项。其中，舞蹈《顶碗舞》《彩虹》、好来宝《打虎上山》《腾飞的骏马》、歌曲《文化轻骑队之歌》《草原儿女爱延安》《牧民歌唱共产党》等一大批接地气、讴歌党、讴歌人民的乌兰牧骑特色精品节目，几十年来久演不衰，深受广大农牧民群众的欢迎和喜爱。

（2）旗帜就是形象。

乌兰牧骑把党的全心全意为人民服务的宗旨贯彻到乌兰牧骑演出、宣传、辅导、服务、创作、创新各个环节，融入乌兰牧骑全部活动中，用实际行动为全国文艺团体和文艺工作者树立了红色形象。

乌兰牧骑的红色形象主要体现在以下方面：

体现在扎根基层、服务农牧民群众的精神风范上；体现在队伍短小精干、队员一专多能、节目小型多样、装备轻便灵活的服务方式上，乌兰牧骑不受环境、场地等条件影响，随时随地为农牧民群众演出，传播新思想、弘扬主旋律，被称为"红色文艺轻骑兵"；体现在坚守基层文化阵地的属性上，乌兰牧骑始终把旗帜鲜明讲政治和弘扬主旋律作为乌兰牧骑的建队方针，始终把艰苦奋斗、无私奉献作为乌兰牧骑队员的精神支柱，以强烈的责任意识，饱满的精神状态，始终坚守着党的思想文化的最基层阵地。

（3）旗帜就是榜样。

在60多年的发展历程中，乌兰牧骑积累了很多值得学习和推广的经验做法，为全国文艺团体和文艺工作者做出了榜样。尤其是乌兰牧骑独有的县级文艺团体可以复制的宝贵经验，引起了全国各地的高度重视和学习借鉴。为此，多年来党和政府、各级新闻媒体，大力倡导并开展向乌兰牧骑学习的活动。

1964年11月开始，《人民日报》等中央新闻媒体大力宣传乌兰牧骑先进事迹，向全国文艺界推广乌兰牧骑经验。

1965年乌兰牧骑全国巡回演出时，各省、市、自治区都发出通知，要求本地文艺团体认真向乌兰牧骑学习。

1982年12月，第五届全国人民代表大会第五次会议上批准的《中华人民共和国国民经济和社会发展第六个五年计划》中，关于积极发展少数民族地区特别是边境地区的文化事业指出，在没有剧团的县、旗，要建立乌兰牧骑式演出队。

1983年9月，国家民族事务委员会和文化部联合在北京举办了由内蒙古、新疆、云南等15个省、市、自治区的16支乌兰牧骑或乌兰牧骑式演出队参加的文艺会演。

1997年8月，国家民族事务委员会和文化部在北京召开全国乌兰牧骑先进团队表彰大会，15支团队被授予"全国乌兰牧骑先进团队"称号。其中，内蒙古有5支乌兰牧骑受到表彰。

2017年12月，中共中央宣传部发出通知，要求全国文艺界向乌兰牧骑学习，努力建设具有地域文化特点、深受百姓欢迎的文艺小分队、文化工作队等，打造更多"红色文艺轻骑兵"。

乌兰牧骑60多年的发展证明了一个真理，正如习近平总书记在给苏尼特右旗乌兰牧骑队员们的回信中所说："乌兰牧骑的长盛不衰表明，人民需要艺术，艺术也需要人民。"这是社会主义文艺最本质的特征和最强大的生命力。

第二，从内蒙古自治区层面上来看，乌兰牧骑的创立和发展，是内蒙古自治区社会主义文化建设的一大创举，是贯彻落实党的文艺方针和民族政策的实践典范。

（1）乌兰牧骑是享誉全国的内蒙古民族文化品牌。

乌兰牧骑概念中，包含着革命文化和民族文化的深刻内涵和特征。乌兰牧骑深深扎根于内蒙古农村、牧区这片沃土，为广大农牧民送去欢乐和文明，传递党的声音和关怀，成为内蒙古家喻户晓的文艺工作亮丽名片，成为内蒙古自治区最具代表性、最有影响力的民族文化艺术品牌，成为内蒙古这道祖国北疆亮丽风景线上的一颗璀璨明珠。

（2）乌兰牧骑是一种强大的精神力量，是内蒙古各族人民的宝贵文化财富。

乌兰牧骑精神和经验，对于内蒙古各项事业均有普遍的启示和借鉴意义。

1965年2月开始，《内蒙古日报》等媒体发表文章，介绍乌兰牧骑经验，号召全区宣传文化系统向乌兰牧骑学习。

1966年1月，乌兰夫等自治区领导接见乌兰牧骑全国巡回演出全体队员时，号召全区各行各业学习乌兰牧骑全心全意为人民服务的精神，更好服务基层。

1983年12月，内蒙古党委政府下发的《关于开展学习乌兰牧骑活动的通知》要求，在全区各条战线、各行各业普遍开展向乌兰牧骑学习的活动。

2018年，内蒙古自治区党委政府又一次号召全区各行各业开展"弘扬乌兰牧骑精神，到人民中间去"的基层综合服务活动。全区各行各业组建"草原综合服务轻骑队"，深入基层，为群众提供精准化服务。因此，今天的乌兰牧骑这个名称已经远远超出它本来的含义，已成为内蒙古各行各业服务基层、服务广大人民群众的代名词。

第三，从乌兰牧骑本身来讲，在60多年为人民服务、为社会主义服务的实践中，为内蒙古自治区社会主义精神文明建设积累了宝贵的精神财富。

（1）蕴育形成了以"根植基层、情系群众、艰苦奋斗、无私奉献"的团队精神为核心的乌兰牧骑精神。乌兰牧骑精神是乌兰牧骑队员的宝贵财富和巨大精神动力。60多年来，一代代乌兰牧骑队员那艰苦创业的豪迈，为农牧民送歌献舞的激情，为乌兰牧骑艺术奋发进取的拼搏，为乌兰牧骑事业无私奉献的精神，在今天仍然激励着每一个乌兰牧骑队员，鼓舞着全区所有的文艺工作者。

（2）塑造了行业特点的光荣传统和优良作风。这个光荣传统的内涵，在2017年12月下发的内蒙古自治区党委、内蒙古自治区人民政府《关于深入贯彻落实习近平总书记重要指示精神　加快推进乌兰牧骑事业发展的意见》中具体表述为："忠诚于党、热爱人民、吃苦耐劳、甘于奉献、团结拼搏、勇于创新。"将乌兰牧骑光荣传统和优良作风的内涵提升到一个新的高度，为加快推进新时代乌兰牧骑事业发展提供了强大的智力支持。

（3）创造了符合内蒙古实际，服务于最基层人民群众的"队伍短小精干、队员一专多能、节目小型多样、装备轻便灵活"的独特建队方式。

（4）取得辉煌业绩，创造了内蒙古文艺发展史上的奇迹。据统计，60多年来，全区乌兰牧骑累计行程132万多千米，为基层演出36万多场次，观众达2.6亿人次，创作演出节目13200多个。

（5）一代代乌兰牧骑队员，在乌兰牧骑岗位上，无怨无悔地坚守和付出，书写着平凡的人生华章。60多年来，一代代乌兰牧骑队员，以接力形式，弘扬乌兰牧骑精神，传承优良传统，"迎风雪、冒寒暑，长期在戈壁、草原上辗转跋涉，以天为幕布，以地为舞台，为广大农牧民群众送去欢乐和文明，传递了党的声音和关怀"，牢牢地坚守着社会主义文化最基层阵地，把青春年华献给了乌兰牧骑事业。因此，应该自豪地说，做一名乌兰牧骑队员，是光荣的，值得骄傲，应当得到尊敬。

（6）为社会主义民族文化建设提供了很多宝贵经验。创造性地探索开拓了少数民族地区基层文化发展和服务途径；把党的全心全意为人民服务的宗旨，贯穿到职能职责各个环节中，融汇到乌兰牧骑的全部活动中；把队伍短小精干、队员一专多能、节目小型多样、装备轻便灵活的特点，凝聚为乌兰牧骑根植基层、艰苦奋斗的建队方针；形成了独具民族神韵、生活气息浓郁、时代特征鲜明、演出机动灵活、群众喜闻乐见的乌兰牧骑艺术风格；以促进经济建设和改革创新作为服务基层的重心，不断拓展服务内容、创新服务方式和途径，为经济社会发展提供精神动力和文化支持；把乌兰牧骑建设成民族艺术人才和文化骨干培养与成长的摇篮；"走下去"与"走出去"协调互补，使乌兰牧骑在内蒙古经济社会发展中发挥了不可代替的独特作用。

以上所述充分说明，活跃在内蒙古大地上的乌兰牧骑，60多年来，坚定不移地贯彻执行党的文艺方针，以"演出、宣传、辅导、服务、创作、创新"为职能职责，以深入基层、服务广大农牧民群众为使命和担当，为普及社会主义先进文化，传承民族优秀艺术，推动农村、牧区精神文明建设做出了卓越贡献。

乌兰牧骑60多年的实践启示我们，只有始终坚持党的领导，永远听党话、跟党走，我们的事业才能够一往无前，蓬勃发展；只有真正做到以人民为中心，解决好"为了谁、依靠谁、我是谁"的问题，我们才能把握正确方向；只有坚持实事求是的思想路线，才能使我们的各项工作经得起历史和人民的检验；只有把"民族团结是各族人民的生命线"的理念，深深根植于各族人民的思想之中，才能凝聚起"建设亮丽内蒙古，共圆伟大中国梦"的磅礴力量。

（该文刊于内蒙古新闻网，2019年12月1日）

后 记

笔者关注乌兰牧骑多年，自 2009 年开始研究乌兰牧骑。

主持 2009 年度内蒙古大学艺术学院校级科学基金项目"内蒙古直属乌兰牧骑发展与改革调查研究"（09ZD02），结项完成；主持 2010 年度内蒙古自治区高等学校科学技术研究项目"内蒙古公共文化服务体系中的乌兰牧骑建设研究"（NJSY11292），结项完成；主持 2018 年度内蒙古艺术学院乌兰牧骑研究专项课题"乌兰牧骑与内蒙古基层公共文化服务标准化均等化研究"（18WLMQ05），结项完成；主持 2019 年度内蒙古自治区高等学校科学技术研究项目人文社会科学重点项目"乌兰牧骑对内蒙古优秀传统文化的传承与发展研究"（NJSZ19251），结项完成；主持 2021 年度内蒙古自治区哲学社会科学规划重点项目"内蒙古乌兰牧骑口述史研究"（2021NDA181），正在进行；参与 2020 年度国家社会科学基金高校思政课研究专项项目"乌兰牧骑精神融入艺术类高校课程思政改革研究"（20VSZ109），完成一篇研究论文，已被录用，拟在 2023 年 6 月公开发表；参与 2021 年度内蒙古自治区新时代文明实践研究中心项目"乌兰牧骑精神与志愿服务精神关联性研究"，完成并公开发表一篇研究论文。

期间完成一份调研报告，公开发表 8 篇乌兰牧骑研究论文，其中 1 篇论文在 2010 年举办的第五届乌兰牧骑艺术节——乌兰牧骑理论研讨会上宣读并收录进《第八届乌兰牧骑建设研讨会材料汇编》，一篇论文《乌兰牧骑与我国北部边疆文化安全研究》在 2018 年 11 月举办的首届"乌兰牧骑发展论坛"上获二等奖。

多年的关注，必然充满感情。回望乌兰牧骑的发展历程，站在新时代新起点，试着对乌兰牧骑做出如下评价：

对乌兰牧骑的评价是多角度、多方面、多层次的，也是说不尽的。从乌兰牧骑60多年无断层的持续发展和对中国社会主义文化建设、内蒙古文化建设的贡献出发，从意识形态建设及精神产品提供角度出发，从观众培育、人民群众审美提升、满足人民群众文化需求及幸福指数提高角度出发，无论给乌兰牧骑多高的声誉，似乎都不为过。

乌兰牧骑为我国文艺事业发展做出了贡献，是我国文艺战线的一面旗帜。60多年来，乌兰牧骑坚定不移地贯彻执行党的为人民服务、为社会主义服务的"二为"方针，坚持深入基层，全心全意为广大农牧民服务，普及社会主义先进文化，传承中华民族优秀艺术，推动农村、牧区精神文明建设，为促进民族文化事业和经济社会发展，巩固民族团结和维护边疆稳定，做出了卓越贡献。乌兰牧骑是内蒙古自治区在中国文化艺术发展史上和社会主义民族文化建设过程中的一大创举，把贯彻落实党的民族政策和文艺方针同内蒙古农村、牧区的具体实际相结合，创造性地探索开拓边疆少数民族自治区基层文化的发展途径。作为文化轻骑兵，乌兰牧骑从内蒙古农村、牧区生产生活环境和实际需要出发，以机动灵活的综合性文化服务，不断满足农牧民群众日益增长的精神文化需求，为促进经济发展和社会进步，维护民族团结和边疆稳定，做出了巨大贡献，发挥了独特作用。乌兰牧骑把长期全心全意为农牧民服务的宗旨贯穿到演出、宣传、辅导、服务的全过程，融汇到乌兰牧骑的全部活动中。送歌献舞至千家万户、辅导群众文艺队伍、宣传科学文化知识、开展多种爱民服务，把党和政府的关怀温暖送到基层群众心中，把健康丰富的精神食粮送到农牧民的家中，情系农牧民，服务农牧民，与农牧民建立起血肉联系和鱼水深情。乌兰牧骑的精神和作风得到了广泛传播，"乌兰牧骑"这个光荣称号已成为中国社会主义文化发展史上深入基层巡回活动、全心全意为群众服务的代名词。

乌兰牧骑为内蒙古自治区的文艺事业发展做出了巨大贡献。乌兰牧骑的创建和可持续发展，是内蒙古自治区社会主义文化建设的创举。乌兰牧骑把促进内蒙古经济建设和改革开放作为基层服务的工作重心，拓展服内容，增强服务功能，为内蒙古经济社会发展提供精神动力和文化支持。在队伍建制和服务方式上，主动适应内蒙古农村、牧区幅员辽阔、居住分散、交通不便的特殊环境，开创了基层民族文化工作的新局面。乌兰牧骑注重反映农村、牧区从计划经济体制向市场经济体制转变过程中的新人新事新气象，注重表现改革开放进程中农牧民和各族群众思想观念和精神面貌的新变化，通过基层公益性巡回演出、对外交流演出、节庆演出、旅游或经贸接待演出等多种演出形式，为内蒙古各地经济社会发展营造了良好的文化氛围；在宣传服务方面，随着改革开放的深入，乌兰牧骑逐步把工作重点转移到为农牧民提供经济信息、科技知识和致富门路上来，为农村、牧区经济社会快速发展，为内蒙古各族人民共同繁荣发展，做出了重要贡献。乌兰牧骑以扎根农村、牧区进行公益性文化服务为主，同时广泛开展文化交流活动，成为内蒙古农村、牧区公共文化服务体系的重要组成部分，是内蒙古自治区精神文明建设和民族文化大区、强区建设的排头兵和轻骑队，是推动经济发展、促进社会进步、增强民族团结、维护边疆稳定的文化劲旅和文艺先锋。60多年来，乌兰牧骑走遍全区各地，累计行程130多万千米，辅导农牧民业余文艺骨干74万多人次，为农牧民和各族群众演出服务36万多场次，各民族观众总数达2.6亿人次，创造了内蒙古文化发展史上的奇迹，是一座丰碑。乌兰牧骑作为民族艺术人才和文化骨干成长的金色摇篮，通过实践锻炼和培养提高，造就了一支服务基层的过硬队伍和一批德艺双馨的优秀人才，涌现出如德德玛、拉苏荣、图力古尔、牧兰、金花、道尔吉仁钦、巴达玛、达日玛、那顺等一批享誉草原的民族艺术家，向文化战线和其他战线输送3700多名一专多能人才和基层骨干人才，推动了民族文化工作的发展。

乌兰牧骑创新了艺术表现，创造了一种全新的艺术形式。它是一支草原文化轻骑队，在60多年的发展中已然成为内蒙古的一个最耀眼的文化品牌，又是一种强大的精神力量。经过60多年的发展，塑造了乌兰牧骑精神及独特的光荣传统和优良作风，形成了符合内蒙古实际，符合服务基层人民群众的独有的艺术方式：队伍短小精干、队员一专多能、节目小型多样、装备轻便灵活。乌兰牧骑把内蒙古民族民间艺术同农村、牧区现实生活主旋律相结合，形成独具民族神韵、生活气息浓郁、时代特点鲜明、演出机动灵活、群众喜闻乐见的乌兰牧骑艺术风格和文化品格。乌兰牧骑从火热的现实生活中感受体验，从非物质文化遗产和原生态民间艺术中传承借鉴，开拓了民族艺术发展的新道路。60多年来，内蒙古各地乌兰牧骑创作演出的精品节目，已成为内蒙古自治区乃至全国最有代表性、最具影响力的艺术品牌。

60多年来，一代代乌兰牧骑队员活跃在内蒙古118万多平方千米土地上，迎风雪、冒寒暑，长期在戈壁、草原上辗转跋涉，以天为幕布，以地为舞台，为广大农牧民群众送去欢乐和文明，传递了党的声音和关怀，坚守着社会主义基层文化阵地，得到党和人民的肯定和赞誉，成为"全国文艺战线的一面旗帜"。

根本固者，华实必茂；源流深者，光澜必章。回望历史，乌兰牧骑在为人民服务的实践中所形成的优良传统、所积累的实践经验以及所彰显的时代价值，值得珍惜和弘扬。乌兰牧骑的发展历史告诉我们，中国特色社会主义文艺要永远走在时代最前列，文艺工作者只有同基层群众心连心才能不断满足人民群众对美好精神文化生活的需要。

潮平两岸阔，风正一帆悬。新的时代必然赋予乌兰牧骑新的历史使命。展望未来，乌兰牧骑这支活跃在祖国北疆的"红色文艺轻骑兵"，还要创作更多接地气、传得开、留得下的优秀作品，永远做草原上的"红色文艺轻骑兵"，为祖国北疆守望相助、筑牢祖国北疆安全稳定屏障起舞高歌，擎旗勇向前。

本书完成过程中得到内蒙古艺术学院王秀玲教授、内蒙古乌兰牧骑学会会长吉日嘎拉、原内蒙古乌兰牧骑协会副主席朱嘉庚、内蒙古自治区艺术研究院副研究馆员洪涛、内蒙古赤峰市翁牛特旗乌兰牧骑原队长孙普的大力帮助与支持，在本书完成之际，表示诚挚的谢意！